奥数经典500例
几 何

陈拓 著

电子工业出版社
Publishing House of Electronics Industry
北京·BEIJING

内容提要

本书共有111个知识点及相关解题方法，按照几何的特点和逻辑关系由易到难进行编排。从角的概念开始，到立体图形中的索玛立方体结束。每个知识点就是一把神器，帮助学生快速理解知识的由来和运用。每个神器的名称都很鲜明，采用诙谐的顺口溜总结知识要点，通过"神器溯源"，让读者知其然，更知其所以然。每个神器都配有例题精讲和针对性练习。通过对精选例题的学习和对应练习，希望读者能把一颗颗精美的知识明珠串在一起，进而形成完善的知识体系。

本书适合小学中、高年级学生以及初中学生进行培优学习使用，也可作为数学竞赛者的专题培训教材。

未经许可，不得以任何方式复制或抄袭本书之部分或全部内容。
版权所有，侵权必究。

图书在版编目(CIP)数据

奥数经典500例：几何／陈拓著． — 北京：电子工业出版社，2021.11
ISBN 978-7-121-42223-2

Ⅰ．①奥… Ⅱ．①陈… Ⅲ．①中学数学课－初中－教学参考资料 Ⅳ．①G634.603

中国版本图书馆CIP数据核字(2021)第210162号

责任编辑：崔汝泉　　特约编辑：陈　迪
印　　刷：大厂回族自治县聚鑫印刷有限责任公司
装　　订：大厂回族自治县聚鑫印刷有限责任公司
出版发行：电子工业出版社
　　　　　北京市海淀区万寿路173信箱　邮编　100036
开　　本：787×1092　1/16　印张：24.25　字数：620千字
版　　次：2021年11月第1版
印　　次：2024年11月第5次印刷
定　　价：98.00元

凡所购买电子工业出版社图书有缺损问题，请向购买书店调换。若书店售缺，请与本社发行部联系，联系及邮购电话：(010)88254888，88258888。
质量投诉请发邮件至zlts@phei.com.cn，盗版侵权举报请发邮件至dbqq@phei.com.cn。
本书咨询联系方式：(010)88254407。

Preface 丛书前言

如何提高学生的解题能力？这是一个非常复杂的问题。有人提出了"问题教学法"，在教学中设置一些问题情境，让学生在反复失败中探索数学真知，但学生往往在浪费了大量时间后，在成功之前就丧失了信心。有人提出了"讲授法"，但这种方法往往被称为"填鸭式"教学，学生往往是被动接受，一般不会深刻思考。有人则提出了"练习法"，经过刷题进行提高，找到题感。这些方法都各有优缺点，应根据学习的具体内容以及学生的年龄特征合理选用。

学习的主体是学生，充分发挥学生的主观能动性才是学习之道，传授之道。只有让学生学会自学，学会阅读，理清知识点的来龙去脉，然后去做例题，对照解题过程总结经验和教训，慢慢形成自己的学习方法、学习习惯，才能更好地提高学习效率。这就是"自学阅读法"。

那么问题来啦，学生学习数学，应阅读什么？又应如何阅读？为学生提供一套较好数学阅读学习资料，且要兼顾例题和练习，的确不是一件容易的事。我在平时的教学中，反复思索着这个问题，从知识点入手，从解题方法入手或许是一个捷径。基于此想法，我倾心编写了"奥数经典500例"，把数学学科按照知识体系和方法（不像小学、初中数学内容那样间隔循环提升）由浅入深、环环相扣地编写出来。每一例，都是一个知识点，瑰丽的宝石；每一例，都是一个神器，秒杀的秘诀。为了让学生能掌握各知识点，特设置了"神器溯源"栏目，力争让学生知其然，又知其所以然；既知道公式的结构，又知道公式的推导过程；既知道定理，又掌握定理的证明；既知道数学家的贡献，又了解了数学家的故事。为了进一步帮助学生掌握各知识点，我把各知识点浓缩提炼成合辙押韵的顺口溜。（这里需要声明一下，有人说，顺口溜太多，学生记不住。我只想说，让学生背顺口溜，本身就是不合时宜的，顺口溜是知识点的精华，其作用是帮助学生理解知识点）为了帮助学生加深对各知识点的理解，我针对每个知识点精心编写了2~6个例题，来帮助学生加深理解与巩固。为了让学生学有所用，我还对应编写了由易到难的3~10个练习题。总之，学生通过认真地阅读和理解，学习例题，完成练习，基本能掌握所学的知识点。

根据数学的特点，"奥数经典500例"分成6册出版，每册一个专题，分别是计算专题、应用题专题、数论专题、几何专题、计数专题、构造论证专题。

由于编写时间仓促，难免有错漏之处，恳请各位读者斧正。

陈拓

2021年8月8日

"奥数经典500例"答疑群

Preface 前言

"几何"是研究图形位置关系与度量关系的一门科学。几何图形是从现实生活中的实物抽象出来，剔除非数学属性而保留下来的图形。

组成几何图形的基本单元是点，通过点动成线、线动成面、面动成体构成一维、二维、三维图形。几何知识系统具有很强的连贯性，前面所学内容是后面要学内容的基础，后面内容是前面内容的延伸与拓展。所以，打牢几何基础是后续提高的必要环节。

几何专题共有111个知识点及其对应方法、技巧，编排专题时，本书既注重几何的学科特点，又兼顾了读者的认知水平，力争做到形象直观、语言精练、思路清晰、通俗易懂。每讲都有知识要点和说明、神器溯源、例题精讲、针对性练习及练习参考答案。

几何专题从角开始，介绍不同的角的概念和对应的数学关系；接着是图形周长的不同求法、比例图形的几何模型、正多边形的标准分割等；然后是曲边图形的相关问题、与圆有关的问题等；最后是立体图形、极值等问题。

在知识点的编写过程中，注重知识点之间的联系，力争提升学生对图形的分析能力。

例如：如何求三角形面积，三种方法对应三种思路：先是面积公式及其变形；然后是对三角形进行等积变形，体现动态转化思想；最后是图形比例法，通过"邻居帮扶"找到面积的倍数关系。这样安排的好处就是，看到题目就能马上找到解题思路。

几何知识博大精深，希望本书能够抛砖引玉，为读者的几何学习提供一定的帮助。

在本书的编写过程中收到张大可、杨忠贤、石荣才、杨永东、安禹洵、何希敏、罗天石、王晨阳、张萍、叶伟红、陶源等老师的修改建议，他们对本书的顺利出版作出了很大贡献，在此顺致谢意！

陈拓
2021年8月8日

"奥数经典500例"答疑群

Contents 目录

JH-001	角的度量	(1)		JH-026	网格弦图剪又拼	(78)
JH-002	两线四角	(5)		JH-027	面积公式的正逆运用	(81)
JH-003	三线八角	(8)		JH-028	图形形状特殊化	(85)
JH-004	方位角与方向角	(12)		JH-029	图形位置特殊化	(89)
JH-005	多边形的内角和与外角和	(15)		JH-030	图形边长特殊化	(92)
				JH-031	图形面积特殊化	(94)
JH-006	角模型之旗子形	(19)		JH-032	勾股定理	(97)
JH-007	角模型之沙漏形	(22)		JH-033	勾股弦图	(102)
JH-008	角模型之导航形	(25)		JH-034	正方形格点中的毕克公式	(106)
JH-009	三角形内角平分线夹角(内心角)	(28)		JH-035	正三角形格点中的毕克公式	(110)
JH-010	三角形内角、外角平分线夹角(旁心角Ⅰ型)	(31)		JH-036	将军饮马	(113)
JH-011	三角形外角平分线夹角(旁心角Ⅱ型)	(33)		JH-037	等积变形	(117)
				JH-038	田字格	(121)
JH-012	三角形边的中垂线夹角(外心角)	(36)		JH-039	田三捉蟹	(124)
				JH-040	田三捉蟹中的最值问题*	(128)
JH-013	三角形高线的夹角(垂心角)	(39)		JH-041	推出三角形(一半模型)	(132)
				JH-042	推出四边形	(136)
JH-014	皇冠平均角	(42)		JH-043	梯形中的一半模型	(140)
JH-015	折角的大小关系*	(45)		JH-044	出入相补法	(144)
JH-016	桌面锯角	(49)		JH-045	共边定理之山脊形	(147)
JH-017	钟面上指针夹角	(51)		JH-046	共边定理之风筝形	(150)
JH-018	折尺模型求角	(54)		JH-047	共边定理之蝴蝶形	(153)
JH-019	平移法求周长	(57)		JH-048	共边定理之山峰形	(157)
JH-020	拍球法求周长	(60)		JH-049	共边定理之燕尾形	(160)
JH-021	截长补短求周长	(63)		JH-050	共边定理之导航形	(164)
JH-022	拼图的周长	(65)		JH-051	共角定理之一般鸟头形	(167)
JH-023	剪图的周长	(68)		JH-052	共角定理之一般沙漏形	(171)
JH-024	数方格求螺旋折线长	(71)		JH-053	共角定理之母子依偎形	(174)
JH-025	旋转法剪切图形	(74)		JH-054	共角定理之母子溺爱形	(177)

JH-055	相似定理之平行鸟头形	(181)		JH-083	图形的翻转	(277)
JH-056	相似定理之平行沙漏形	(185)		JH-084	图形的剪拼	(281)
JH-057	相似定理之母子射影形	(189)		JH-085	圆与勾股	(285)
JH-058	相似定理之比例中项形*	(192)		JH-086	扇形相关量	(289)
JH-059	相似定理之三垂K字形*			JH-087	弓形相关量	(293)
		(194)		JH-088	方中圆与圆中方	(297)
JH-060	平行马路口	(197)		JH-089	贴膜法	(300)
JH-061	广义的梯蝴模型	(202)		JH-090	分割法	(303)
JH-062	风沙模型	(206)		JH-091	割补法	(306)
JH-063	区字调和定理*	(209)		JH-092	求差的技巧	(309)
JH-064	三线共点之塞瓦定理	(212)		JH-093	平面图形的翻动	(313)
JH-065	三点共线之梅氏定理	(215)		JH-094	圆的内外滚动	(316)
JH-066	三线包围之卢森定理	(219)		JH-095	圆心角与圆周角	(321)
JH-067	重心定理	(223)		JH-096	圆的切线与割线	(325)
JH-068	三角形内角平分线定理	(227)		JH-097	圆幂定理*	(329)
JH-069	三角形外角平分线定理*	(230)		JH-098	两圆的位置关系	(333)
JH-070	正方形的内接四边形	(233)		JH-099	立体图形表面展开图	(337)
JH-071	直角三角形中的正方形	(236)		JH-100	三视图	(341)
JH-072	正方形的两个内接正方形*			JH-101	棱柱的表面积与体积	(345)
		(239)		JH-102	圆柱的表面积与体积	(348)
JH-073	正三角形的两个内接正三角形*			JH-103	锥体的表面积与体积	(351)
		(243)		JH-104	台体的表面积与体积	(354)
JH-074	正三角形的标准分割	(247)		JH-105	球体与旋转体	(357)
JH-075	正方形的标准分割	(250)		JH-106	水中放物排水法	(360)
JH-076	正五边形的标准分割	(253)		JH-107	几何学中的欧拉公式与正多面体	
JH-077	正六边形的标准分割	(257)				(364)
JH-078	正八边形的标准分割	(260)		JH-108	长方体的染色与分割	(367)
JH-079	含30°角的三角形面积	(263)		JH-109	几何中的极值*	(370)
JH-080	正十二边形的标准分割	(267)		JH-110	七巧板中的数学	(373)
JH-081	图形的平移	(271)		JH-111	索玛立方体	(378)
JH-082	图形的旋转	(273)				

注:标记"*"且加色的为选学内容。

JH-001　角的度量

神器内容	(1) $1°=60′$, $1′=60″$。 (2) 互余角之和为 $90°$，互补角之和为 $180°$。
要点与说明	角的定义很重要，几何问题常用到。 角的大小的度量，量角器能帮上忙。 角度单位度分秒，从大到小要记好。 六十进制来换算，换算一定要熟练。

神器溯源

1. 角的定义一： 具有公共端点的两条射线组成的图形叫作角。其中射线叫作边，射线的公共点叫作角的顶点，如图 1 所示。

认识角的内部与外部，如图 2 所示。认识角的符号与标记：∠。两条相邻射线组成的角叫作基本角。其他角都是由相邻的基本角拼成的。如图 3 所示，∠1＝∠AOB，∠2＝∠BOC，∠1＋∠2＝∠AOC。

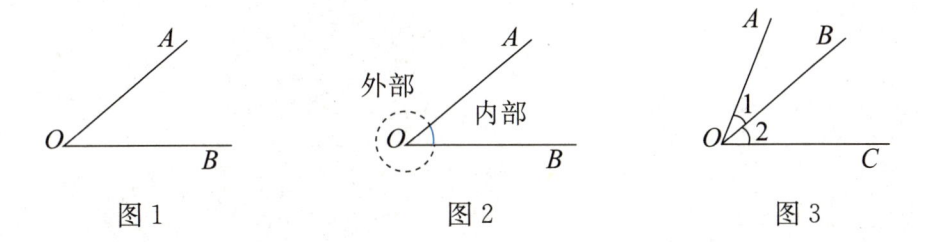

图1　　　　图2　　　　图3

2. 角的定义二： 一条射线绕着端点旋转到另一位置形成的图形叫作角。开始的射线叫作角的始边，结束的射线叫作角的终边。按照逆时针旋转的角为正角，如图 4 所示；按照顺时针旋转的角为负角，如图 5 所示。

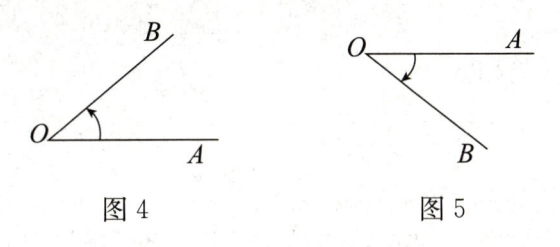

图4　　　　图5

3. 角的度量：如图 6 所示，一条射线，绕端点逆时针旋转一周，形成的角叫作周角，把周角等分 360 份，每份角为 1 度，记作 1°。把 1°角等分 60 份，每份角为 1 分，记作 1′。再把 1′角等分 60 份，每份角为 1 秒，记作 1″。

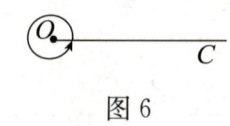

图 6

$$1° = 60' \qquad 1' = 60''$$

直角 $\alpha = 90°$，平角 $\alpha = 180°$，锐角 α 的取值范围为 $0° < \alpha < 90°$，钝角 α 的取值范围为 $90° < \alpha < 180°$，优角 α 的取值范围为 $180° < \alpha < 360°$。

4. 两个角的关系

(1) 如果 $\angle 1$ 与 $\angle 2$ 的度数之和为 $90°$，则称 $\angle 1$ 与 $\angle 2$ 互余，$\angle 1$ 的余角为 $\angle 2$，记作：$(90° - \angle 1)$。如 $48°$ 角的余角为 $90° - 48° = 42°$。特别指出，互余的两个角之间只有角度之和为 $90°$ 的固定关系，没有角的位置关系。当两个互余的角有一条公共边，且两个角分居在公共边的两侧，这样的两个角叫作邻余角，如图 7 所示。

(2) 如果 $\angle 1$ 与 $\angle 2$ 的度数之和为 $180°$，则称 $\angle 1$ 与 $\angle 2$ 互补，$\angle 1$ 的补角为 $\angle 2$，记作：$(180° - \angle 1)$。如 $48°$ 角的补角为 $180° - 48° = 132°$。特别指出，互补的两个角之间只有角度之和为 $180°$ 的固定关系，没有角的位置关系。当两个互补的角有一条公共边，且两个角分居在公共边的两侧，这样的两个角叫作邻补角，如图 8 所示。

图 7   图 8

例题精讲

例题 1 角度换算与运算

(1) $12°15' = \underline{\qquad}'$ $5°20'26'' = \underline{\qquad}''$ $20.125° = \underline{\qquad}''$

(2) $72°15'48'' + 56°02'36'' = \underline{\qquad}° \underline{\qquad}' \underline{\qquad}''$

$180° - 38°45'16'' = \underline{\qquad}° \underline{\qquad}' \underline{\qquad}''$

$18°26'32'' \times 5 = \underline{\qquad}° \underline{\qquad}' \underline{\qquad}''$

答案：(1) 735   19226   72450   (2) 128 18 24；141 14 44；92 12 40

【解答】 (1)$12°15'=(12×60+15)'=735'$

$5°20'26''=(5×60^2+20×60+26)''=19226''$

$20.125×3600=72450''$

(2)$72°15'48''+56°02'36''=128°17'84''=128°18'24''$

$180°-38°45'16''=179°59'60''-38°45'16''=141°14'44''$

$18°26'32''×5=90°130'160''=92°12'40''$

例题 2 (1)一个角比它的余角的 2 倍大 36°,那么这个角为_____°。

答案:72

【解答】 因为一个角与它的余角之和为 90°,所以这个角的余角为$(90°-36°)÷(1+2)=18°$,这个角为 $90°-18°=72°$。

另解:设这个角为 $x°$,则这个角的余角为$(90-x)°$。

$x-36=2(90-x)$

$x=72$

(2)一个角的补角比这个角的余角的 3 倍小 48°,那么这个角为_____°。

答案:21

【解答】 因为一个角的补角比它的余角大 90°,所以这个角的余角为$(90°+48°)÷(3-1)=69°$,这个角为 $90°-69°=21°$。

另解:设这个角为 $x°$,则这个角的余角为$(90-x)°$,补角为$(180-x)°$。

$(180-x)°=3(90-x)°-48°$

$x=21$

针对性练习

练习 ❶ 角度换算

(1)$30°25'=$_____$'$

(2)$10°36''=$_____$''$

(3)$1350.6°=$_____$°$_____$'$

练习 ❷ 角度运算

(1)$36°16'34''+26°12'16''=$_____$°$_____$'$_____$''$

(2)$500°-236°47'45''=$_____$°$_____$'$_____$''$

(3)$80°22'15''×6=$_____$°$_____$'$_____$''$

(4)$125°48'÷4=$_____$°$_____$'$

练习❸ 一个角的 4 倍加上 35°，恰好等于它的补角，那么这个角为_____。

练习❹ 如图 9 所示，在直线 AB 上有一点 O，过 O 点作 CO⊥OD，∠3 是 ∠1 的 6 倍，那么 ∠2 = _____。

图 9

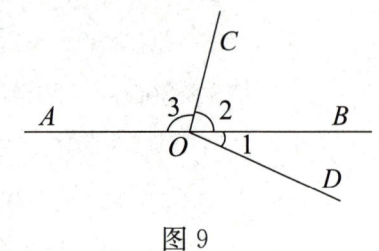

练习❺ 一个角的 2 倍、它的余角的 3 倍、它的补角的 4 倍，三者之和为 900°，那么这个角的度数为_____。

练习参考答案

练习题号	练习 1	练习 2	练习 3
参考答案	(1)1825′ (2)36036″ (3)1350°36′	(1)62°28′50″ (2)263°12′15″ (3)482°13′30″ (4)31°27′	29
解答提示	直接换算	基本运算，注意进位	可从份数入手
练习题号	练习 4	练习 5	
参考答案	72	18	
解答提示	观察∠2 与∠1、∠3 的关系	余角、补角定义	

JH-002 两线四角

神器内容	(1)如图1所示,两直线相交,形成4个角,出现4对邻补角,2对对顶角。 (2)对顶角相等。 (3)如图2所示,两线四角中,有一个角为直角,则四个角都是直角,则称两直线垂直。 图1　　　　　　　　　图2
要点与说明	两条直线来相交,四对邻补两对角。 对顶之角必相等,解题直接来使用。 垂直关系要看清,除了九零标方形。

神器溯源

如图3所示,直线 AB 与 CD 交于点 O,形成四个角,其中有两对对顶角:$\angle 1$ 与 $\angle 3$,$\angle 2$ 与 $\angle 4$,对顶角相等;四对邻补角:$\angle 1$ 与 $\angle 2$,$\angle 2$ 与 $\angle 3$,$\angle 3$ 与 $\angle 4$,$\angle 4$ 与 $\angle 1$,邻补角之和为 $180°$。

如图4所示,直线 AB 与 CD 交于点 O,形成四个角中,如果有一个角为直角,那么其他角都是直角,两条直线互相垂直,O 为垂足,记作:$AB \perp CD$ 于点 O。

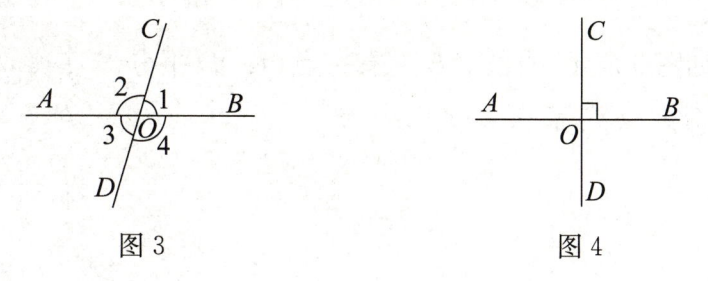

图3　　　　　　　　　图4

例题精讲

例题 1 如图 5 所示，直线 AB 与 CD 交于点 O，OE⊥AB，那么 ∠2－∠1＝_____°。

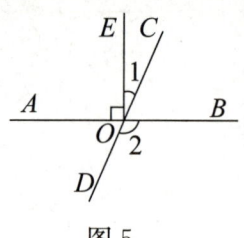

答案: 90

【解答】 ∠1 是 ∠BOC 的余角，∠2 是 ∠BOC 的补角，
∴ ∠2－∠1＝(180°－∠BOC)－(90°－∠BOC)＝180°－90°＝90°。

另解：如图 6 所示，延长 EO 到 F，则 ∠1＝∠DOF，
∴ ∠BOD－∠1＝(∠BOF＋∠DOF)－∠1＝∠BOF＝90°。

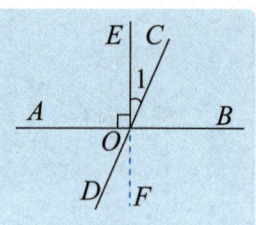

图 5

图 6

例题 2 如图 7 所示，直线 AB、CD 交于点 O，OE 平分 ∠AOD，且 ∠DOE＝2∠AOC，那么 ∠BOC＝_____°。

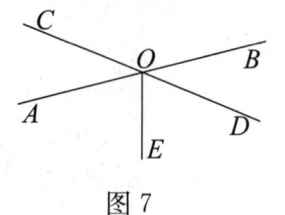

答案: 144

【解答】 ∠AOC＝180°÷(2＋2＋1)＝36°，∠BOC＝180°－36°＝144°。

图 7

针对性练习

练习 ❶ 如图 8 所示，四条直线相交于一点，图中共有_____对对顶角。

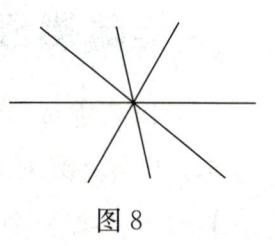

图 8

练习 ❷ 如图 9 所示，直线 AB 上有一点 O，OD 平分 ∠AOC，OE 平分 ∠BOC，那么 ∠DOE＝_____°。

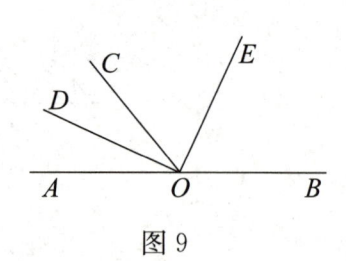

图 9

· 6 ·

练习❸ 如图 10 所示,直线 AB、CD、EF 交于点 O,OG 平分 $\angle BOC$,$\angle 1=30°$,$\angle 2=36°$,那么 $\angle 3=$ _____ °。

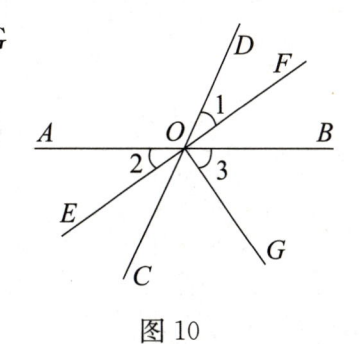

图 10

练习参考答案

练习题号	练习1	练习2	练习3
参考答案	12	90	57
解答提示	$2\times C_4^2$	角度推导	角度推导

JH-003 三线八角

神器内容	(1)如图1所示,两条平行线被第三条直线所截,同位角相等,内错角相等,同旁内角互补。 (2)在三线八角中,同位角、内错角有一组相等或有一组同旁内角互补,则必有平行线。

图1

要点与说明	三线八角三种角,角的名称真不少。 同位角,内错角,可能相等要知晓。 同旁内角若互补,两线平行能推出。 角的关系得平行,常常用到是判定。 直线平行角关系,这是性质告诉你。

神器溯源

1. 如图2所示,直线 AB、CD 被第三条直线 EF 所截,形成的八个角中,

(1)没有公共顶点的两个角,它们在直线 AB、CD 的同侧,在第三条直线 EF 的同旁(即方位相同),这样的一对角叫作同位角。

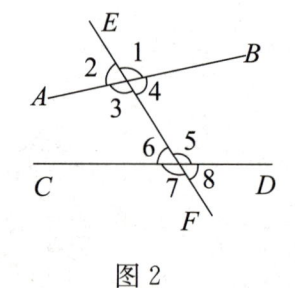

　如∠1与_____;∠3与_____。

图2

(2)没有公共顶点的两个角,它们在直线 AB、CD 之间,在第三条直线 EF 的两旁(即位置交错),这样的一对角叫作内错角。

　如∠3与_____;∠4与_____。

(3)没有公共顶点的两个角,它们在直线 AB、CD 之间,在第三条直线 EF 的同旁,这样的一对角叫作同旁内角。

　如∠3与_____;∠4与_____。

2. 平行线的性质:根据平行线,可以得到角的关系。

(1)如果两条平行直线被第三条直线所截,那么同位角相等,简称:两直线平行,同位角相等。如图3所示,表述:

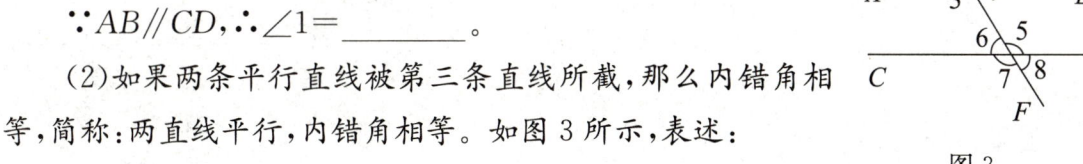

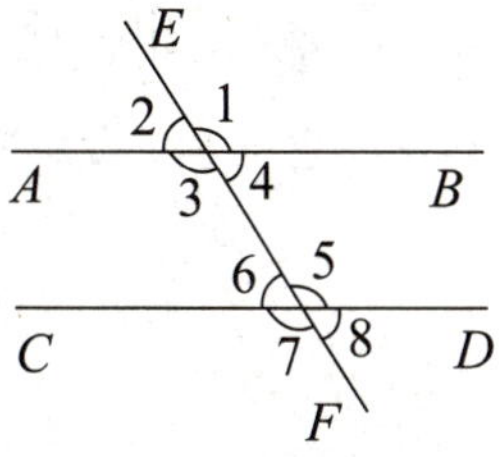

∵AB∥CD,∴∠1=_____。

(2)如果两条平行直线被第三条直线所截,那么内错角相等,简称:两直线平行,内错角相等。如图3所示,表述:

∵AB∥CD,∴∠3=_____。

(3)如果两条平行直线被第三条直线所截,那么同旁内角互补,简称:两直线平行,同旁内角互补。如图3所示,表述:

∵AB∥CD,∴∠3+∠6=_____。

3. 平行线的判定:根据角的关系,可以判定两条直线是平行线。

(1)两条直线被第三条直线所截,如果同位角相等,那么两直线平行。如图3所示,表述:

∵∠1=_____,∴AB∥CD。

(2)两条直线被第三条直线所截,如果内错角相等,那么两直线平行。如图3所示,表述:

∵∠3=_____,∴AB∥CD。

(3)两条直线被第三条直线所截,如果同旁内角互补,那么两直线平行。如图3所示,表述:

∵∠3+∠_____=_____,∴AB∥CD。

例题精讲

例题 1 如图4所示,已知$AB\parallel CD$,$\angle A=40°$,$\angle E=88°$,那么$\angle C=$_____。

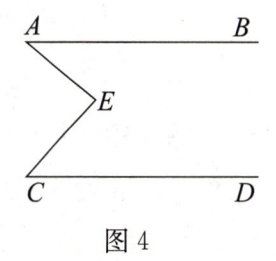

答案:48

【解答】 如图5所示,过E作$EF\parallel AB$,则$\angle A=\angle 1$,$\angle C=\angle 2$。

∴$\angle C=88°-40°=48°$。

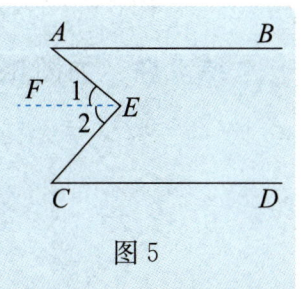

注:本题采用添加平行线,利用内错角相等进行解题。大家可以思考是否可以使用添加平行线,利用同位角相等或者同旁内角互补来解题。

例题 2 如图 6 所示,直线 l_1、l_2 都与 l_3、l_4 相交,∠1=35°,∠2=145°,∠3=62°,那么∠4=_____°。

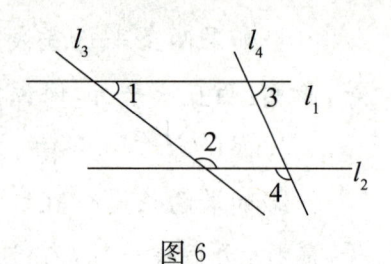

图 6

答案: 118

【解答】 如图 7 所示,∵∠1+∠2=35°+145°=180°,

∴$l_1 \parallel l_2$。

∴∠5=∠3=62°,从而∠4=180°-62°=118°。

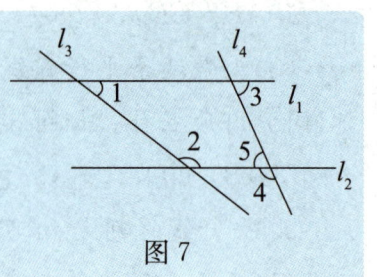

图 7

针对性练习

练习❶ 在图 8 中,共有_____对对顶角,_____对同位角,_____对内错角,_____对同旁内角。

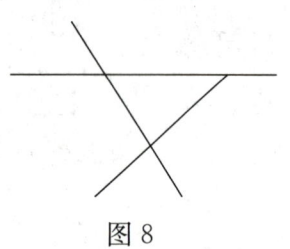

图 8

练习❷ 如图 9 所示,已知 $AB \parallel DE$,∠B=26°,∠C=62°,那么∠D=_____°。

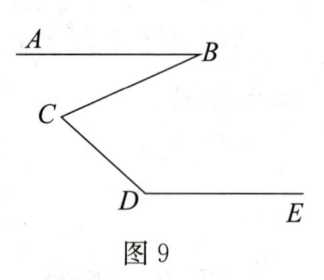

图 9

练习❸ 如图 10 所示,CD 是∠ACB 的平分线,∠1=∠2=28°,∠B=45°,那么∠BDE=_____°。

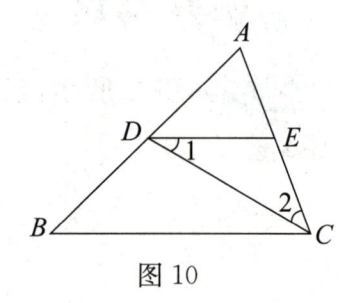

图 10

练习❹ 如图 11 所示,直线 $AB \parallel CD$,则∠1-∠2+∠3-∠4+∠5=_____°。

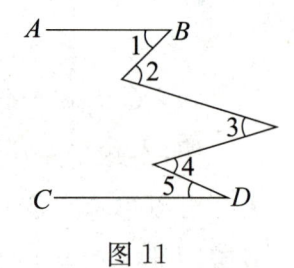

图 11

练习 5 如图 12 所示，已知 AB∥CD，∠ABE 和 ∠CDE 的平分线相交于 F，∠E = 136°，那么 ∠BFD = _____。

图 12

练习参考答案

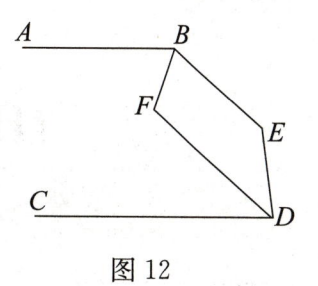

练习题号	练习1	练习2	练习3	练习4	练习5
参考答案	4 8 5 5	144	135	0	112
解答提示	观察角的位置	过 C 作平行线	先得到 DE∥BC	角度推导	平行线间同向角之和相等

JH-004　方位角与方向角

神器内容	上北下南、左西右东，如图1所示。 (1)方位角。 (2)方向角。	图1
要点与说明	上北下南方向定，左边是西右边东。 出现偏角怎么算，画出十字才好办。 北偏东来有多远？一定找到观察点。 同向出现平行线，同向内错会出现。 从北方，顺时转，方位之角来计算。 零到三百六十度，取值范围记清楚。	

神器溯源

方位的确定方法： 上北、下南、左西、右东。指向北方的射线一般画出箭头。正北、正东、正南、正西方向，被称四方。除此之外，在两者夹角平分线方向上，出现东北、东南、西南、西北四隅，合称"四面八方"，如图2所示。

1. 方位角。 方位角是指从正北方开始，顺时针旋转 $0°\sim360°$ 的角，指向的方向称为方位角。如正东方的方位角为 $90°$，正西方的方位角为 $270°$。

2. 方向角。 以南北为基准，偏向东、西方向的角，称为方向角。一般方向角由三部分组成：基准方向（南或北）；偏转方向（东或西），角度大小（$0°\sim90°$）。如图3所示，射线 OA 表示北偏东 $30°$，射线 OB 表示南偏西 $50°$。

图2　　　　图3

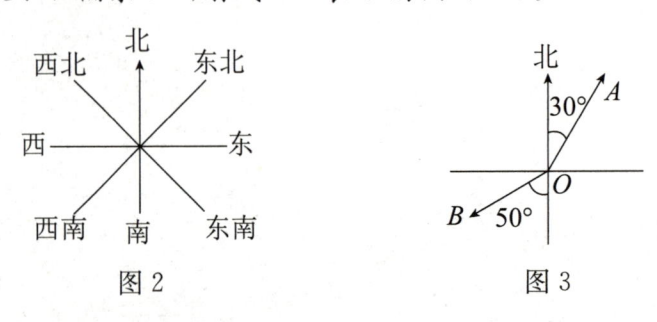

例题精讲

例题 1 一艘轮船从 A 点观测到灯塔 B 在其北偏东 55°方向上,轮船向东航行 30 海里到达 C 点再观测,灯塔 B 在其北偏东 20°方向上,那么 B、C 之间的距离为 _____ 海里。

答案:30

【解答】 如图 4 所示,∠BAC=90°−55°=35°,∠B=55°−20°=35°,所以∠BAC=∠B,AC=BC=30。B、C 之间的距离为 30 海里。

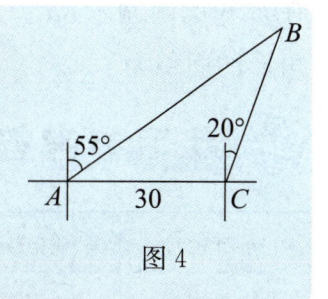

图 4

例题 2 如图 5 所示,小明从 A 点出发,向正东方向行走到达 B 点,然后向东偏南 36°的方向行走到 C 点,在 C 点向左转向 80°行走到达 D 点,那么小明在 D 点需要右转 _____ 度就可以向正东方向到 E 点。

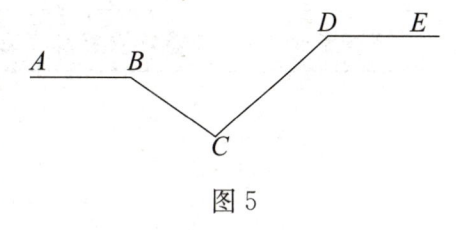

答案:44

【解答】 如图 6 所示,延长 AB、BC、CD。可以得到∠1=80°−36°=44°,因为 DE∥AB,所以∠2=∠1=44°。

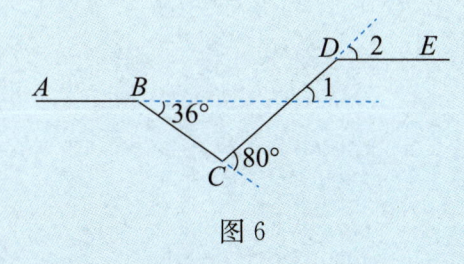

图 6

另解:方向不变时,左右摆动角度之和为 0°,则 80°−36°=44°。

针对性练习

练习❶ 在太行山上有两个山头,山头 A 在山头 B 的北偏西 48°的方向上,那么山头 B 在山头 A 的 _____ 的方向上。(填写具体方向角)

练习❷ 从 A 点观测到 B 点在其北偏东 58°方向上,向东行走到 C 点再观测,B 点在其北偏东 15°方向上,那么∠ABC= _____°。

练习 ❸ 如图 7 所示，某人连续 5 次右转 $x°$，最后行走的方向与开始方向相反，那么 $x=$ _____ °。

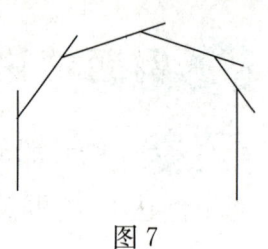

图 7

练习 ❹ 有三棵树，B 树在 A 树的北偏东 $37°$ 方向上，两树距离为 18 米。C 树在 B 树的南偏东 $53°$ 方向上，两树距离为 20 米，那么以这三棵树的地点为顶点的三角形的面积为 _____ 平方米。

练习参考答案

练习题号	练习 1	练习 2	练习 3	练习 4
参考答案	南偏东 48°	43	36	180
解答提示	注意观察点	方向角	共转 180°	△ABC 为直角三角形

JH-005　多边形的内角和与外角和

神器内容	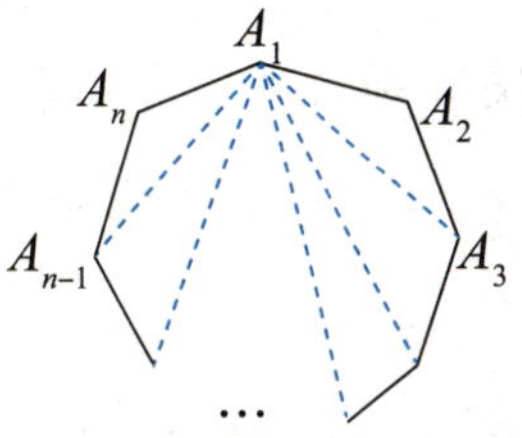 (1) n 边形的内角和为 $(n-2)\times 180°(n\geqslant 3)$。 (2) 正 n 边形的每个内角为 $\dfrac{(n-2)\times 180°}{n}$。 (3) n 边形的外角和为 $360°(n\geqslant 3)$。 (4) 正 n 边形的每个外角为 $\dfrac{360°}{n}$。 图1
要点与说明	三角形,内角和,一百八十谁会错? 三个一团知两个,剩下一个易求得。 n 边形,来分割;三角形,数一数。 n 减二个三角形,内角和能算清。 外角和,都不变,三百六十记心间。

🧑‍🎓 神器溯源

1. 三角形的内角和为 180°

这是三角形内角和定理,证明方法很多。这里给出作平行线的方法。如图 2 所示,过顶点 A 作直线 DE,使得 $DE/\!/BC$,则 $\angle B=\angle 1$,$\angle C=\angle 2$。

∴ $\angle BAC+\angle B+\angle C=\angle BAC+\angle 1+\angle 2=180°$(拼成平角)。

2. 三角形的外角和为 360°

如图 3 所示,三角形的每个顶点处有两个外角,由于这两个外角是对顶角,两者相等,我们在计算外角和时在每个顶点处各取一个外角。每个外角与其相邻的内角之和都是平角,形成三个平角。而内角和是 $180°$,所以外角和为 $\angle 1+\angle 2+\angle 3=3\times 180°-180°=360°$。

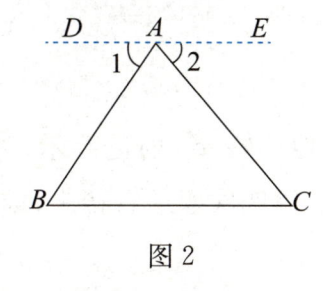

图2 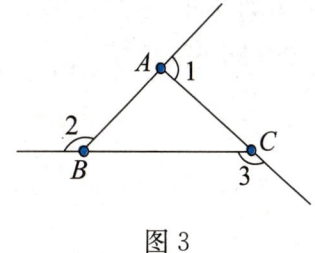　　　图3

3. n 边形的内角和为 $(n-2) \times 180°(n \geqslant 3)$

如图 1 所示,从 n 边形的一个顶点出发,除了不和自己以及相邻的两个顶点相连以外,可以连 $(n-3)$ 条对角线,这 $(n-3)$ 条对角线与边形成 $(n-2)$ 个基本三角形,所以 n 边形的内角和为 $(n-2) \times 180°$。

4. n 边形的外角和为 $360°$

如图 4 所示,从每个顶点处取一个外角,它与其相邻的内角构成邻补角,一共得到 n 个 $180°$。去掉 n 边形的内角和:$(n-2) \times 180°$,还剩下的两个 $180°$ 的和为 $360°$,它就是 n 边形的外角和。

图 4

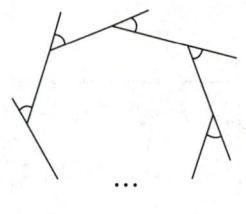

例题精讲

例题 1 一个凸多边形(每个内角都不大于 $180°$)漏加了一个内角,得到内角和为 $2000°$,那么这个多边形共有_____条对角线。

答案:77

【解答】 设漏加的内角为 $x°$,则 $(n-2) \times 180° = 2000° + x°$。

根据 n 是不小于 3 的正整数,利用整除性分析,得到 $(2000+x)$ 为 180 的倍数,且 $0 < x < 180$。得到 $n = 14, x = 160$。

对于 14 边形,从一个顶点出发,可以连出 $14 - 3 = 11$ 条对角线,14 个顶点可以连出 $14 \times 11 = 154$ 条对角线,但是,同一条对角线的端点是两个顶点,每条对角线被计数了 2 次,所以一共可以连出 $154 \div 2 = 77$ 条对角线。

例题 2-1 如图 5 所示,$\angle 1 + \angle 2 + \angle 3 + \angle 4 + \angle 5 + \angle 6 = $ _____ °。

图 5

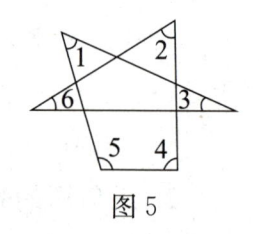

答案:360

【解答】 如图 6 所示,所求 6 个角分别是 4 个三角形和一个四边形的内角,它们的内角和的总和去掉中间五边形的外角和的 2 倍,就是所求的六个角的度数之和。所以为 $180° \times 4 + 360° - 360° \times 2 = 360°$。

图 6

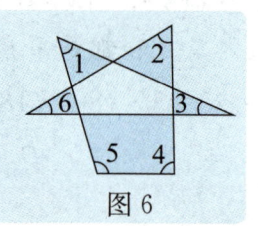

例题 2-2 一位盲人从一点开始行走,第一次原地右转 $x°$,前进 6 米;第二次原地右转 $x°$,前进 7 米;第三次原地右转 $x°$,前进 8 米;第四次原地右转 $x°$,前进 9 米;第

五次原地右转 $x°$，前进 a 米；第六次原地右转 $x°$，前进 b 米，此时恰好回到起点处，形成一个凸多边形，那么 $ax+b=$ _____。

答案：251

【**解答**】 如图 7 所示，根据外角和为 $360°$，旋转 6 次，得到每次旋转 $x°=360°÷6=60°$。从而得到每个内角均为 $120°$ 的六边形。如图 7 所示，补出三个等边三角形，得到大等边三角形的边长为 $6+7+8=21$，所以 $a=21-9-8=4$，$b=21-4-6=11$。所以 $ax+b=4×60+11=251$。

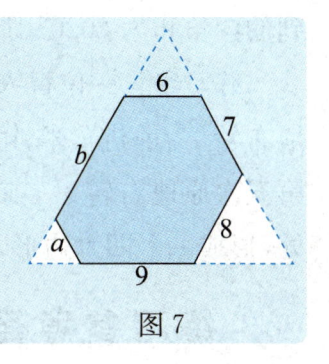

图 7

针对性练习

练习 ❶ 如果一个三角形的三个内角中，其中一个角是另一个角的 2 倍，第三个角是最小角的 3 倍，那么这个三角形的形状为 _____。

练习 ❷ 如图 8 所示，$\angle A+\angle B+\angle C+\angle D+\angle E+\angle F=$ _____ $°$。

图 8

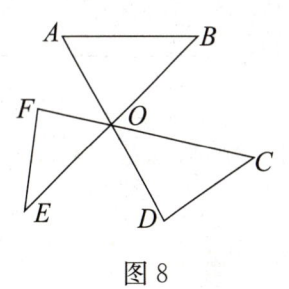

练习 ❸ 如图 9 所示，五角星的五个顶角之和 $\angle A+\angle B+\angle C+\angle D+\angle E=$ _____ $°$。

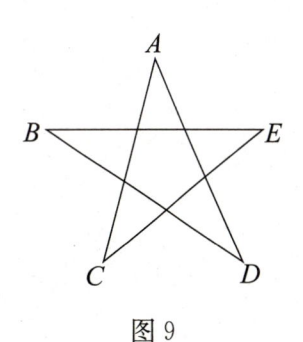

图 9

练习 ❹ 如图 10 所示，此图是一个边长相等的正五边形和正六边形组成的图形，那么 $\angle 1=$ _____ $°$。

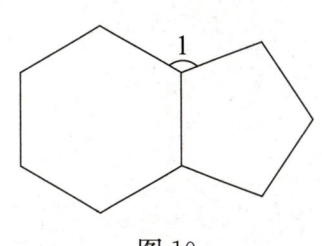

图 10

练习 5 已知蚂蚁从一点开始,每次左转 24°,然后前进 20 厘米,最后回到起点,那么这只蚂蚁行走的多边形的周长为_____厘米。

练习 6 一个凸多边形在计算内角和时,不慎把其中一个内角多加了一次,得到的内角和为 2020°,那么这个多边形的对角线共有_____条。

练习 7 一位盲人从一点开始行走,第一次原地右转 $x°$,前进 6 米;第二次原地右转 $x°$,前进 7 米;第三次原地右转 $x°$,前进 8 米;第四次原地右转 $x°$,前进 9 米;第五次原地右转 $x°$,前进 a 米;第六次原地右转 $x°$,前进 b 米,此时恰好回到起点处,形成一个凹六边形,那么 $ax+b=$_____。

练习参考答案

练习题号	练习1	练习2	练习3	练习4	练习5	练习6	练习7
参考答案	直角三角形	360	180	132	300	65	967
解答提示	含 90°的角	三角形内角和	从内角和与外角和入手	从正多边形的外角入手	从外角和入手	先求是几边形	对边相交的凹六边形

JH-006　角模型之旗子形

神器内容	三角形的一个外角,等于与它不相邻的两个内角之和。如图1所示,∠1=∠A+∠B。 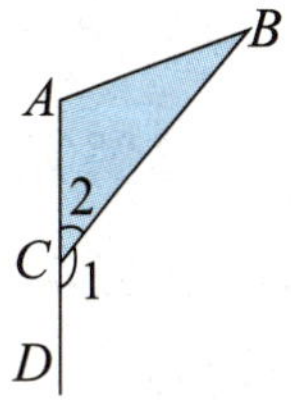
要点与说明	小旗子,迎风飘,角度关系变不了。 旗杆之处有外角,相邻之角先去掉。 另外两角之和算,等于外角看得见。

图1

神器溯源

三角形的一个外角等于与它不相邻的两个内角之和,即∠1=∠A+∠B。

证明:如图1所示,∠A+∠B+∠2=180°(三角形的内角和)。

又∵∠1+∠2=180°(邻补角),

∴∠1=∠A+∠B。

例题精讲

例题1 如图2所示,∠1=82°,∠2=78°,CD⊥CE,那么∠O=_____。

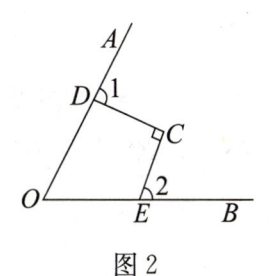

答案:70

图2

【解答】 如图3所示,连结OC,根据旗子形,

∠AOC+∠DCO=∠1=82°,

∠BOC+∠ECO=∠2=78°,

∴∠O=82°+78°−90°=70°。

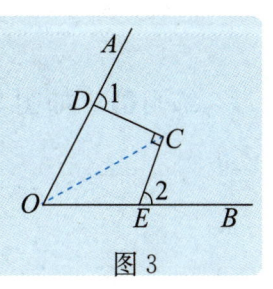

图3

例题 2 如图 4 所示,∠1+∠2+∠3+∠4+∠5+∠6 = _____ °。(使用旗子形解答)

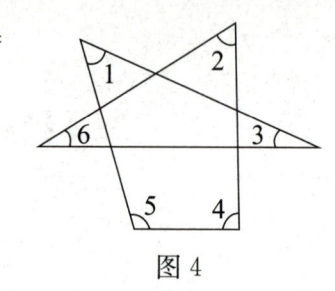

答案: 360

【解答】 如图 5、图 6 所示,根据旗子形,∠2+∠6 = ∠7,∠1+∠3 = ∠8。∠1+∠2+∠3+∠4+∠5+∠6 = ∠4+∠5+∠7+∠8 = 360°。(四边形内角和)

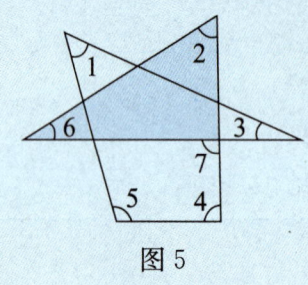

图 5

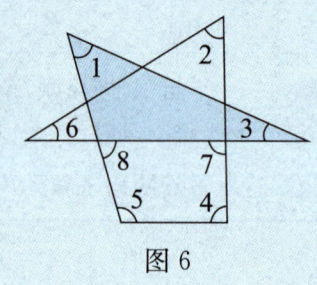

图 6

针对性练习

练习 ❶ 如图 7 所示,∠A = 100°,∠BCD = 128°,则 ∠B = _____ °。

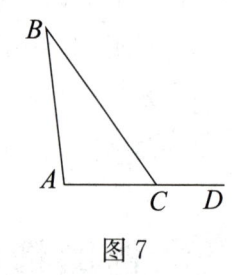

图 7

练习 ❷ 如图 8 所示,已知∠A+∠B+∠C+∠D = 190°,那么∠BEC = _____ °。

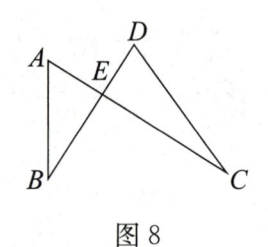

图 8

练习 ❸ 如图 9 所示,已知∠1 = 120°,∠2 = 130°,那么 ∠3 = _____ °。

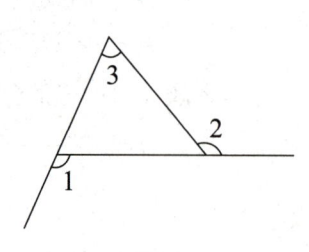

图 9

· 20 ·

练习 ❹ 如图 10 所示,五角星的五个顶角之和∠A+∠B+∠C+∠D+∠E=_____。(使用旗子形解答)

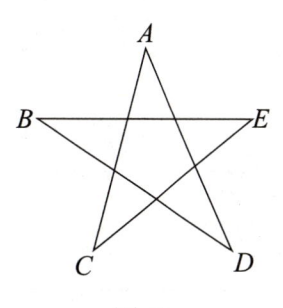

图 10

练习 ❺ 如图 11 所示,已知∠5=32°,那么∠1+∠2+∠3+∠4=_____。

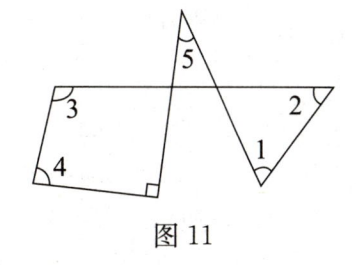

图 11

练习 ❻ 如图 12 所示,十四个角之和:∠A+∠B+∠C+⋯+∠M+∠N=_____。

图 12

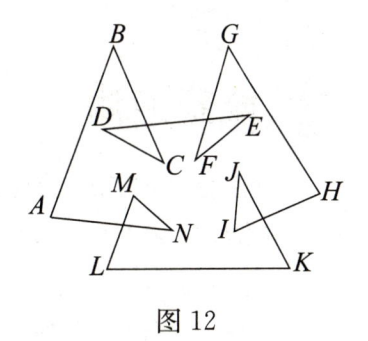

练习参考答案

练习题号	练习1	练习2	练习3	练习4	练习5	练习6
参考答案	28	95	70	180	302	720
解答提示	旗子形	两个旗子形	两个旗子形	转化为三角形内角和	两个旗子形	连结AL、HK、BG,形成六边形

· 21 ·

JH-007　角模型之沙漏形

神器内容	如图1所示，∠A+∠B=∠C+∠D。

图1

要点与说明	8字形、沙漏形，其实就是一模型。 去掉对顶剩两角，之和相等要知道。 此种模型咋推导，想到旗子最有效。

神器溯源

角模型之沙漏形结论： 如图1所示，∠A+∠B=∠C+∠D。

证明：∵∠A+∠B+∠AOB=180°（三角形的内角和），

∠C+∠D+∠COD=180°（三角形的内角和），

又∵∠AOB=∠COD（对顶角相等），

∴∠A+∠B=∠C+∠D。

另证：根据旗子形，得∠BOD=∠A+∠B，∠BOD=∠C+∠D，

∴∠A+∠B=∠C+∠D。

例题精讲

例题1 如图2所示，∠A=50°，∠B=35°，∠C=28°，那么∠D=_____。

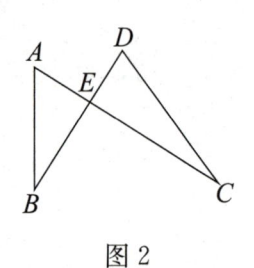

图2

答案： 57

【解答】　根据沙漏形，∠D=50°+35°−28°=57°。

例题 2 如图 3 所示，∠1＋∠2＋∠3＋∠4＋∠5＋∠6＝_____°。（使用沙漏形解答）

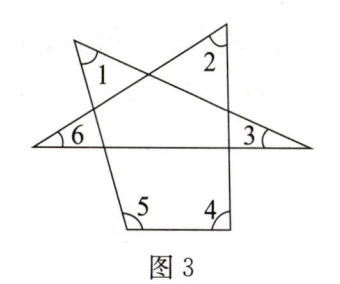

图 3

答案： 360

【解答】 如图 4 和图 5 所示，根据沙漏形，∠7＋∠8＝∠6＋∠3。

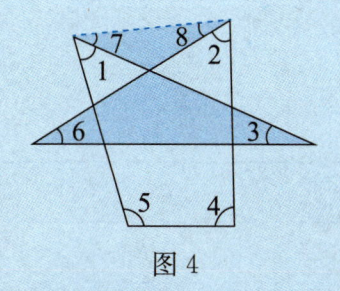

图 4 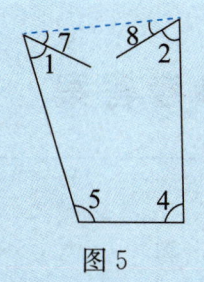　　　　图 5

∴ ∠1＋∠2＋∠3＋∠4＋∠5＋∠6＝∠1＋∠2＋∠4＋∠5＋∠7＋∠8＝360°（四边形内角和）。

针对性练习

练习 ❶ 如图 6 所示，已知∠A＋∠B＋∠C＋∠D＝182°，那么∠BEC＝_____°。

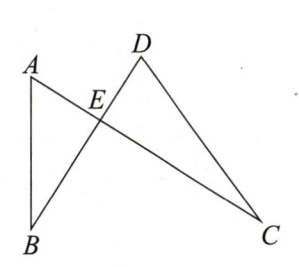

图 6

练习 ❷ 如图 7 所示，五角星的五个顶角之和∠A＋∠B＋∠C＋∠D＋∠E＝_____°。（使用沙漏形解答）

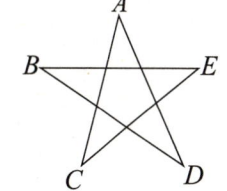

图 7

练习 ❸ 如图 8 所示，∠A＋∠B＋∠C＋∠D＋∠E＋∠F＝_____°。

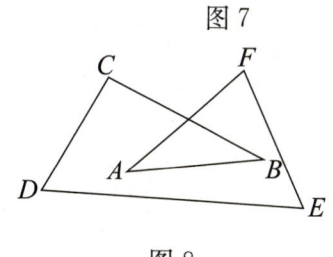

图 8

练习❹ 如图 9 所示，平面上七个点如图连结，那么
$\angle A+\angle B+\angle C+\angle D+\angle E+\angle F+\angle G=$ _____ °。

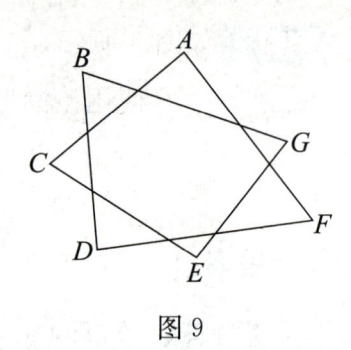

图 9

练习参考答案

练习题号	练习1	练习2	练习3	练习4
参考答案	91	180	360	540
解答提示	沙漏形与旗子形	连结 CD，形成沙漏	连结 CF，形成沙漏	连结 AB、CG

24

JH-008　角模型之导航形

神器内容	如图1所示，∠1+∠2+∠3=∠4。 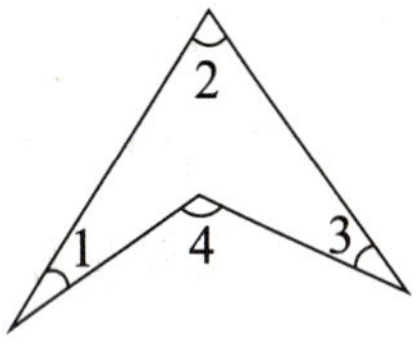
要点与说明	一个导航四边形，四个角度咋相等？ 凹角到底等哪个？恰为三个内角和。

图1

神器溯源

角模型之导航形结论：如图2所示，∠1+∠2+∠3=∠4。

证明：如图添加辅助线，根据旗子形，∠1+∠2=∠5，∠3+∠5=∠4，

∴∠1+∠2+∠3=∠5+∠3=∠4。

另证：如图3所示，添加辅助线，变成两个旗子形，两者结论相加得到导航结论。

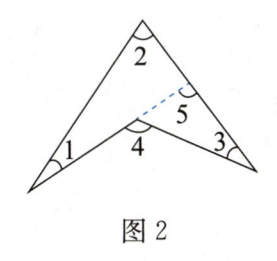

图2 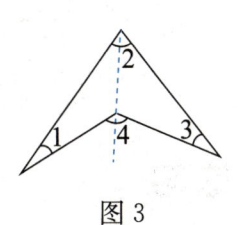　　　图3

例题精讲

例题1 如图4所示，在凹五边形中，∠B=122°，∠D=135°，那么∠A+∠C+∠E=_____°。

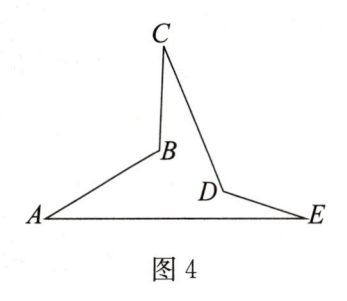

图4

答案：77

【解答】 如图 5 所示，延长 CD 交 AE，形成∠1；延长 CB 交 AE，形成∠2。根据导航形有，

∠A+∠C+∠1=∠3=122°，

∠E+∠C+∠2=∠4=135°。

又∵∠C+∠1+∠2=180°，

∴∠A+∠C+∠E=122°+135°-180°=77°。

注：本题作一条辅助线利用导航形也是可以的，大家不妨试一试。

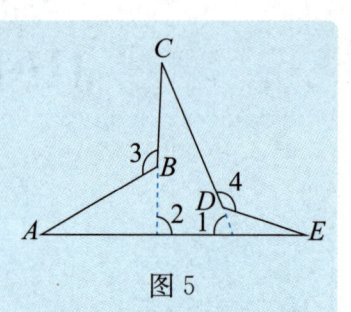

例题 2 如图 6 所示，∠1+∠2+∠3+∠4+∠5+∠6=_____°。（使用导航形解答）

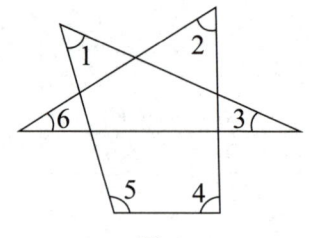

答案：360

【解答】 如图 7 和图 8 所示，根据导航形，∠2+∠3+∠6=∠7。

又知∠7=∠8，

∴∠1+∠2+∠3+∠4+∠5+∠6=∠1+∠4+∠5+∠7=∠1+∠4+∠5+∠8=360°（四边形内角和）。

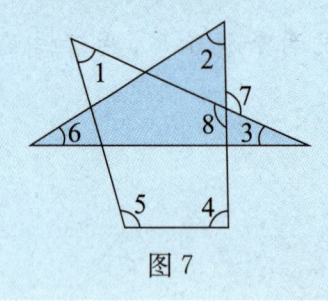

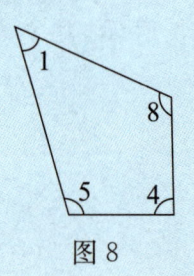

针对性练习

练习❶ 如图 9 所示，已知∠A=112°，∠B=24°，∠C=62°，那么∠D=_____°。

练习❷ 如图 10 所示，五角星的五个顶角之和：∠A+∠B+∠C+∠D+∠E=_____°。（使用导航形解答）

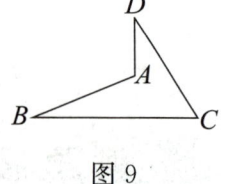

练习 ❸ 如图 11 所示,∠1+∠2+∠3=_____°。

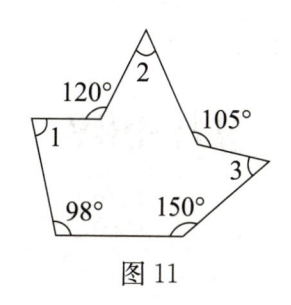

图 11

练习 ❹ 如图 12 所示,BO、DO 分别∠ABC、∠CDE 的角平分线,∠A=100°,∠C=140°,∠E=110°,则 ∠O=_____°。

图 12

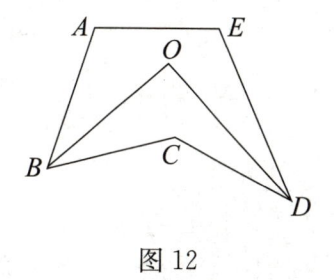

练习 ❺ 如图 13 所示,已知∠AOD=62°,那么∠A+∠B+∠C+∠D+∠E+∠F=_____°。

图 13

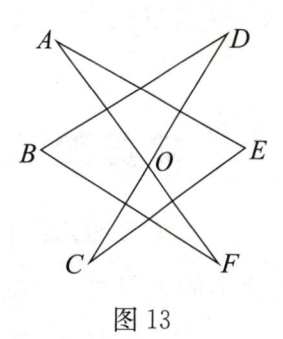

练习参考答案

练习题号	练习1	练习2	练习3	练习4	练习5
参考答案	26	180	157	85	236
解答提示	基本练习	基本练习	外部延长或内部分割	延长 BA、DE 并交于点 F	双导航

· 27 ·

JH-009　三角形内角平分线夹角（内心角）

神器内容	如图1所示，在△ABC中，BO、CO分别为∠ABC、∠ACB的平分线，则∠O=90°+$\frac{1}{2}$∠A。

图1

要点与说明	内角平分线，夹角怎么算？ 先是九十度，顶角加一半。 公式来推广，规律仔细想。

神器溯源

三角形的两条内角平分线的交点叫作三角形的内心，形成的夹角，叫作这个三角形的内心角。

如图1所示，在△ABC中，BO、CO分别为∠ABC、∠ACB的平分线，则有∠O=90°+$\frac{1}{2}$∠A。

证明： 如图2所示，根据条件设角度，由导航形∠O=x+y+∠A，

又知 $2x+2y+∠A=180°$，$x+y+\frac{1}{2}∠A=90°$。

∴∠O=$(x+y+\frac{1}{2}∠A)+\frac{1}{2}∠A=90°+\frac{1}{2}∠A$。

图2

例题精讲

例题1 如图3所示，OB、OC分别为∠ABC、∠ACB的平分线，∠A=78°，那么∠O=_____°。

图3

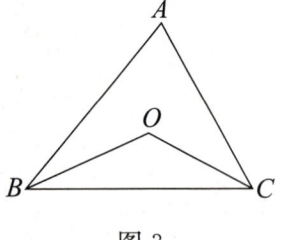

答案：129

【解答】 根据题意条件，$\angle O = 90° + \frac{1}{2}\angle A = 90° + \frac{1}{2} \times 78° = 129°$。

例题 2 如图 4 所示，在 △ABC 中，$\angle ABO : \angle CBO = \angle ACO : \angle BCO = n : m$。求证：$\angle O = \dfrac{n \times 180° + m\angle A}{n+m}$。

图 4

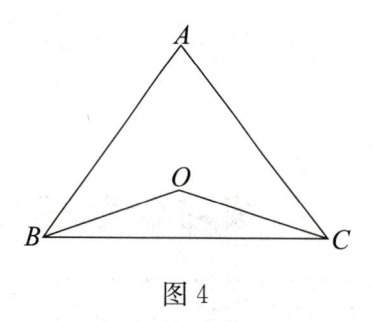

【证明】 根据导航形，得到 $\angle O = \angle ABO + \angle ACO + \angle A = \dfrac{n}{n+m}\angle ABC + \dfrac{n}{n+m}\angle ACB + \angle A = \dfrac{n}{n+m}(\angle ABC + \angle ACB) + \angle A = \dfrac{n}{n+m}(180° - \angle A) + \angle A = \dfrac{n \times 180° + m\angle A}{n+m}$。

针对性练习

练习 ❶ 如图 5 所示，已知 $\angle A = 66°$，BO、CO 分别为 $\angle ABC$、$\angle ACB$ 的平分线，那么 $\angle O = $ _____°。

图 5

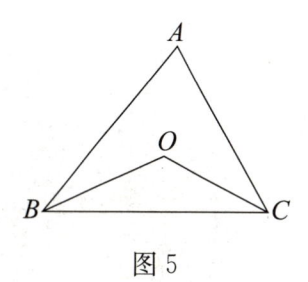

练习 ❷ 如图 6 所示，已知 $\angle D = 112°$，$\angle DAC = 2\angle DAB$，$\angle DCA = 2\angle DCB$，那么 $\angle B = $ _____°。

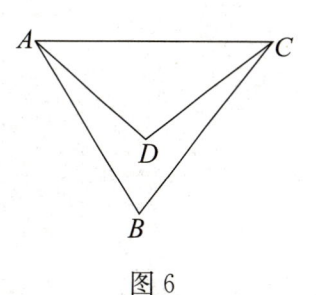

图 6

练习 ❸ 如图 7 所示，已知 $\angle DAO = \dfrac{1}{3}\angle DAC$，$\angle DCO = \dfrac{2}{3}\angle DCA$，$\angle D = 93°$，$\angle DAC = 36°$，那么 $\angle O = $ _____°。

图 7

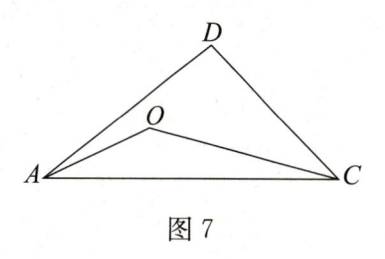

练习 ❹ 如图 8 所示,已知 BD、BE 三等分 $\angle ABF$,CD、CE 三等分 $\angle ACF$,$\angle A = 40°$,$\angle D = 70°$,那么 $\angle E = $ _____°,$\angle F=$ _____°。

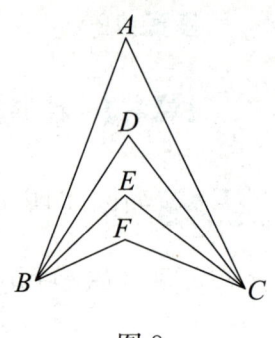

图 8

练习参考答案

练习题号	练习1	练习2	练习3	练习4
参考答案	123	78	139	100　130
解答提示	公式运用	公式运用	导角练习	中间凹角成等差

JH-010 三角形内角、外角平分线夹角(旁心角Ⅰ型)

神器内容	如图1所示,在△ABC中,BO、CO分别为∠ABC、∠ACD的平分线,则 $\angle O = \frac{1}{2}\angle A$。
要点与说明	内外角,平分线,夹角应该怎么算? 顶角度数写一半,记住模型不犯难。

图1

神器溯源

三角形的一个外角平分线与一个内角平分线的交点叫作三角形的旁心,形成的夹角,叫作这个三角形的旁心角Ⅰ型。

如图1所示,在△ABC中,BO、CO分别为∠ABC、∠ACD的平分线,则有 $\angle O = \frac{1}{2}\angle A$。

证明: 如图2所示,根据条件设角度,由旗子形得,
$\angle O = y - x$,$\angle A = 2y - 2x$,
$\therefore \angle O = y - x = \frac{1}{2}(2y - 2x) = \frac{1}{2}\angle A$。

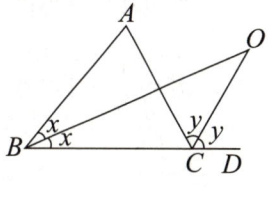

图2

例题精讲

例题1 如图3所示,BO、CO分别为∠ABC、∠ACD的平分线,∠A=78°,那么∠O=_____。

答案: 39

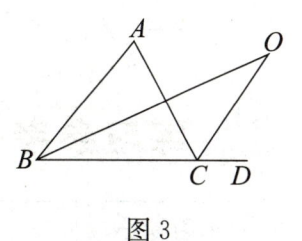

图3

【解答】 根据题意条件,$\angle O = \frac{1}{2}\angle A = \frac{1}{2} \times 78° = 39°$。

例题 2 如图 4 所示，在 △ABC 中，∠ABO：∠CBO=∠ACO：∠DCO=n：m。求证：$\angle O = \frac{m}{n+m} \angle A$。

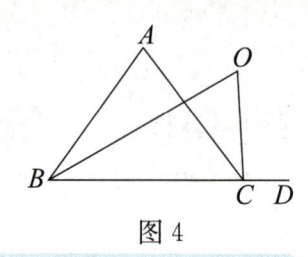

图 4

【证明】 由旗子形得，$\angle O = \angle OCD - \angle OBC = \frac{m}{n+m} \angle ACD - \frac{m}{n+m} \angle ABC = \frac{m}{n+m}(\angle ACD - \angle ABC) = \frac{m}{n+m} \angle A$。

针对性练习

练习❶ 如图 5 所示，已知 ∠A=66°，BO、CO 分别为 ∠ABC、∠ACD 的平分线，那么 ∠O=_____°。

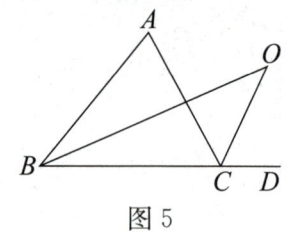

图 5

练习❷ 如图 6 所示，已知 ∠E=56°，∠DBE=2∠ABE，∠DCE=2∠ACE，那么 ∠A=_____°。

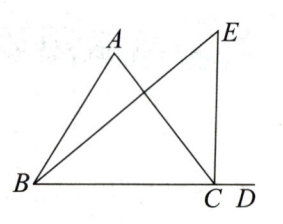

图 6

练习❸ 如图 7 所示，已知 $\angle EBC = \frac{1}{3} \angle ABC$，$\angle ACE = \frac{1}{3} \angle DCA$，∠A=93°，∠DCE=90°，那么 ∠E=_____°。

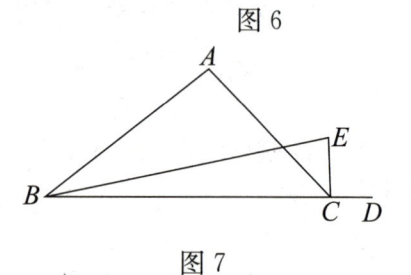

图 7

练习❹ 如图 8 所示，已知 BE、BF 三等分 ∠ABC，CE、CF 三等分 ∠ACD，∠FCD=50°，∠E=60°，那么 ∠A=_____°，∠F=_____°。

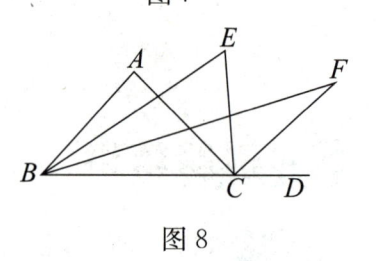

图 8

练习参考答案

练习题号	练习1	练习2	练习3	练习4
参考答案	33	84	76	90　30
解答提示	公式运用	公式运用	可运用旗子形	导角计算

· 32 ·

JH-011　三角形外角平分线夹角(旁心角Ⅱ型)

神器内容	如图1所示,在△ABC中,BO、CO分别为∠CBE、∠BCD的平分线,则旁心角∠O=$90°-\frac{1}{2}\angle A$。 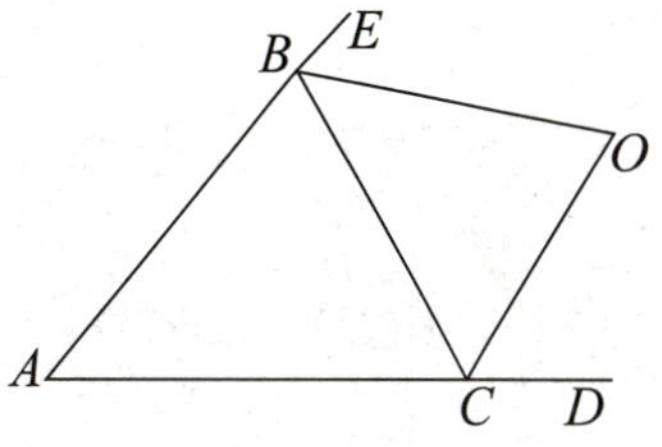
要点与说明	外角平分线,夹角怎么算? 先写九十度,顶角减一半。

图1

神器溯源

三角形的两个外角平分线形成的夹角顶点,也在第三个角的内角平分线上,所以这个角仍叫作旁心角,记作旁心角Ⅱ型。

如图1所示,在△ABC中,BO、CO分别为∠CBE、∠BCD的平分线,则∠O=$90°-\frac{1}{2}\angle A$。

证明:如图2所示,∠O=$180°-x-y=180°-\frac{1}{2}(2x+2y)=180°-\frac{1}{2}(180°+\angle A)=90°-\frac{1}{2}\angle A$。

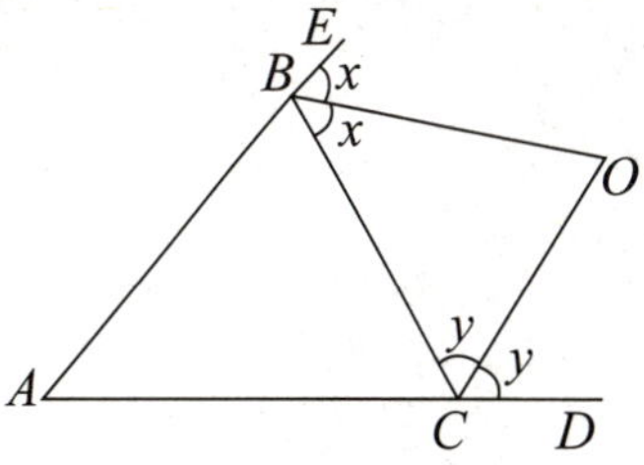

图2

例题精讲

例题1 如图3所示,已知∠1=∠2,∠3=∠4,∠O=66°,那么∠A=_____。

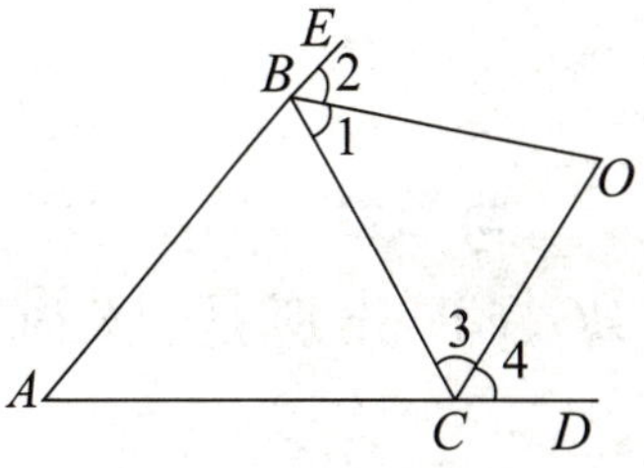

答案:48

【解答】　根据题意条件,∠A=2×(90°-66°)=48°。

图3

33

例题 2 如图 4 所示，在 △ABC 中，∠CBO：∠EBO＝∠BCO：∠DCO＝n：m。求证：$\angle O = \dfrac{m \times 180° - n\angle A}{n+m}$。

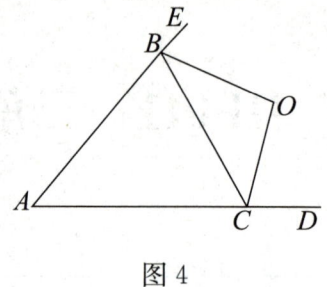

图 4

【证明】 根据题意 $\angle O = 180° - \angle OBC - \angle OCB = 180° - \dfrac{n}{n+m}\angle CBE - \dfrac{n}{n+m}\angle BCD = 180° - \dfrac{n}{n+m}(\angle CBE + \angle BCD) = 180° - \dfrac{n}{n+m}(180° + \angle A) = \dfrac{m \times 180° - n\angle A}{n+m}$。

针对性练习

练习❶ 如图 5 所示，已知 ∠A＝50°，∠1＝∠2，∠3＝∠4，那么 ∠O＝_____°。

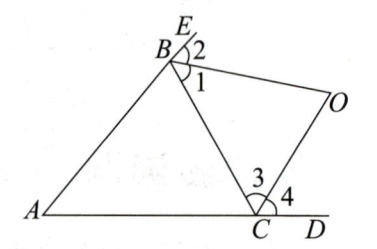

图 5

练习❷ 如图 6 所示，已知 BO、CO 分别平分 ∠CBD、∠BCE，∠O＝52°，那么 ∠A＝_____°。

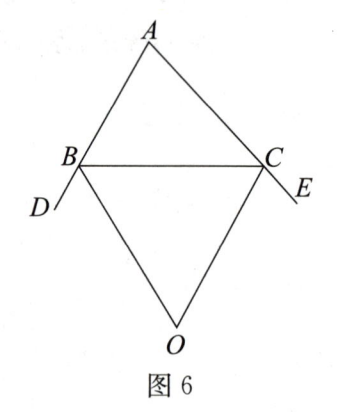

图 6

练习❸ 如图 7 所示，已知 BD⊥CE 于点 A，GF、BG、CF 分别是 △ABC 的外角平分线，那么 ∠F＋∠G＝_____°。

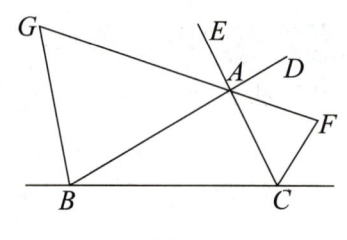

图 7

练习❹ 如图 8 所示,已知 AF、CF 都是△ABC 的外角平分线,AG、CG 都是△ACF 的内角平分线,那么 $\frac{3}{4}\angle B+\angle G+\angle F=$ _____ °。

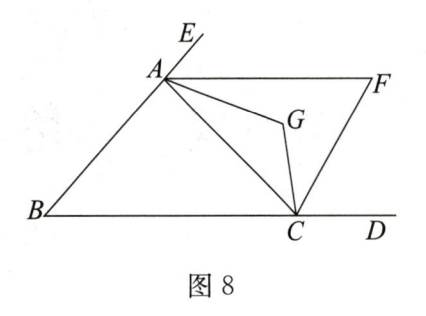

图 8

练习参考答案

练习题号	练习 1	练习 2	练习 3	练习 4
参考答案	65	76	135	225
解答提示	公式运用	公式逆运用	公式运用	内心角公式与外心角公式

JH-012　三角形边的中垂线夹角(外心角)

神器内容	在△ABC中,OD、OE分别是AB、AC的垂直平分线。如图1所示,则有∠DOE＝180°－∠A;如图2所示,则有∠DOF＝180°－∠A。 图1　　　　图2
要点与说明	垂直平分线相交,夹角取名外心角。 两边夹角一起加,恰好凑成一百八。

神器溯源

如图3所示,直线CD是AB的对称轴,也是AB的垂直平分线,又称中垂线。根据对称性,沿CD对折后,可以得到线段AD与BD重合,AE与BE重合,AF与BF重合。从而AD＝BD,AE＝BE,AF＝BF。这是垂直平分线的性质:线段垂直平分线上的点到线段两端点的距离相等。

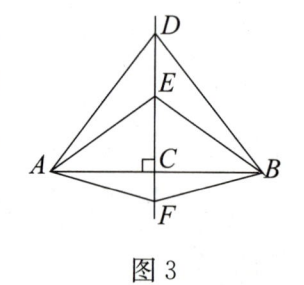

图3

三角形的两边的垂直平分线的交点叫作三角形的外心,由此形成的角叫作这个三角形的外心角。

如图1所示,在△ABC中,OD、OE分别是AB、AC的垂直平分线,则∠DOE＝180°－∠A。

证明:∵OD⊥AB,∴∠ADO＝90°。∵OE⊥AC,∴∠AEO＝90°。

在四边形AEOD中,内角和为360°,则∠A＋∠DOE＝360°－90°－90°＝180°。

∴∠DOE＝180°－∠A。

图2中的结论可自证。

例题精讲

例题 1 如图 4 所示,已知 $OD \perp AB$, $OE \perp AC$, $\angle DOE=134°$,那么 $\angle A=$ _____ °。

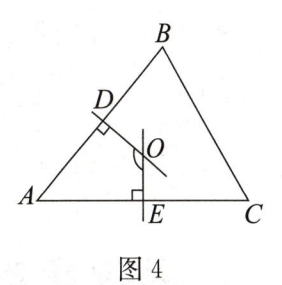

答案:46

【解答】 根据题意,$\angle A = 180° - 134° = 46°$。

例题 2 如图 5 所示,在 $\triangle ABC$ 中,$OD \perp AB$, $OE \perp BC$, $\angle O=80°$,那么 $\angle A+\angle C=$ _____ °。

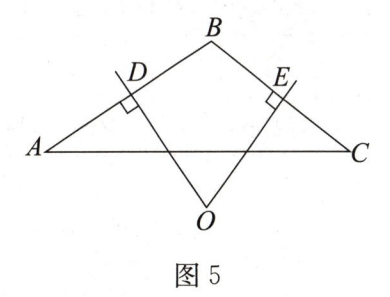

答案:80

【解答】 根据题意,$\angle A + \angle C = 180° - \angle B = \angle O = 80°$。

针对性练习

练习 ① 如图 6 所示,已知 $OD \perp AB$, $OE \perp AC$, $\angle A=45°$,那么 $\angle DOE=$ _____ °。

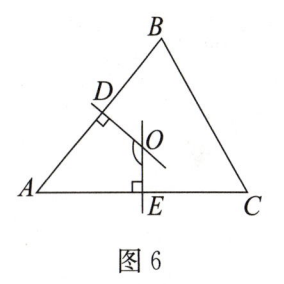

练习 ② 如图 7 所示,在 $\triangle ABC$ 中,$OD \perp AB$, $OE \perp AC$, $\angle DOE=30°$,那么 $\angle A=$ _____ °。

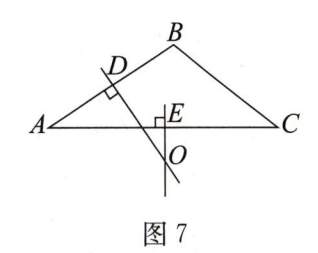

练习 ③ 如图 8 所示,已知 OD、OE 分别为 AB、AC 的中垂线,$\angle A=70°$,那么 $\angle BOC=$ _____ °。

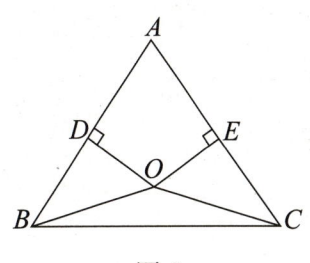

练习❹ 如图 9 所示,在△ABC 中,DE、FG 分别是边 AB、BC 的垂直平分线,∠ABC＝112°,那么∠EBG＝_____。

图 9

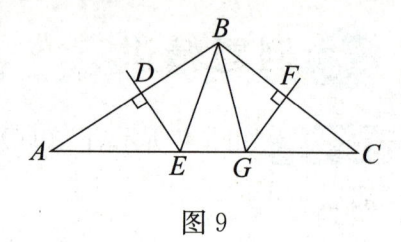

练习参考答案

练习题号	练习1	练习2	练习3	练习4
参考答案	135	30	140	44
解答提示	公式运用	公式逆运用	∠BOC＝2∠A	导角

JH-013　三角形高线的夹角(垂心角)

神器内容	如图1所示,在△ABC中,CD、BE分别是AB、AC边上的高线,则有∠DOE=180°−∠A。

图1

要点与说明	两条高线来相交,夹角取名垂心角。 两边夹角一起加,恰好凑成一百八。

神器溯源

三角形的两边的高线的交点叫作三角形的垂心,形成的角叫作这个三角形的垂心角。

如图1所示,在△ABC中,CD、BE分别是AB、AC边上的高线,CD、BE交于点O,则∠DOE=180°−∠A。

证明:∵CD⊥AB,∴∠ADO=90°。

∵BE⊥AC,∴∠AEO=90°。

在四边形AEOD中,则∠A+∠DOE=360°−90°−90°=180°。

∴∠DOE=180°−∠A。

例题精讲

例题1 如图2所示,已知CD⊥AB于D,BE⊥AC于E,CD、BE交于点O,∠DOB=45°,那么∠A=_____°。

图2

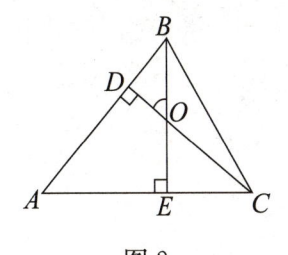

答案:45

【解答】 ∵∠DOE是垂心角,∴∠A+∠DOE=180°。
又∵∠DOB+∠DOE=180°,
∴∠DOB=∠A=45°。

例题 2 如图3所示,直角△ABC和直角△ABD的斜边重合,直角边AC、BD交于点O,过O作OE⊥AB于点E,连结CE、DE,∠DOC=126°,那么∠DEC=_____。

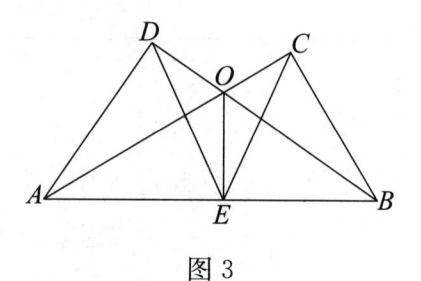

答案:72

【解答】 如图4所示,因为∠DOC为垂心角,延长AD、BC、EO必交于点F,连结CD,则∠DOC也是△CDE的内心角,所以∠DEC=(126°−90°)×2=72°。

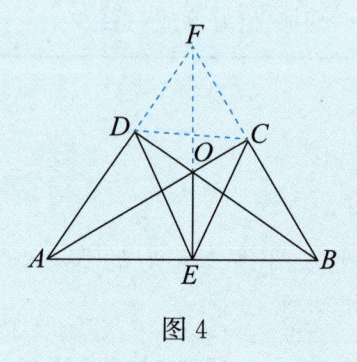

图4

注:三角形的垂心也是垂足三角形的内心。本结论需要后面学习的相似内容,这里暂时略去详细证明。

针对性练习

练习 ❶ 如图5所示,已知CD⊥AB,AE⊥BC,CD与AE交于点O,∠B=60°,那么∠AOC=_____。

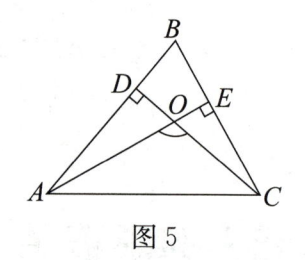

图5

练习 ❷ 如图6所示,在△ABC中∠ACB=90°,E在BC延长线上,EF⊥AB于F,IG⊥AC于G,IH⊥AB于H,∠E=40°,那么∠I=_____。

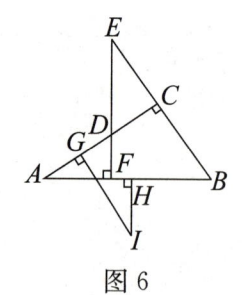

图6

练习❸ 如图 7 所示,已知 OD、OE 分别为 AB、AC 的中垂线,CG、BF 分别是 △ABC 的高线,∠GHF = 102°,那么∠BOC=_____°。

图 7

练习参考答案

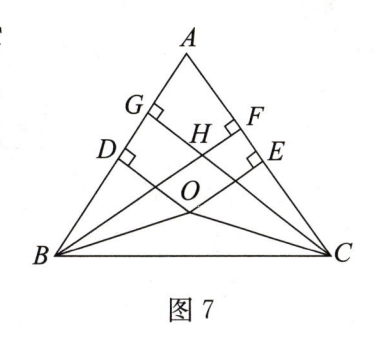

练习题号	练习1	练习2	练习3
参考答案	120	40	156
解答提示	使用垂心角	导角	垂心角与外心角

JH-014　皇冠平均角

神器内容	如图1所示，AD 与 BC 相交于点 E，AO、CO 分别平分 $\angle BAD$、$\angle BCD$，则有 $\angle O = \dfrac{\angle B + \angle D}{2}$。 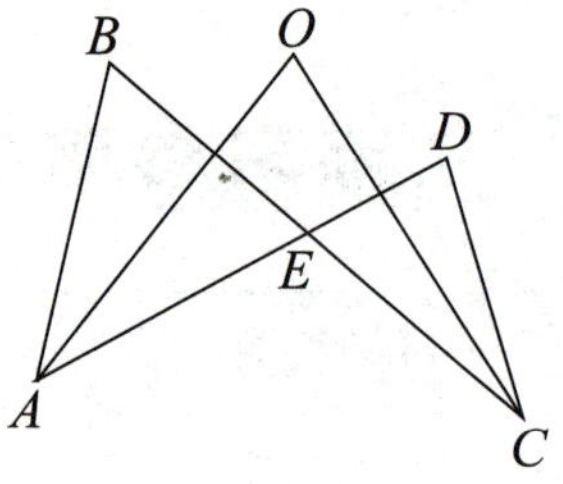
要点与说明	8字形，是沙漏，看出沙漏你很牛。 图中两条平分线，夹角出现在中间。 夹角计算要记清，两侧之角来平均。 图形胜似一皇冠，数学奥秘乐无边。

图1

神器溯源

如图2所示，由于此图酷似皇冠，此结论被称为皇冠平均角。

如图1所示，AD 与 BC 相交于点 E，AO、CO 分别平分 $\angle BAD$、$\angle BCD$，则有 $\angle O = \dfrac{\angle B + \angle D}{2}$。

证明： 如图3所示，由角之沙漏形得到，

$\angle B + x = \angle O + y$ ……①

$\angle D + y = \angle O + x$ ……②

①+②：$\angle B + \angle D = \angle O + \angle O$，

∴ $\angle O = \dfrac{\angle B + \angle D}{2}$。

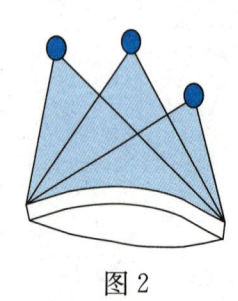

图2 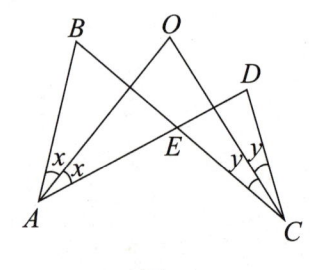　　　　图3

例题精讲

例题 1 如图 4 所示,已知∠1=∠2,∠3=∠4,∠B=68°,∠O=70°,那么∠D=_____。

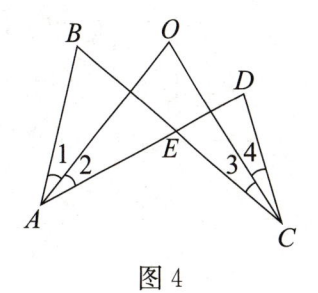

答案:72

【解答】 根据皇冠平均角结论,∠D=2∠O−∠B=2×70°−68°=72°。

例题 2 如图 5 所示,AD 与 BC 相交点 O,AE、CE、BF、DF 分别平分∠BAD、∠BCD、∠ABC、∠ADC,∠AOC=118°,那么∠E+∠F=_____。

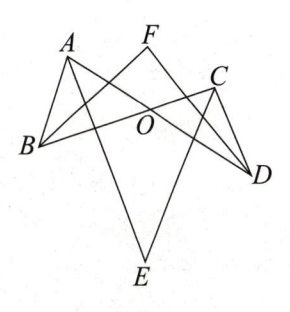

答案:118

【解答】 ∵AE、CE 分别平分∠BAD、∠BCD,∴∠E=$\frac{\angle ABC+\angle ADC}{2}$;BF、DF 分别平分∠ABC、∠ADC,所以∠F=$\frac{\angle BAD+\angle BCD}{2}$。又知∠BOD=118°,则有∠E+∠F=118°×2÷2=118°。

针对性练习

练习 1 如图 6 所示,已知∠1=∠2,∠3=∠4,∠B=65°,∠D=71°,那么∠O=_____。

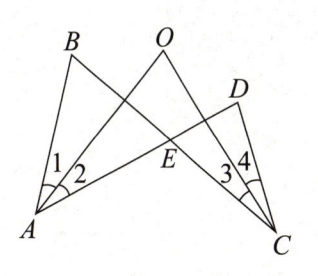

练习 2 如图 7 所示,AC 与 BD 相交,∠DAC=66°,∠DBC=60°,AE、AF 都是∠DAC 的三等分线,BE、BF 都是∠DBC 的三等分线,那么∠E−∠F=_____。

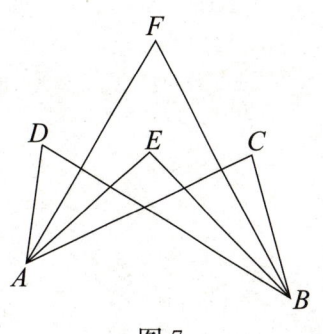

练习❸ 如图 8 所示，AD、BC 相交于点 E，BG 是 △ABE 的外角平分线，DG 是 △CDE 的内角平分线，∠A=26°，∠C=70°，那么∠BGD=_____°。

图 8

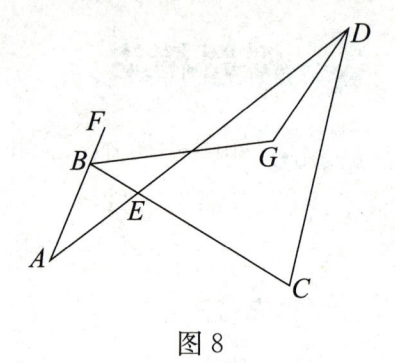

练习参考答案

练习题号	练习1	练习2	练习3
参考答案	68	42	138
解答提示	结论套用	结论综合使用	作皇冠平均角图形，作∠ABC 的平分线并交 DG 的延长线于 H

JH-015　折角的大小关系*

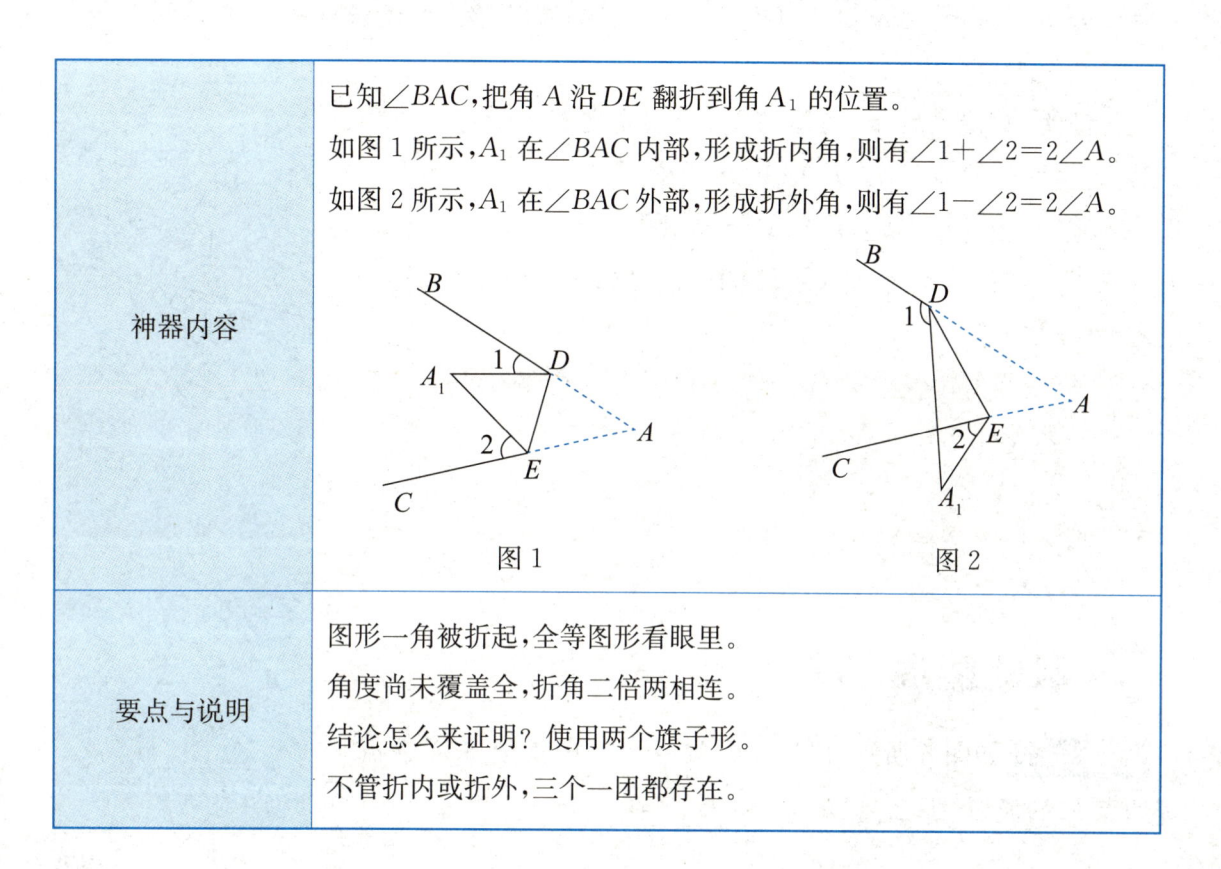

神器内容	已知$\angle BAC$,把角A沿DE翻折到角A_1的位置。 如图1所示,A_1在$\angle BAC$内部,形成折内角,则有$\angle 1+\angle 2=2\angle A$。 如图2所示,$A_1$在$\angle BAC$外部,形成折外角,则有$\angle 1-\angle 2=2\angle A$。 图1　　　　　　　图2
要点与说明	图形一角被折起,全等图形看眼里。 角度尚未覆盖全,折角二倍两相连。 结论怎么来证明？使用两个旗子形。 不管折内或折外,三个一团都存在。

神器溯源

1. 折内角

如图1所示,把角A沿DE翻折到角A_1的位置,形成折内角$\angle A_1$,则有$\angle 1+\angle 2=2\angle A$。

证明：如图3所示,连结AA_1,使用角之旗子形得,

$\angle 1=\angle DAA_1+\angle DA_1A$ ……①

$\angle 2=\angle EAA_1+\angle EA_1A$ ……②

①+②：$\angle 1+\angle 2=\angle DAA_1+\angle DA_1A+\angle EAA_1+\angle EA_1A$

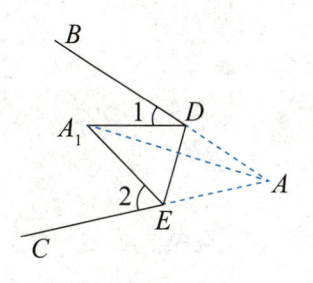

$\qquad =(\angle DAA_1+\angle EAA_1)+(\angle DA_1A+\angle EA_1A)$

图3

$= \angle A + \angle A_1$

$= 2\angle A$

$\therefore \angle 1 + \angle 2 = 2\angle A$。

2. 折外角

如图 2 所示，把角 A 沿 DE 翻折到角 A_1 的位置，形成折外角 $\angle A_1$，则有 $\angle 1 - \angle 2 = 2\angle A$。

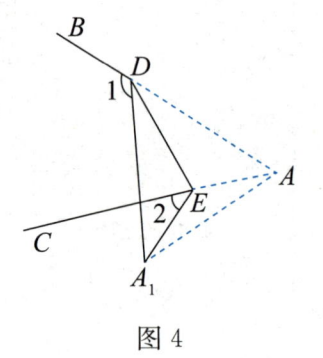

证明：如图 4 所示，连结 AA_1，使用角之旗子形得

$\angle 1 = \angle DAA_1 + \angle DA_1A$ ……①

$\angle 2 = \angle EAA_1 + \angle EA_1A$ ……②

① $-$ ②：$\angle 1 - \angle 2 = (\angle DAA_1 + \angle DA_1A) - (\angle EAA_1 + \angle EA_1A)$

$= (\angle DAA_1 - \angle EAA_1) + (\angle DA_1A - \angle EA_1A)$

$= \angle A + \angle A_1$

$= 2\angle A$

$\therefore \angle 1 - \angle 2 = 2\angle A$。

图 4

例题精讲

例题 1-1 如图 5 所示，已知 $\angle BAC = 48°$，把其顶点 A 翻折到点 F 的位置，那么 $\angle 1 + \angle 2 = \underline{\qquad}$°。

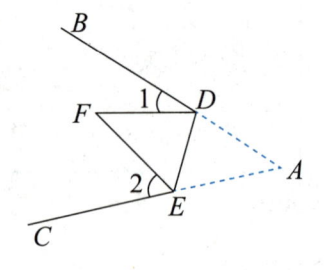

答案：96

【解答】 根据折内角结论，$\angle 1 + \angle 2 = 2\angle A = 2 \times 48° = 96°$。

图 5

例题 1-2 如图 6 所示，已知 $\angle BAC$，把其顶点 A 翻折到点 F 的位置，$\angle 1 = 122°$，$\angle 2 = 26°$，那么 $\angle F = \underline{\qquad}$°。

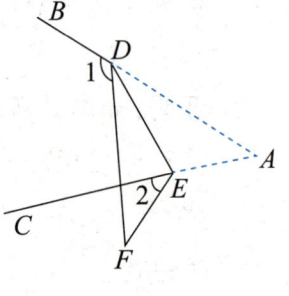

答案：48

【解答】 根据折外角结论，$\angle A = (\angle 1 - \angle 2) \div 2 = (122° - 26°) \div 2 = 48°$。

图 6

例题 2 如图 7 所示,把长方形纸带 ABCD,沿着 EF 翻折,∠AED=40°,那么∠EFB=_____°。

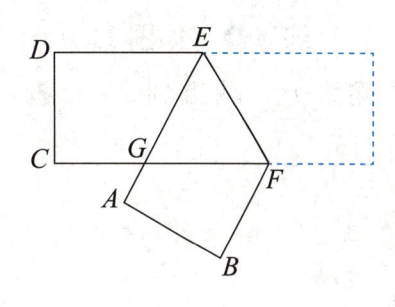

图 7

答案:110

【解答】 ∵DE∥CF,∴∠EGF=∠DEG=40°。
又∵∠AEF=∠GFE,∴∠AEF=(180°−40°)÷2=70°。
∵AE∥BF,∴∠EFB=180°−70°=110°。

针对性练习

练习❶ 如图 8 所示,把∠BAC 的顶点 A 沿 DE 翻折到 A_1 的位置,∠1+∠2=100°,那么∠A_1=_____°。

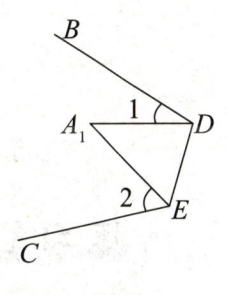

图 8

练习❷ 如图 9 所示,把△ABC 的顶点 A 沿 DE 翻折到 A′的位置。已知∠B=82°,∠C=60°,那么∠1+∠2=_____。

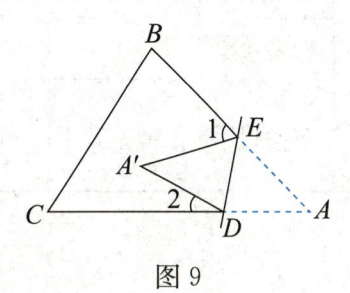

图 9

练习❸ 如图 10 所示,在△ABC 中,∠A:∠B:∠C=4:3:2,把△ABC 的角 C 沿着 DE 翻折,那么∠BDC−∠AEC=_____。

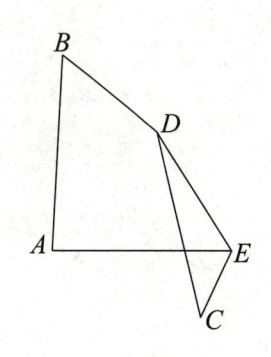

图 10

47

练习❹ 如图 11 所示,把长方形 $ABCD$ 的角 A 沿着对角线 BD 翻折到 A_1 位置,$\angle A_1DC = 28°$,那么 $\angle DBA_1 =$ _____。

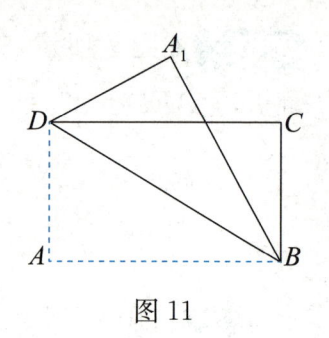

图 11

练习❺ 如图 12 所示,在 $\triangle ABC$ 中,$AB = AC$,DO 是线段 AB 的中垂线,$\angle 1 = \angle 2$。把角 C 沿 EF 折叠后,顶点 C 到 O 点位置,又知 $AO = BE$,那么 $\angle B =$ _____。

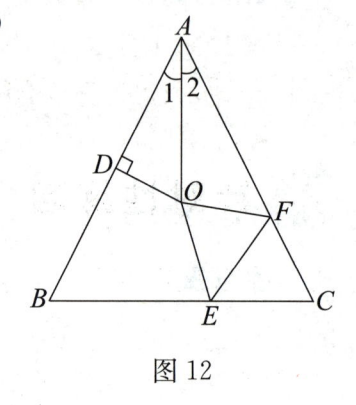

图 12

练习参考答案

练习题号	练习1	练习2	练习3	练习4	练习5
参考答案	50	76	80	31	63
解答提示	结论套用	两个旗子形	$\angle BDC - \angle AEC = 2\angle C$	导角	O 是外心,连结 OB、OC

JH-016　桌面锯角

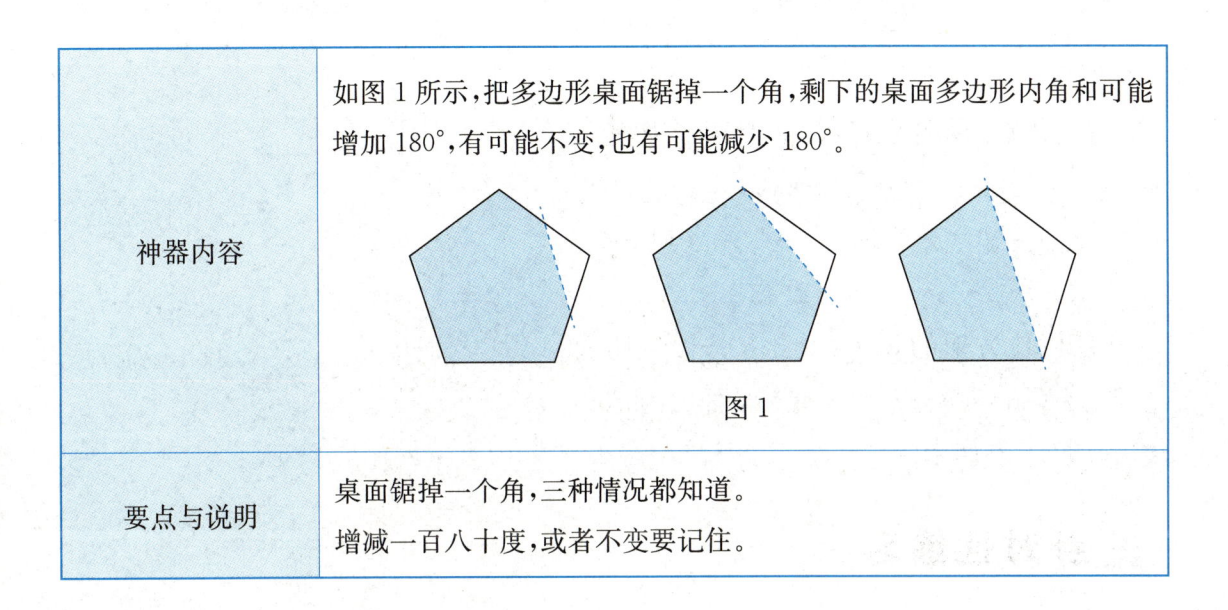

神器内容	如图 1 所示，把多边形桌面锯掉一个角，剩下的桌面多边形内角和可能增加 180°，有可能不变，也有可能减少 180°。 图 1
要点与说明	桌面锯掉一个角，三种情况都知道。 增减一百八十度，或者不变要记住。

神器溯源

　　一个长方形的桌面，砍掉一个，还剩几个角？这是脑筋急转弯，可以是剩下 3 个角、剩下 4 个角、还可能剩下 5 个角。请你画出各种情况的图形。

　　现在观察多边形桌面锯掉一个角，内角和的变化情况。可能增加 180°，可能减少 180°，也有可能不变，如图 1 所示。

例题精讲

例题 1 把一个正多边形纸片剪掉一个角，内角和增加 $\frac{1}{6}$，那么剪掉的角为_____。

答案：135

【解答】　剪掉一个角，只有增加一条边，内角才能增加，且增加 180°。原来正多边形的内角和为 $180° \div \frac{1}{6} = 1080°$，这个正多边形为 $1080 \div 180 + 2 = 8$ 边形。所以，剪掉的角为 $1080° \div 8 = 135°$。

例题 2 如图 2 所示,把周长为 46 厘米的长方形铁皮剪掉四个角,得到各角都相等的八边形,四条边长分别为 2 厘米、4 厘米、5 厘米、9 厘米,那么这个长方形的面积为_____平方厘米。

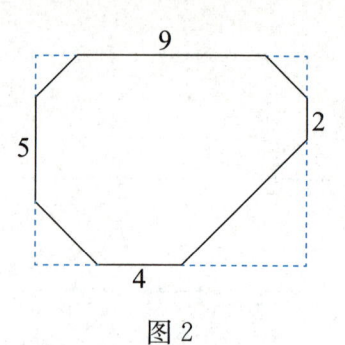

答案: 130

【解答】 如图 3 所示,根据题意设出 x、y,则 $3x+2y-4=12-x-2y$,$x+y=4$。

又知长宽之差为 $(9+x+y)-(14-x-y)=2(x+y)-5=2\times4-5=3$。

所以长方形的长为 $(23+3)\div2=13$ 厘米,宽为 $(23-3)\div2=10$ 厘米,面积为 $13\times10=130$ 平方厘米。

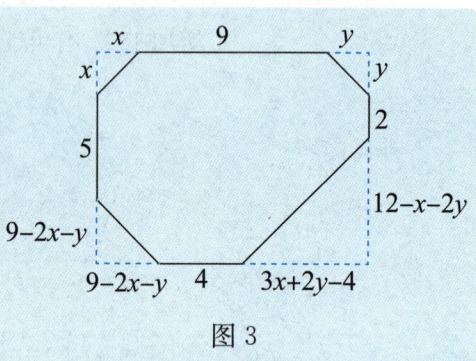

图 2

图 3

针对性练习

练习 ❶ 一个多边形剪掉一个直角,边数增加 1 条而成为正多边形,那么正多边形的边数为_____。

练习 ❷ 一个七边形纸片,剪去一个角变成正八边形,那么剪去的这个角为_____。

练习 ❸ 一个八边形,剪去两个角,形成一个等角十边形,那么剪去的两个角度数之和为_____。

练习 ❹ 如图 4 所示,一个长方形剪掉四个角,形成一个等角八边形,原来长、宽剩余部分分别为 1 厘米、4 厘米、4 厘米、9 厘米,那么原来长方形的长比宽多_____厘米。

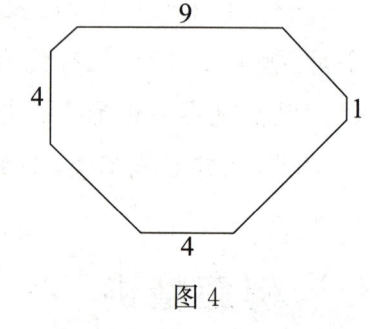

练习 ❺ 一个正三角形,剪去三个角,形成一个等角六边形,相邻的边长顺次为 4、4、5、6,那么原来正三角形的边长为_____。

图 4

练习参考答案

练习题号	练习1	练习2	练习3	练习4	练习5
参考答案	8	90	216	4	13 或 15
解答提示	每个内角为 135°	角度增加 180°	等角十边形角	(2个长－2个宽)÷2	两种情况

JH-017　钟面上指针夹角

神器内容	(1)钟面上一周共12个大格,60个小格,360°。 (2)分针速度为6°/分。 (3)时针速度为0.5°/分。 图1
要点与说明	时针分针夹角找,怎么计算方法好? 其中常识要记住,题中不会再给出。 分针每分走6度,圆周有人来跑步。 时针每分走半度,这个记清别马虎。 首先时针别移动,分针位置先确定。 是加是减要分清,度数计算好轻松。 不管时间是几分,退回整点记在心。

神器溯源

如图1所示,一个钟面被分成12个大格,60个小格,360°,从而得到它们之间的换算量:

$$1 大格 = 5 小格 = 30°$$

钟面一般有三个指针:时针、分针和秒针,各自顺时针转动的速度为0.5°/分、6°/分、360°/分。由于秒针常常是跳跃性转动,一般不考虑。如果按秒针匀速计算,则 $v_{时} : v_{分} : v_{秒} = 1 : 12 : 720$。求夹角问题,一般可以转化为追及问题,多使用公式"路程差÷速度差=追及时间"。

例题精讲

例题 1-1 钟面上显示时刻为3:28,此时时针与分针的夹角为_____°。

答案：64

【解答】 $28×(6°-0.5°)-90°=64°$。

另解：(1)(此方法适用于中年级学生)如图2所示,先按住时针不动,分针指向"28",时针指向"15"(也就是指向大格的3),两者相差$(28-15)×6°=78°$。

(2)28分钟,时针旋转$28×0.5°=14°$。

(3)时针与分针夹角为$78°-14°=64°$。

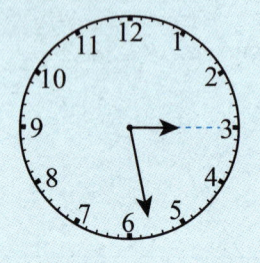

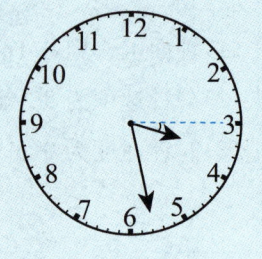

图2

例题 1-2 钟面上显示时刻为9:32。此时时针与分针的夹角为_____°。

答案：94

【解答】 $270°-32×(6°-0.5°)=94°$。

另解：(1)如图3所示,先按住时针不动,分针指向"32",时针指向"45"(也就是指向大格的9),两者相差$(45-32)×6°=78°$。

(2)32分钟,时针旋转$32×0.5°=16°$。

(3)时针与分针夹角为$78°+16°=94°$。

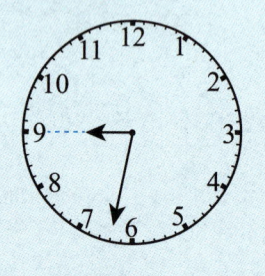

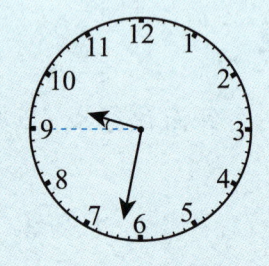

图3

例题 2 从0:00开始,时针与分针第6次夹角为35°。此时时刻为_____点_____分。

答案：3 10

【解答】 如图4所示,时针与分针第6次夹角为35°是在3:00～3:15之间,此时为$(90-35)÷(6-0.5)=10$分,即现在是3:10。

第1次	第2次	第3次
第4次	第5次	第6次

图 4

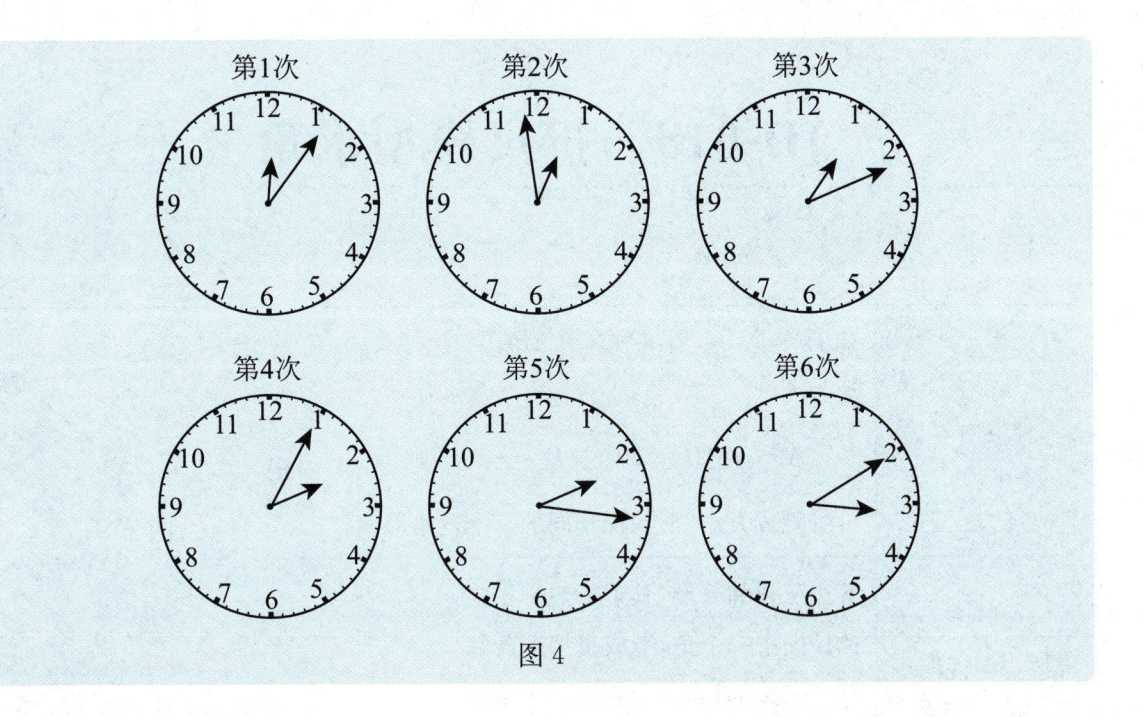

针对性练习

练习❶ 如图 5 所示,时钟显示 3∶36,时针与分针夹角为_____°。

练习❷ 钟表面上显示 8 点 16 分,此时时针与分针的夹角为_____°。

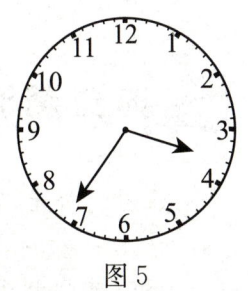

图 5

练习❸ 12 点_____分,时针与分针的夹角第一次成 66°。

练习❹ 1 点_____分,时针与分针第一次垂直。

练习❺ 从零点到中午 12 点,时针与分针夹角为 26°的时刻共有_____次。

练习❻ 3 点_____分,时针与分针的夹角被中心与"5"的连线平分。

练习参考答案

练习题号	练习1	练习2	练习3	练习4	练习5	练习6
参考答案	108	152	12	$21\frac{9}{11}$	22	$32\frac{4}{13}$
解答提示	基本练习	基本练习	$66\div 5.5=12$	角度差为 120°	分针比时针多转 11 圈	角度和为 210°

JH-018　折尺模型求角

神器内容	如图 1 所示,在四边形 ABCD 中,AB=BC=CD。若 $\angle A+\dfrac{1}{2}\angle B=120°$,$\angle D=\dfrac{1}{2}\angle B$,则可分割成大小、形状都相同的三个三角形。
要点与说明	等边三角和菱形,其中一边是相同。砍掉图中一个角,形成折尺图美妙。其中三边都相等,分割三个三角形。大小形状都一样,计算角度有用场。

图 1

神器溯源

如图 1 所示,在四边形 ABCD 中,AB=BC=CD,若 $\angle A+\dfrac{1}{2}\angle B=120°$,$\angle D=\dfrac{1}{2}\angle B$,则可分割成大小、形状都相同的三角形。

证明: 如图 2 所示,作 $\angle ABC$ 的平分线 OB 交 AD 于点 O,连结 OC。

∵ $\angle A+\dfrac{1}{2}\angle B=120°$,

∴ $\angle A+\angle ABO=120°$,$\angle AOB=60°$。

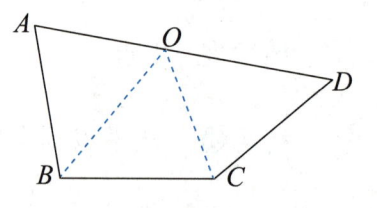

∵ AB=BC,OB 平分 $\angle ABC$,∴ △ABO 与 △CBO 沿 OB 翻折能完全重合。

∴ $\angle AOB=\angle COB=\angle DOC=60°$。

图 2

∵ $\angle D=\dfrac{1}{2}\angle B$,∴ $\angle D=\angle CBO$。

又知 BC=CD,

所以 △BCO 沿着 OC 能翻折到 △DCO 的位置。

在折尺模型中,设 $\angle D=x$,则 $\angle A=120°-x$,$\angle B=2x$,$\angle C=240°-2x$。

例题精讲

例题 1 如图 3 所示,在四边形 $ABCD$ 中,$\angle B=108°$,$\angle BCD=132°$,$AB=BC=CD$,那么 $\angle A=$ _____ °。

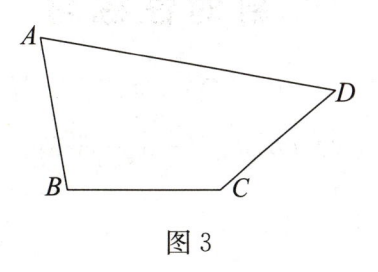

答案:66

【解答】 根据条件,符合折尺模型,得到 $\angle A=132°\div 2=66°$。

例题 2 如图 4 所示,在 $\triangle ABC$ 中,D、E 分别是 AC、AB 上一点。已知 $BC=CD=DE$,$\angle ACB=70°$,$\angle CDE=170°$,则 $\angle A=$ _____ °。

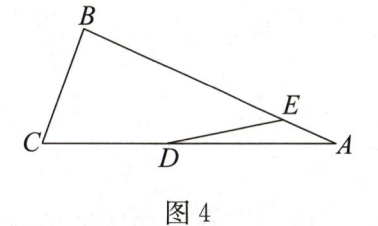

答案:25

【解答】 法一:由于 $BC=CD=DE$,$\frac{1}{2}\angle ACB=\frac{1}{2}\times 70°=35°$,$\angle CDE=170°=240°-2\times 35°$,所以符合折尺模型,得到 $\angle A=\angle BED-\angle EDA=35°-(180°-170°)=25°$。

法二:如图 5 所示,把 BC 沿着 CD 方向平移到 DF,使得 C 到 D 点位置,连结 BF、EF,则可以得到菱形 $BCDF$,$DF=BC=DE$,$BF\parallel CA$,又知 $\angle FDE=70°-(180°-170°)=60°$。根据顶角为 $60°$ 的等腰三角形为等边三角形,所以 $EF=BF$。$\angle A=\angle FBA=(180°-70°-60°)\div 2=25°$。

法三:如图 6 所示,把线段 CD 沿 DE 方向,平移到 EF 的位置,连结 CF、BF,则可以得到菱形 $CDEF$。同时根据角度关系,可以证明 $\triangle BCF$ 为等边三角形,$\triangle BFE$ 为等腰三角形。$\angle BFE=360°-60°-170°=130°$,$\angle A=\angle FBE=(180°-130°)\div 2=25°$。

图 5

图 6

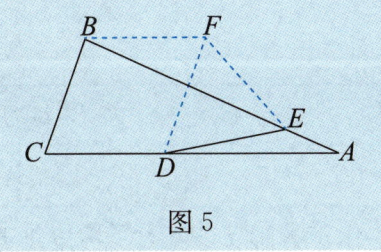

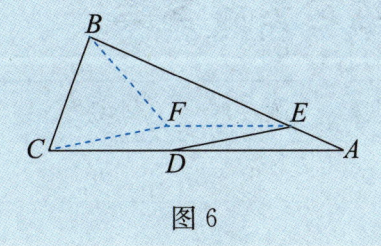

针对性练习

练习 ❶ 如图 7 所示,已知菱形 ABCD 和等边 △CDE,∠B=80°,那么∠BAE=_____°。

图 7

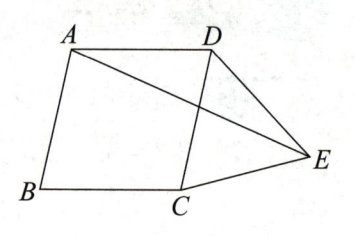

练习 ❷ 如图 8 所示,在四边形 ABCD 中,AB=BC=CD,∠ABC=68°,∠BCD=172°,则 ∠A=_____°。

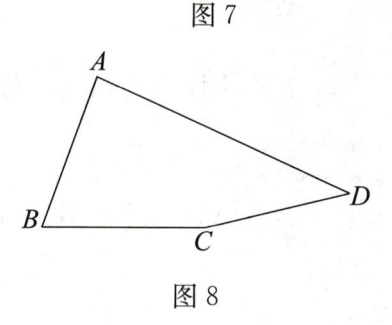

图 8

练习 ❸ 如图 9 所示,在四边形 ABCD 中,AB=BC=CD,∠ABC=136°,∠BCD=60°,则 ∠A=_____°。

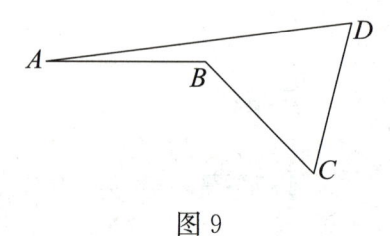

图 9

练习 ❹ 如图 10 所示,在四边形 ABCD 中,AB=BC=CD,∠ABC=150°,∠BCD=90°,则 ∠A=_____°。

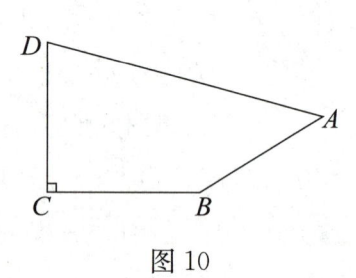

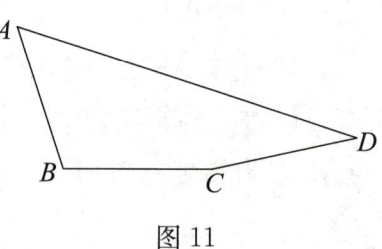

图 10

练习 ❺ 如图 11 所示,在四边形 ABCD 中,AB=BC=CD,∠ABC=108°,∠BCD=168°,则 ∠A=_____°。

图 11

练习参考答案

练习题号	练习1	练习2	练习3	练习4	练习5
参考答案	80	86	8	45	54
解答提示	模型套用	模型套用	连结 BD	作正方形 BCDE,连结 AE	构造正五边形与正三角形

56

JH-019　平移法求周长

神器内容	如图1所示,把一个长方形剪去一个长方形,那么通过平移可以得到,剩下图形的周长等于原来长方形的周长。

图1

要点与说明	通过线段来平移,周长不变要谨记。 平移线段长不变,拼在一起才好算。 砍去几角补几角,周长不变是法宝。

神器溯源

如图1所示,把一个长方形剪去一个长方形,那么通过平移可以得到剩下图形的周长不变,它等于原来长方形的周长。如图2所示,把线段 a 向右平移,同时把线段 b 向上平移,图形的周长就变成了原来长方形的周长。

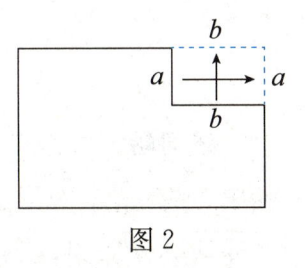

图2

例题精讲

例题1 如图3所示,把一个长为10厘米、宽为6厘米的长方形纸片剪掉两个长方形,那么剩下的图形的周长为_____厘米。

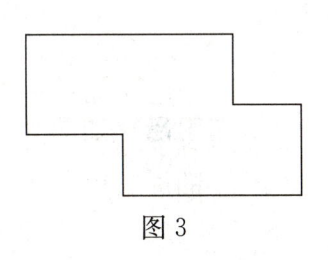

答案:32

图3

【解答】 如图4所示,根据线段平移,得到其周长等于原来长方形的周长,具体为 $2\times(10+6)=32$ 厘米。

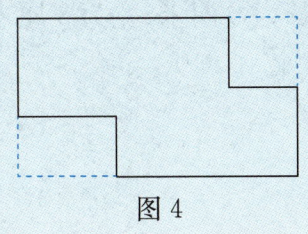

图4

例题 2 如图 5 所示,要给这个台阶铺上地毯,根据台阶上标记的数据,单位都是厘米,那么需要购买地毯的最少长度为_____厘米。

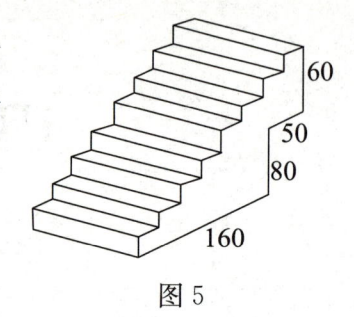

图 5

答案:350

【**解答**】 根据线段平移,所铺地毯长度相当于直角三角形的两条直角边长,分别为 160＋50＝210 厘米和 80＋60＝140 厘米,地毯的最少长度为 210＋140＝350厘米。

针对性练习

练习❶ 如图 6 所示,把一个长为 20 厘米、宽为 12 厘米的长方形剪去两个长方形,剩下的图形的周长为_____。

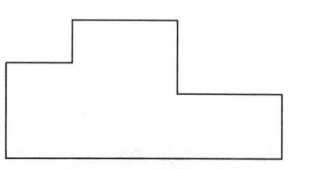

图 6

练习❷ 如图 7 所示,图中的每个拐角都是直角,长度已经标出,那么这个图形的周长为_____。（注意:本书为了计算方便或某种原因,部分题目中的数据不设单位）

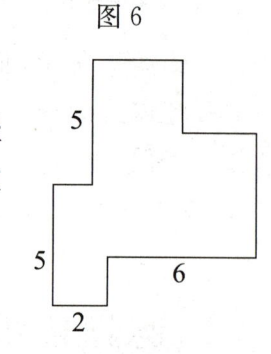

图 7

练习❸ 如图 8 所示,每个小正方形的面积为 4,那么这个"土"字的周长为_____。

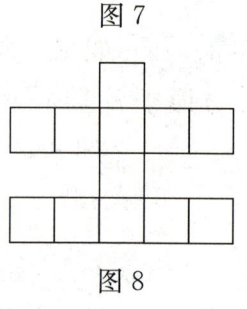

图 8

练习❹ 如图 9 所示,用长为 6 厘米、宽为 3 厘米的木块垒成的图形周长为_____厘米。

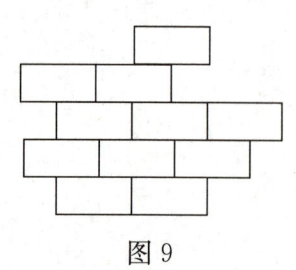

图 9

练习❺ 如图 10 所示，用一些小正方形拼成的长方形的面积为 200 平方厘米，那么每个小正方形的面积为_____平方厘米。

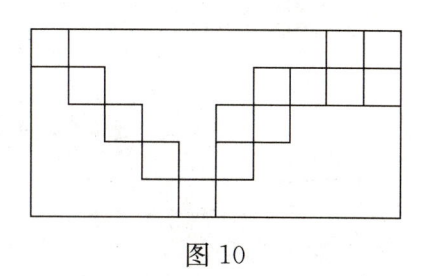

图 10

练习参考答案

练习题号	练习1	练习2	练习3	练习4	练习5
参考答案	64	36	52	84	4
解答提示	周长不变	补形成长方形	平移线段或逐段计算	平移线段	可以放5×10块

JH-020　拍球法求周长

神器内容	如图1所示，图中拐角处均为直角，则有同侧线段之和相等：$a+c+e+g=b+d+f+h$。

要点与说明	各个山头高不同，计算长度啥法灵？ 通俗易懂拍球法，同侧相同乐开花。 只要出现手指形，此种方法要常用。 同类题目不会做，答疑老师找陈拓。

图1

神器溯源

如图2所示，把一个排球从地面上拍起的高度为 a，然后落下 b，再被颠 c，落下 d……如此下去，最终排球落到地面上。我们可以根据球上升距离地面增加，下落距离地面减少，最终与地面的距离为0。从而得到

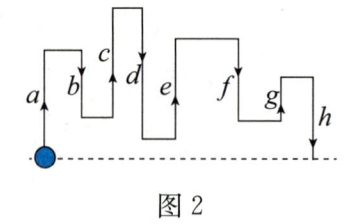

$$a-b+c-d+e-f+g-h=0, a+c+e+g=b+d+f+h。$$

图2

此结论可以记忆为：同侧线段之和相等。此结论可以推广为：环周旅行，对应同向线段之和对应相等。也就是图的四周的某一点出发，沿着其外围线段行走一圈，则得到向右的线段之和等于向左的线段之和；向上线段之和等于向下的线段之和。

例题精讲

例题1 如图3所示，图中一部分线段的长度已标出，单位为厘米，每个拐角处都是直角，那么这个图形的周长为 _____ 厘米。

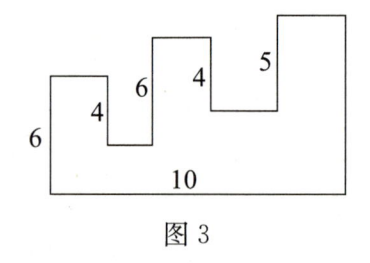

图3

答案：54

【解答】 如图4所示，从一个点出发，运动一周，标记各条线段运动方向。根据同向线段和相等，向下线段和可以用向上线段和代替，向右线段和可以用向左线段和代替。从而得到这个图形的周长为(6+6+5+10)×2=54厘米。

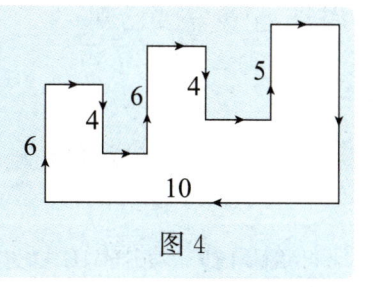

图4

例题2 如图5所示，图中各个拐角处都是直角，要想求得它的周长，至少要已知_____条线段。

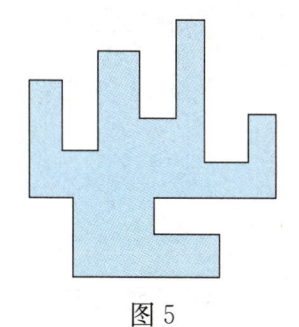

答案：8

图5

【解答】 根据拍球法，同向线段之和相等，竖直方左侧(箭头向上)，水平方向取下方(箭头向左)，至少需要8条线段，分别是图6中的线段a～h。

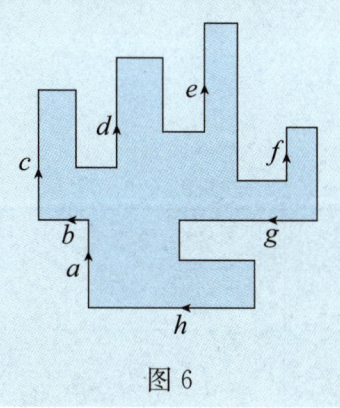

图6

针对性练习

练习❶ 如图7所示，已知AB=20厘米，BC=30厘米，EF=5厘米，每个角都是90°，那么这个图形的周长为_____厘米。

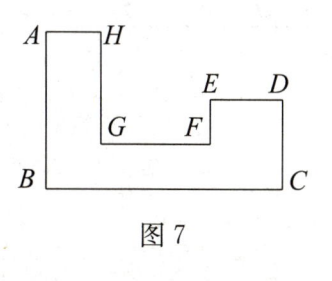

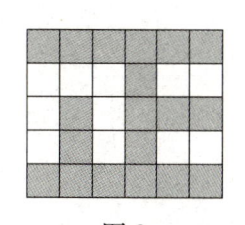

图7

练习❷ 如图8所示，小方格的边长为2厘米，那么图中的"正"字的周长为_____厘米。

图8

61

练习❸ 如图 9 所示,每个角都是直角,那么要求图形的周长,至少需要已知_____条线段。

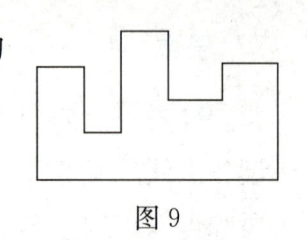

图 9

练习❹ 如图 10 所示,图中每个角都是直角,要求图形的周长,至少还需要已知_____条边长。

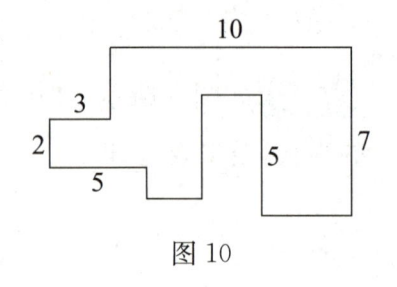

图 10

练习❺ 如图 11 所示,图中每个角都是直角,要求图形的周长,至少需要知道其中的_____条边长。

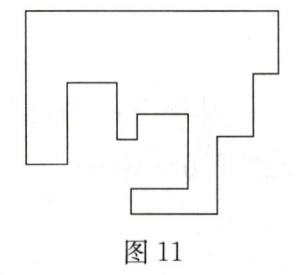

图 11

练习参考答案

练习题号	练习1	练习2	练习3	练习4	练习5
参考答案	110	80	4	1	6
解答提示	基本练习	基本练习	横1条、竖3条	缺少1个竖直线段的长	横2条、竖4条

62

JH-021　截长补短求周长

神器内容	求一个图形的周长,如果有些线段的长度不定,可以考虑两条或多条放在一起求,进行"截长""补短"。
要点与说明	每条线段都已知,求出周长是易事。 有些线段若未知,去长补短试一试。 多的移走少补上,轻松就能求周长。

神器溯源

如果要求一个图形的周长,并且有些线段的长度不确定,可以考虑两条或多条线段接在一起,变成一条线段来求长度,进行"补短";也可以把较长的线段截去一部分,分开来求各条线段的长度,进行"截长"。这样求图形周长的方法叫作截长补短法。

例题精讲

例题1 如图1所示,三个正方形①②③和两个长方形拼成此图形,而且知道正方形①的边长为10,正方形③的边长为5,那么整个图形的周长是_____。

答案:60

图1

【解答】 如图2所示,对于正方形②,把边长为10的正方形的一条边边长分成 a 和 b,并移到箭头所指位置。同理把正方形③的一条边边长分成 b 和 c,也移到箭头所指位置。那么整个图形的周长恰好是正方形①和正方形③的周长之和,即 $4×(10+5)=60$。

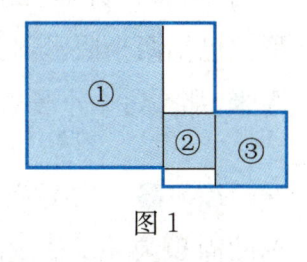

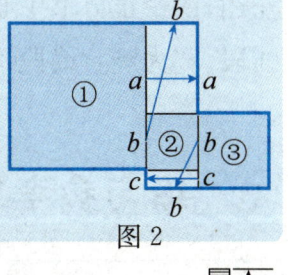

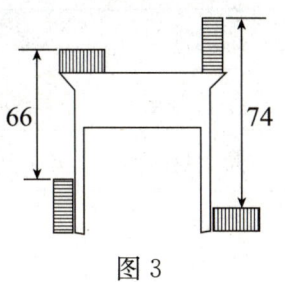

图2

例题2 如图3所示,在桌子面上和腿上放置四块相同的木块,标记的长度单位为厘米,那么桌子的高度为_____厘米。

图3

答案：70

【解答】 如图 3 所示,根据桌子高度去长补短,一面桌子的高度为(74 厘米－长＋宽),另一面桌子的高度为(66 厘米－宽＋长)。所以桌子高度的 2 倍为(74＋66)厘米,从而桌子高度为(74＋66)÷2＝70 厘米。

针对性练习

练习❶ 如图 4 所示,在长方形 ABCD 中,EFGH 是正方形。已知 AF＝20 厘米,HC＝14 厘米,那么长方形 ABCD 的周长为_____厘米。

图 4

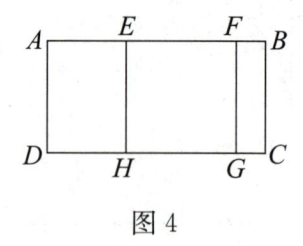

练习❷ 如图 5 所示,长方形 ABCD 的宽 AB 为 30 厘米。其中放置两个相同的长方形(空白部分),那么阴影部分的周长之和为_____。

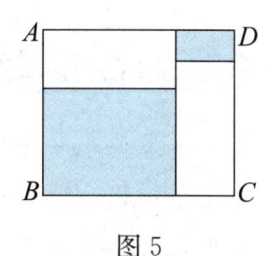

图 5

练习❸ 如图 6 所示,七个相同的长方形放入一个大长方形内,相邻长方形无缝隙不重叠,未覆盖部分为两个阴影长方形。已知两个阴影部分的周长相同,每个小长方形的长比宽多 5 厘米,那么每个小长方形的面积为_____平方厘米。

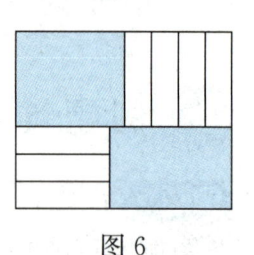

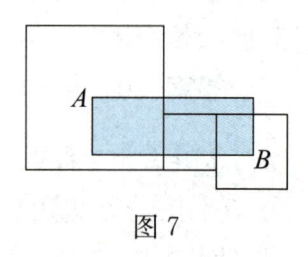

图 6

练习❹ 如图 7 所示,三个正方形放在一起,中间正方形的面积为 40,左、右两个正方形的周长之和为 96,那么以左、右两个正方形中心点连线段 AB 为一条对角线、长为水平线段、宽为竖直线段构成的阴影长方形的面积为_____。

图 7

练习参考答案

练习题号	练习1	练习2	练习3	练习4
参考答案	68	120	14	104
解答提示	正方形边长移动	按照 30 去长补短	小长方形的长宽之比	$(96÷8)^2-40$

JH-022　拼图的周长

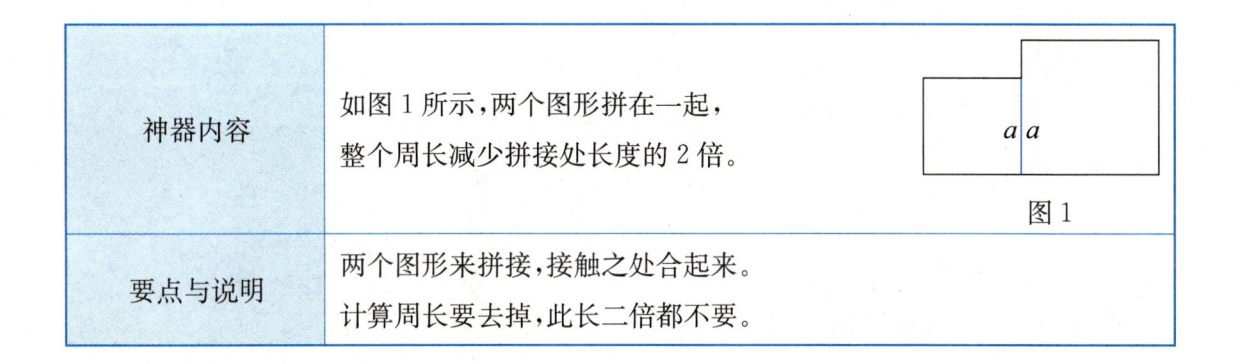

神器内容	如图1所示,两个图形拼在一起,整个周长减少拼接处长度的2倍。
要点与说明	两个图形来拼接,接触之处合起来。计算周长要去掉,此长二倍都不要。

图1

神器溯源

如图2所示,把两个图形拼接在一起,整个图形的周长为原来两个图形的周长之和再减去拼接处长度的2倍。

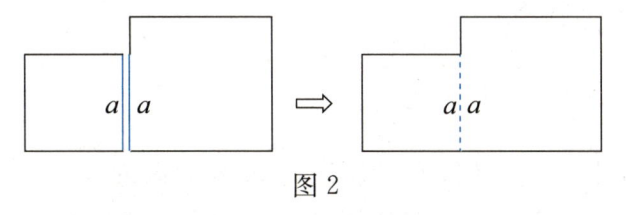

图2

例题精讲

例题 1 如图3所示,边长为1厘米、2厘米、3厘米、4厘米的正方形各一个拼接在一起,那么这个图形的周长为_____厘米。

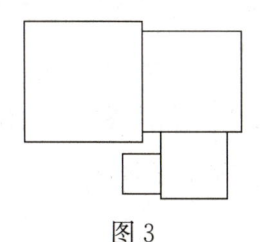

答案:28

【解答】　如图3所示,整个图形的周长等于四个正方形的周长减去2倍的(1+2+3)厘米,所以 $4 \times (1+2+3+4) - 2 \times (1+2+3) = 28$ 厘米。

图3

例题 2 如图4所示,六个正方形拼成一个长方形,它的周长比这六个正方形的周长之和小120厘米,那么长方形的周长为_____厘米。

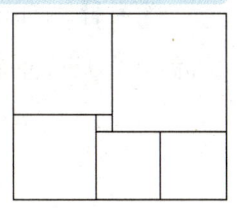

图4

答案:96

【解答】 如图 5 所示,设最小的正方形边长为 a,第二小的正方形边长为 b,根据长相等,得到 $5a+2b=a+3b$,$b=4a$。

如图 6 所示,标记边长份数,则周长减少了 $2\times(1+1+4+4+6+6+8)=60$ 份,从而得到 1 份为 $120\div60=2$ 厘米。所以长方形的周长为 $2\times(5+6+6+7)\times2=96$ 厘米。

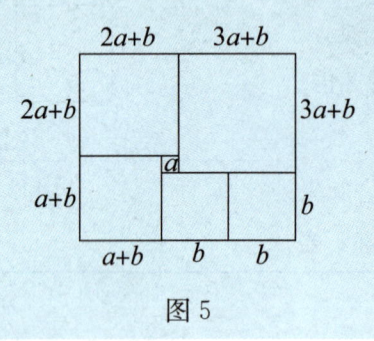

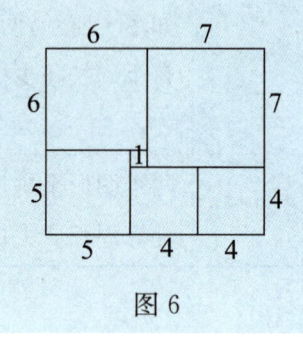

图 5

图 6

针对性练习

练习❶ 如图 7 所示,面积分别为 4、16、36 的正方形拼成这个图形,那么这个图形的周长为_____。

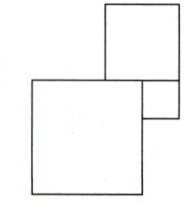

图 7

练习❷ 如图 8 所示,用八个长方形拼成这个长为 20,宽为 10 的大长方形,那么八个长方形的周长之和比拼成的大长方形周长大_____。

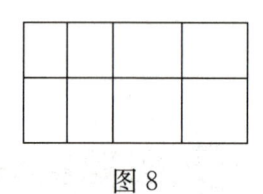

图 8

练习❸ 如图 9 所示,五个正方形拼成一个周长为 88 厘米的长方形,那么长方形的面积为_____平方厘米。

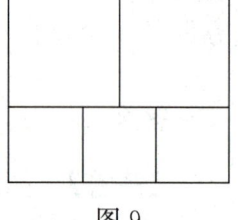

图 9

练习❹ 如图 10 所示,七个正方形拼成一个大长方形,周长减少了 180 厘米,那么长方形的周长为_____厘米。

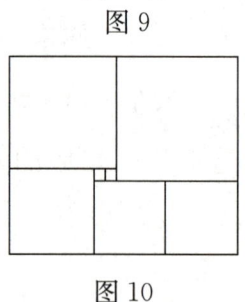

图 10

练习❺ 6个正方形(不一定一样大)纸片恰好能拼成一个长为6厘米、宽为4厘米的长方形纸片,那么所有正方形纸片的周长之和为_____厘米。

练习❻ 两个面积都是36平方厘米的正方形与一个长为10厘米、宽为7厘米的长方形无重叠地拼成一个几何图形。其周长最小值为_____厘米。

练习参考答案

练习题号	练习1	练习2	练习3	练习4	练习5
参考答案	36	100	480	140	40 或 48
解答提示	基本练习	基本练习	长：宽＝3：2.5	次小与最小正方形边长是6倍关系	两种情况
练习题号	练习6				
参考答案	50				
解答提示	尽量两两重合多一点				

JH-023 剪图的周长

神器内容	如图 1 所示,把一个图形从虚线处剪开,那么整个周长增加剪开处长度的 2 倍。
要点与说明	一个图形被剪开,周长变化量出来。 剪开之处加二倍,计算周长才能对。 剪开之处二倍加,计算周长能秒杀。

图 1

神器溯源

如图 2 所示,把两个图形从虚线处剪开,两个图形的周长为原来图形的周长再加上剪开处长度的 2 倍。

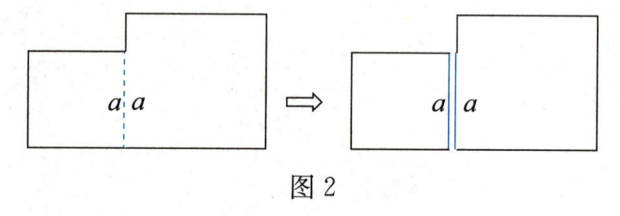

图 2

例题精讲

例题 1 如图 3 所示,把一个长为 40 厘米、宽为 22 厘米的长方形剪切成 15 个小长方形(或正方形),那么这 15 个小长方形的周长之和为_____厘米。

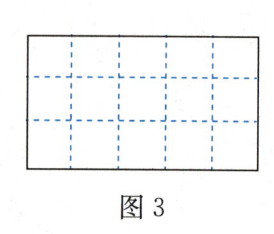

图 3

答案:460

【解答】 整体计算 15 个小长方形的周长,长被计算 6 次,宽被计算 10 次,得到 $40×6+22×10=460$ 厘米。

例题 2 如图 4 所示,把一个长方形分成五个小长方形,每个小长方形的长都是它的宽的 2 倍,且为整数,那么大长方形的周长最小为_____。

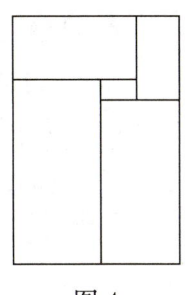

图 4

答案: 258

【**解答**】 如图 5 所示,设最小的长方形的宽为 1,第二小的长方形的宽为 a,得到 $2a+5=8a-8$,$a=\dfrac{13}{6}$。把各边长度扩大 6 倍,即可得到大长方形周长的最小值为 $(18a+4)\times 6=(18\times\dfrac{13}{6}+4)\times 6=258$。

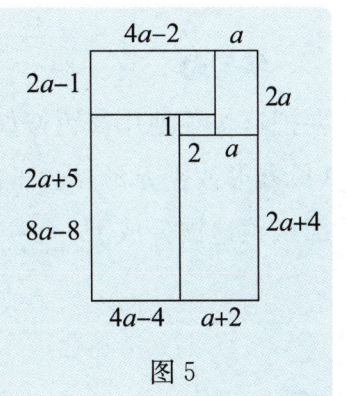

图 5

针对性练习

练习 ❶ 如图 6 所示,把图形分割成三个正方形,那么三个正方形的周长之和为_____。

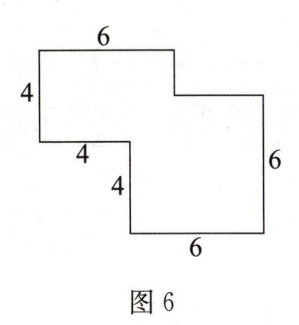

图 6

练习 ❷ 如图 7 所示,把一个长为 20、宽为 8 的长方形分割成八个小长方形,那么这八个长方形的周长之和为_____。

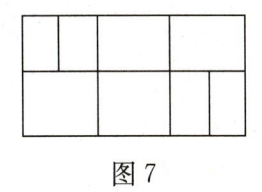

图 7

练习 ❸ 如图 8 所示,把一个长方形分成五个小长方形,每个小长方形的长都是宽的 2 倍,且为整数,那么大长方形周长的最小值为_____。

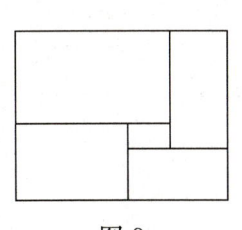

图 8

练习④ 如图 9 所示,长方形的宽为 1377 厘米、长为 2025 厘米,每次剪掉一个面积最大的正方形,如此下去,最后剩下的也是一个正方形,那么所有正方形的周长之和_____厘米。

图 9

练习⑤ 有一块 36 米×152 米的菜地,现在需要把这块菜地用篱笆按如图 10 所示分割成许多矩形(长方形或正方形)地块,篱笆总长度恰好为 2020 米,那么菜地被分成了_____块矩形块。

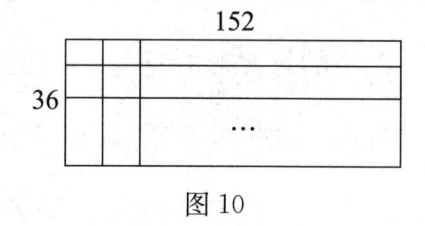

图 10

练习参考答案

练习题号	练习1	练习2	练习3	练习4	练习5
参考答案	48	144	114	13284	136
解答提示	边长分别为 2、4、6	可以拼接宽	最小的长方形宽为 3	正方形有 11 个	5 行 35 列

JH-024 数方格求螺旋折线长

神器内容	如图 1 所示,图中螺旋折线长度是多少? (最短线段为 1,平行线段距离为 1) 结论:螺旋折线占据的方格为 $a×b$ 的长方形, 其长为 $(a×b-1)$。
要点与说明	螺旋折线有多长,数着数着眼乱晃。 不是数多就数少,具体多少不知道。 采用格点方格法,做题轻松能秒杀。

图 1

神器溯源

为了求图 1 螺旋折线的长,可以把此题画在方格内,每个方格对应一个点,则螺旋折线的长度为方格数减去 1。如图 2 所示,螺旋折线占据的方格为 $a×b$ 的长方形,其长为 $(ab-1)$。同时注意方格长方形的长、宽与螺旋折线的长度关系,横和纵的最长线段的长度加上 1,就是对应的长方形的长和宽。

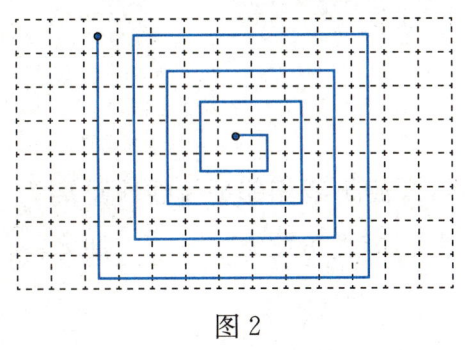

图 2

例题精讲

例题 1 如图 3 所示,图中相邻两条平行线间隔都为 1 厘米,从里到外的前两条线段长为 3 厘米和 1 厘米,那么这条折线的总长为_____厘米。

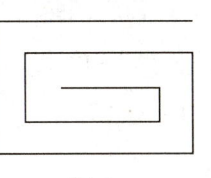

图 3

答案: 34

【解答】 如图 4 所示,把此图形画在方格内,占据的方格为 5×7 的长方形,所以折线总长为 $5\times 7-1=34$ 厘米。

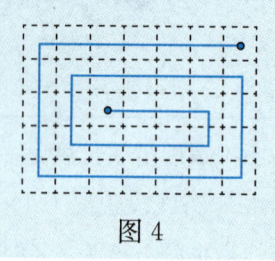

图 4

例题 2 如图 5 所示,图中相邻平行线间隔距离为 2,开始 5 条线段长分别为 2、2、2、4、4,那么这个图形中的所有线段总长为_____。

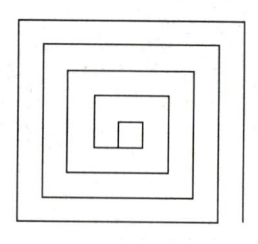

图 5

答案: 180

【解答】 如图 6 所示,把这个图形画在方格内,由于开始增加了一条长为 2 的线段。可以先按间隔为 1 计算,然后扩大 2 倍即可。此图画在 9×10 的方格内,所有线段总长为 $(9\times 10-1)\times 2+2=180$。

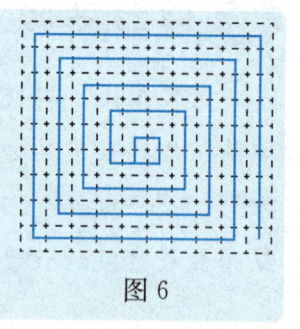

图 6

针对性练习

练习❶ 如图 7 所示,螺旋折线相邻平行线段距离为 1,开始线段的长为 1 厘米,那么螺旋折线总长为_____厘米。

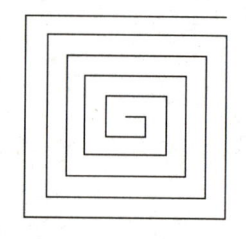

图 7

练习❷ 如图 8 所示,螺旋折线相邻平行线段距离为 1,开始线段的长为 4 厘米,那么图中所有线段总长为_____厘米。

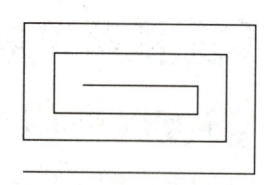

图 8

练习❸ 如图 9 所示,图中相邻平行线段间距为 1,每个拐角都是直角,那么这个双螺旋折线总长为_____。

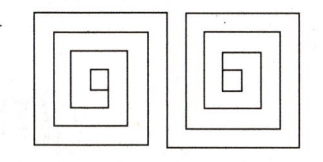

图 9

练习❹ 如图 10 所示,这是一个长 20 米、宽 13 米的迷宫,其中道路的宽度是 2 米。从 A 点出发,沿道路的中心线向里走去,一直到 B 点,所走过的路线的长度是_____米。

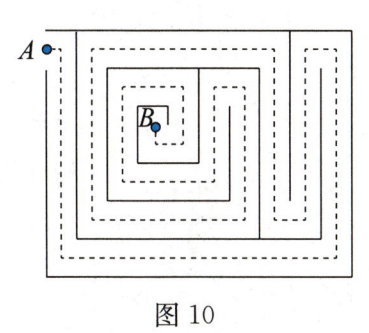

图 10

练习参考答案

练习题号	练习1	练习2	练习3	练习4
参考答案	120	53	121	129
解答提示	11×11 的方格	6×9 的方格	内部有两个重复点	B 处特殊,逐段分析

JH-025　旋转法剪切图形

神器内容	对于一个有中心的图形，要求分割成 n 个大小、形状都相同的图形。一般可以从中心出发，作出一条分割线，然后把分割线旋转 $(n-1)$ 次，每次同方向旋转 $\left(\dfrac{360}{n}\right)°$ 就可得到分割图形。
要点与说明	给你一个大图形，分割几块你来定。 大小形状都相同，找到中心露笑容。 一条割线来旋转，旋转角度要平摊。 符合条件在里边，相邻剪开最关键。 剪切图形旋转法，只剪不拼常用它。

神器溯源

把一个图形分成大小、形状都相同的两部分，首先原图形是一个中心对称图形，过中心的任意一条线（线段、折线或曲线）都行，然后旋转 180° 就可以分割。

把一个图形分成大小、形状都相同的三部分，首先这个图形绕其一点旋转 120°，所得图形与原图形必须完全重合。过这点的任一分割线，连续两次旋转 120°，就把此图形分成大小、形状都相同的三部分。

（1）正方形分成两块，大小、形状都相同，如图 1 所示。

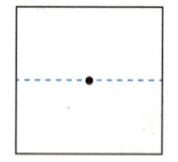

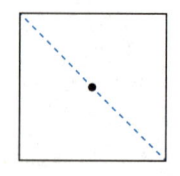

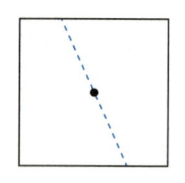

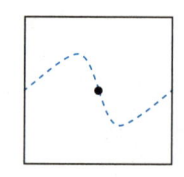

图 1

（2）圆分成两块，大小、形状都相同，如图 2 所示。

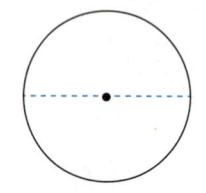

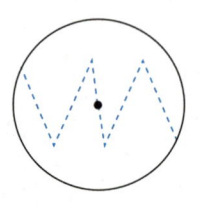

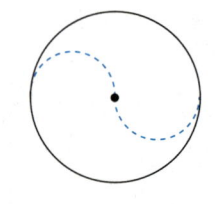

图 2

(3)正三角形分成三块,大小、形状都相同,如图3所示。

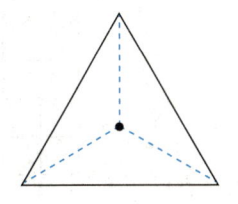

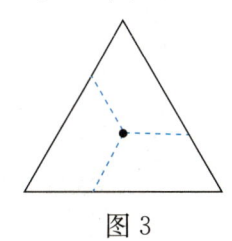

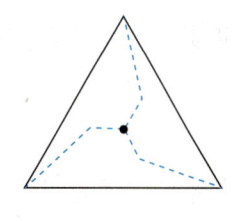

图 3

一般地,把一个图形分割成大小、形状都相同的 n 块,可以从中心出发,作出一条分割线,然后把分割线旋转 $(n-1)$ 次,每次同方向旋转 $\left(\dfrac{360}{n}\right)^\circ$ 就可得到分割图形。

例题精讲

例题 1 如图 4 所示,把一个 3×6 的方格纸,沿着格线分成大小、形状都相同的两部分。共有 _____ 种不同的剪法。(旋转、翻转相同算一种)

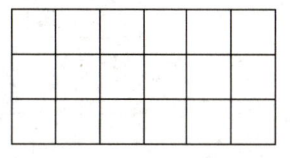

答案:12

图 4

【解答】 分割线必过中心 O,然后旋转 $180°$,然后得到另一段分割线。如图 5-1 至图 5-12 所示,共有 12 种不同分法。

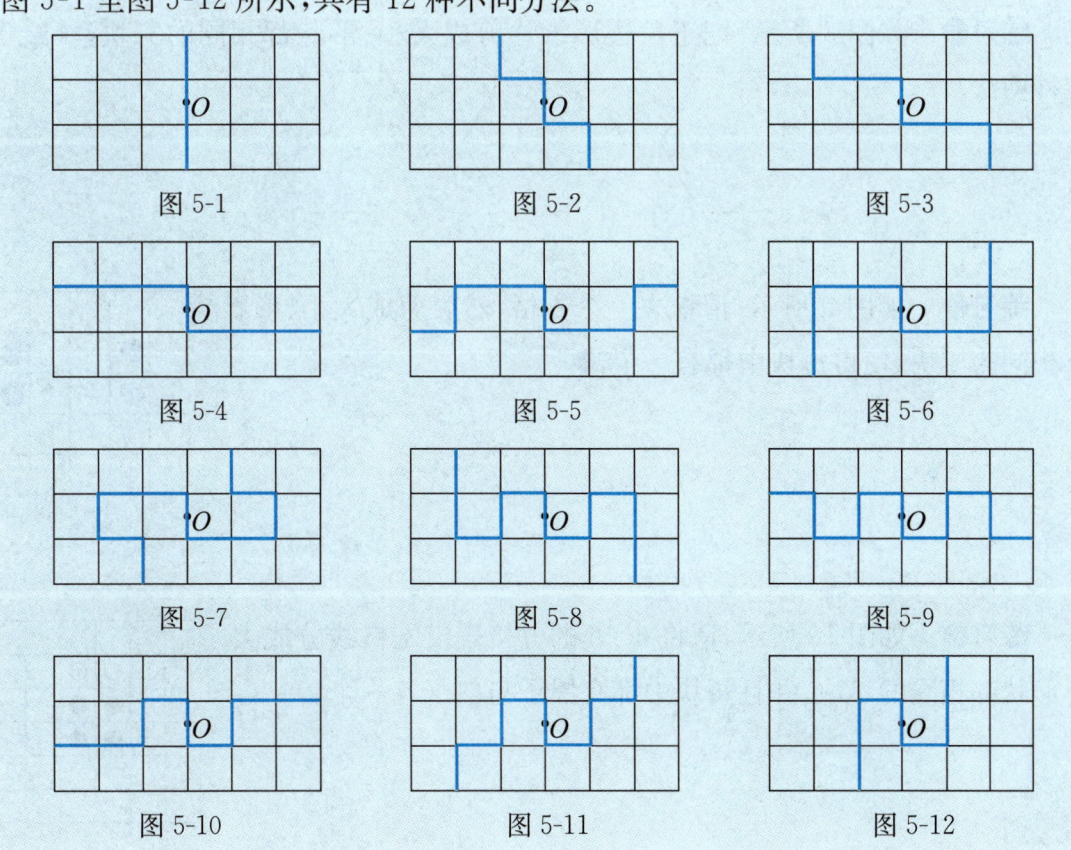

图 5-1   图 5-2   图 5-3

图 5-4   图 5-5   图 5-6

图 5-7   图 5-8   图 5-9

图 5-10   图 5-11   图 5-12

75

例题 2 如图 6 所示,将 6×6 的方格表沿网格线分成大小、形状都相同的四块,并且每块都有黑棋子和白棋子各一个。

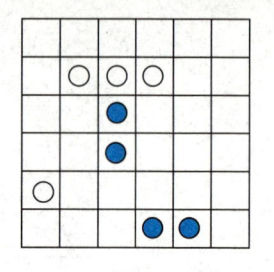

答案: 见解答中的图。

图 6

【解答】 每个图形有 6×6÷4＝9 个小正方形。先把同色的棋子之间的方格线剪开,如图 7-1 所示。同时把每段剪开线绕中心旋转 90°,如图 7-2 所示。把剪开线连成一条从中心到边的格线就是分割线,如图 7-3 所示。

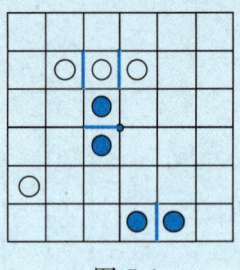

图 7-1 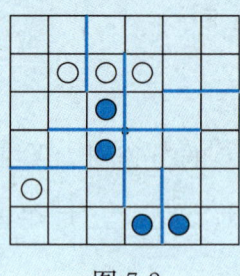   图 7-2 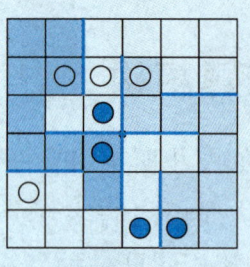   图 7-3

针对性练习

练习❶ 如图 8 所示,把正六边形纸片剪成大小、形状都相同的三块。(给出三种剪法)

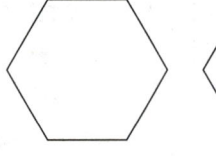

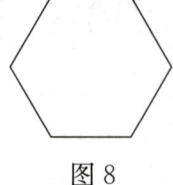

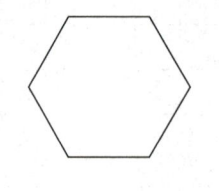

图 8

练习❷ 如图 9 所示,请挖去一个方格,然后剪成大小、形状都相同的 4 块,使得每块中都有一个"●"。

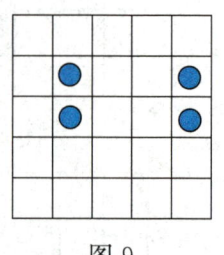

图 9

练习❸ 如图 10 所示,请将 6×6 的方格表沿网格线分成大小形状都相同的 4 块,并且每块中都有黑子与白子各一个。

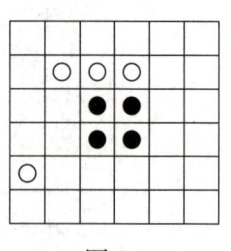

图 10

练习❹ 如图 11 所示，一个 5×9 的长方形方格纸片，在中间挖去 3 个小正方形洞，再把这个方格纸分成大小、形状都相同的两块，然后拼成一个长方形。

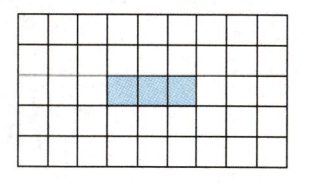

图 11

练习❺ 如图 12 所示，去掉中间的阴影三角形，然后把此图沿着格线分割成三个大小、形状都相同的三部分，那么共有_____种不同的分割方法。

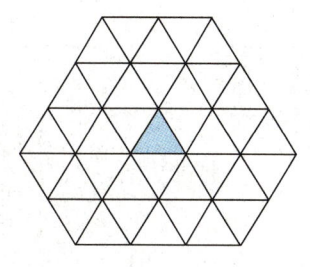

图 12

练习参考答案

练习题号	练习 1	练习 2	练习 3	练习 4	练习 5
参考答案	略				54
解答提示	旋转 120° 两次	去掉最中心的那块	先把相同图形剪开再旋转 90°	剪法不唯一	分类计数

JH-026　网格弦图剪又拼

神器内容	如图 1 所示，把一个图形剪开，如果块数有限制，而形状没有限制，然后要求拼成一个正方形。如果正方形面积不是平方数，可以考虑弦图，且把拼好的弦图放在网格中。

图 1

要点与说明	一个图形剪又拼，先算面积是根本。 面积若是平方数，方格搬动拼不错。 面积若非平方数，想到弦图放网格。 根据要求作分割，拼不成功换换做。

神器溯源

对于一个图形既剪又拼，当分割图形形状不受限制，可以分三步进行解题。

(1)计算面积。如果面积是平方数，直接分割。如果不是平方数，就把面积分成两个平方数之和，根据勾股定理，得到所拼正方形的边长。

若图形面积 $S=a^2$，则拼成的正方形边长为 a；

若图形面积 $S=a^2+b^2$，则拼成的正方形边长为 $a×b$ 长方形的对角线长。

(2)把剪拼的图形进行网格化，或者把图形放到正方形格点图中。

(3)画出拼成的图形再探索分割线，如果不能满足条件，更换剪切位置再探索。

例题精讲

例题 1 如图 2 所示，这是长为 6 厘米、宽为 3 厘米的长方形减去两个直角边分别为 1 厘米和 2 厘米的直角三角形得到的。请把这个图形分成大小、形状都相同的两部分，然后拼成一个正方形。

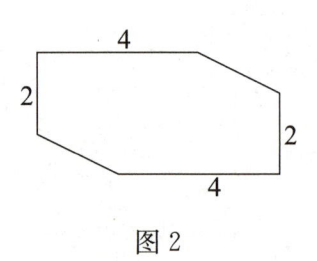

图 2

答案：见解答中的图。

【解答】 图形的面积为 $3\times 6-1\times 2=16=4^2$，所以拼成的正方形的边长为 4。如图3所示进行分割，如图4所示进行拼接得到正方形。

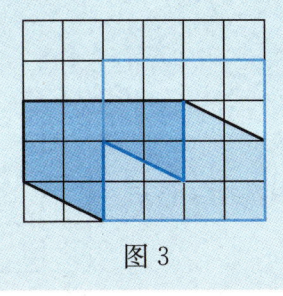

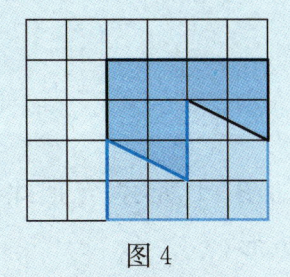

图3   图4

例题2 如图5所示，把图形分割成三部分（大小、形状不作要求），然后拼成一个正方形。

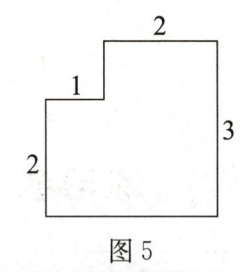

图5

答案：见解答中的图。

【解答】 (1)图形面积为 $3\times 3-1\times 1=8=2^2+2^2$，所以拼成的正方形边长为 2×2 方格的对角线。

(2)把图形放在小正方形面积为1的网格图中，如图6所示剪切，如图7所示进行拼接即可。

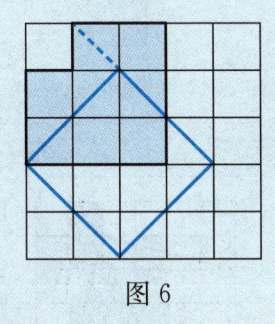

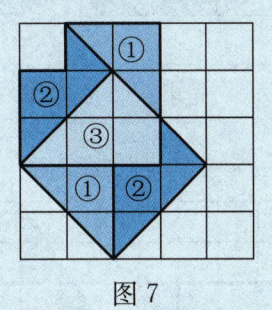

图6   图7

针对性练习

练习❶ 如图8所示，把五个正方形构成的图形分成三块，然后拼成一个大正方形。

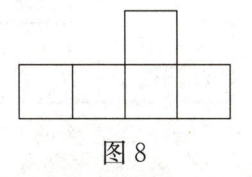

图8

练习❷ 如图9所示，把五个边长为2的正方形组成的"十字"形分成四块，然后拼成一个大正方形。

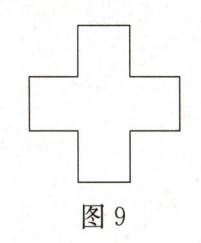

图9

· 79 ·

练习❸ 如图 10 所示，此图是长为 5、宽为 3 的长方形从角上剪去两个边长为 1 的正方形。请把这个图形剪成三部分，然后拼成一个大正方形。

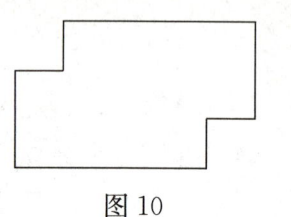

图 10

练习❹ 如图 11 所示，先把此图分割成四部分，然后拼成一个大正方形。

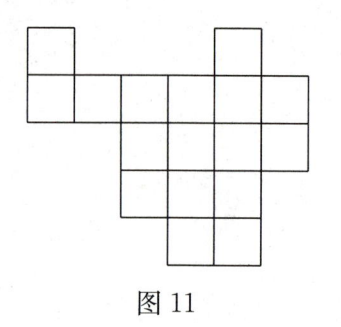

图 11

练习参考答案

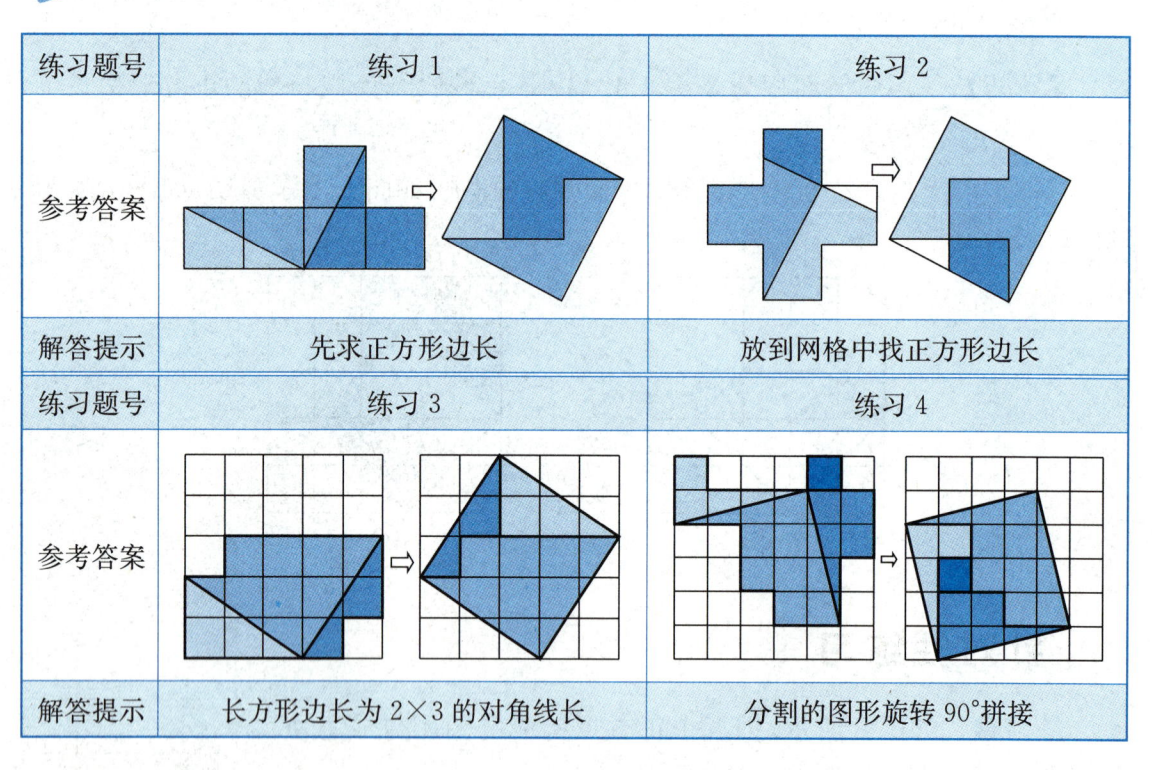

练习题号	练习1	练习2
参考答案		
解答提示	先求正方形边长	放到网格中找正方形边长
练习题号	练习3	练习4
参考答案		
解答提示	长方形边长为2×3的对角线长	分割的图形旋转90°拼接

JH-027　面积公式的正逆运用

神器内容	(1)三角形面积公式及变形 $S_\triangle = \frac{1}{2} a \times h_a, a = 2S_\triangle \div h_a, h_a = 2S_\triangle \div a$。 (2)平行四边形面积公式及变形 $S_{平行四边形} = a \times h_a, a = S_{平行四边形} \div h_a, h_a = S_{平行四边形} \div a$。
要点与说明	三角形、四边形，面积公式要记清。 不但记清还会用，正逆一定会变形。 三个一团四一帮，相互表达棒棒棒。

神器溯源

1. 三角形面积公式

如图 1 所示，$S = 底 \times 高 \div 2 = a \cdot h_a \div 2 = b \cdot h_b \div 2 = c \cdot h_c \div 2$。

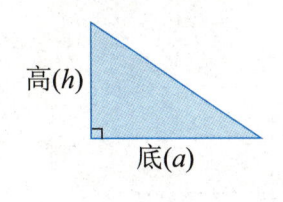

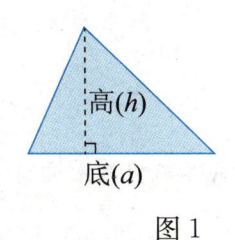

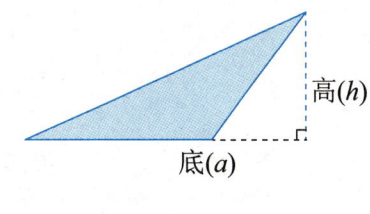

图 1

三角形公式或关系式基本练习

底(a)	8	10	20	15		
高(h)	6	5			3	25
面积(S)			30	30	30	200

2. 矩形公式（如图 2 所示）

(1)长方形公式：面积 $S = 长 \times 宽 = ab$；周长 $C = 2(长 + 宽) = 2(a+b)$。

(2)正方形公式：面积 $S = 边长 \times 边长 = a^2$；面积 $S = 对角线长 \times 对角线长 \div 2 = c^2 \div 2$；周长 $C = 4 \times 边长 = 4a$。

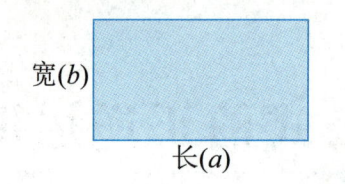

图 2

正方形公式或关系式基本练习

边长(a)	3	5			
周长(C)			12	40	
面积(S)				64	100

长方形公式或关系式基本练习

长(a)	6	10	12	7		
宽(b)	4	5		4	15	
周长(C)			40	24		38	66
面积(S)				28	120	84	200

3. 梯形面积公式

如图 3 所示，面积 $S=(上底+下底)\times 高\div 2=(a+b)h\div 2$。

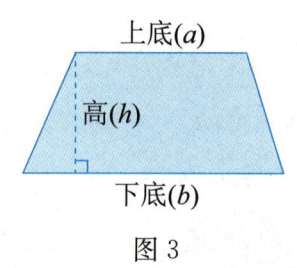

图 3

梯形公式或关系式基本练习

上底(a)	4	6	2	3		9
下底(b)	6	10	8	9	7	
高(h)	5	4			8	10
面积(S)			20	72	48	100

例题精讲

例题 1 如图 4 所示，在四边形 $ABCD$ 中，$\angle DAB=\angle FCD=90°$，$AB=8$，$BF=3$，$CD=12$，$DE=10$，那么图中阴影部分的面积为_____。

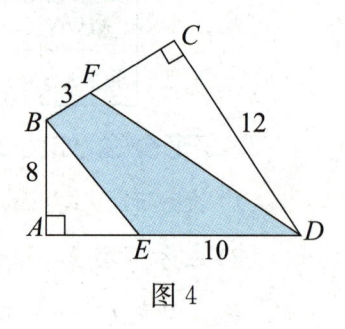

图 4

82

答案:58

【解答】 如图 5 所示,连结 BD,把阴影部分分成两个钝角三角形分别求面积。因此阴影部分面积为 8×10÷2+3×12÷2=58。

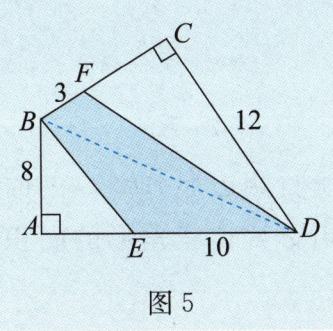

图 5

例题 2 如图 6 所示,面积为 200 的正方形与面积为 240 的长方形重叠在一起,正方形的边与长方形边的夹角为 45°,那么等腰梯形 ABCD 的面积为_____。

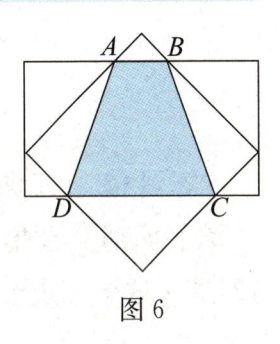

图 6

答案:96

【解答】 如图 7 所示,连结正方形的对角线,可见正方形的对角线就是长方形的长,因为 200×2=400=20×20,所以长方形的长为 20,宽为 240÷20=12。由于长方形在重叠之外的图形都是等腰直角三角形,可以得到梯形的上底与下底之和为 20×2−12×2=16。由于长方形的宽就是等腰梯形的高,所以等腰梯形 ABCD 的面积为 16×12÷2=96。

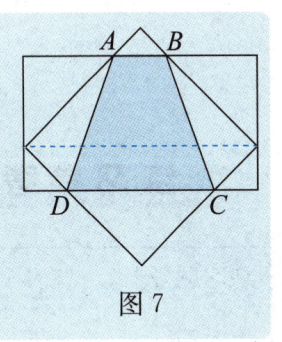

图 7

针对性练习

练习 ❶ 如图 8 所示,四边形各边长已经标出,这个四边形的面积为_____。

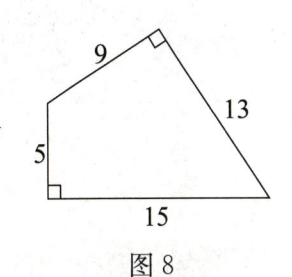

图 8

练习 ❷ 如图 9 所示,边长分别为 4 厘米和 6 厘米的两个正方形拼接在一起,那么阴影部分的面积为_____平方厘米。

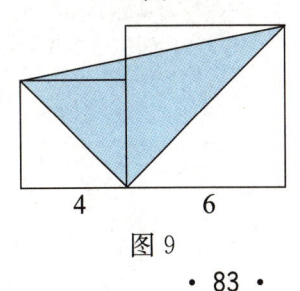

图 9

练习❸ 如图 10 所示,正方形被分成面积相等的三部分,其中空白部分都是斜边为 6 的等腰直角三角形,那么阴影部分图形的面积为_____。

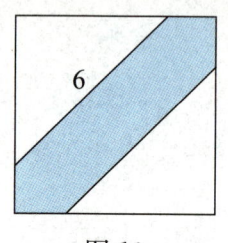

图 10

练习❹ 如图 11 所示,平行四边形 ABCD 的面积为 240,BE=DE=12,那么阴影直角三角形的面积为_____。

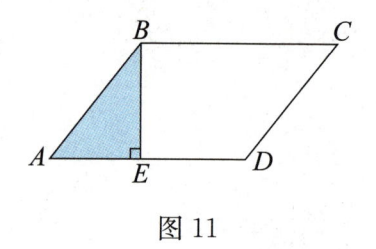

图 11

练习❺ 如图 12 所示,在五边形 ABCDE 中,∠A、∠B、∠E 都是直角,∠C=∠D,且 CD=8,AE=10,AB=12,那么这个五边形的面积为_____。

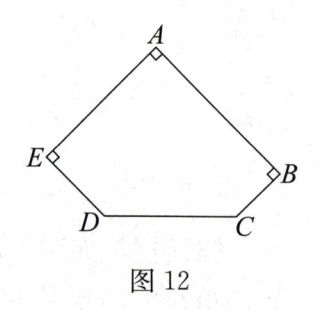

图 12

练习参考答案

练习题号	练习1	练习2	练习3	练习4	练习5
参考答案	96	24	9	48	104
解答提示	分成两个直角三角形	补形或分割	边长为6的正方形面积四等分	平行四边形面积公式逆运用	补形

84

JH-028　图形形状特殊化

神器内容	一般图形具有的性质和特点,它的特殊情况一定具有这些性质和特点。因此可以把一般图形转化为满足条件的特殊图形。
要点与说明	只要它是集体一员,集体福利均能沾。 普通图形如果难办,特殊图形快去验。 一般三角形的条件,可以转化为等边。 如果是一般四边形,方形平四要显灵。 选择填空题用此法,一般都能来秒杀。 特殊化天生有缺陷,遇到证明就失算。

神器溯源

当一个题目的图形是一般图形,可以把这个图形先换成它的特殊图形,通过验证可以先得到需要的结果,然后再从特殊到一般,找到一般的证明或解答方法。图形特殊化的方法对选择题、填空题最有杀伤力,一般能做到秒杀,但是证明题不能使用此法。

1. 三角形中一般与特殊关系,如图 1 所示。

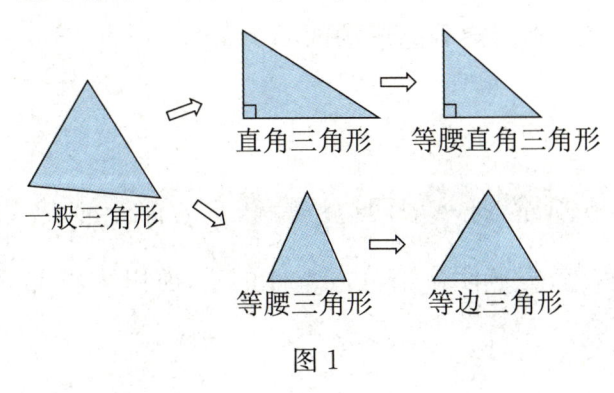

图 1

2. 四边形中的一般与特殊关系,如图 2 所示。

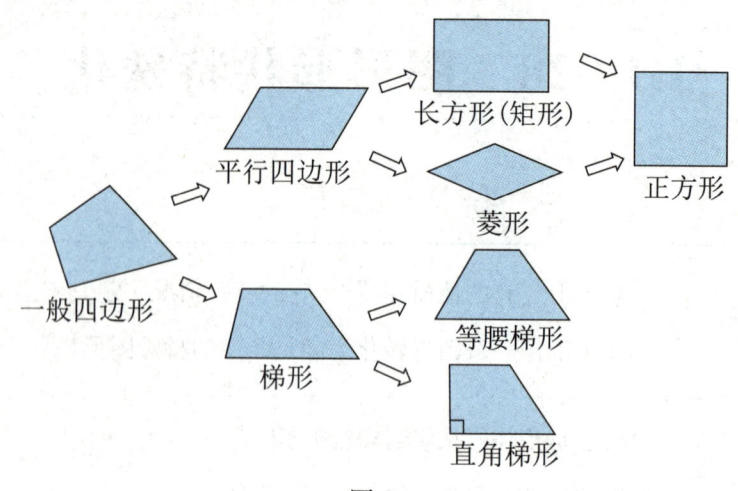

图 2

例题精讲

例题 1 如图 3 所示,将面积为 9 的四边形 ABCD 的每条边各延长一倍,形成四边形 EFGH,那么四边形 EFGH 的面积为_____。

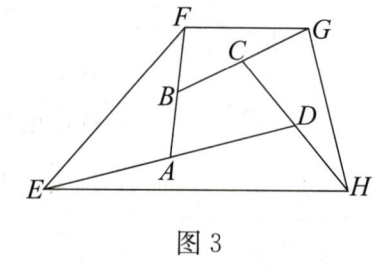

图 3

答案: 45

【解答】 如图 4 所示,把四边形 ABCD 通过特殊化为正方形,则每个直角三角形的面积都是 9,所以四边形 EFGH 的面积为 $5 \times 9 = 45$。

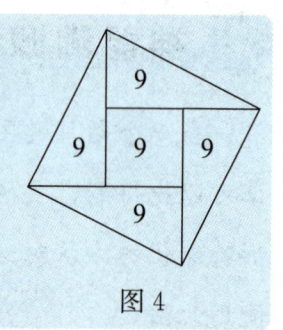

图 4

例题 2 如图 5 所示,把一个面积为 54 的四边形的四边分别三等分,连结对边分点,那么阴影部分图形的面积为_____。

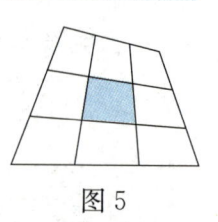

图 5

答案: 6

【解答】 如图 6 所示,把一般四边形特殊化为正方形,各边三等分点连结,得到九宫格,显然阴影部分占整体的 $\frac{1}{9}$,所以阴影部分图形的面积为 $54 \times \frac{1}{9} = 6$。

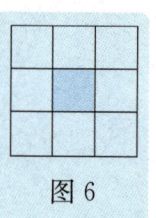

图 6

针对性练习

练习❶ 如图 7 所示,把四边形 ABCD 的各边延长 2 倍,得到面积为 78 平方厘米的四边形 EFGH,那么四边形 ABCD 的面积为_____平方厘米。

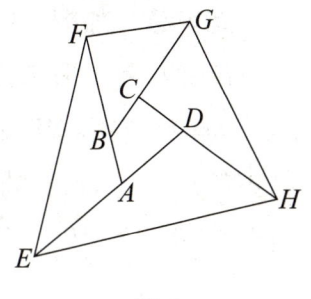

图 7

练习❷ 如图 8 所示,把四边形 ABCD 的各边都延长得到四边形 EFGH,$AB=BF$,$CD=DH$,$CG=2BC$,$EA=2AD$,那么四边形 EFGH 的面积是四边形 ABCD 的面积的_____倍。

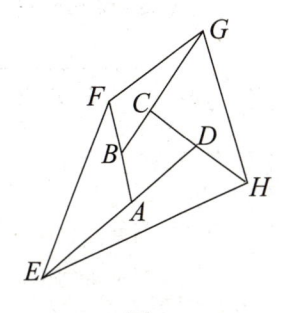

图 8

练习❸ 如图 9 所示,把四边形的一对对边进行三等分,连结这些分点得到阴影四边形。已知大四边形的面积为 36,那么阴影部分的面积为_____。

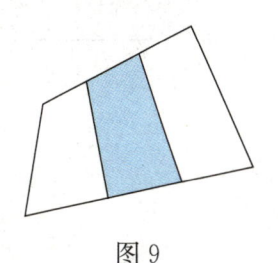

图 9

练习❹ 如图 10 所示,梯形 ABCD 中 AD∥BC,把梯形的一个角折起,使 C 点落在腰 AB 的中点 E 处,DF 为折痕,△AED 和△BEF 的面积分别为 9 和 18,那么梯形 ABCD 的面积为_____。

图 10

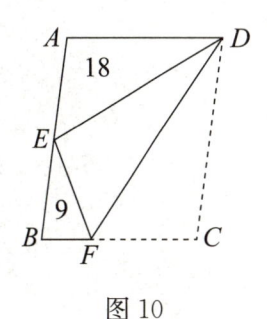

练习❺ 如图 11 所示,E、F、G 分别是四边形 ABCD 三边的中点,连结 EG,过 F 作 FH⊥EG 于点 H。FH=3 厘米,EG=6 厘米,那么四边形 ABCD 的面积为_____平方厘米。

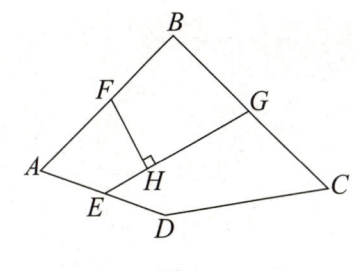

图 11

练习 6 如图 12 所示,在△ABC 中,D 在 BC 上,连结 AD 并在其上取一点 G,过 G 作 EF 交 AB 于点 F,交 AC 于点 E,连结 DE、DF、BG、CG。△BDF 与△CDE 的面积都是 9,△BCG 的面积为△DEF 面积的 2 倍,那么△ABC 的面积为_____。

图 12

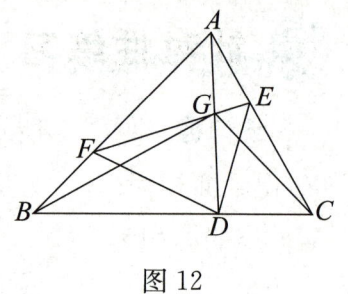

练习参考答案

练习题号	练习1	练习2	练习3	练习4	练习5	练习6
参考答案	6	8	12	81	36	36
解答提示	将小四边形特殊化	将小四边形特殊化	特殊化为三个正方形	特殊化为直角梯形	特殊化为长方形	△ABC 特殊化为等腰三角形。EF 特殊为中位线

JH-029　图形位置特殊化

神器内容	当一个图形位置可以随意变化时,可把图形移到一个特殊位置以便于解答,这个特殊位置可以是两端的极端位置,也可以是中间位置。
要点与说明	图形位置随意放,到底放哪最恰当? 一般都是走极端,还能放到最中间。 图形移动有常识,大小不变是定值。

神器溯源

当一个图形位置可以随意变化时,可把图形移到一个特殊位置以便于解答。这个图形可以是点,特殊位置可以是两端的极端位置,也可以是中间位置;这个图形也可以是线段,可以移动或特殊化到有利于解题的位置。

例题精讲

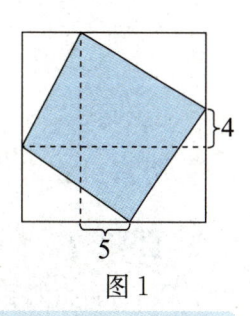

例题1 如图1所示,边长为16的正方形中有一个内接四边形,内接四边形的上、下两个顶点之间的水平距离为5,左、右两个顶点之间的竖直距离为4,那么阴影部分图形的面积为_____。

答案:138

【解答】 如图2所示,由于仅知道两个顶点之间的水平距离或竖直距离,可以把其中两个顶点拉动到正方形顶点处,得到图3,从而得到阴影部分图形的面积为 $16 \times 16 - 12 \times 5 \div 2 - 16 \times 11 \div 2 = 138$。

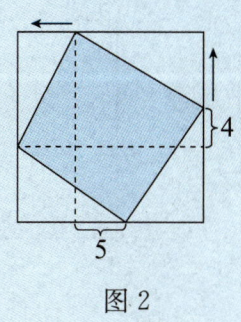

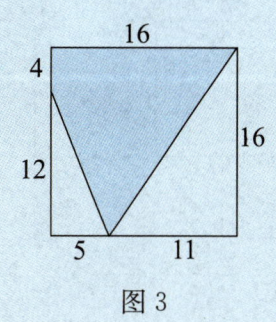

例题 2-1 如图 4 所示,在正方形宣传栏里放有面积都是 50 的绿、黄、蓝正方形纸片。其中黄色露出面积为 38,蓝色露出面积为 22,那么正方形宣传栏的面积为_____。

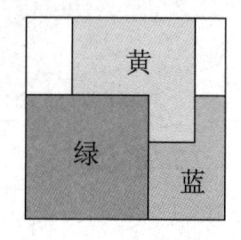

答案:128

【**解答**】 如图 5 所示,由于黄色正方形左右位置不定,可以把黄色正方形向左推动到最左侧。如图 6 所示,由于黄色减少的面积就是蓝色增加的面积,所以两者最终面积都是(38+22)÷2=30,根据比例图形,得到空白部分面积为 30÷5×3=18,正方形宣传栏的面积为 50+30+30+18=128。

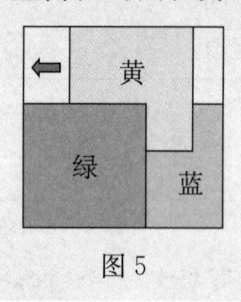

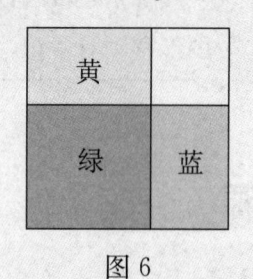

图 5

图 6

例题 2-2 如图 7 所示,长方形 ABCD 与长方形 EFGH 的面积相等,BF=7,DE=4,那么阴影 △CGH 的面积为_____。

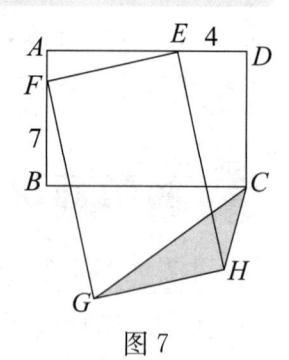

答案:14

【**解答**】 如图 8 所示,把长方形 EFGH 竖直放置,根据长方形 ABCD 与长方形 EFGH 的面积相等,得到长方形 CDEI 与长方形 BGHI 的面积相等。△CGH 的面积是长方形 BGHI 面积的一半,也等于长方形 CDEI 面积的一半,从而等于 △CDE 的面积。△CGH 的面积等于 7×4÷2=14。

图 8

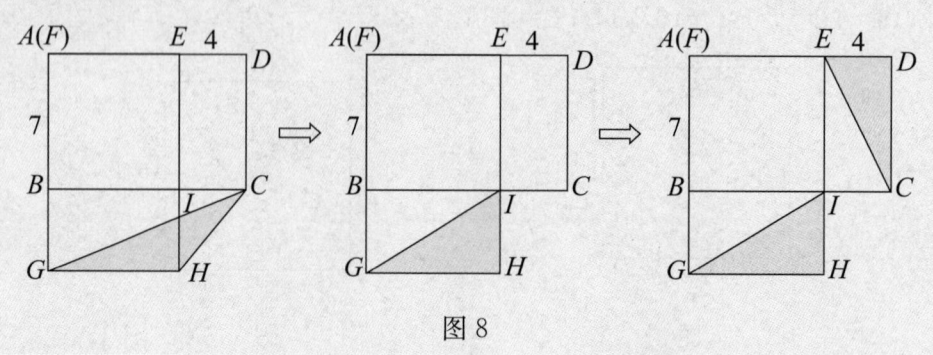

针对性练习

练习❶ 如图 9 所示,在长为 20 厘米、宽为 15 厘米的长方形里有一个内接四边形。内接四边形的上、下两顶点之间的水平距离为 6 厘米,左、右两顶点之间的竖直距离为 4 厘米,那么阴影部分图形的面积为_____平方厘米。

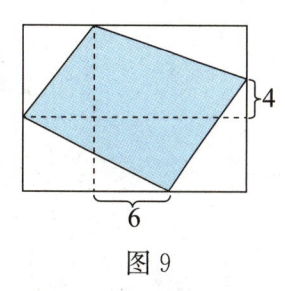

图 9

练习❷ 如图 10 所示,在面积为 100 的正方形内有一个内接四边形。内接四边形的上、下两顶点之间的水平距离为 5,左、右两顶点之间的竖直距离为 4,那么阴影部分图形的面积为_____。

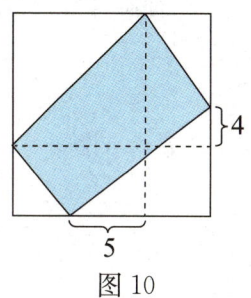

图 10

练习❸ 如图 11 所示,平行四边形 ABCD 外有一点 E,△AED 面积比 △BEC 面积大 15,那么平行四边形 ABCD 的面积为_____。

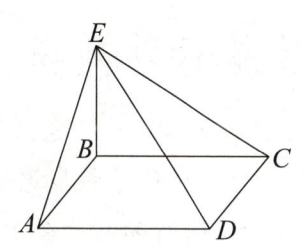

图 11

练习❹ 如图 12 所示,面积为 144 的正方形内有一个面积为 16 的小正方形,且两个正方形的对应边平行,那么阴影部分图形的面积为_____。

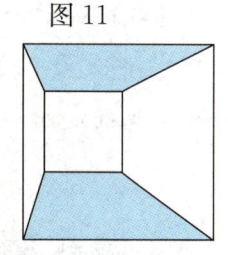

图 12

练习❺ 如图 13 所示,长方形 ABCD 内放置一个小长方形 EFGH,两个长方形的对应边互相平行。连结 AF、AH、CF、CH、BG、BE、DG、DE。已知四边形 AFCH 的面积为 18,那么四边形 BGDE 的面积为_____。

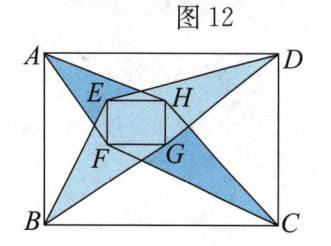

图 13

练习参考答案

练习题号	练习1	练习2	练习3	练习4	练习5
参考答案	162	40	30	64	18
解答提示	内接四边形两个顶点移动到长方形顶点	顶点移动	把 E 点特殊化到 B 点上	小正方形移动到中心或角上	小正方形移动到中心或角上

JH-030　图形边长特殊化

神器内容	当一个图形边长不定且可以任意取值时,就把图形边长取一个特殊值来解答,这个特殊值尽量取整数且易于口算。
要点与说明	图形边长随意变,设个整数算一算。 此时边长特殊化,结果不变最为佳。 根据面积设边长,选择填空能用上。

神器溯源

当一个图形边长不定且可以任意取值时,就把图形边长取一个特殊值来解答,这个特殊值尽量取整数且易于口算。在特殊化边长时,得到线段的长度倍数关系不变,同时面积的倍数关系是线段倍数的平方。当然,如果更利于口算,不同方向上的线段的倍数可以不同,这样正方形问题也可以变成长方形的边长倍数关系。但是,一定要注意,一旦某条线段的长度倍数确定,那么与其共线或平行的线段的倍数就确定了。

例题精讲

例题1 如图1所示,由两个正方形拼成此图。已知大正方形的边长为12厘米,那么阴影部分图形的面积为＿＿＿＿平方厘米。

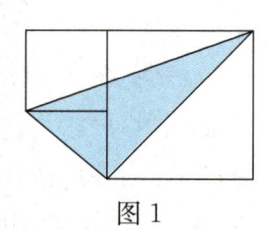

图1

答案:72

【解答】 如图2所示,由于小正方形边长不定,说明阴影部分面积与此正方形大小无关(如果相关,要么给出它的面积,要么能根据条件推出其面积),可以设小正方形的边长为6厘米。这样整体面积减去两个三角形的面积就是阴影部分图形的面积,具体为 $6×6+12×12+6×6÷2-6×18÷2-12×12÷2=72$ 平方厘米。

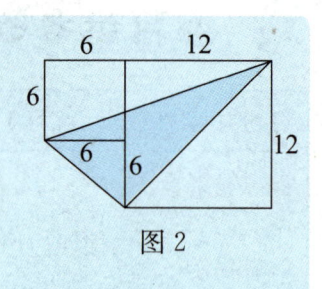

图2

例题2 如图3所示,把一个长方形分割成九个长方形(包括正方形),其中有五块面积已经标出,那么整个长方形的面积为_____。

答案: 54

图3

【**解答**】 如图4所示,由于仅有一部分长方形的面积固定,可以根据面积设出它们长和宽的特殊值,得到整个长方形的面积为(1+2+3)×(1+2+6)=54。

图4

针对性练习

练习❶ 如图5所示,三个正方形拼接在一起,中间大正方形的边长为8,那么阴影部分图形的面积为_____。

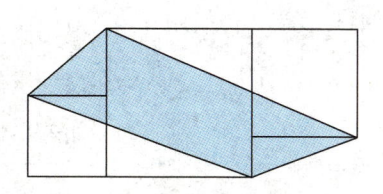

图5

练习❷ 如图6所示,把一个长方形分割成十二个长方形(包括正方形),其中有六块面积已经标出,那么整个长方形的面积为_____。

图6

练习❸ 如图7所示,长方形被分割成四个三角形,其中的三个面积分别为8、8、12,那么阴影部分图形的面积为_____。

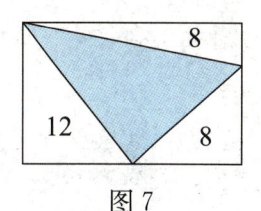

图7

练习❹ 如图8所示,已知平行四边形ABCD,AE∶ED=2∶1,AF∶FB=3∶5,BE与CF交于点G,则FG∶GC=_____。

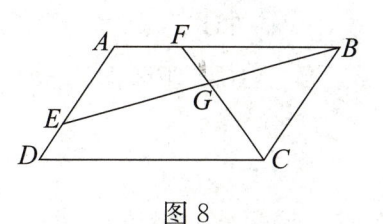

图8

练习参考答案

练习题号	练习1	练习2	练习3	练习4
参考答案	64	102	20	5∶12
解答提示	两个小正方形设边长	边长特殊化	边长凑数	特殊化为长方形,再构造边长

93

JH-031　图形面积特殊化

神器内容	当一个图形各个区域面积不定时,可以根据各边的比例或倍数关系,设出一块区域的面积份数,推出所有区域的面积份数,然后让份数与实际面积作出对应,从而得到各块区域的实际面积。
要点与说明	比例图形求面积,此处总爱出难题。 已知局部求整体,整体已知求区域。 根据比例设份数,好多模型做一做。 最后量份来对照,此法做题最高效。 如若参悟此方法,数学水平不会差。

神器溯源

当一个图形各个区域面积不定时,可以根据各边的比例或倍数关系,设出一块区域的面积份数,推出所有区域的面积份数,然后让份数与实际面积作出对应,从而得到各块区域的实际面积。在设面积份数时,尽量照顾边长的份数,如果一次设份数不合适,可以返回调整开始的份数,都同时扩大相同倍数即可。

例题精讲

例题 1 如图 1,DE 把 $\triangle ABC$ 分成面积相等的两部分,且 $5AD=3BD$,那么 $BE:EC=$ _____。

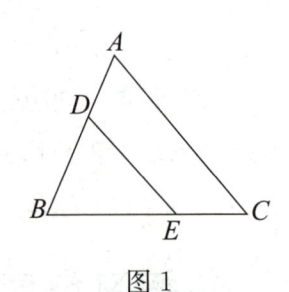

答案:$4:1$

图 1

【解答】 如图 2 所示,连结 AE,设 $\triangle BDE$ 面积为 5 份,则 $\triangle ADE$ 面积为 3 份。根据 DE 是 $\triangle ABC$ 面积的平分线,所以 $\triangle ACE$ 的面积为 2。所以 $BE:EC=(3+5):2=4:1$。

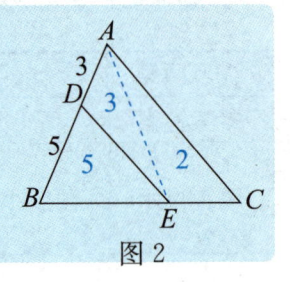

图 2

例题 2 如图 3 所示，长方形 ABCD 中，BE 是 EC 的 1.5 倍，连结 AE、BD 交于点 F。已知四边形 CDFE 的面积为 62，那么长方形 ABCD 的面积为_____。

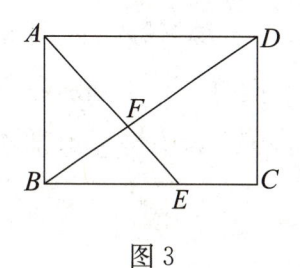

答案： 160

【解答】 如图 4 所示，根据比例标记长方形长边的份数。连结 ED，根据蝴蝶形，设△ADF 的面积为 25，则其他部分面积如图中标出。作出面积的量份对应，得到长方形 ABCD 的面积为 62÷31×80＝160。

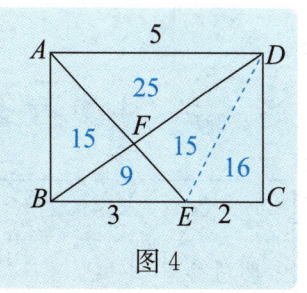

针对性练习

练习 ❶ 如图 5 所示，DF、EF 把△ABC 平分成面积相等的三部分，BD＝2.5AD，那么 BF：FC＝_____。

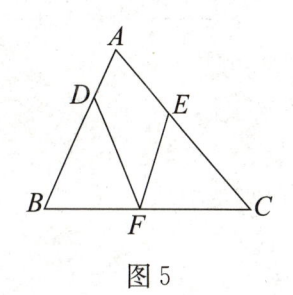

练习 ❷ 如图 6 所示，在△ABC 中，E 在 AC 上，AE：EC＝1：2，连结 BE，O 是 AD 的中点。已知△ABC 的面积为 60，那么阴影△AOB 的面积为_____。

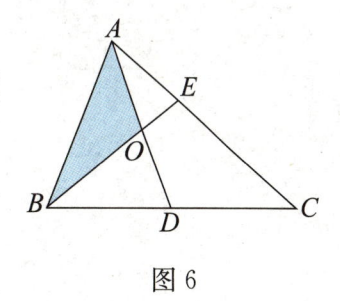

练习 ❸ 如图 7 所示，已知 BD＝CD，AF：DF＝1：3，那么 AE：EC＝_____。

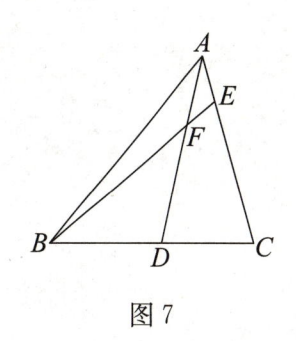

练习❹ 如图 8 所示，△ABC 的面积为 50，D、E 在 BC 上，F、G 分别在 AC、AB 上，四边形 DEFG 为正方形，AG：GB＝2：3，那么正方形 DEFG 的面积为_____。

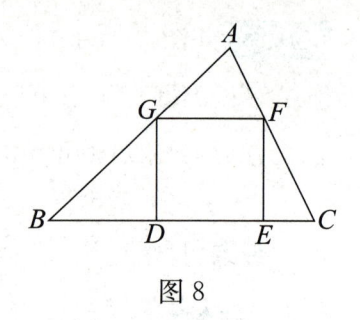

图 8

练习参考答案

练习题号	练习1	练习2	练习3	练习4
参考答案	7：8	15	1：6	24
解答提示	连结 AF，设△ADF 面积为 2	连结 OC，设△AEO 面积为 2	连结 FC	三角形面积设份数

JH-032　勾股定理

神器内容	(1)勾股定理 如图1所示，在△ABC中， ∠C=90°，a、b、c分别为三边长，则 $a^2+b^2=c^2$。 (2)常用勾股数组 (3、4、5)k，(5、12、13)k，其中 k 为非零自然数。
要点与说明	一个直角三角形，三边关系要记清。 勾股定理大名鼎，这个结论很常用。 直角边长平方加，斜边平方等于它。 毕达哥拉斯定理，其逆命题也成立。

图1

神器溯源

如图1所示，在△ABC中，∠C=90°，a、b、c分别为三边长，则 $a^2+b^2=c^2$。

勾股定理又称毕达哥拉斯定理。有人统计，其证明方法近千种。勾股定理是很常用、很重要的定理，对同学们几何学习至关重要。如果直角三角形的三边都是整数，且三者互质，则(a、b、c)被称为基本勾股数组。常用的勾股数组有(3、4、5)k，(5、12、13)k，其中 k 为非零自然数。

证法一：赵爽证法

如图2所示，整个图形的面积为 $2ab+(a-b)^2=2ab+a^2-2ab+b^2=a^2+b^2$。

如图3所示，把图中的两个直角三角形按照箭头方向旋转到上部的两个阴影三角形的面积，得到中间为正方形的大正方形。大正方形的边长为 c，其面积为 c^2。两个图形中的面积相等，所以 $a^2+b^2=c^2$。

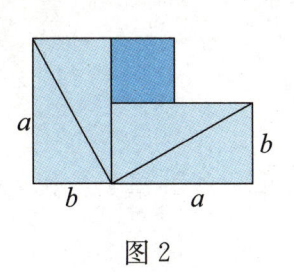

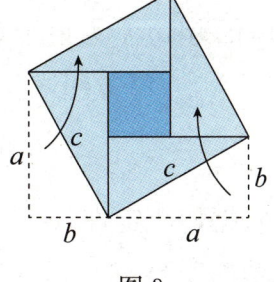

图2　　　图3

证法二：原创证法

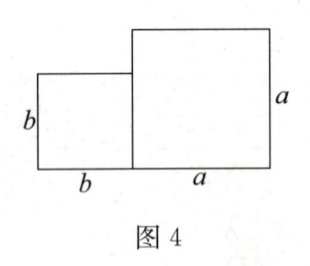

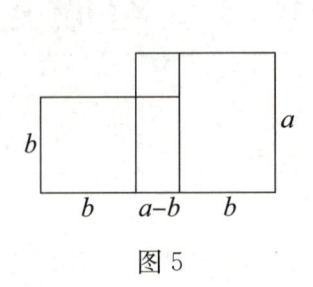

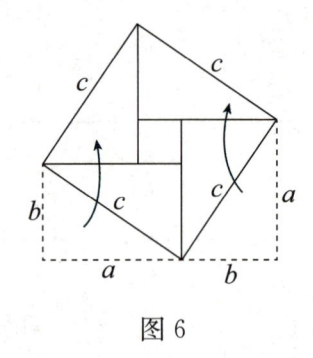

图 4　　　图 5　　　图 6

证法三：欧几里得证法

如图 7 所示，作三个边长分别为 a、b、c 的正方形，把它们拼成如图所示形状，使 H、C、B 三点在一条直线上。连结 BF、CD，过 C 作 $CL \perp DE$，交 AB 于点 M，交 DE 于点 L。

如图 8 所示，$\frac{1}{2}S_{\text{正方形}CHFA} = S_{\triangle ABF} = S_{\triangle ACD} = \frac{1}{2}S_{\text{长方形}ADLM}$。同理，$\frac{1}{2}S_{\text{正方形}BCGK} = \frac{1}{2}S_{\text{长方形}BELM}$。

所以，$S_{\text{正方形}CHFA} + S_{\text{正方形}BCGK} = S_{\text{正方形}ABED}$，$a^2 + b^2 = c^2$。

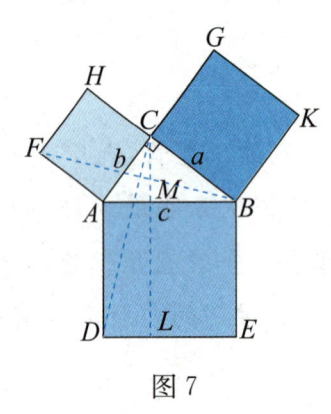

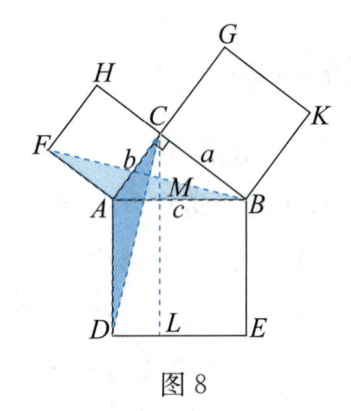

图 7　　　图 8

例题精讲

例题 1-1 如图 9 所示，三个正方形围成一个直角三角形，其中两个正方形的面积为 10 平方厘米和 48 平方厘米，那么阴影正方形的面积为　　　　平方厘米。

答案：38

图 9

【解答】　根据勾股定理，两个小正方形的面积之和等于最大的正方形面积，故阴影正方形的面积为 $48 - 10 = 38$ 平方厘米。

例题 1-2 如图 10 所示,此图是一个由正方形(阴影部分)和直角三角形(空白部分)组成"勾股树"。如果最大的正方形面积为 5 平方厘米,那么图中所有正方形的面积之和为_____平方厘米。

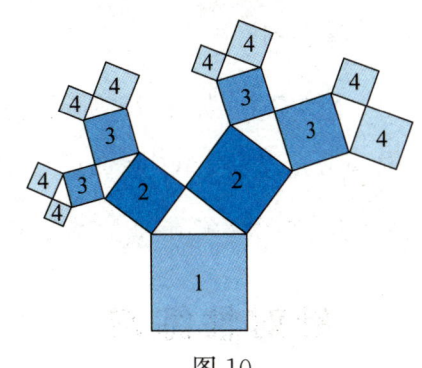

图 10

答案:20

【解答】 如图 10 所示,由于空白三角形都是直角三角形,以一个直角三角形的直角边为边长的两个正方形的颜色相同。根据勾股定理得标号相同的正方形的面积之和都相同,且都是 5 平方厘米。所以整个图形中的正方形的面积总和为 $5 \times 4 = 20$ 平方厘米。

例题 2-1 如图 11 所示,在正方形的麦田中修成三条线段组成的道路,长度分别为 5、5、12,那么正方形的面积为_____。

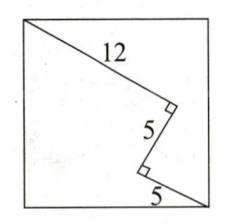

图 11

答案:157

【解答】 如图 12 所示添加辅助线,正方形的面积 $S = AC^2 \div 2 = (17^2 + 5^2) \div 2 = 157$。

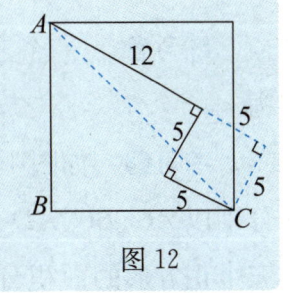

图 12

例题 2-2 如图 13 所示,等腰梯形 $ABCD$,$AD \parallel BC$,$AF \perp BC$ 于点 F,分别以 BF、FC 为边作正方形,其面积分别为 6 和 51。连结 AC,以 AC 为斜边作直角三角形 ACE,且 $CD = CE$,那么以 AE 为边长的正方形的面积(阴影部分)为_____。

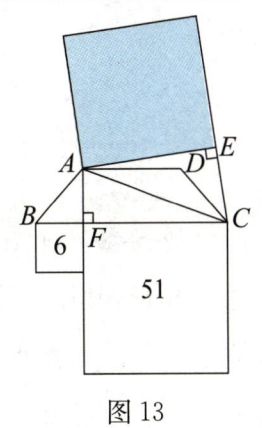

图 13

· 99 ·

答案：45

【解答】 如图13所示，设 $AF=a$，由已知可知，$CE^2=CD^2=AB^2=a^2+6$，根据勾股定理得 $AC^2=AF^2+CF^2=a^2+51$。在直角三角形 ACE 中，得 $AE^2=AC^2-CE^2=(a^2+51)-(a^2+6)=51-6=45$。

针对性练习

练习❶ 如图14所示，已知图中两个正方形的面积分别为6和40，那么阴影正方形的面积为_____。

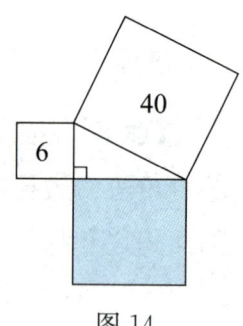

图14

练习❷ 三个正方形如图15所示放置，较小的两个正方形面积分别为5和27，那么大正方形的面积为_____。

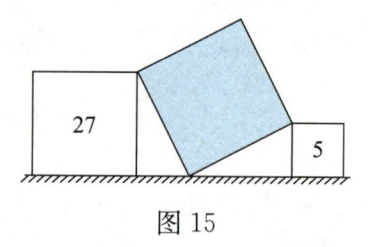

图15

练习❸ 一个三角形的三边长分别为13、14、15，那么这个三角形的面积为_____。

练习❹ 如图16所示，在△ABC中，$CD \perp AB$ 于点 D。分别以 AC、BC、AD、BD 为边向外作正方形，得到的较大的三个正方形的面积分别为15、30、38，那么最小的正方形面积为_____。

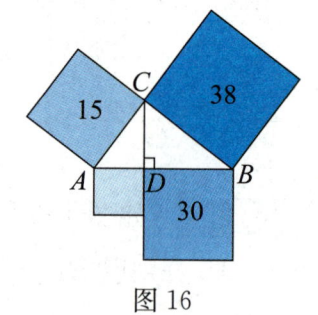

图16

练习❺ 如图17所示，以直角三角形的三边向外作三个等边三角形，其中两个等边三角形的面积分别为6和12，那么加阴影的等边三角形的面积为_____。

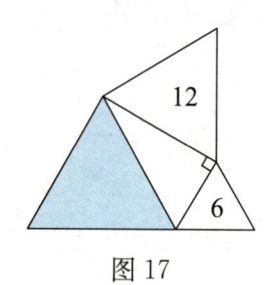

图17

练习 ❻ 如图 18 所示,大正方形外部的 8 个半圆中,有 4 个半圆的半径相同,另外 4 个半圆的半径也相同。大正方形外部两种半圆的面积分别为 5 和 7.56,那么小正方形中的两个阴影部分图形的面积之和为_____。(π 取 3.14)

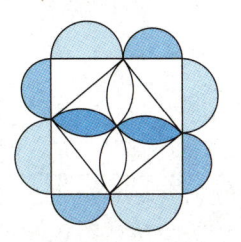

图 18

练习 ❼ 如图 19 所示,在一个正方形内画出三条线段组成的折线段,其长度分别为 5、6 和 9,那么阴影部分图形的面积为_____。

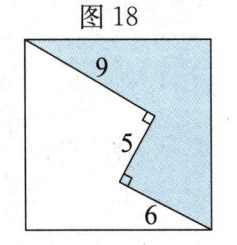

图 19

练习 ❽ 如图 20 所示,三个正方形拼成一个面积为 14 的直角三角形。图中两块阴影区域的面积分别为 8 和 12,那么第三块阴影区域的面积为_____。

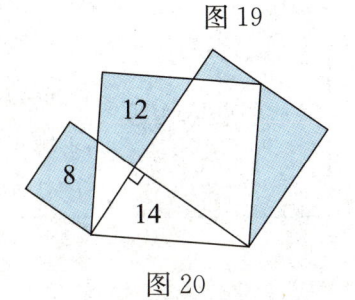

图 20

练习 ❾ 如图 21 所示,三条直角折线段的长分别为 4、8、12,那么圆的面积为_____。(π 取 3.14)

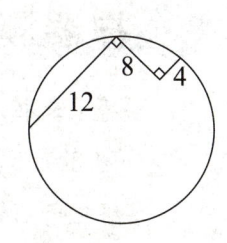

图 21

练习参考答案

练习题号	练习1	练习2	练习3	练习4	练习5
参考答案	34	32	84	7	18
解答提示	基本练习	设出边长	作长为14的底的高	以 CD 为边作正方形,15−(38−30)=7	使用勾股定理结论
练习题号	练习6	练习7	练习8	练习9	
参考答案	9.12	55	18	314	
解答提示	大正方形顶点两边的两个小半圆面积的和等于小正方形内的大半圆的面积	连正方形对角线	去掉公共部分,其差相同	先求半径	

JH-033　勾股弦图

神器内容	如图 1 所示，在正方形中作出内弦图，把倾斜正方形边长转化为横竖线段的数值来表达。 图 1
要点与说明	内弦图、外弦图，双弦画出最清楚。 倾斜边长怎么算？改"斜"归"正"就能办。 整个弦图画一半，缩放图形很常见。 几何图形辅助线，构造弦图争斗艳。

神器溯源

注意：本书以直角三角形在原图的内、外确定内、外弦图的命名。

如图 2 所示，可以在一个正方形内部作弦图，也可以在其外部作弦图，使得正方形边长为倾斜三角形的斜边，通过改"斜"归"正"，把斜边用水平与竖直的线段长度表达出来。

弦图可以分为内弦图、外弦图、双弦图、半弦图、倍外半弦图等。当题目中有等腰直角三角形或正方形且又不易解答时，也可以试试弦图法。

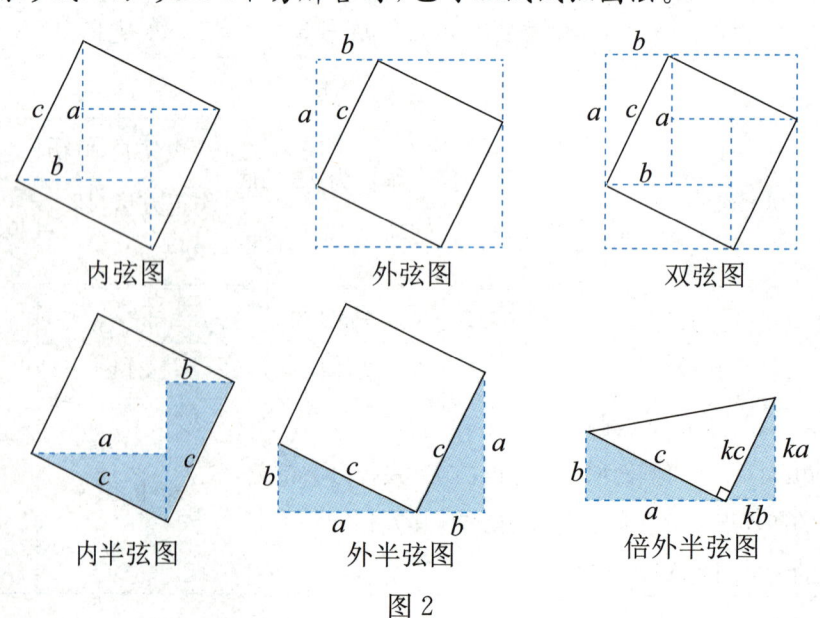

内弦图　　　外弦图　　　双弦图

内半弦图　　　外半弦图　　　倍外半弦图

图 2

例题精讲

例题 1-1 一个直角三角形,两直角边之差为 5,斜边为 9,那么这个直角三角形的面积为_____。

答案:14

【解答】 法一:设较短直角边为 x,则较长直角边为 $(x+5)$,根据勾股定理得到 $x^2+(x+5)^2=9^2$,$2x^2+10x+25=81$,$x(x+5)=28$。

所以,该三角形面积 $S=\frac{1}{2}x(x+5)=\frac{1}{2}\times 28=14$。

法二:根据条件,画出四个这样的直角三角形,然后构造弦图,如图 3 所示。

三角形面积为 $(9^2-5^2)\div 4=14$。

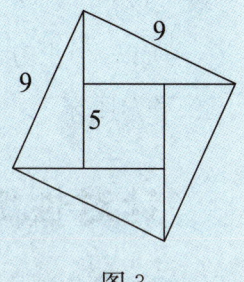

图 3

例题 1-2 如图 4 所示,从一个正方形上剪下一个宽为 3 厘米的长方形,剩下部分的面积为 $46\frac{3}{4}$ 平方厘米,那么原正方形的面积为_____平方厘米。

答案:72.25

图 4

【解答】 为了回避列一元二次方程,我们采用弦图法。用四个剩下的长方形拼成弦图,如图 5 所示。拼成的正方形面积为 $46\frac{3}{4}\times 4+3\times 3=196=14^2$ 平方厘米。

这说明原来长方形的长与宽的差为 3 厘米,长与宽的和为 14 厘米。根据和差问题得到长方形的长为 $(14+3)\div 2=8.5$ 厘米,也就是原正方形的边长,所以原来正方形的面积为 $8.5\times 8.5=72.25$ 平方厘米。

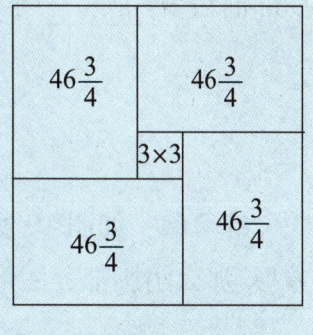

图 5

例题 2 如图 6 所示,在长为 77 厘米、宽为 60 厘米的长方形中摆放着六个大小相同的正方形,小正方形与大长方形的边界有四个接触点,那么小正方形的面积为_____平方厘米。

图 6

103

答案：289

【解答】 如图 7 所示，在每个小正方形内作弦图，设每个小直角三角形的较长直角边为 a，较短直角边为 b，小正方形的边长为 c。根据 A、C 之间的竖直距离为 60，B、D 之间的水平距离为 77，列方程组 $\begin{cases} 4a=60 \\ 3a+4b=77 \end{cases}$，$\begin{cases} a=15 \\ b=8 \end{cases}$。

所以，小正方形的面积 $S=c^2=a^2+b^2=15^2+8^2=289$ 平方厘米。

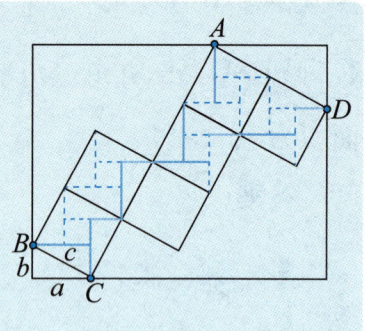

图 7

针对性练习

练习❶ 如图 8 所示，把面积为 40 平方厘米的长方形的宽增加 3 厘米，就得到一个正方形，那么这个正方形的面积为 _____ 平方厘米。

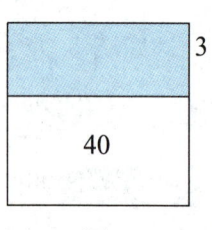

图 8

练习❷ 如图 9 所示，长方形 ABCD 中被嵌入了 6 个相同的正方形，已知 $AB=25$ 厘米，$BC=30$ 厘米，那么每个正方形的面积为 _____ 平方厘米。

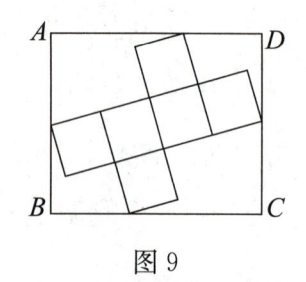

图 9

练习❸ 如图 10 所示，在边长为 8 的正方形内放置 5 个小正方形，那么阴影部分图形的面积之和为 _____。

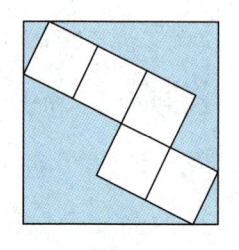

图 10

练习❹ 如图 11 所示，在一个正方形内部画出三条长度都是 10 厘米的线段组成的折线，那么正方形的面积为 _____ 平方厘米。

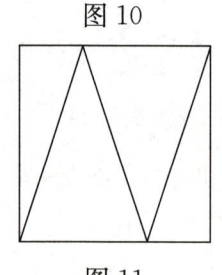

图 11

练习❺ 如图 12 所示,在四边形 ABCD 中,AB⊥BC,AD⊥CD。AB+BC=15 厘米,CD−AD=3 厘米,那么四边形 ABCD 的面积为_____平方厘米。

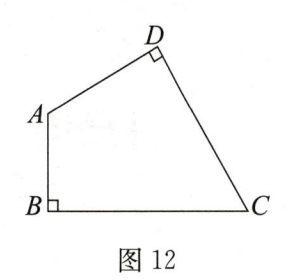

图 12

练习❻ 如图 13 所示,每个小正方形的面积都是 39 平方厘米,阴影长方形的四周共经过五个正方形格点,那么阴影长方形的面积为_____平方厘米。

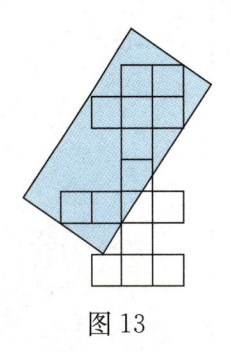

图 13

练习❼ 如图 14 所示,在等腰直角三角形内放入四个面积都为 1 的小正方形组成的"L"形,它与三角形有四个接触点,那么阴影部分图形的面积为_____。

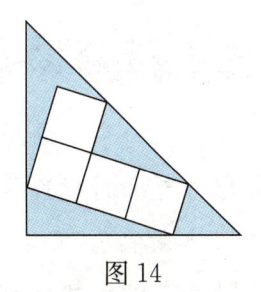

图 14

练习参考答案

练习题号	练习1	练习2	练习3	练习4	练习5
参考答案	64	53	39	90	54
解答提示	构造弦图	内弦图	小正方形面积为 5	四个直角三角形作弦图	四个直角三角形作弦图
练习题号	练习6	练习7			
参考答案	759	4.45			
解答提示	内弦图	连 1×2 和 1×3 的对角线或内弦图			

105

JH-034　正方形格点中的毕克公式

神器内容	如图1所示，阴影图形的内点数为 N，边界点数为 L，则阴影图形由 $(N+0.5L-1)$ 个小正方形组成。

图1

要点与说明	正方形，格点图，毕克公式要记熟。 内部点，边界点，图形之外不用管。 每个面积若为1，个数等于其面积。

神器溯源

把一个几何图形画在正方形格点纸上，要求每个顶点都是格点，这样可以用正方形把整个图形的面积"量"出来。这种求面积的方法就是格点图形面积法，又称正方形格点毕克(又译皮克)公式。这个公式是奥地利数学家毕克在1899年发现的。

正方形格点图形面积公式：$S=N+0.5L-1$。

其中 N 表示图形内部格点数，L 表示图形边界上格点数。

(1)考察边界点和内点对整个图形面积的影响

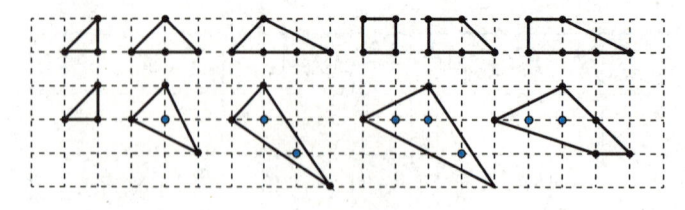

图2

边界点数	3	4	5	6	…
面积	0.5	1	1.5	2	…

边界点数	3	3	3	3	…
内点数	0	1	2	3	…
面积	0.5	1.5	2.5	3.5	…

毕克(Georg Alexander Pick 1859－1943)，奥地利数学家。

(2) 公式推导

从图 2 和上述数表中不难发现,边界点每增加 1 个,其图形面积增加 0.5;内点每增加 1 个,其图形面积增加 1。设内点数为 N 个,边界点数为 L 个,面积调整量为 c,则图形面积 $S=1\times N+0.5\times L+c$。

任取一个图形的相关量代入,求得 c 的值。例如当 $N=0,L=3$,图形面积 $S=0.5$,则 $1\times 0+0.5\times 3+c=0.5,c=-1$。从而得到正方形格点面积公式为 $S=N+0.5L-1$。

(3) 补充说明

该公式得到的仅是格点图形由几个小正方形组成。当每个小正方形的面积为 1 时,公式得到的就是该格点图形的面积;当每个小正方形面积不是 1 时,公式得到的量还需要乘以小正方形面积具体值,才能得到该格点图形的面积。

例题精讲

例题 1-1 如图 3 所示,每个小正方形面积为 4,那么阴影部分图形的面积为_____。

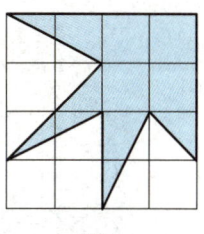

答案: 30

【解答】 如图 4 所示,图形的内点数 $N=1$,边界点数 $L=15$,根据毕克公式,这个图形由 $1+0.5\times 15-1=7.5$ 个小正方形组成,其面积为 $7.5\times 4=30$。

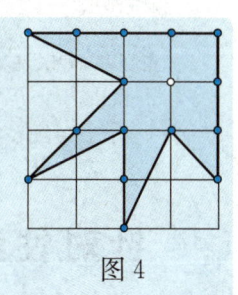

例题 1-2 如图 5 所示,图中纵、横相邻两点之间的距离都是 3 厘米,那么阴影部分图形的面积是_____平方厘米。

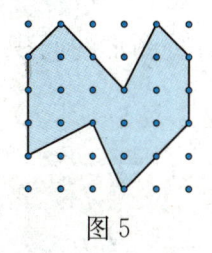

答案: 135

【解答】 如图 5 所示,这个图形的内点数 $N=9$,边界点数 $L=14$,根据毕克公式,这个图形由 $9+0.5\times 14-1=15$ 个小正方形组成,其面积为 $15\times 3^2=135$ 平方厘米。

例题 2-1 如图 6 所示,图中共有两个小正方形和两个大正方形组成。如果每个小正方形的面积为 6,那么整个图形的面积是_____。

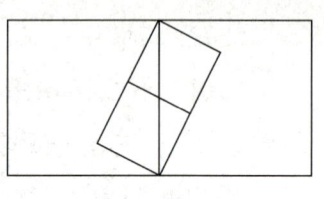

答案:60

图 6

【解答】 如图 7 所示,在正方形格点中画出这个图形,得到整个图形的面积为 $6 \times 10 = 60$。

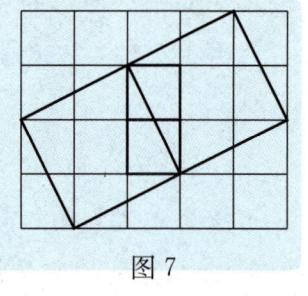

图 7

例题 2-2 一个三角形的三边的平方分别为 10、17、29,那么这个三角形的面积为_____。

答案:6.5

【解答】 如图 8 所示,设该三角形的三边分别为 a、b、c,则

$a^2 = 10 = 1^2 + 3^2$,

$b^2 = 17 = 1^2 + 4^2$,

$c^2 = 29 = 2^2 + 5^2$,

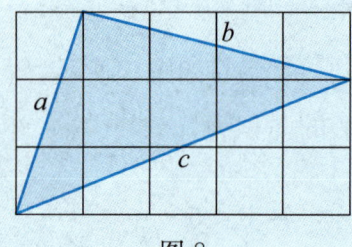

根据勾股定理,在正方形格点图中构造出该三角形。

这个三角形的面积为 $6 + \frac{1}{2} \times 3 - 1 = 6.5$。

图 8

针对性练习

练习❶ 如图 9 所示,每个小正方形的面积为 1,那么阴影部分图形的面积为_____。

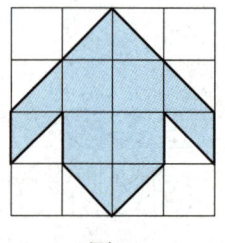

图 9

练习❷ 如图 10 所示,已知图中空白部分面积为 15,那么阴影部分图形的面积为_____。

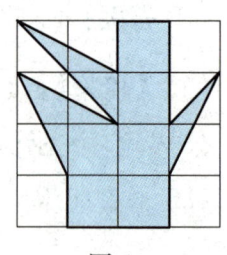

图 10

· 108 ·

练习❸ 如图11所示,每行、每列相邻两点之间的距离为2厘米,那么阴影图形的面积为_____平方厘米。

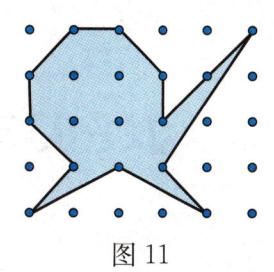

图 11

练习❹ 如图12所示,图中有四个小正方形和一个大正方形。若小正方形的面积为2,那么大正方形的面积为_____。

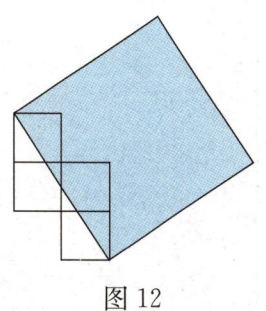

图 12

练习❺ 一个三角形的三边的平方分别为20、37和41,那么这个三角形的面积为_____。

练习参考答案

练习题号	练习1	练习2	练习3	练习4	练习5
参考答案	8	17	38	26	13
解答提示	公式套用	小正方形面积是2	内点4个,边界点13个	格点中画弦图	格点与勾股

· 109 ·

JH-035　正三角形格点中的毕克公式

神器内容	如图1所示,在正三角形格点内,图形的内点数为 N,边界点数为 L,则阴影图形由 $2(N+0.5L-1)$ 个小正三角形组成。
要点与说明	三角形,格点图,套用毕克结果出。 发现有角六十度,十有八九能对付。 结论一定要记住,前面2倍别马虎。

图1

神器溯源

利用正三角形格点图求面积,不妨把两个正三角形组成的平行四边形看成正方形,就把正三角形格点问题转化为正方形的格点问题。由于一个小正方形对应着两个小正三角形,需要在正方形格点毕克公式的基础上整体扩大2倍,才能得到正三角形格点图形的面积。具体公式如下:

图形的内点数为 N,边界点数为 L,则阴影图形由 $2(N+0.5L-1)$ 个小正三角形组成。

若一个正三角形格点图中的图形是含60°或120°角的三角形,那么此角两边长度的乘积就是这个三角形中的小正三角形的个数。

例题精讲

例题 1-1 如图2所示,每个小正三角形的面积为3,那么图中阴影部分图形的面积为_____。

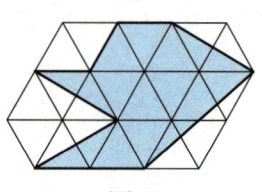

图2

答案: 39

【解答】 如图2所示,图形的内点数 $N=3$,边界点数 $L=9$,那么这个图形由 $2\times(3+0.5\times9-1)=13$ 个小正三角形组成,整个图形的面积为 $3\times13=39$。

例题 1-2 如图 3 所示,图中相邻三点组成的正三角形的面积为 2,那么阴影部分图形的面积为_____。

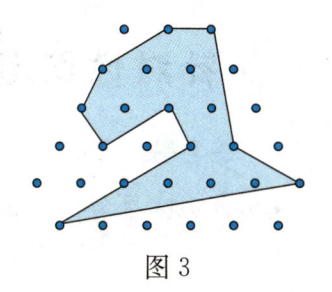

图 3

答案: 46

【解答】 如图 3 所示,图形的内点数 $N=7$,边界点数 $L=11$,那么这个图形由 $2\times(7+0.5\times11-1)=23$ 个小正三角形组成,阴影图形的面积为 $2\times23=46$。

例题 2-1 如图 4 所示,用四个同样大小的正六边形拼接而成。每个正六边形的面积为 12 厘米,那么阴影五边形的面积为_____平方厘米。

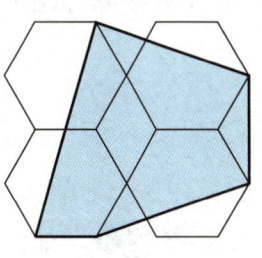

图 4

答案: 38

【解答】 如图 5 所示,对整个图形进行正三角形网格化,得到阴影三角形面积为 $\frac{12}{6}\times2\times(8+0.5\times5-1)=38$ 平方厘米。

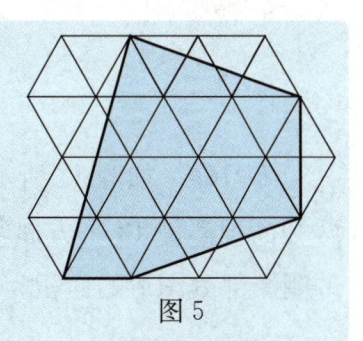

图 5

例题 2-2 如图 6 所示,每个小正三角形的面积是 12,那么大正三角形的面积为_____。

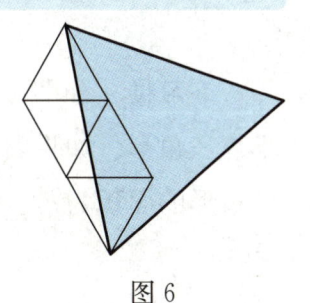

图 6

答案: 84

【解答】 如图 7 所示,补上一些小正三角形形成正三角形格点图。阴影部分根据毕克公式计算或者分割得到由 7 个小正三角形组成,所以阴影部分的面积为 $7\times12=84$。

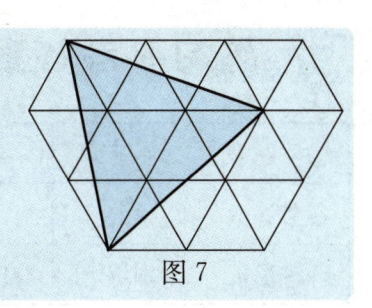

图 7

111

针对性练习

练习❶ 如图 8 所示,图中每个小正三角形的面积为 1,那么阴影部分图形的面积为_____。

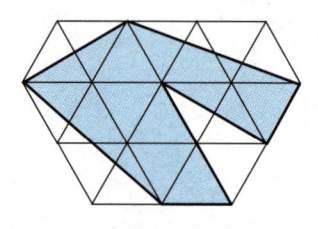

图 8

练习❷ 如图 9 所示,已知图形的面积为 120 平方厘米,那么阴影部分图形的面积为_____平方厘米。

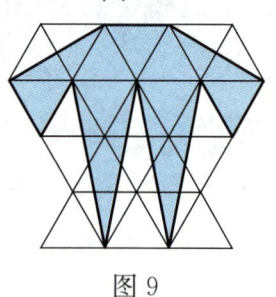

图 9

练习❸ 如图 10 所示,图中相邻的三点组成的正三角形的面积为 4,那么阴影部分图形的面积为_____。

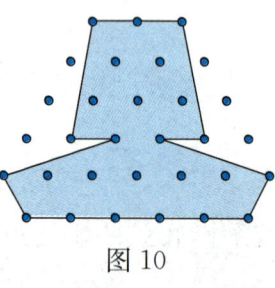

图 10

练习❹ 如图 11 所示,在等腰三角形中,剪去两个面积都是 12 平方厘米的正六边形,那么剩下的阴影部分图形的面积为_____平方厘米。

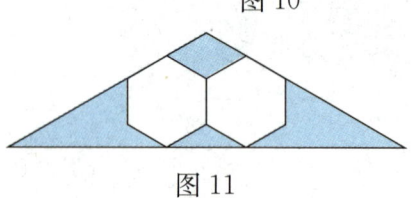

图 11

练习❺ 如图 12 所示,在大正三角形中放置了 12 个小正三角形。如果每个小正三角形的面积为 7,那么大正三角形的面积为_____。

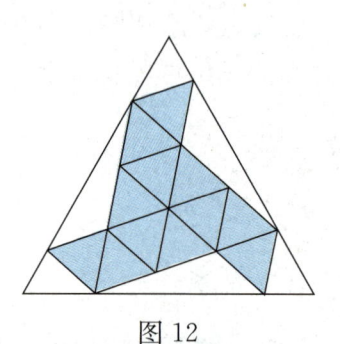

图 12

练习参考答案

练习题号	练习1	练习2	练习3	练习4	练习5
参考答案	12	65	132	26	144
解答提示	基本练习	基本练习	边界点 15 个	画正三角形格点	补完格点图

JH-036　将军饮马

神器内容	如图1所示,在直线 l 的同侧有 A、B 两点,在 l 上取一点 P,使得 $PA+PB$ 最短。 作法:作点 A 关于直线 l 的对称点 A',连结 BA' 与直线 l 的交点 P 点就是饮马点, $PA+PB$ 最小值就是 BA'。
要点与说明	两个点,一条线,两点同侧是关键。 线上找到一个点,连成线段和最短。 一点对称连线画,连线交点去饮马。 理由就是中垂线,线段折起和不变。

图1

神器溯源

将军饮马问题的表述:

如图2所示,在河边直线 l 的同侧有 A、B 两点,在 l 上取一点 P,使得 $PA+PB$ 最短,P 的位置如何确定?$PA+PB$ 的最小值是多少?

首先,我们知道"两点之间,线段最短"。同时,在轴对称图形中,两点关于某条直线对称,那么两点连线段的垂直平分线就是这两点的对称轴,其上任意一点,到这两点的距离相等。如图3所示,l 为 AB 的垂直平分线,则沿着 l 对折,点 A、B 两点重合,必有 $AD=BD$,$AC=BC$,$AE=BE$。

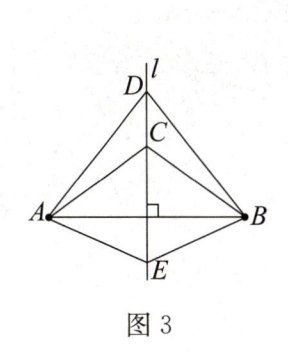

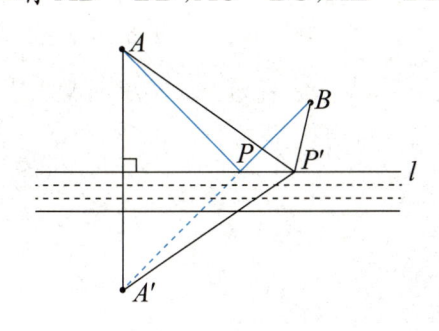

图2

图3　　　　图4

现在回到将军饮马问题,如图 4 所示,想办法找到点 P,使得 $PA+PB$ 最小。不妨作 A 关于直线 l 的对称点 A',连结 $A'B$,交 l 于点 P,连结 AP,则 P 即为所求饮马点,此时 $PA+PB$ 最小。理由如下:

在 l 上任取一点 P',连结 AP'、BP'、$A'P'$。由于 A 与 A' 关于 l 对称,则 $AP=A'P$,$AP'=A'P'$。在 $\triangle A'BP'$ 中,由于"两边之和大于第三边",则

$$AP+BP=A'P+BP=A'B \leqslant A'P'+BP'=AP'+BP'。$$

这说明 l 上任意一点到 A、B 两点的距离之和都大于或等于 P 到 A、B 两点的距离之和。

在解题过程中,常常遇到求两点之间限定条件的最短路线,一般解题方法就是作对称点,然后再连线的方法。

例题精讲

例题 1-1 如图 5 所示,在边长为 20 的正方形 $ABCD$ 的边 AD 上有一点 E,$AE=5$,F 在对角线 BD 上移动,连结 AF、EF,那么 $AF+EF$ 的最小值为_____。

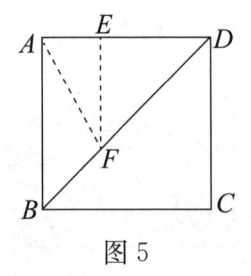

图 5

答案:25

【解答】 如图 6 所示,A 关于 BD 的对称点为 C,连结 EC,根据将军饮马,EC 的值就是 $AF+EF$ 的最小值,EC 与 BD 的交点就是饮马点。

因为正方形的边长为 20,$AE=5$,则 $DE=20-5=15$,在直角三角形 ECD 中,根据勾股定理可以得到 $EC=25$。

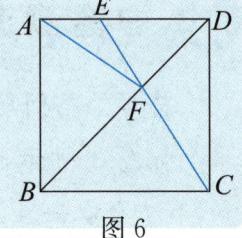

图 6

例题 1-2 如图 7 所示,在 $\angle MON$ 的内部有一点 A,在 OM、ON 上分别找一点 B、C,使得 $\triangle ABC$ 的周长最短。

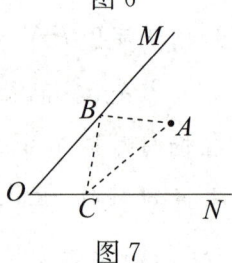

图 7

答案:见解答。

【解答】 如图 8 所示,分别以 OM、ON 为对称轴,作 A 的对称点 A'、A'',连结 A'、A'',分别交 OM、ON 于点 B、C,则此时 $\triangle ABC$ 的周长最短。

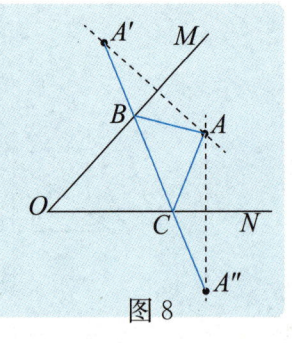

图 8

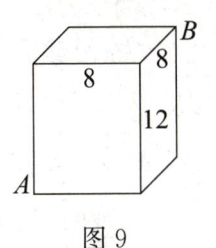

例题 2 如图 9 所示，一个长、宽都为 8 厘米，高为 12 厘米的长方体的顶点 A 处有一只蜗牛，它在长方体表面上沿着最近的路线到达长方体的对角 B 处，那么这只蜗牛爬行的路线最短为_____厘米。

答案：20

【解答】 A、B 之间当然是线段最短，但是不能穿透长方体，而是在表面爬行。

（1）把正面与右面展开成一个长为 16 厘米、宽为 12 厘米的长方形，如图 10 所示。根据 $12^2+16^2=20^2$，得到爬行的路线最短为 20 厘米。

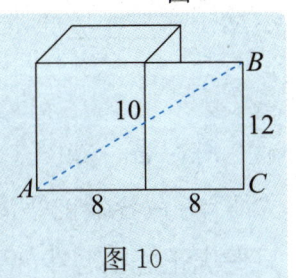

（2）如图 11 所示，同理把上面和前面展开成一个长为 20 厘米、宽为 8 厘米的长方形，对角线 $AB^2=8^2+20^2=464>20^2$，所以 $AB>20$ 厘米。

所以这只蜗牛爬行的路线最短为 20 厘米。（这样的最短路线共有 2 条，另一条在哪里呢？）

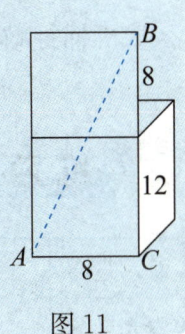

针对性练习

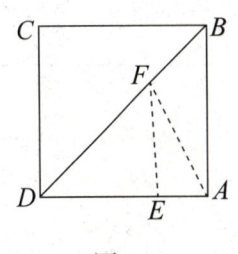

练习 ❶ 如图 12 所示，在边长为 12 厘米的正方形边 AD 上有一点 E，AE=3 厘米。在对角线 BD 上取一点 F，那么 EF+FA 的最小值为_____厘米。

练习 ❷ 如图 13 所示，长方形 ABCD 的长为 6、宽为 5，CE=3。P 在 CD 上运动时，AP+PE 最短为_____。

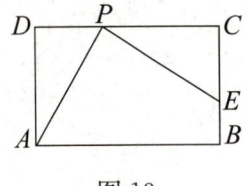

练习 ❸ 如图 14 所示，在正方形 ABCD 的边 AD 上有两点 E、F，6AF=2EF=3DE=6。G、H、I 分别是 AB、BC、CD 上的动点，那么五边形 EFGHI 的周长最小为_____。

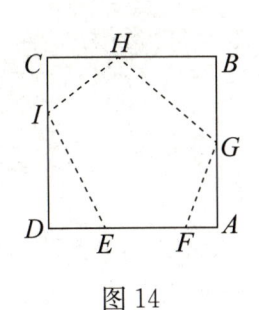

练习❹ 如图 15 所示,在正方形 ABCD 中,E、F 分别在边 BC、CD 上,且 BE：EC=CF：FD=1：2,EF=5 厘米。一个小球从 E 出发沿着直线向 F 运动,当每次碰到正方形的边时就反弹,反弹时遵循光的反射定律。当小球第一次回到 E 点时,已经运动了_____厘米。

图 15

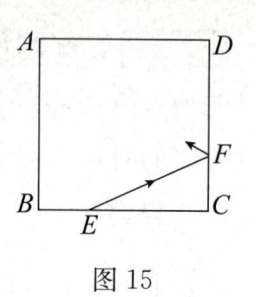

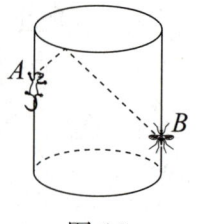

练习❺ 如图 16 所示,圆柱形容器中,高为 1.2 米,底面周长为 1 米,在容器内壁离容器底部 0.3 米的点 B 处有一蚊子,此时一只壁虎正好在容器外壁,离容器上沿 0.3 米与蚊子相对的点 A 处,那么壁虎捕捉蚊子的最短距离为_____米(容器厚度忽略不计)。

图 16

练习参考答案

练习题号	练习1	练习2	练习3	练习4	练习5
参考答案	15	10	18	30	1.3
解答提示	A 的对称点为 C	作 E 关于 CD 的对称点	三次将军饮马	画格点,作反射线	作 A、B 中一点的对称点

116

JH-037　等积变形

神器内容	如图1所示,已知 $a/\!/b$,则有 $S_{\triangle ABC}=S_{\triangle ABD}=S_{\triangle ABE}$。
要点与说明	三角形,会变形,对边平行能拉动。 所得面积都不变,平行方向是关键。 一定看清平行线,等积变形才不乱。

图1

神器溯源

如图2所示,已知 $a/\!/b$,设 a、b 之间的距离为 h,则 $S_{\triangle ABC}=S_{\triangle ABD}$。

因为 $S_{\triangle ABC}=\dfrac{1}{2}\times AB\times h$,$S_{\triangle ABD}=\dfrac{1}{2}\times AB\times h$,所以 $S_{\triangle ABC}=S_{\triangle ABD}$。

图2

这就相当于把 C 点沿着与 AB 平行的方向拉动到 D 点位置,三角形的形状发生变化,但面积不变。

今后对三角形进行等积变形时,可以按图3中的箭头进行拉动,得到的三角形面积都不变。

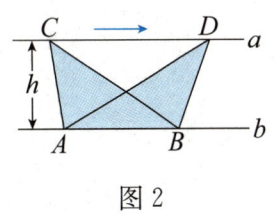

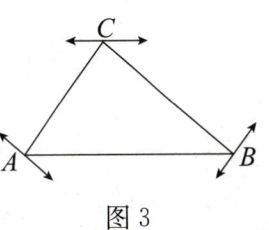

图3

例题精讲

例题1 如图4所示,在边长为8厘米的大正方形左侧放置一个小正方形,两个正方形的上边在同一条直线上,那么图中阴影部分的面积为_____平方厘米。

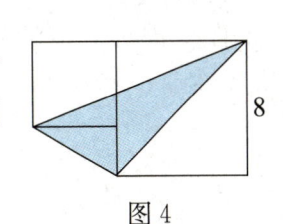

图4

答案:32

【解答】 如图5和图6所示,两个正方形的对角线 $AB /\!/ CD$,根据等积变形,可以把 A 点拉动到 B 点,则△ACD 与△BCD 的面积相等,阴影部分的面积为 $8\times 8\div 2=32$ 平方厘米。

图5

图6

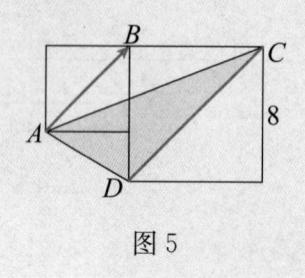

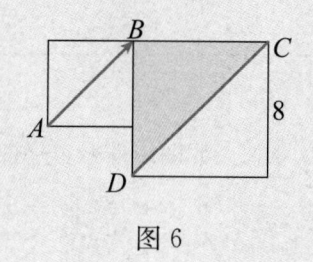

例题 2-1 如图7所示,图中有两个边长都为 6 厘米的正方形,中间是一个正六边形,那么阴影部分图形的面积为_____平方厘米。

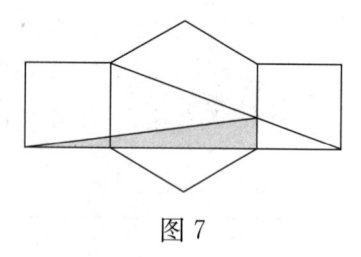

图7

答案:18

【解答】 如图8所示,将所求三角形依次进行等积变形,从而得到阴影部分图形的面积为 $\frac{1}{2}\times 6^2=18$ 平方厘米。

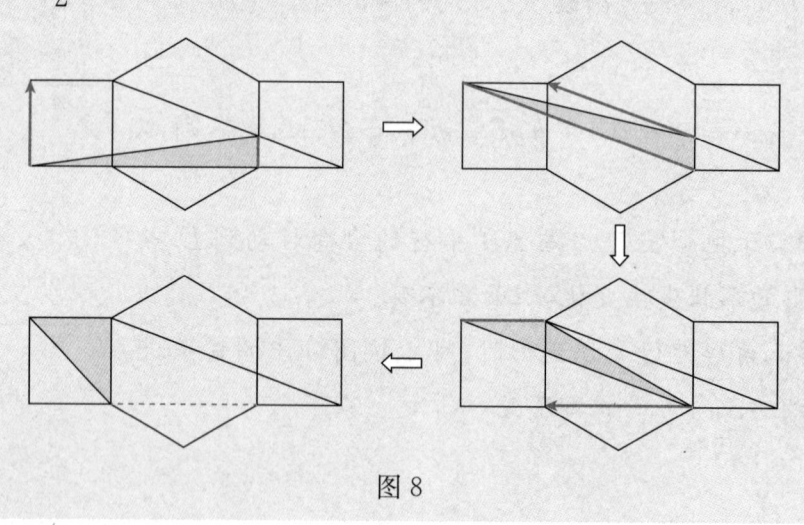

图8

例题 2-2 如图9所示,已知正六边形的面积为 30,那么图中的阴影部分图形的面积为_____。

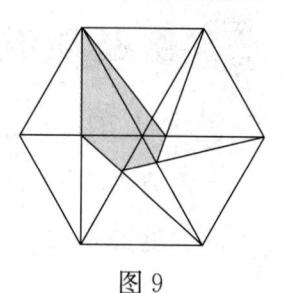

图9

· 118 ·

答案：5

【解答】 如图 10 所示，将图中阴影部分的 4 个小三角形依次进行等积变形，从而得到阴影部分的面积占正六边形面积的 $\frac{1}{6}$，所以阴影部分的面积为 $30 \times \frac{1}{6} = 5$。

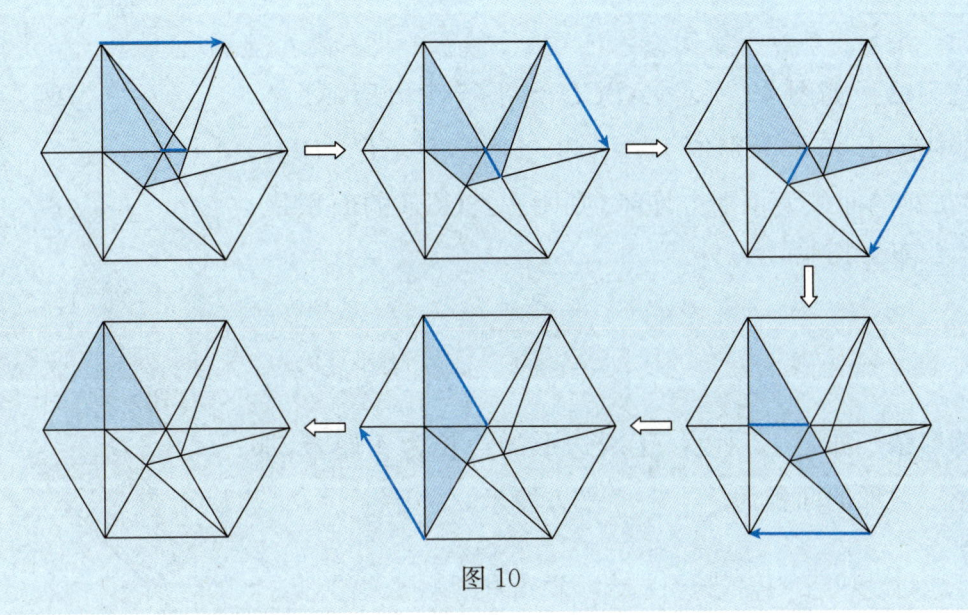

图 10

针对性练习

练习❶ 如图 11 所示，在边长为 4 的小正方形一侧紧靠着放置一个边长未知的大正方形，那么阴影三角形的面积为_____。

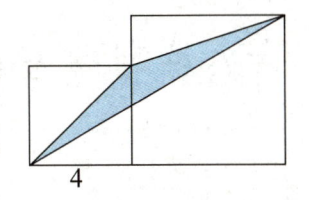

图 11

练习❷ 如图 12 所示，把一个小正方形与大正方形紧靠在一起，小正方形的面积为 36，$AB = 4$，那么阴影三角形的面积为_____。

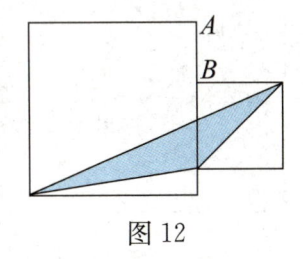

图 12

练习❸ 如图 13 所示，长方形 $ABCD$ 的面积为 64，E、F、G、H 分别为各边中点，连结 CH 交 EF 于点 M，连结 DM 交 GH 于点 N，连结 AN 交 EF 于点 K，连结 KH，那么四边形 $MNKH$ 的面积为_____。

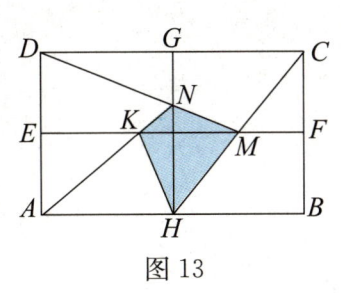

图 13

练习❹ 如图 14 所示，五边形 ABCDE 是由七个正三角形（△ABF、△BCF、△FGH、△GHI、△CGI、△AEH、△EDI）构成，且△FGH 的面积为 1，那么阴影部分图形的面积为_____。

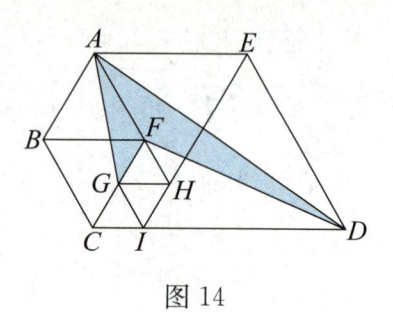

图 14

练习❺ 如图 15 所示，ABCD 是平行四边形，M 是 DC 的中点，E 和 F 分别位于 AB 和 AD 上，且 EF∥BD，若△MDF 的面积为 4 平方厘米，则阴影△CEB 的面积是_____平方厘米。

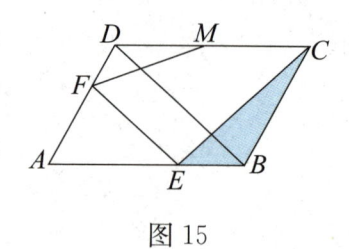

图 15

练习❻ 如图 16 所示，正八边形的边长为 4 厘米，那么阴影三角形的面积为_____平方厘米。

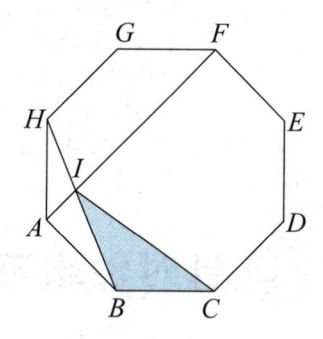

图 16

练习参考答案

练习题号	练习1	练习2	练习3	练习4	练习5	练习6
参考答案	8	30	8	8	8	8
解答提示	连结大正方形的对角线	连结大正方形的对角线	将阴影部分的3个小三角形依次等积变形	等积变形	对△CEB进行连续等积变形	连结CG交AF于J

JH-038　田字格

神器内容	如图1所示,长方形被分成四个小长方形,则有 $S_1 \times S_3 = S_2 \times S_4$。 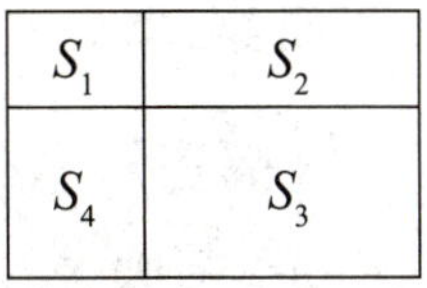
要点与说明	长方形,被分割,一看就是田字格。面积交叉来相乘,乘积结果必相同。

图1

神器溯源

如图1所示,长方形被分成四个小长方形,则有 $S_1 \times S_3 = S_2 \times S_4$。

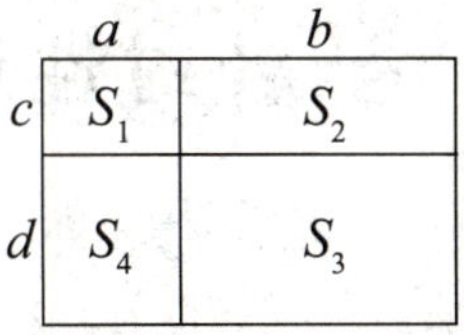

如图2所示,设四条边长分别为 a、b、c、d,则
$S_1 \times S_3 = (a \times c) \times (b \times d) = abcd$,
$S_2 \times S_4 = (b \times c) \times (a \times d) = abcd$,
所以 $S_1 \times S_3 = S_2 \times S_4$。

图2

例题精讲

例题1 如图3所示,在大正方形内放入两个小正方形,它们的面积分别为18和50,那么大正方形的面积为_____。

图3

答案:128

【解答】 如图3所示,由于放入的是两个正方形,得到阴影部分是两个全等的长方形,根据田字格结论,得到 $18 \times 50 = 900 = 30 \times 30$,所以每个阴影长方形的面积为30。整个大正方形的面积为 $18 + 30 \times 2 + 50 = 128$。

例题 2 如图 4 所示，把一个大长方形分成七个小长方形，其中五个小长方形的面积分别为 1、2、6、6、8，那么阴影长方形的面积为_____。

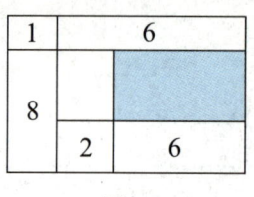

1	6	
8		
	2	6

图 4

答案：30

【解答】 如图 5 所示，得到最大一个小长方形的面积为 6×8÷1=48。如图 6 所示，图中未知的两个小长方形的面积之和为 48－2－6=40，这两个小长方形的面积比为 2∶6=1∶3，所以阴影长方形的面积为 40÷(1+3)×3=30。

1	6
8	48

图 5

1	6	
8		
	2	6

图 6

针对性练习

练习 ❶ 如图 7 所示，把大长方形分成四个小长方形，其中三个小长方形的面积分别为 4、8、14，那么阴影部分长方形的面积为_____。

4	14
8	

图 7

练习 ❷ 如图 8 所示，把大长方形分成九个小长方形，其中五个小长方形的面积分别为 1、2、4、16、24，那么整个长方形的面积为_____。

1	4	
2		24
	16	

图 8

练习 ❸ 如图 9 所示，在正方形内部放入两个面积分别为 30、40 的长方形，那么阴影正方形的面积为_____。

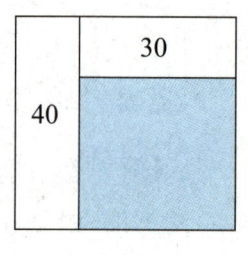

	30
40	

图 9

122

练习❹ 如图 10 所示,在大正方形中放入三个大小相同的小正方形。从上层往下层看,第一层红色正方形的面积看到 27,第二层黄色正方形看到的面积为 11,第三层蓝色正方形看到的面积为 7,那么大正方形的面积_____。

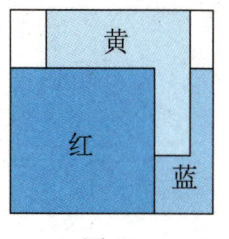

图 10

练习❺ 如图 11 所示,两个阴影正方形的面积分别为 12 和 27,过 A、B、C、D 作长方形 $EFGH$,且△BCE 为等腰直角三角形,那么长方形 $EFGH$ 的面积为_____。

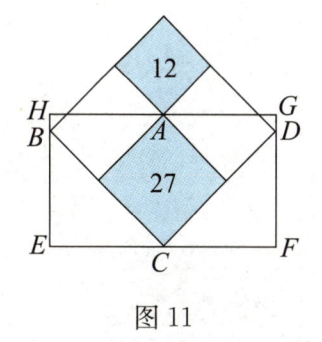

图 11

练习❻ 如图 12 所示,三个面积分别为 12 的正方形放在一个长方形盒内,盒中空白部分的面积分别为 3、4、5,那么长方形的面积为_____。

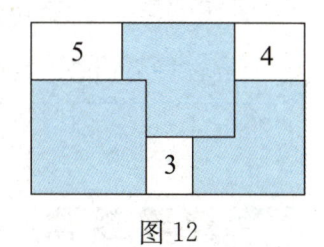

图 12

练习参考答案

练习题号	练习1	练习2	练习3	练习4	练习5	练习6
参考答案	28	119	90	48	90	45
解答提示	基本练习	多次田字格	分成田字格	黄色正方形左移	从正方形对角线入手,求长方形面积	空白部分的宽相同

JH-039　田三捉蟹

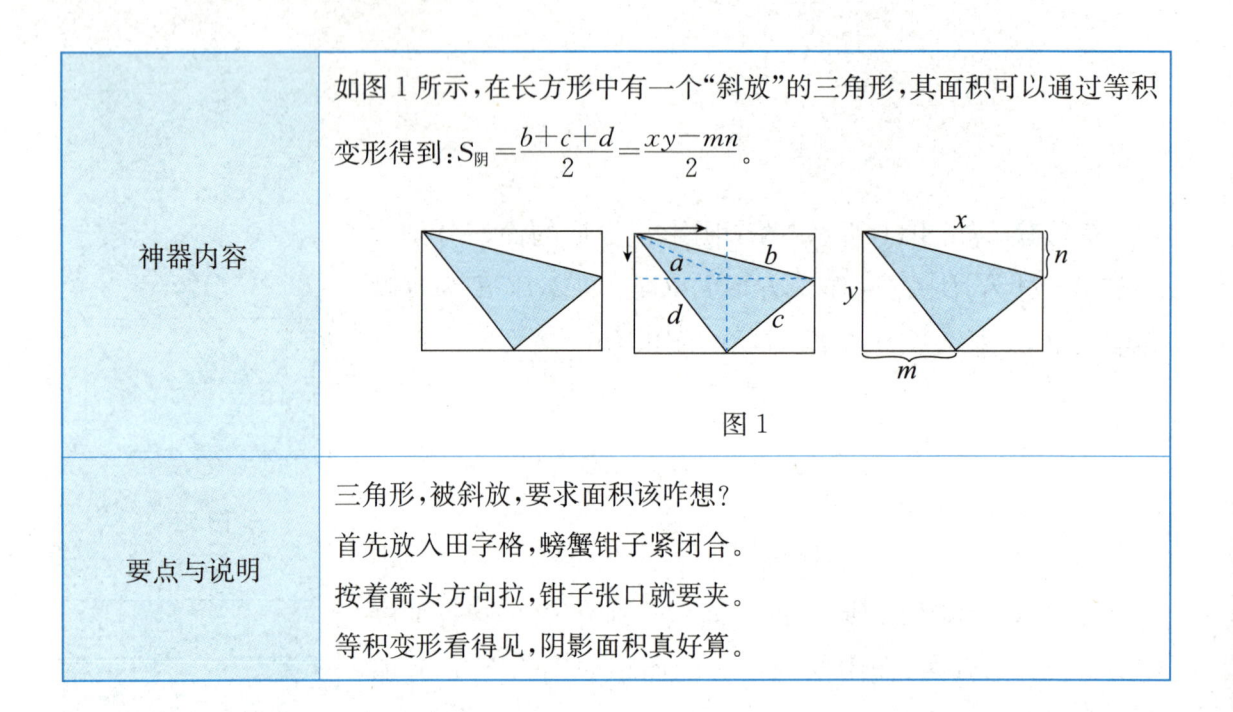

神器内容	如图1所示,在长方形中有一个"斜放"的三角形,其面积可以通过等积变形得到:$S_{阴}=\dfrac{b+c+d}{2}=\dfrac{xy-mn}{2}$。
要点与说明	三角形,被斜放,要求面积该咋想? 首先放入田字格,螃蟹钳子紧闭合。 按着箭头方向拉,钳子张口就要夹。 等积变形看得见,阴影面积真好算。

图1

神器溯源

如图2所示,在长方形中有一个斜放的三角形,其中两个顶点在长方形相邻的两边上,另一个顶点是长方形对应的一个顶点。如图3所示,首先把长方形进行方格化,容易得到四个长方形的面积关系:$a \times c = b \times d$。如图4所示,按照箭头方向把由虚线分割成的两个钝角三角形进行平行拉动,进行等积变形,得到图5。得到阴影部分的面积为 $S_{阴}=\dfrac{b+c+d}{2}$。

当然,也可以如图6所示一样,把图3中的面积 a 用 mn 来表示,得到阴影面积公式为 $S_{阴}=\dfrac{xy-mn}{2}$。

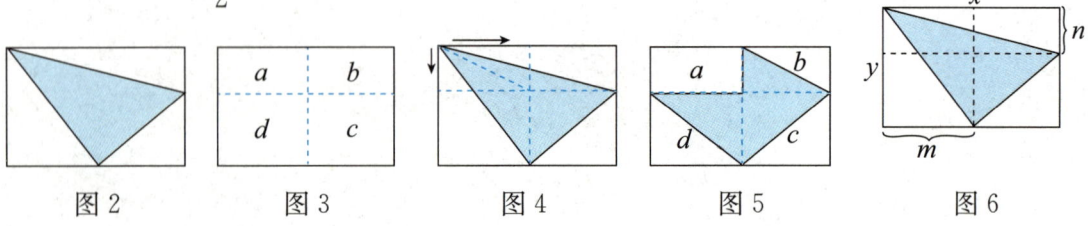

图2　　图3　　图4　　图5　　图6

例题精讲

例题 1 如图 7 所示，长方形 AEOF 的面积为 12，长方形 FOGB 的面积为 18，长方形 EDHO 的面积为 28，那么 △AGH 的面积为_____。

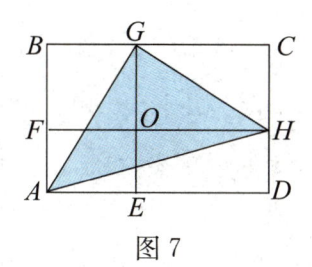

答案：44

【解答】 如图 8 所示，根据田字格，长方形 OHCG 的面积为 $18 \times 28 \div 12 = 42$。直接使用田三捉蟹或把 △AGH 三角形等积变形为如图 9 所示的阴影部分，△AGH 的面积为 $(18+42+28) \div 2 = 44$。

图 7

图 8

图 9

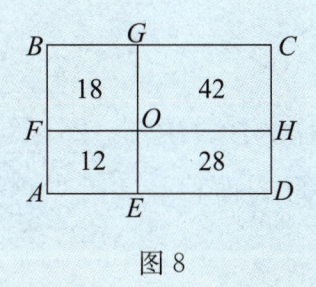

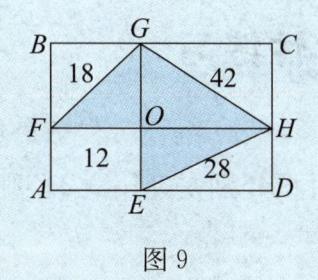

例题 2-1 如图 10 所示，面积为 60 的长方形被分成四个三角形。其中两块的面积为 10 和 12，那么阴影三角形的面积为_____。

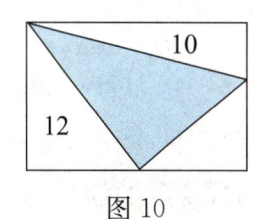

答案：26

【解答】 如图 11 所示，连结 AC，则 $BE : BC = 12 : (60 \div 2) = 2 : 5$。$DF : DC = 10 : (60 \div 2) = 1 : 3$。如图 12 所示，△AEF 的面积为 $\dfrac{60 - 60 \div (3 \times 5) \times (1 \times 2)}{2} = 26$。

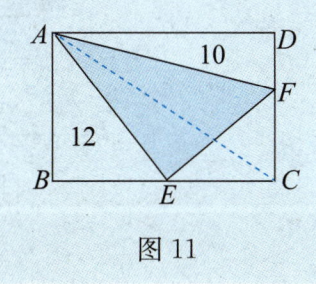

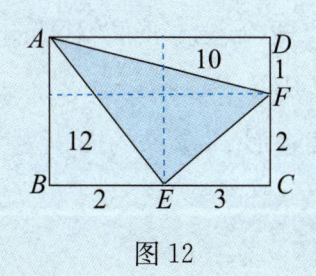

图 10

图 11

图 12

例题 2-2 如图 13 所示，在长方形中，阴影三角形的面积为 60 平方厘米，两条线段的长分别为 4 厘米和 6 厘米，那么长方形的面积为_____平方厘米。

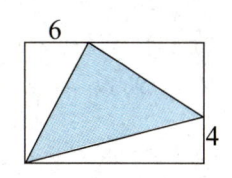

图 13

125

答案：144

【解答】 如图 14 所示，根据田三捉蟹的结论，反推长方形的面积。长方形的面积为阴影三角形面积的 2 倍再加上"蟹钳"部分长方形的面积 4×6，即 60×2＋4×6＝144 平方厘米。

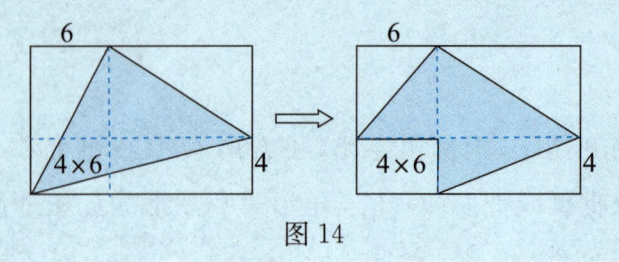

图 14

针对性练习

练习❶ 如图 15 所示，若三个长方形 APHM、BNHP、QDMH 的面积分别是 14、8、21，则阴影三角形的面积是 _____ 。

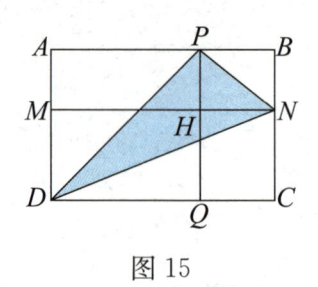

图 15

练习❷ 如图 16 所示，长方形 ABCD 被线段 EF、GH 分成四个小长方形，其中长方形 AGOE 的面积为 14，长方形 HDEO 的面积为 21，长方形 CHOF 的面积为 12，那么阴影三角形的面积为 _____ 。

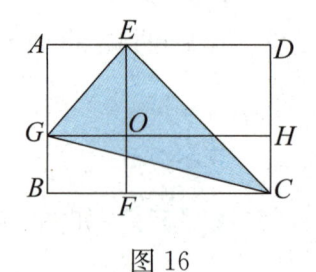

图 16

练习❸ 如图 17 所示，长方形 ABCD 内放置一个小长方形 EFGH，两个长方形的对应边互相平行。连结 AF、AH、CF、CH、BG、BE、DG、DE。已知四边形 AFCH 的面积为 80，那么四边形 BGDE 的面积为 _____ 。

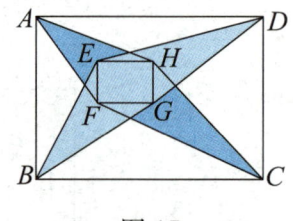

图 17

练习❹ 如图 18 所示，在长方形 ABCD 中，点 E、F、G 分别在 AD、AB、BC 上，且 AE：ED＝BG：GC＝AF：AB。△DFG 的面积为 30，△CEF 的面积为 20，那么长方形 ABCD 的面积为 _____ 。

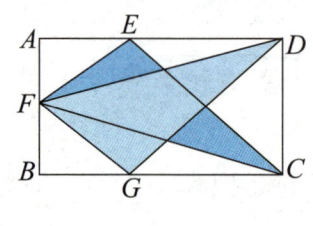

图 18

126

练习❺ 如图 19 所示，三个正方形的边长之比为 1∶2∶4。阴影部分的面积为 26，那么最大正方形的面积为_____。

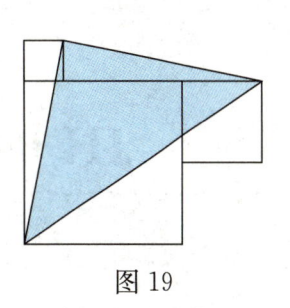

图 19

练习❻ 如图 20 所示，在长方形 ABCD 中放置三个正方形 AEFI、CHLG、LFJK。△BFK 的面积为 30，△DFK 的面积为 36，那么正方形 LFJK 的面积为_____。

图 20

练习参考答案

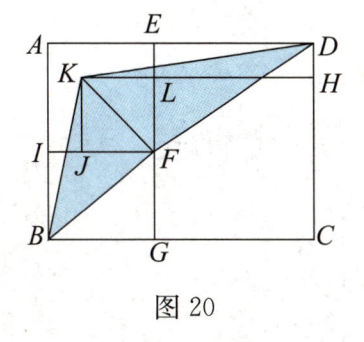

练习题号	练习1	练习2	练习3	练习4	练习5	练习6
参考答案	17	21.5	80	80	32	12
解答提示	基本练习	基本练习	先作田字格	先作田字格再根据田三捉蟹结论反推	构造长方形，再用田三捉蟹	两次反推田三捉蟹

JH-040　田三捉蟹中的最值问题*

神器内容	如图1所示，在长方形 ABCD 中，连结△AEF。 (1)F 为动点，求其周长最小值。 (2)E 为动点，求其周长最小值。 (3)E、F 均为动点，求其周长最小值。 (4)E、F 均为动点，求面积最小值。 通过将军饮马或和同差小积大作图解答。
要点与说明	田字格中三角形，面积公式要记清。 点的位置可变化，周长最小咱不怕。 看到将军要饮马，对称图形作出它。 面积最小也有法，和同差小积就大。

图1

神器溯源

如图1所示，在长方形 ABCD 中，E、F 分别在 BC、CD 上，连结 AE、AF、EF，形成△AEF。

(1)当 F 为动点、E 为定点时，求△AEF 周长为最小值时，F 点的位置。如图2所示，以 CD 为对称轴作 A 关于 CD 的对称点 G，连结 EG 交 CD 于点 F，则 F 为三角形周长最短时的位置。同理也可以作 E 关于 CD 的对称点。

(2)当 E 为动点、F 为定点时，求△AEF 周长为最小值时，E 点的位置。如图3所示，以 BC 为对称轴作 A 关于 BC 的对称点 G，连结 FG 交 BC 于点 E，则 E 为三角形周长最短时的位置。同理也可以作 F 关于 BC 的对称点。

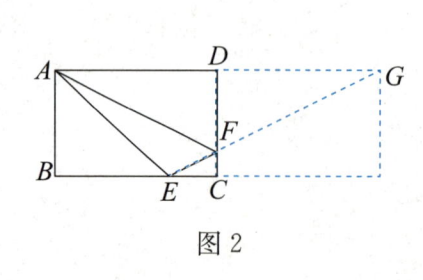

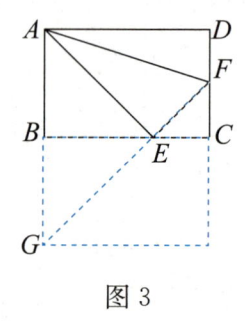

图2　　　　图3

(3)如果 E、F 均为动点，求△AEF 的面积最小值，可以采用"三面埋伏"或"田三捉蟹"的方法，列出含字母的面积表达式，采用"和同差小积大"解题。

例题精讲

例题 1-1 如图 4 所示,在长方形 $ABCD$ 中,$AB=24$,$BE=10$,$EC=11$。F 是 CD 上的一个动点,那么 $\triangle AEF$ 的周长的最小值为_____。

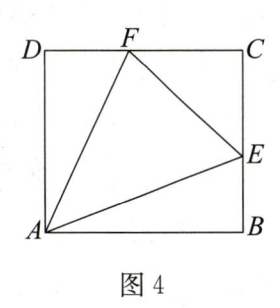

答案:66

【解答】 如图 5 所示,作 E 关于 DC 的对称点 E',连结 AE' 与 CD 交于点 F,根据将军饮马,得到 $AF+FE$ 的值最小,最小值 $AE'=40$。又能得到 $AE=26$,从而得到 $\triangle AEF$ 周长的最小值为 $40+26=66$。

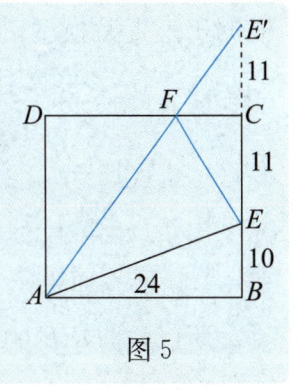

例题 1-2 如图 6 所示,长方形 $ABCD$ 中,$AB=6$,$BC=16$,E 为 BC 的中点,F 为 CD 上的一个动点,那么当 $\triangle AEF$ 的周长最小时,$\triangle AEF$ 的面积为_____。

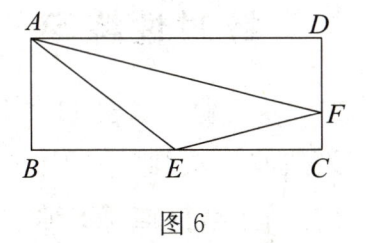

答案:32

【解答】 如图 7 所示,A 和 E 都是固定点,故 AE 长度固定,$\triangle AEF$ 的周长最短,只需 $AF+FC$ 最小。采用"将军饮马"的方法,作 A 关于 CD 的对称点 G,连结 GE 交 CD 于点 F,此时 $\triangle AEF$ 的周长最短。观察平行沙漏 $DCEG$,得到 $DF:FC=16:8=4:2$。

如图 8 所示,下面根据田三捉蟹或三面埋伏的方法,可以得到 $\triangle AEF$ 的面积为 $S_{\triangle AEF}=\dfrac{16\times 6-8\times 4}{2}=32$。

129

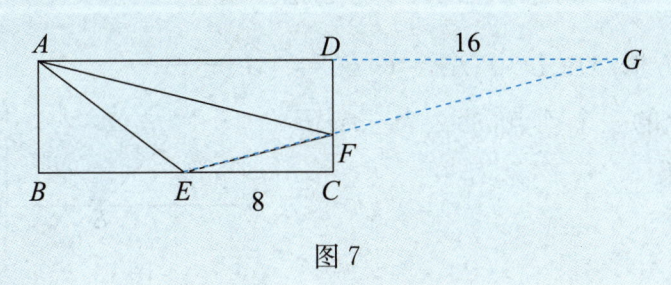

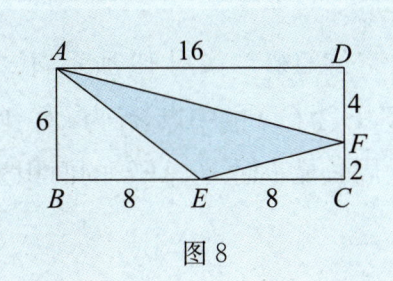

例题 2 如图 9 所示，长方形 ABCD 中，AB＝25 厘米，BC＝15 厘米，CE＝5 厘米，BF＝4 厘米。E 点以每秒 1 厘米的速度向 B 点移动，同时，F 点以每秒 1.4 厘米的速度向 A 点移动，则△DEF 的面积最小值为_____平方厘米。

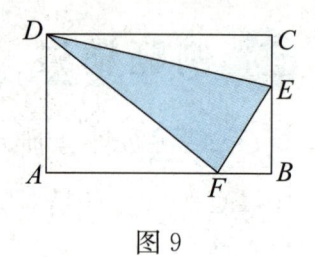

答案：117.5

图 9

【解答】 如图 10 所示，分别过 E、F 作 EH∥AB，FG∥BC，两者交于 O 点。设 t 秒后△DEF 的面积最小，根据田三捉蟹模型，得到

$$S_{\triangle DEF} = \frac{25 \times 15 - (t+5)(21-1.4t)}{2} = 187.5 - 0.7(t+5)(15-t)。$$

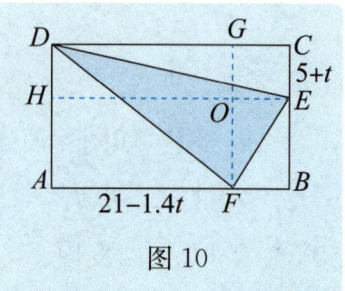

由于 (t＋5)＋(15－t)＝20，根据和同差小积大，当 t＝5 时，乘积最大为 10×10＝100 平方厘米。

所以，△DEF 的面积的最小值为 187.5－0.7×100＝117.5 平方厘米。

图 10

针对性练习

练习❶ 如图 11 所示，长方形 ABCD 中，AB＝30 厘米，BC＝50 厘米，E、F 分别是 BC、CD 边上的点，且 CE＋CF＝28 厘米，那么△AEF 的面积的最小值为_____平方厘米。

图 11

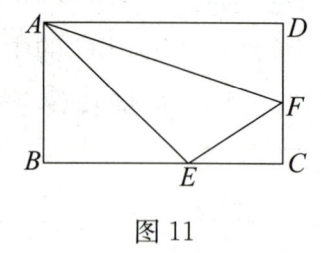

练习❷ 如图 12 所示，长方形 ABCD 中，AB＝26，BC＝40，E、F 分别是 BC、CD 边上的点，且 CE＋CF＝30，那么△AEF 的面积的最小值为_____。

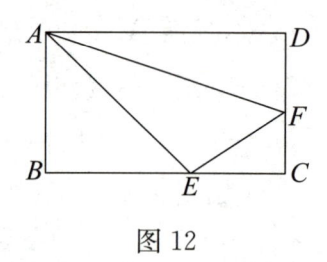

图 12

练习❸ 如图 13 所示，长方形 ABCD 中，AB＝6，BC＝15，F 为 CD 的中点，E 为 BC 上的一个动点，那么当△AEF 的周长最小时，△AEF 的面积为_____。

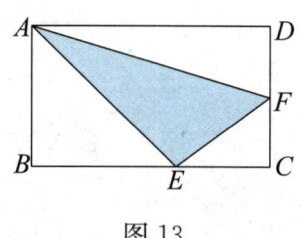

图 13

练习❹ 如图 14 所示，在长方形 ABCD 中，AB=16，AD=9，E 是 AB 中点，DF：FA=1：2，G、H 分别是 CD、BC 上的动点，当四边形 EFGH 的周长最小时，△AGH 的面积为_____。

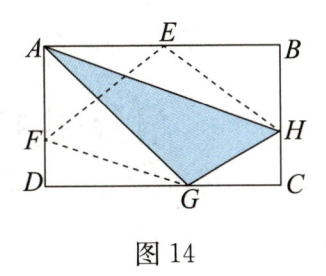

图 14

练习参考答案

练习题号	练习1	练习2	练习3	练习4
参考答案	412	358	30	60
解答提示	作田字格	作田字格	作 F 关于 BC 的对称点	先确定 G、H 的位置比例

JH-041　推出三角形(一半模型)

神器内容	如图1所示,在平行四边形 ABCD 中,阴影部分的面积等于平行四边形面积的一半。

图1

要点与说明	平四有个三角形,同底等高能看清。 面积就是它一半,不用笔算用口算。 狼牙状、对分图,一半模型记清楚。 面积一半加一半,重复等于未覆盖。 三种图形常用上,三个一团四一帮。

神器溯源

在平行四边形中,阴影三角形与平行四边形底相同、高相等,其面积等于平行四边形面积的一半。这个三角形被称为推出三角形,其模型也叫一半模型。

1. 推出三角形,如图2所示。

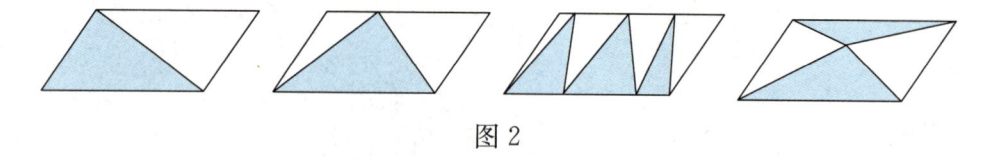

图2

2. "一半加一半,重复等于未覆盖"的三种情况,如图3所示。

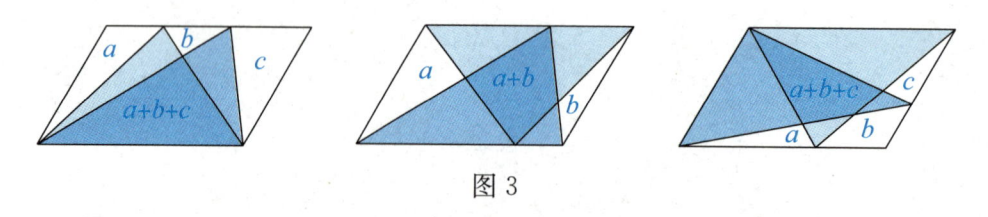

图3

这些性质,既然在平行四边形中可以使用,那么在特殊平行四边形的情况下,如矩形(长方形)、菱形和正方形中同样可以使用。

例题精讲

例题 1 如图 4 所示,长方形的面积为 30,那么阴影部分图形的面积之和为_____。

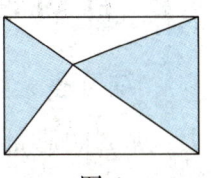

答案:15

图 4

【解答】 如图 4 所示,根据一半模型,阴影部分图形的面积为 30÷2=15。

例题 2-1 如图 5 所示,长方形中加斜线的三个图形的面积分别为 3、8、30,那么阴影部分图形的面积为_____。

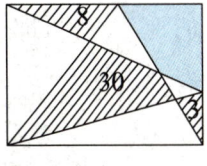

答案:19

图 5

【解答】 如图 6 所示,两个阴影三角形的面积都是长方形面积的一半,"重复等于未覆盖"。因此图 5 中的阴影部分的面积为 30-3-8=19。

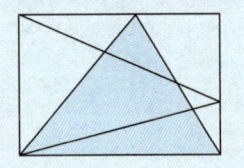

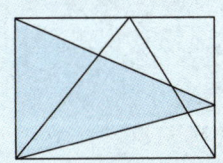

图 6

例题 2-2 如图 7 所示,正方形 ABCD 与长方形 AEHG 顶点 A 重合,且 F、G 分别为正方形边 BC、DC 的中点,正方形 ABCD 的面积为 32,那么长方形 AEHG 的面积为_____。

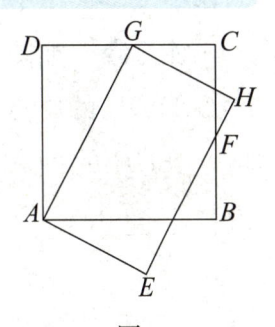

图 7

答案:24

【解答】 如图 8 所示,连结 AF、GF,则△AFG 面积是长方形 AEHG 面积的一半,同时又是正方形内的田三捉蟹三角形,或者先求出三面埋伏的三角形,所以长方形 AEHG 的面积为 32÷4×(4-2.5)×2=24。

图 8

· 133 ·

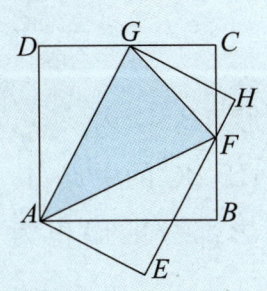

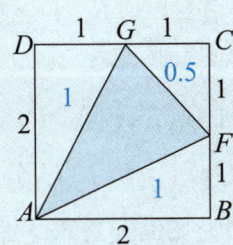

针对性练习

练习❶ 如图 9 所示,已知平行四边形空白部分的面积为 15,那么阴影部分图形的面积为_____。

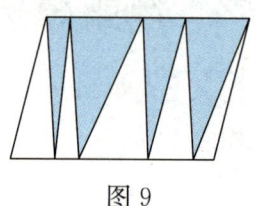

图 9

练习❷ 如图 10 所示,长方形中的三块未覆盖部分的面积分别为 4、6、6,那么阴影部分图形的面积为_____,长方形的面积为_____。

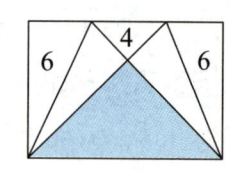

图 10

练习❸ 如图 11 所示,面积为 60 的正方形 ABCD 与长方形 AEHG 顶点 A 重合,且 E 在 CD 上,AF=4FB,那么长方形 AEHG 的面积为_____。

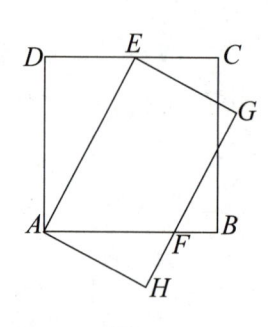

图 11

练习❹ 如图 12 所示,在正六边形 ABCDEF 内有一点 P,G 为 DE 的中点,连结 AP、BP、EP、GP,△ABP 的面积为 15,△EGP 的面积为 10,那么正六边形 ABCDEF 的面积为_____。

图 12

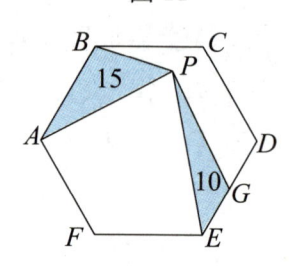

练习❺ 如图 13 所示,面积为 36 的长方形 ABCD 中,作面积为 12 的等腰 △BCE,BE = EC,F 在 AD 上,AF:FD=1:2,连结 FE 并延长交 BC 于点 G,那么 △BEF 的面积为_____。

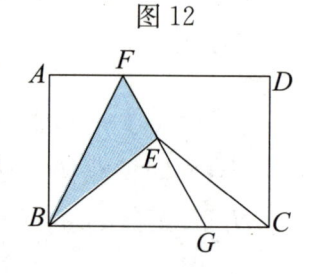

图 13

练习❻ 如图 14 所示,已知 P 是正方形 ABCD 内一点,AE:ED=DH:HC=1:2,F、G 分别是 AB、BC 的中点,其中三块的面积分别为 30、40、69,那么阴影部分的面积为_____。

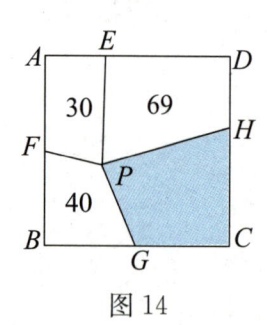

图 14

练习 7 如图 15 所示,在圆内有一点 P,与圆周上的四等分点 A、B、C、D 都相连并将圆分成四部分,扇形 APB 的面积为 10,扇形 PBC 的面积为 18,再连结 BD,那么阴影 $\triangle PBD$ 的面积为_____。

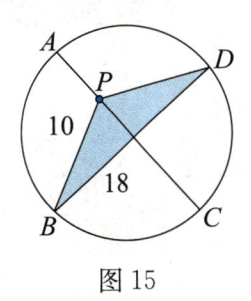

图 15

练习参考答案

练习题号	练习 1	练习 2	练习 3	练习 4
参考答案	15	16　48	48	105
解答提示	基本练习	一半模型	连结 EF,一半模型	连结 PD、AE、BD
练习题号	练习 5	练习 6	练习 7	
参考答案	5	91	8	
解答提示	连结 FC,一半模型	连结 PA、PB、PC、PD	BD 是直径,连结 AB、BC、CD 和 AD	

· 135 ·

JH-042　推出四边形

神器内容	如图1所示,在四边形中,一组对边中点与两个顶点如图连结,则得到的阴影四边形的面积等于原四边形面积的一半。

图1

要点与说明	一般四边形,一半咋画成? 对边两中点,如图来相连。 一半加一半,重复未覆盖。 对边三等分,中间是平均。

神器溯源

如图1所示,在四边形中,一组对边中点与两个顶点如图连结,则得到的阴影四边形的面积等于原四边形面积的一半。这是一般四边形中的一半模型,此阴影四边形被称为推出四边形。

如图2所示,如图连结对角线,根据对边中点这个条件,可以得到阴影面积为$(a+b)$,而整体面积为$2(a+b)$,从而阴影面积占整体面积的一半。

图2

从一般四边形中的推出四边形面积占整体面积的一半出发,可以得到对边三等分,中间四边形面积占整体面积的三分之一,如图3所示。把四边形各边二等分连结而成的四边形,仍有一半加一半,重复等于未覆盖,如图4所示。

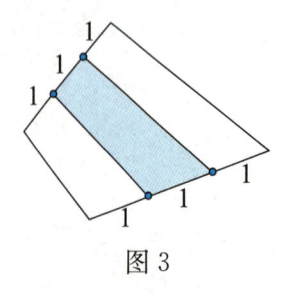

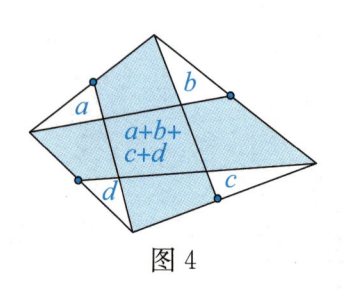

图3

图4

例题精讲

例题 1-1 如图 3 所示，证明四边形的一组对边三等分，得到的阴影面积等于整体面积的三分之一。

答案：见证明。

【证明】 如图 5 所示，在四边形 $ABCD$ 中，$AE=EF=FB$，$DH=HG=GC$，连结 EH、FG，求证四边形 $EFGH$ 的面积为四边形 $ABCD$ 面积的三分之一。

连结 AH、CF、AC，则有 $S_{四边形EFGH}=\frac{1}{2}S_{四边形AFCH}=\frac{1}{2}\times\frac{2}{3}S_{四边形ABCD}=\frac{1}{3}S_{四边形ABCD}$。

图 5

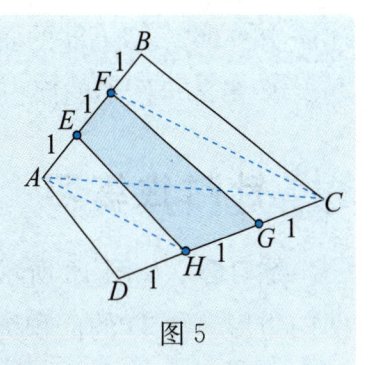

例题 1-2 如图 6 所示，E、F、G、H 分别是四边形 $ABCD$ 各边中点，连结 AF、BG、CH、DE，分割出的四个三角形的面积分别为 2、4、5、9，那么阴影部分图形的面积为_____。

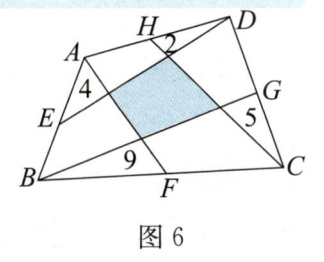

答案：20

【解答】 如图 7 所示，四边形 $BGDE$ 和四边形 $AFCH$ 都是四边形 $ABCD$ 的推出四边形，"重复等于未覆盖"，所以图 6 中的阴影部分图形的面积为 $2+4+5+9=20$。

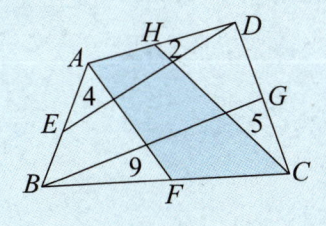

图 7

例题 2 如图 8 所示，在四边形 $ABCD$ 中，$AE:EB=CF:FD=1:2$，其中三个三角形的面积已经标出，那么阴影部分图形的面积为_____，四边形 $ABCD$ 的面积为_____。

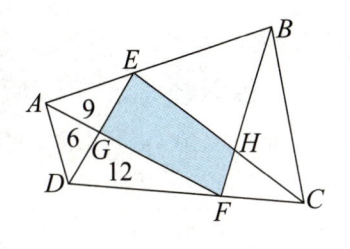

图 8

答案：28　126

【解答】　如图9所示，连结 EF，根据比例可以标记面积△EFG 的面积为 18，△BEF 的面积为 54，△EFC 的面积为 15。所以四边形 ABCD 的面积为（12＋18＋54）÷2×3＝126，△BCE 的面积为 126－6－9－12－18－15＝66。△EFH 的面积为 54÷（15＋66）×15＝10。

阴影部分图形的面积 S＝18＋10＝28。

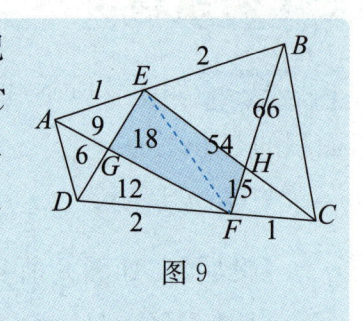

图9

针对性练习

练习❶　如图10 所示，E、F 分别是 AD、BC 的中点，凹四边形 ABCD 的面积为 18，那么阴影部分图形的面积为_____。

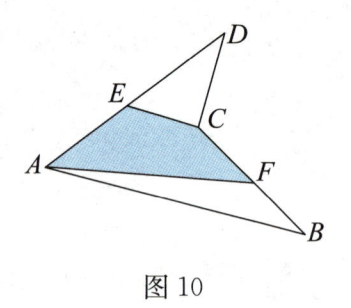

图10

练习❷　如图11 所示，把四边形 ABCD 的对边 AB 和 CD 都四等分，连结对边的对应分点，得到四个四边形，其中两端两个四边形面积分别是 5 和 11，那么四边形 ABCD 的面积为_____。

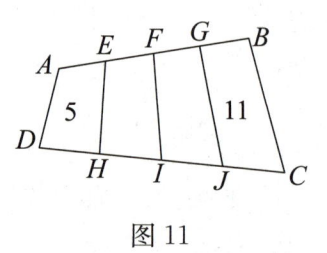

图11

练习❸　如图12 所示，E、F、G、H 分别是四边形 ABCD 各边中点，四块阴影三角形的面积分别为 1、2、3、4，那么四边形 LMNO 的面积是_____。

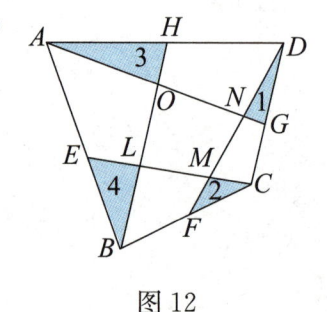

图12

练习❹　如图13 所示，四边形 ABCD 的面积为 18，每边都进行三等分，连结得到的阴影部分图形的面积为_____。

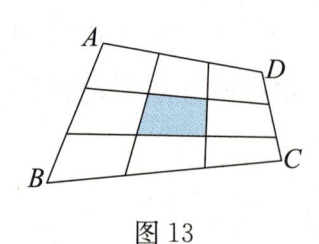

图13

练习 ❺ 如图 14 所示,在四边形 ABCD 中,AE∶EB＝CF∶FD＝1∶3,其中三个三角形的面积已经标出,那么四边形 ABCD 的面积为_____。

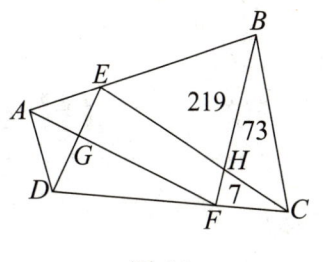

图 14

练习参考答案

练习题号	练习1	练习2	练习3	练习4	练习5
参考答案	9	32	10	2	432
解答提示	连结 AC	推出四边形	一半模型	推出四边形	重复等于未覆盖

JH-043　梯形中的一半模型

神器内容	如图1所示,在梯形中,一腰的中点与另一腰构成的三角形面积等于梯形面积的一半。

图1

要点与说明	梯形两底是平行,一半模型也发生。 一腰中点一腰连,构成图形是一半。 结论证明怎么办？旋转沙漏中位线。 仍有一半加一半,重复等于未覆盖。

神器溯源

如图2所示,在梯形 ABCD 中,AB∥CD,E 为 AD 的中点,连结 BE、CE,则 △BCE 的面积等于梯形 ABCD 面积的一半。

解法一：如图3所示,延长 BE、CD 交于点 F,根据 E 是 AD 中点,则△ABE 与△DFE 构成全等的平行沙漏,所以 E 也是 BF 的中点,所以 $S_{\triangle BCE} = S_{\triangle CFE} = S_{\triangle DCE} + S_{\triangle ABE} = \frac{1}{2} S_{梯形ABCD}$。

解法二：如图4所示,设梯形的高为 h,取 BC 的中点为 F,连结 EF,则 EF 为梯形的中位线,则 $EF = \frac{1}{2}(AB + CD)$。如果 EF 为底,则△BEF 和 CEF 的高之和为梯形的高 h,所以 $S_{\triangle BCE} = S_{\triangle BEF} + S_{\triangle CEF} = \frac{1}{2} \times EF \times h = \frac{1}{2} \times \frac{1}{2} \times (AB + CD) \times h = \frac{1}{2} S_{梯形ABCD}$。

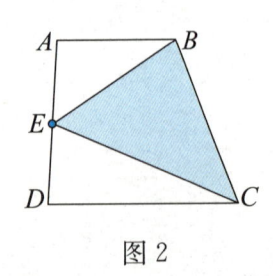

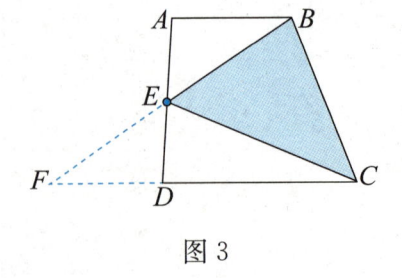

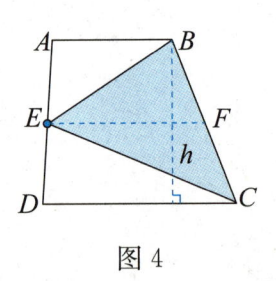

图2　　　图3　　　图4

例题精讲

例题 1 如图 5 所示,已知梯形 $ABCD$,$AB /\!/ CD$,把顶点 A 沿着 DF 翻折,恰好落在腰 BC 的中点 E 处。如果 △BEF 的面积为 15,△CDE 的面积为 18,那么梯形 $ABCD$ 的面积为 _____。

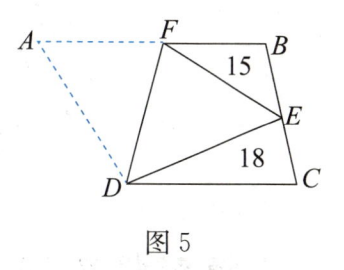

答案:99

【解答】 如图 5 所示,在梯形 $BCDF$ 中,由于 E 为腰 BC 中点,根据梯形的一半模型,得到 △DEF 的面积为 $15+18=33$,从而梯形 $ABCD$ 的面积为 $33 \times 3 = 99$。

例题 2 如图 6 所示,已知梯形 $ABCD$,$AB /\!/ CD$,$AF=DE$,连结 BE、CF 交于点 G,已知 △BCG 的面积为 16,那么阴影部分图形的面积之和为 _____。

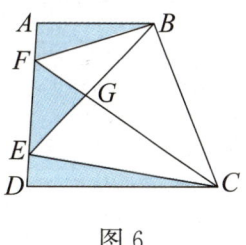

答案:16

【解答】 如图 7 所示,把两个梯形 $ABCD$ 拼成平行四边形 $ADA'D'$,由于 $AF=D'E$,得到四边形 $AFED'$ 和四边形 $A'EFD$ 都是平行四边形。△BCF 与 △BCE 的面积之和为拼成的四边形 $ADA'D'$ 面积的一半,也就等于原来梯形 $ABCD$ 面积,两个三角形的重复部分为 △BCG,未覆盖部分为图 6 中的阴影部分图形。重复等于未覆盖,所以图 6 中阴影部分图形的面积之和为 16。

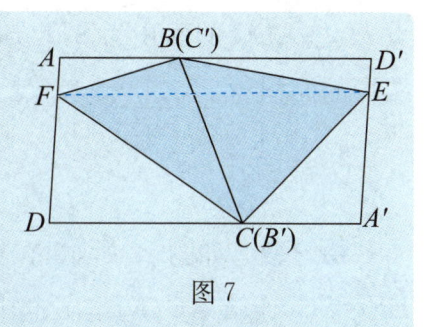

另解:如图 8 所示,取 AD 的中点为 O,连结 BO、CO,根据梯形面积的一半模型,则 △BOC 的面积为等于梯形面积的一半。

接下来证明 △BOC 的面积也是 △BCF 和 △BCE 的面积之和的一半。如果结论成立,根据出入相补法,可得到图 6 中的三块阴影面积之和就等于重复的 △BCG 的面积,从而阴影面积就是 16。

事实上,如图 9 所示,分别过 F、O、E 作 CB 边上的高 FH、OI、EJ,因为 $FO=EO$,所以 OI 是梯形 $FHJE$ 的中位线,则 $2OI=FH+EJ$,从而得到 $2S_{\triangle BOC} = S_{\triangle BFC} + S_{\triangle BEC}$,△$BCF$ 和 △BCE 的面积之和等于梯形 $ABCD$ 的面积,结论成立。

图 8   图 9

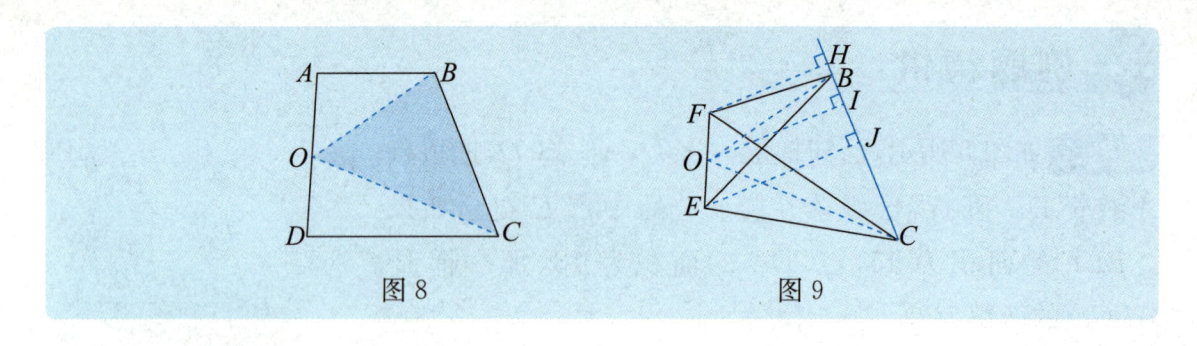

📖 针对性练习

练习 ❶　如图 10 所示,在面积为 24 平方厘米的梯形 ABCD 中,AB∥CD,E 是 BC 的中点,那么阴影部分图形的面积为_____平方厘米。

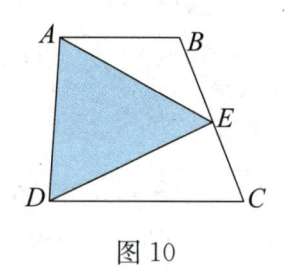

图 10

练习 ❷　如图 11 所示,在梯形 ABCD 中,AB∥CD,E、F 分别在 AB、CD 上,连结 AF、DE 交于点 G,连结 BF、CE 交于点 H,△ADG 的面积为 8,△BCH 的面积为 7,那么阴影部分图形的面积为_____。

图 11

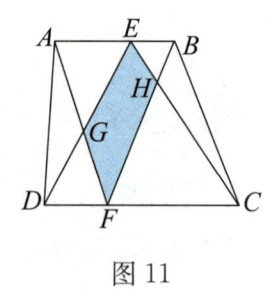

练习 ❸　如图 12 所示,在梯形 ABCD 中,AB∥CD,BE=EF=FC,连结 AE、DF。已知阴影部分图形的面积为 12,那么梯形 ABCD 的面积为_____。

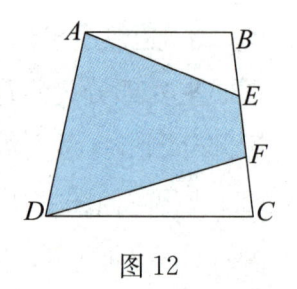

图 12

练习 ❹　如图 13 所示,在梯形 ABCD 中,AD∥BC,E、F 分别为 CD、AB 的中点,连结 AE、BE、CF、DF。已知△ADG 的面积为 24,四边形 EGFH 的面积为 60,那么△BCH 的面积为_____。

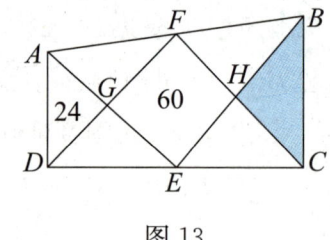

图 13

练习❺ 如图 14 所示,在梯形 ABCD 中,AB∥CD,CD=3AB,E、F 分别为 AD、BC 的中点,连结 AF、DF、BE、CE,阴影部分图形的面积为 64 平方厘米,那么梯形 ABCD 的面积为_____平方厘米。

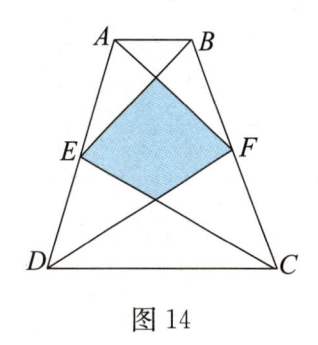

图 14

练习❻ 如图 15 所示,长方形 ABCD 与梯形 EFGH 的面积相等,C 为腰 EH 的中点,BF=9,DE=8,那么阴影△CGH 的面积为_____。

图 15

练习参考答案

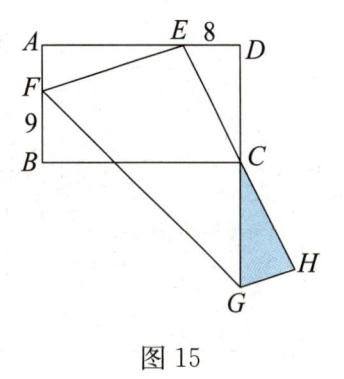

练习题号	练习1	练习2	练习3	练习4	练习5	练习6
参考答案	12	15	18	36	240	36
解答提示	梯形中的一半模型	重复等于未覆盖	取EF中点,一半模型	重复等于未覆盖	连结EF	连结CF,双一半模型

143

JH-044　出入相补法

神器内容	如图1所示,如果两个图形的面积相同,两者局部重叠时,则面积出入相补。也就是都去掉共同部分,得到的差不变。
要点与说明	不管它是啥图形,只要面积都相同。两个图形有相容,错开面积定相等。这个结论要清楚,一般出入来相补。名称到底哪出处,刘徽九章做算术。

图1

神器溯源

出入相补法最早见于我国古代数学名著《周髀算经》,刘徽曾在《九章算术》中用出入相补法证明勾股定理。出入相补法,有时称为公理,就是大家公认的最初的、不证自明的道理。原意是指把一个图形通过分割,然后补到另一个位置,得到的图形面积不变。这里我们借用其中的道理,把问题反过来思考,如果两个图形的面积是相同的,当两者有重叠时,去掉相同部分,那么两个图形的剩余部分面积一定相同,也可以说是等量减去同一个量,得到的差一定相同。

在利用出入相补法解几何图形面积问题时,首先要保证两个图形的面积相同,或者组成一个图形的两部分面积之和等于另一个图形面积。

例题精讲

例题 1 如图2所示,在 $\triangle ABC$ 中, $\angle ACB = 90°$,以此三角形的三边作出三个正六边形,其中三块阴影部分图形的面积分别为40、35、16,那么 $\triangle ABC$ 的面积为_____。

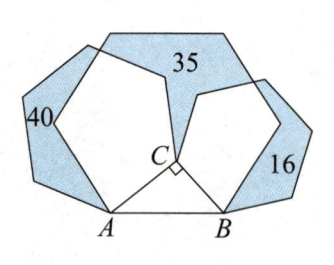

图2

答案:21

【解答】 因为△ABC为直角三角形,则$AC^2+BC^2=AB^2$,以 AB 为边的正六边形的面积等于以 AC、BC 为边的两个正六边形的面积之和。出入相补,都去掉相同的空白部分,得到 $S_{\triangle ABC}+35=40+16$,$S_{\triangle ABC}=40+16-35=21$。

例题2 如图3所示,在△ABC 中,AD∶DB＝BE∶EC＝CF∶FA＝1∶2。连结 AE、BF、CD 围成△GHI,过 I、G、H 分别作 AE、BF、CD 的平行线相交得到△ABC 外部的阴影图形。如果△ABC 内的 6 块空白部分面积之和为 8 平方厘米,那么△ABC 外部的 6 块阴影三角形的面积之和为_____平方厘米。

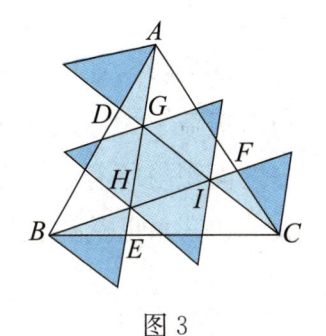

答案:8

【解答】 如图4所示,由燕尾定理或三角形的内含三角形的结论可以得到,$S_{\triangle GHI}=\dfrac{(2-1)^2}{2^2+2+1}=\dfrac{1}{7}$,这就说明 △GHI 的面积占△ABC 面积的 $\dfrac{1}{7}$。又知图 3 中共有 7 个(包括△GHI)与△GHI 形状大小都相同的三角形,它们都由两部分阴影图形组成。所以 7 个阴影三角形的面积之和等于△ABC 的面积。两者不完全重叠,出入相补,得到△ABC 内部的空白部分等于△ABC 外部的阴影部分图形面积。所以△ABC 外部的阴影部分图形之和也为 8 平方厘米。

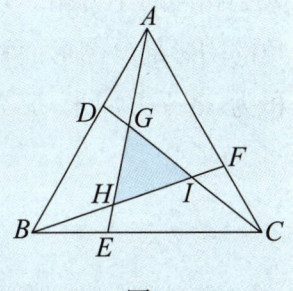

针对性练习

练习❶ 如图 5 所示,大、中、小圆的半径分别为 3 厘米、4 厘米、5 厘米,中圆与小圆的公共部分的面积为 25 平方厘米,那么阴影部分图形的面积为_____平方厘米。

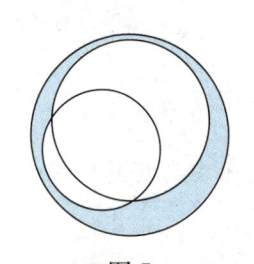

练习❷ 如图 6 所示,三个正方形拼成一个面积为 12 的直角三角形,那么所有阴影区域的面积之和为_____。

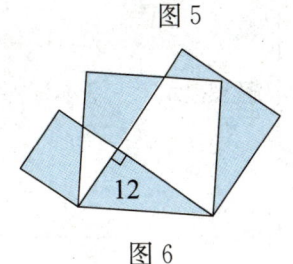

练习❸ 如图 7 所示,直角△ABC 中,∠ACB=90°,以此三角形的三边作出三个正五边形。三块阴影部分的面积之比 $a:b:c=5:6:4$。如果直角△ABC 的面积为 8 平方厘米,那么阴影部分 b 的面积为_____平方厘米。

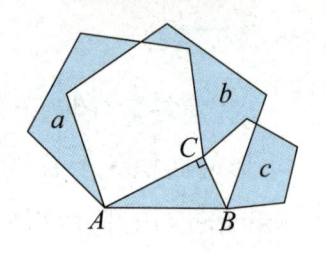

图 7

练习❹ 如图 8 所示,8 个边长分别为 1、2、3 的小等边三角形覆盖了大等边三角形的一部分。已知大三角形中阴影部分的面积与所有小三角形中阴影部分的面积之和相等,那么大等边三角形的边长为_____。

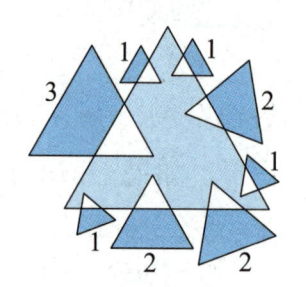

图 8

练习❺ 如图 9 所示,两个边长相等的正方形各被分成 25 个大小相同的小方格。现将这两个正方形的一部分重叠起来,左上角的阴影部分图形面积为 18 平方厘米,右下角的阴影部分图形面积为 28 平方厘米,那么大正方形的面积为_____平方厘米。

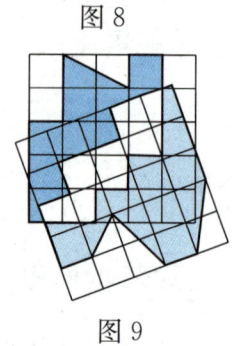

图 9

练习❻ 如图 10 所示,正六边形的面积为 78 平方厘米。把其中三个顶点与其所在边平行的边的中点连线,围成中间的三个阴影三角形,那么三个阴影三角形的面积和为_____平方厘米。

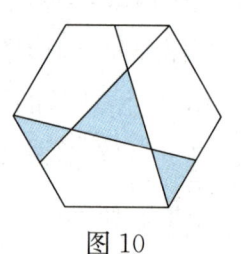

图 10

练习参考答案

练习题号	练习1	练习2	练习3	练习4	练习5	练习6
参考答案	25	48	16	5	100	15
解答提示	基本练习	全等与勾股	$a+c-b$ 等于△ABC 的面积	大三角形的面积与所有小三角形的面积和相同	两个阴影图形分别加二者之间的空白格后再相减,算出方格差,再考虑面积差,算出每个小方格的面积	注意中间三角形面积与三个小三角形面积的倍数关系

JH-045　共边定理之山脊形

神器内容	如图 1 所示,两个小三角形的高相同,则它们的面积比等于底边之比,即 $S_1:S_2=a:b$。
要点与说明	求面积,就两招,知底知高公式套。 另种方法看比例,相邻面积是山脊。 同底等高山脊形,面积比例最流行。

图1

神器溯源

如图 2 所示,这是一个景色美丽的山脊图,我们把它画成形似图 3 所示的几何图形,姑且把这个图形叫作山脊形。左右两个山坡的面积比等于底之比,是因为它们的高相同。如图 4 所示,$S_1:S_2=\dfrac{1}{2}ah:\dfrac{1}{2}bh=a:b$。

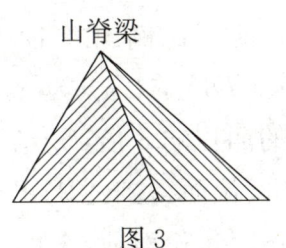

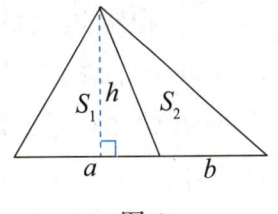

图2　　　图3　　　图4

对于任意两个三角形,如果它们的底相同、高也相等,那么这两个三角形的面积相同,我们称它们同底等高。如果两个三角形的高相同,那么面积比等于底之比。如果两个三角形的底相同,那么面积比等于高之比。总之,两个三角形的面积比等于底与高的乘积之比。我们把这个不变的结论作为一个定理来使用,命名为共边定理。

山脊形是最基础、最重要的比例图形求面积的方法,它转变了使用面积公式求面积的方法,转而考虑相邻图形的面积相关性,利用比例求图形面积,同时它也是比例图形中大多数模型的理论依据。

例题精讲

例题1 如图 5 所示,△ABC 的面积为 72,BD=2AD,连结 CD,CD=3DE,那么阴影△BCE 的面积为_____。

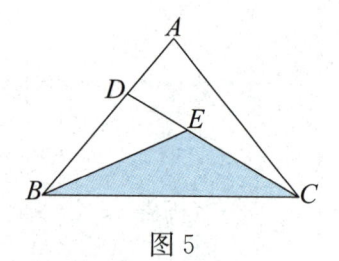

图 5

答案:32

【解答】 如图 6 所示,如图标记边 AB、CD 上的基本线段份数,设△BDE 的面积为 2 份,两次使用山脊形,标记另外两个三角形的面积份数。根据量份对应,从而得到△BCE 的面积为 72÷9×4=32。

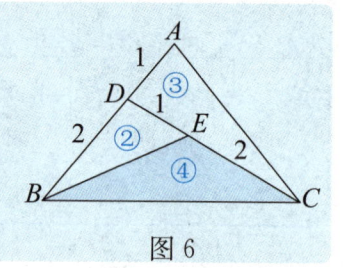

图 6

例题2 如图 7 所示,△ABC 的面积为 36 平方厘米。D 为 AC 的中点,连结 BD,在 BC 上取点 E,连结 AE,恰好 AF=3EF,那么阴影△ADF 的面积为_____。

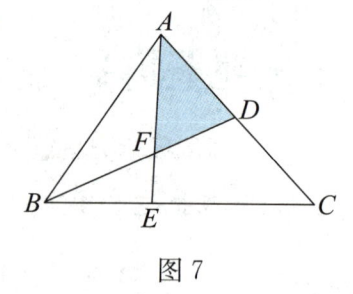

图 7

答案:9

【解答】 如图 8 所示,连结 DE,设△EFD 的面积为 1 份,根据边上的比例,使用比例山脊形,分别得到 △ADF 的面积为 3 份,△CDE 的面积为 4 份。又知 △ABF 的面积是△BEF 的面积的 3 倍,$S_{△ABD}=S_{△BCD}$,两者相差(1+4)−3=2 份,从而得到△BEF 的面积为 1 份,△ABF 的面积为 3 份。量份对应,求得△ADF 的面积为 36÷12×3=9。

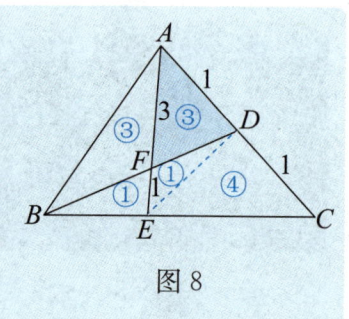

图 8

针对性练习

练习❶ 如图 9 所示,已知阴影△CDE 的面积为 3 平方厘米,AD:DE:EB=1:1:2,那么△ABC 的面积为_____平方厘米。

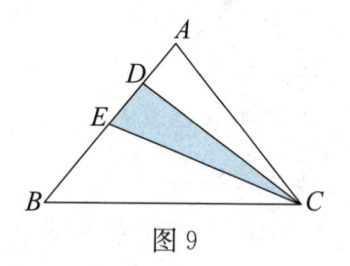

图 9

· 148 ·

练习❷ 如图 10 所示，△ABC 的面积为 36，AB＝3BD，E 是 AC 的中点，那么△ADE 的面积为_____。

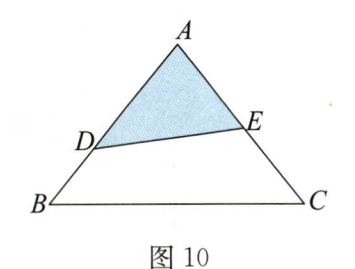

图 10

练习❸ 如图 11 所示，△ABC 的面积为 70，3BD＝2CD，AE：EC＝3：4，那么△BDE 的面积为_____。

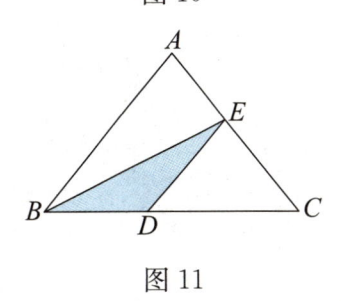

图 11

练习❹ 如图 12 所示，△ABC 的面积为 84，E 是 AB 的中点，AC＝3AD，BF：FG：GC＝1：2：3，那么四边形 DEFG 的面积为_____。

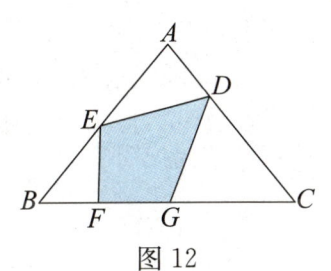

图 12

练习❺ 如图 13 所示，在△ABC 中，DC＝2BD，△ABF 的面积是 12，△DEF 的面积是 2，那么阴影△AEF 的面积是_____。

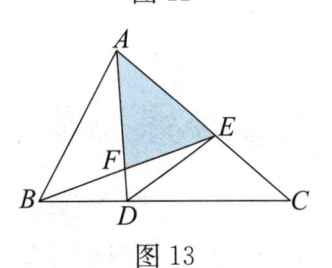

图 13

练习❻ 如图 14 所示，已知△OAB、△ABC、△BCD、△CDE、△DEF 的面积都是 8，那么△ABF 的面积为_____。

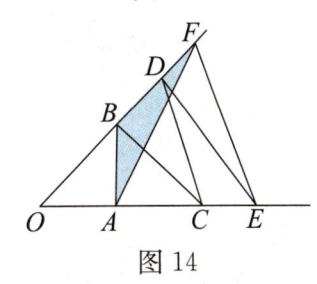

图 14

练习参考答案

练习题号	练习1	练习2	练习3	练习4	练习5	练习6
参考答案	12	12	16	35	18	7
解答提示	基本练习	连结 BE 或 CD	两次山脊形	反求空白面积	面积设未知数	求各三角形边的份数

149

JH-046　共边定理之风筝形

神器内容	如图 1 所示，在四边形 $ABCD$ 中，AC、BD 交于 O，则 (1) $\dfrac{S_1}{S_2}=\dfrac{S_3}{S_4}=\dfrac{S_1+S_3}{S_2+S_4}=\dfrac{AO}{CO}$。 (2) $\dfrac{S_1}{S_3}=\dfrac{S_2}{S_4}=\dfrac{S_1+S_2}{S_3+S_4}=\dfrac{BO}{DO}$。
要点与说明	一个一般四边形，两个山脊对面生。 面积交叉来相乘，对应比例要看清。 形状酷似小风筝，由此联想得名称。 共边定理囊其中，平四矩形照搬用。

图 1

神器溯源

如图 2 所示，这是小朋友们都喜欢的野外放风筝的情景，图 1 是形似风筝的几何图形。题目叙述如下：

如图 1 所示，在四边形 $ABCD$ 中，AC、BD 交于 O，则 (1) $\dfrac{S_1}{S_2}=\dfrac{S_3}{S_4}=\dfrac{S_1+S_3}{S_2+S_4}=\dfrac{AO}{CO}$。 (2) $\dfrac{S_1}{S_3}=\dfrac{S_2}{S_4}=\dfrac{S_1+S_2}{S_3+S_4}=\dfrac{BO}{DO}$。

图 2

证明：如图 1 所示，根据山脊形结论，得到

$\dfrac{S_1}{S_2}=\dfrac{S_{\triangle ABO}}{S_{\triangle BCO}}=\dfrac{AO}{CO}=\dfrac{S_{\triangle ADO}}{S_{\triangle CDO}}=\dfrac{S_3}{S_4}=\dfrac{S_{\triangle ADO}+S_{\triangle ABO}}{S_{\triangle CDO}+S_{\triangle BCO}}=\dfrac{S_{\triangle ABD}}{S_{\triangle CBD}}=\dfrac{S_1+S_3}{S_2+S_4}$（最后一个等号理由是等比性质），

同理得到另一个对应的结论。

对于一般四边形，共边定理之风筝形在两个方面经常使用：

(1) 交叉相乘，乘积相等：$S_1 \times S_4 = S_2 \times S_3$。

(2)面积之和的撸串法：$\dfrac{S_{\triangle ABD}}{S_{\triangle CBD}}=\dfrac{a}{b}=\dfrac{AO}{CO}$，$\dfrac{S_{\triangle ABC}}{S_{\triangle ADC}}=\dfrac{c}{d}=\dfrac{BO}{DO}$，如图 3 和图 4 所示。

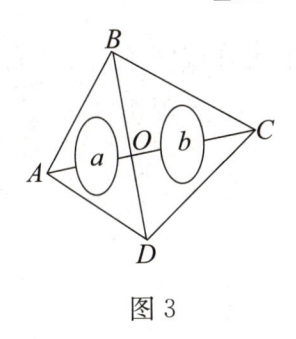

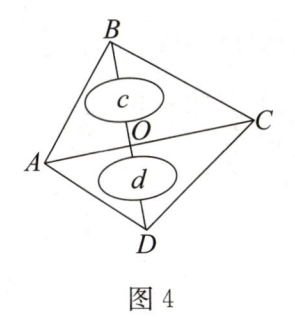

图 3

图 4

例题精讲

例题 1 如图 5 所示，已知四边形 $ABCD$ 的面积为 36，$\triangle ABO$ 的面积为 4，$\triangle BOC$ 的面积为 5，那么阴影 $\triangle AOD$ 的面积为_____。

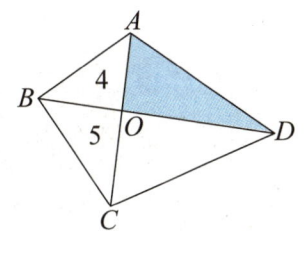

图 5

答案： 12

【解答】 如图 5 所示，根据 $\triangle ABO$ 与 $\triangle CBO$ 的面积比 4：5，得到 $AO：OC=$ 4：5。$\triangle ACD$ 的面积为 $36-4-5=27$，$\triangle ADO$ 的面积为 $27\div(4+5)\times 4=12$。

例题 2 如图 6 所示，长方形 $ABCD$ 的面积为 210，$AF：FB=$ 1：2，$AE：ED=3：2$。连结 BE、CF 交于点 G，那么阴影部分图形的面积为_____。

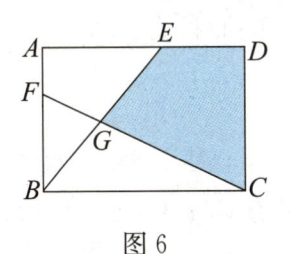

图 6

答案： 97

【解答】 如图 7 所示，图中有个"×"，四边包围它，对边不平行，赶快用风筝。

根据比例标份数，从而计算出每块的面积份数。$\triangle CEG$ 的面积为 $11\times\dfrac{15}{6+15}=\dfrac{55}{7}$ 份。阴影部分图形的实际面积为 $210\div 30\times\left(6+\dfrac{55}{7}\right)=97$。

图 7

151

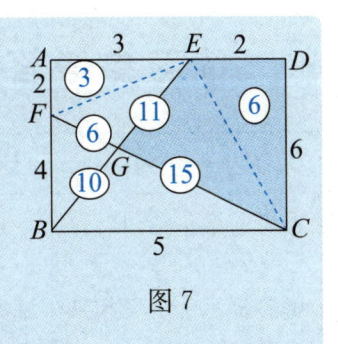

针对性练习

练习 ❶ 如图 8 所示,四边形 ABCD 被对角线分成四个三角形,其中三个三角形的面积分别为 8、16、24,那么阴影 △BOC 的面积为_____。

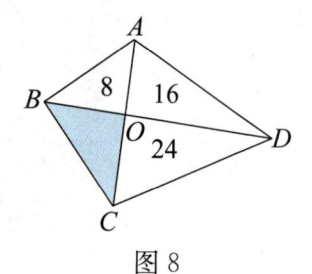

图 8

练习 ❷ 如图 9 所示,已知 △ABC 的面积为 12,△ADC 的面积为 24,那么 BO : OD =_____。

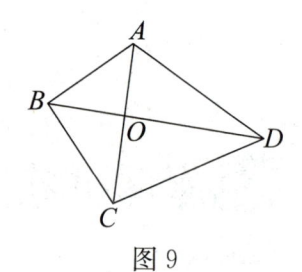

图 9

练习 ❸ 如图 10 所示,已知 △ABD 的面积为 12,△ABC 的面积为 10,△BCD 的面积为 18,那么阴影 △AOB 的面积为_____。

图 10

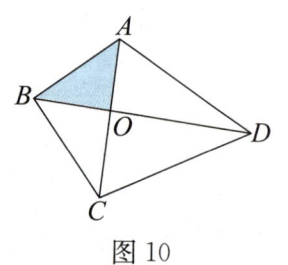

练习 ❹ 如图 11 所示,长方形 ABCD 的面积为 24,BE = 2AE,FC = 3BF。连结 CE、DF 交于点 G,那么阴影部分图形的面积为_____。

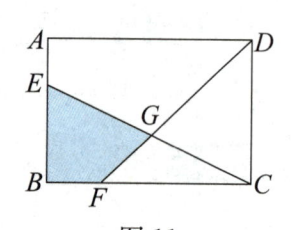

图 11

练习 ❺ 如图 12 所示,长方形 ABCD 的面积为 260,BG : GF = 9 : 4,EG : GC = 7 : 6,那么阴影部分图形的面积为_____。

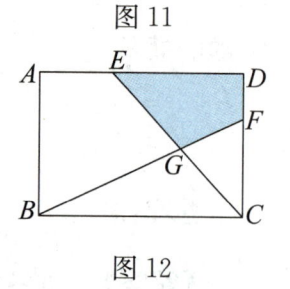

图 12

练习参考答案

练习题号	练习1	练习2	练习3	练习4	练习5
参考答案	12	1 : 2	4	5	60
解答提示	交叉相乘	基本练习	模型练习	连结 DE、EF	连结 BE、EF,DF : FC = 1 : 2

152

JH-047　共边定理之蝴蝶形

神器内容	如图1所示,在梯形中,上、下底之比为 $a:b$。梯形中四块面积关系如下: (1)左右相等。 (2)上下成比例。 (3)交叉相乘。
要点与说明	梯形两底是平行,风筝变成蝴蝶形。 蝴蝶两翼必相等,仍可交叉来相乘。 相似沙漏已出现,边比平方来计算。 风筝模型特殊化,共边定理也有它。

图1

神器溯源

如图2所示,这是一只翅膀非常漂亮的蝴蝶,图3是形似蝴蝶的几何图形。图中四块面积与上、下底的比例关系如下:

(1)上、下三角形是平行沙漏,面积比等于上、下底的平方比。

(2)左、右三角形面积相等,酷似蝴蝶的翅膀,可以由等积变形得到。

(3)交叉相乘,由于梯形是四边形的特殊情况,仍具有风筝的性质。

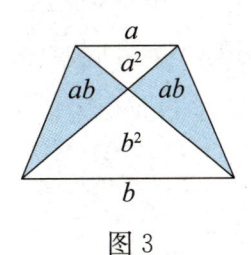

图2　　　图3

例题精讲

例题1 如图4所示,梯形的面积为128,上、下底之比为3:5,那么阴影部分图形的面积为_____。

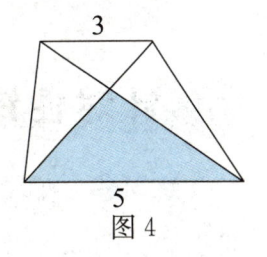

图4

答案：50

【解答】 如图 5 所示，根据共边定理的蝴蝶形，对各个三角形标记面积份数，得到阴影部分图形的面积为 128÷64×25＝50。

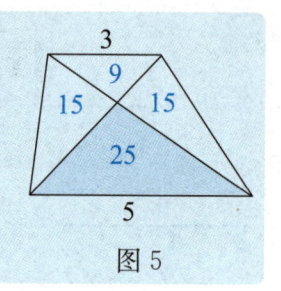

图 5

例题 2-1 如图 6 所示，长方形 ABCD 的面积为 120，AE：EF：FD＝1：2：3，那么阴影部分图形的面积为_____。

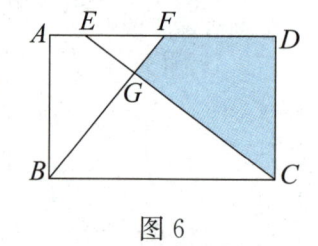

答案：45

【解答】 如图 7 所示，先标记 AD、BC 上的份数，连结 BE、CF，根据蝴蝶形标记面积，得到阴影部分图形的面积为 120÷96×36＝45。

图 6

图 7

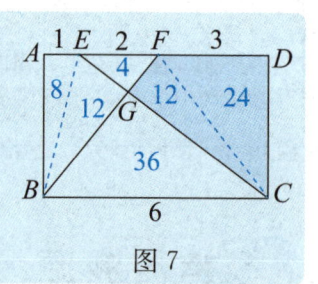

例题 2-2 如图 8 所示，在长方形中画出一个"五角星"，五角星的五个角的面积之和为 16 平方厘米，中间凸五边形的面积为 7 平方厘米，那么长方形的面积为_____平方厘米。

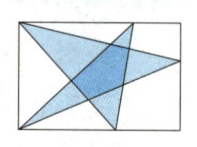

答案：60

【解答】 如图 9 所示，根据梯形中的蝴蝶形进行等积变形，得到整体阴影部分是长方形面积的一半。同时注意图中的图形移动可能需要变形，不一定是原图形的搬动，故长方形的面积为 (16＋7＋7)×2＝60 平方厘米。

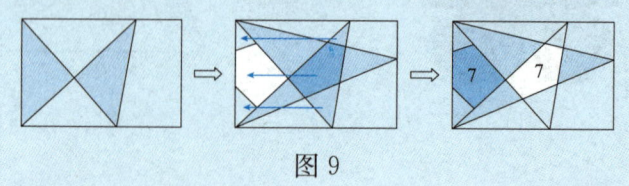

图 8

图 9

针对性练习

练习❶ 如图 10 所示，面积为 98 的梯形 ABCD 的下底是上底长的 2.5 倍，那么阴影三角形的面积为_____。

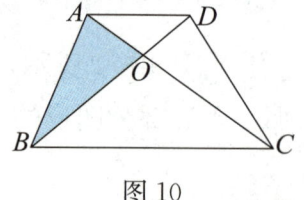

图 10

· 154 ·

练习❷ 如图 11 所示,梯形 ABCD 中,AD // BC,AD：BC=4：7,△BOC 的面积比△AOD 的面积大 6,那么梯形 ABCD 的面积为_____。

图 11

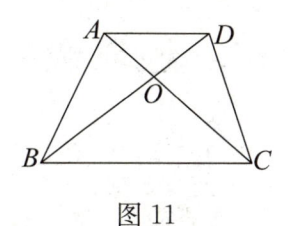

练习❸ 如图 12 所示,梯形 ABCD 中有一个平行四边形 ABED,BC=2.5AD,连结 AC 交 DE 于点 O。已知△CDE 的面积为 30,那么阴影部分图形的面积为_____。

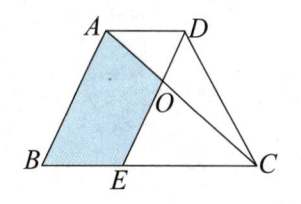

图 12

练习❹ 如图 13 所示,长方形 ABCD 中,点 E 在 AD 上,连结 CE、BD 交于点 F,△DEF 的面积为 12,△CDF 的面积为 18,那么阴影部分图形的面积为_____。

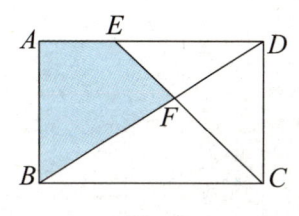

图 13

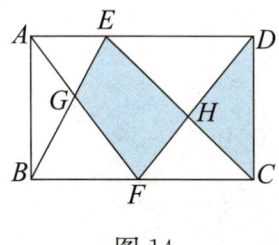

练习❺ 如图 14 所示,长方形 ABCD 中,两块阴影部分图形的面积相差为 8,那么△ABG 的面积为_____。

图 14

练习❻ 如图 15 所示,在梯形 ABCD 中,AC、BD 交于点 O,OE // AD,△AOD 的面积为 20,△BOC 的面积为 80,那么阴影部分图形的面积为_____。

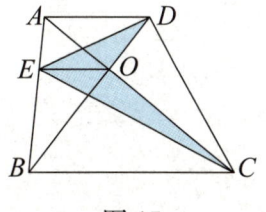

图 15

练习❼ 如图 16 所示,在梯形 ABCD 内,作一个长方形 BCEF。△ABG 和△CDH 的面积分别为 12 平方厘米和 8 平方厘米,那么阴影部分图形的面积为_____平方厘米。

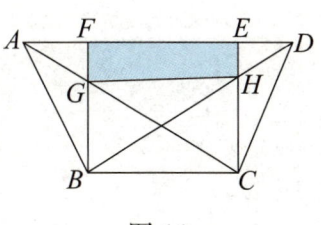

图 16

155

练习参考答案

练习题号	练习1	练习2	练习3	练习4	练习5	练习6	练习7
参考答案	20	22	32	33	8	40	20
解答提示	基本练习	基本练习	连结 AE	连结 BE	连结 EF	$BC:AD=2:1$，按份数标记面积份数，"蝴蝶形"或"重复等于未覆盖"	连结 GE、FH，两次"蝴蝶形"

JH-048　共边定理之山峰形

神器内容	如图 1 所示,图中两个阴影三角形的面积比如下: $\dfrac{S_1}{S_2}=\dfrac{a+b}{b}$。

图 1

要点与说明	两个阴影三角形,好像陡峭两山峰。 山峰峰尖连线段,还有同底延长线。 面积之比高之比,峰尖之比也可以。 山峰同底根基硬,也是共边一模型。

神器溯源

如图 2 所示,这是两座白云升腾的山峰,图 3 是形似两座山峰的几何图形。已知 $\triangle ABC$,D、E 分别在 BC、AC 上,连结 AD 并交 BE 于点 F,则 $\dfrac{S_1}{S_2}=\dfrac{S_{\triangle ABD}}{S_{\triangle EBD}}=\dfrac{a+b}{b}$。

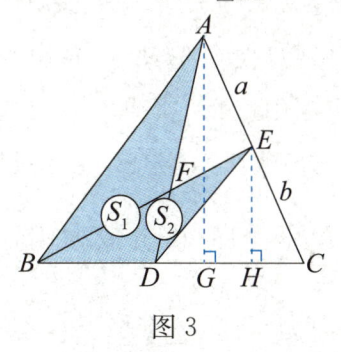

图 2　　　　图 3

证明:如图 3 所示,过 A 作 $AG \perp BC$ 于点 G,过 E 作 $EH \perp BC$ 于点 H,由于 $\triangle ABD$ 与 $\triangle EBD$ 有相同的底 BD,则有 $\dfrac{S_1}{S_2}=\dfrac{S_{\triangle ABD}}{S_{\triangle EBD}}=\dfrac{\frac{1}{2}BD \times AG}{\frac{1}{2}BD \times EH}=\dfrac{AG}{EH}$。又知 $AG /\!/ EH$,则 $\triangle AGC$ 与 $\triangle EHC$ 相似,则 $\dfrac{AG}{EH}=\dfrac{AC}{EC}=\dfrac{a+b}{b}$,所以 $\dfrac{S_1}{S_2}=\dfrac{a+b}{b}$。

例题精讲

例题 1 如图 4 所示,把 △ABC 分成四部分,其中三个三角形的面积分别为 6、8、12,那么 △ABC 的面积为_____。

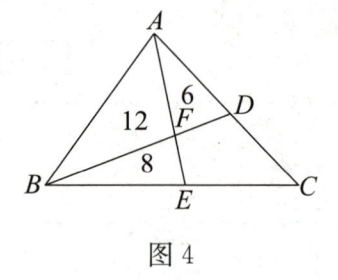

图 4

答案:45

【解答】 如图 5 所示,根据共边定理风筝形,得到 △DEF 的面积为 $6×8÷12=4$。△ABE 与 △DBE 属于山峰形,得到 $\dfrac{AC}{DC}=\dfrac{8+12}{8+4}=\dfrac{20}{12}=\dfrac{5}{3}$,$AD:DC=2:3$。△CDE 的面积为 $10÷2×3=15$,△ABC 的面积为 $4+6+8+12+15=45$。

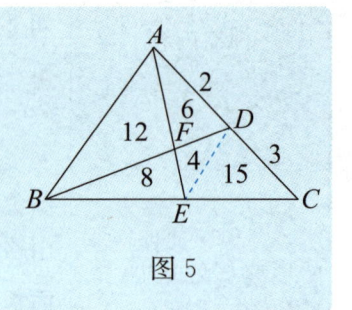

图 5

例题 2 如图 6 所示,在 △ABC 中,$AD:DC=4:3$,$AE:EB=1:2$,连结 BD、CE 交于点 F。四边形 ADFE 的面积为 46,那么 △BFC 的面积为_____。

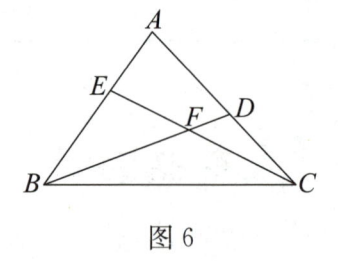

图 6

答案:63

【解答】 如图 7 所示,连结 ED,首先标记 AB、AC 边上的线段份数,设 △ADE 的面积为 4 份,依次标记图中的 3 和 14,根据山峰形,得到 △BCD 面积的份数为 $3÷1×3=9$,进一步得到 △BDE 的面积份数为 $14+3-9=8$。四边形 ADFE 的面积份数为 $4+3×\dfrac{8}{8+9}=\dfrac{92}{17}$,△BFC 的面积份数为 $14×\dfrac{9}{8+9}=\dfrac{126}{17}$,△BFC 的实际面积为 $46÷\dfrac{92}{17}×\dfrac{126}{17}=63$。

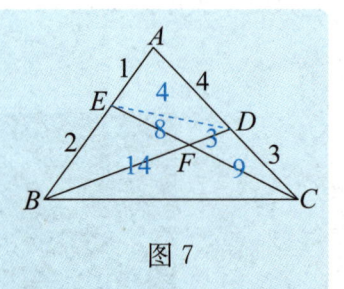

图 7

针对性练习

练习❶ 如图 8 所示,在 △ABC 中,D、E 分别在 AC、BC 上,连结 AE、BD 交于点 F,图中的三个三角形的面积分别为 2、6、6,那么阴影部分图形的面积为_____。

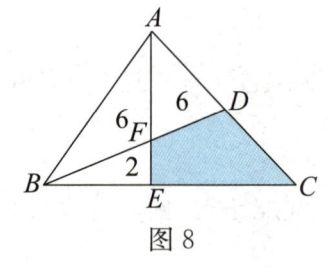

图 8

练习 ❷ 如图 9 所示,在△ABC 中,D、E 分别在 AC、BC,连结 AE、BD 交于点 F,AF：FE＝3：1,BF：FD＝3：2,那么 AD：DC＝_____,BE：EC＝_____。

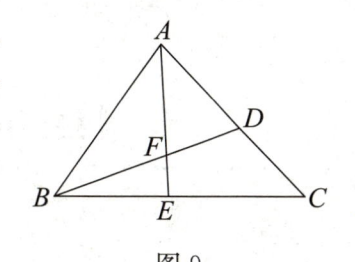

图 9

练习 ❸ 如图 10 所示,在△ABC 中,AD：DB＝CE：EA＝1：2,连结 BE、CD 交于点 F,△ABC 的面积为 63,那么阴影部分图形的面积为_____。

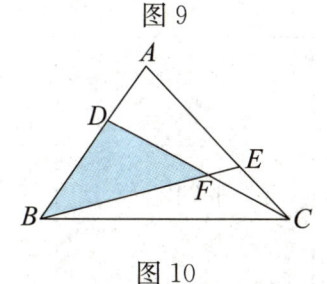

图 10

练习 ❹ 如图 11 所示,在△ABC 中,BD＝DE＝EC,AF：FC＝2：1,若△ADH 的面积比△HEF 的面积多 6,则△ABC 的面积是_____。

图 11

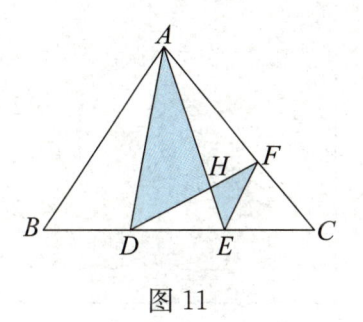

练习 ❺ 如图 12 所示,四边形 ABCD 的对角线交于 O,延长两组对边分别交于点 E、F,图中三个三角形的面积分别为 1 平方厘米、2 平方厘米、5 平方厘米,那么△CDF 比△BCE 的面积多_____平方厘米。

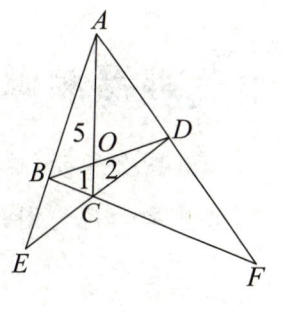

图 12

练习参考答案

练习题号	练习1	练习2	练习3	练习4	练习5
参考答案	10	7：5　7：8	24	27	10
解答提示	连结 DE	连结 DE,设三角形面积份数,使用山峰形	连结 DE,设三角形面积份数,使用山峰形	山峰形练习	两次山峰形

159

JH-049 共边定理之燕尾形

神器内容	如图1所示,在△ABC中,D是BC边上一点,连结AD,E在AD上,则有 $\dfrac{S_1}{S_2}=\dfrac{a}{b}$。 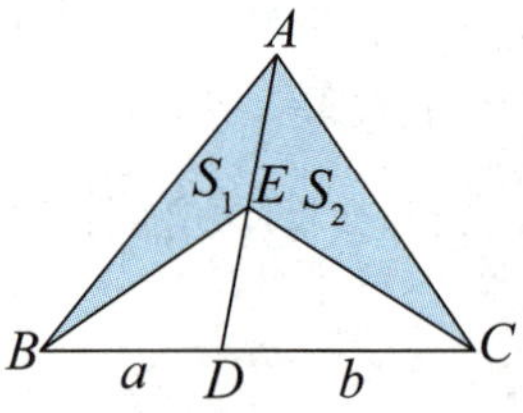

图1

要点与说明	共边有个燕尾形,面积之比要看清。 尾巴顶点来相连,共边线段往下延。 交点分成两线段,比例在此题不难。 燕尾三个三角形,囧字标数抠眼睛。

神器溯源

如图2所示,这是两只小燕子,它们的尾巴很有特点,图1中阴影部分图形是形似燕尾的几何图形。在△ABC中,D是BC边上一点,连结AD,E在AD上,则有 $\dfrac{S_1}{S_2}=\dfrac{a}{b}$。

证明:如图3所示,$\dfrac{a}{b}=\dfrac{S_3}{S_4}=\dfrac{S_1+S_3}{S_2+S_4}=\dfrac{S_1}{S_2}$,得 $\dfrac{S_1}{S_2}=\dfrac{a}{b}$。

如图4所示,图中的三个阴影三角形都是燕尾三角形。在解题过程中,一般需要在圆圈内标记上面积,图形酷似一个"囧"字,这种方法叫作"囧字标数法"。

图2

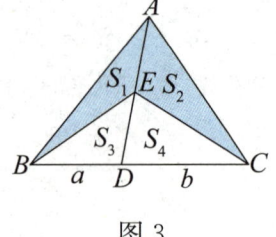

图3

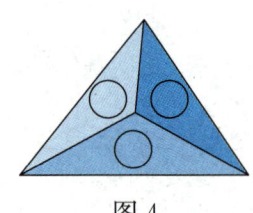

图4

例题精讲

例题1 如图 5 所示,在 △ABC 中,AD:DC=4:3,AE:EB=1:2,连结 BD、CE 交于点 F。四边形 ADFE 的面积为 46,那么 △BFC 的面积为_____。

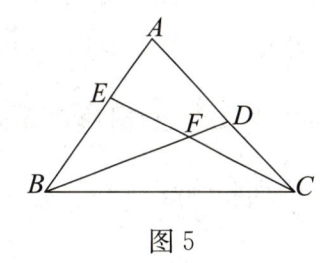

图 5

答案: 63

【解答】 如图 6 所示,连结 AF,首先标记 AB、AC 边上的线段份数,设 △CDF 的面积为 3 份,当标记其他面积时若出现分数,可以回头把初始的面积进行扩倍,已经标记的面积也跟着扩倍。如此调整后得到图中标记的面积份数。△BFC 的实际面积为 46÷(56+36)×126=63。

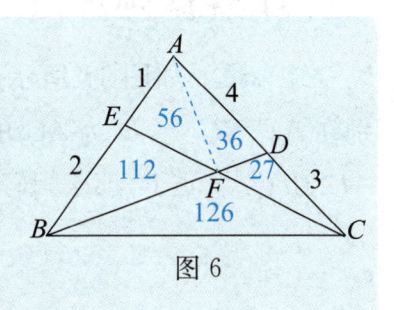

图 6

例题2-1 如图 7 所示,在 △ABC 中,E 在 BC 上,BE:EC=5:4,连结 AE,F 在 AE 上,AF:FE=2:1,连结 BF 并延长交 AC 于点 D,那么 AD:DC=_____。

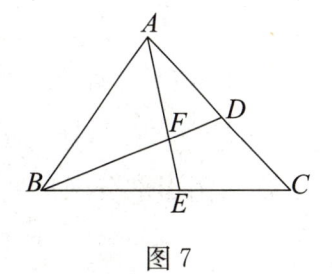

图 7

答案: 10:9

【解答】 如图 8 所示,连结 FC,如图标记线段和面积份数,形成一个燕尾形,得到 AD:DC=10:9。

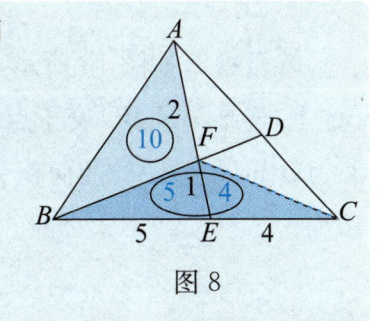

图 8

例题2-2 如图 9 所示,在 △ABC 中,E 在 BC 上,BE:EC=3:2,D 在 AC 上。连结 BD 与 AE 交于点 F,且 BF:FD=3:1。如果 △BEF 的面积为 18 平方厘米,那么 △ABC 的面积为_____平方厘米。

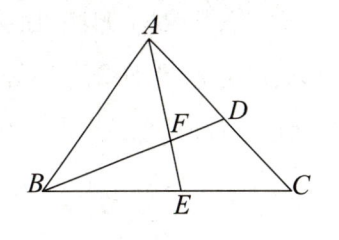

图 9

161

答案：80

【解答】 如图 10 所示，连结 FC，如图标记线段和面积份数，设 △AFD 的面积份数为 x，则 △ABF 的面积份数为 $3x$。根据燕尾定理，得到 $\dfrac{x+5}{2}=\dfrac{3x}{3}$，$x=5$。△$ABC$ 的面积为 $18\div 9\times(20+9+6+5)=80$ 平方厘米。

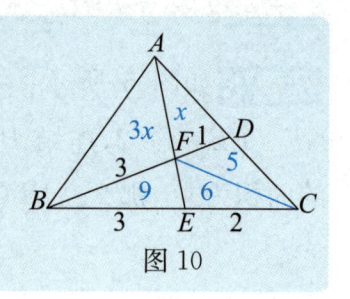

图 10

针对性练习

练习❶ 如图 11 所示，△ABC 的面积为 88，D、E 分别在 AC、BC 上，D 为 AC 的中点，$BE:EC=3:5$，连结 AE、BD 交于点 F，那么阴影部分图形的面积为_____。

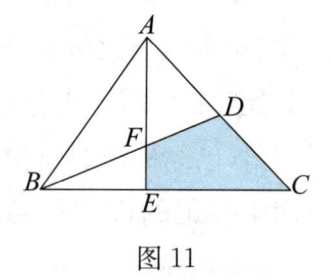

图 11

练习❷ 如图 12 所示，在 △ABC 中，$AD:DB=CE:EA=1:2$，连结 BE、CD 交于点 F，△CEF 的面积为 4，那么阴影部分图形的面积为_____。

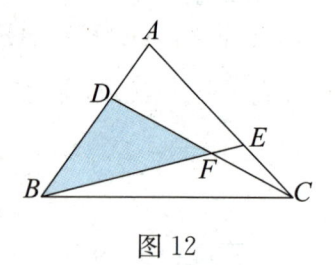

图 12

练习❸ 如图 13 所示，在 △ABC 中，D、E 分别在 AC、BC 上，连结 AE、BD 交于点 F，$AD:DC=4:3$，$BF:FD=2:1$。如果 △ABC 的面积为 105，那么四边形 $CDFE$ 的面积为_____。

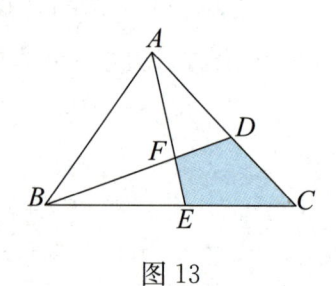

图 13

练习❹ 如图 14 所示，△ABC 中，D 是 AC 的中点，E、F 分别是 BC 的三等分点。连结 BD 与 AE、AF 分别交于点 G、H，那么 $BG:GH:HD=$_____。

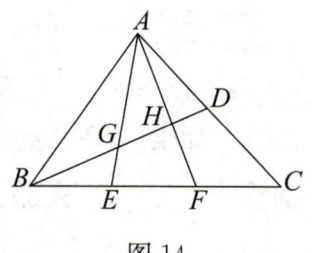

图 14

162

练习 ❺ 如图 15 所示，△ABC 中，AD：BD＝BE：EC＝CF：FA＝1：2。如果△GHI 的面积为 8，那么△ABC 的面积为_____。

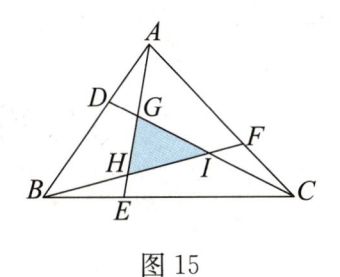

图 15

练习 ❻ 如图 16 所示，已知等腰直角△ABC、等腰直角△CDE 的面积分别为 16 和 9，且斜边 BC、CD 在一条直线上，连结 AD、BE 并交于点 F，那么△BDF 的面积为_____。

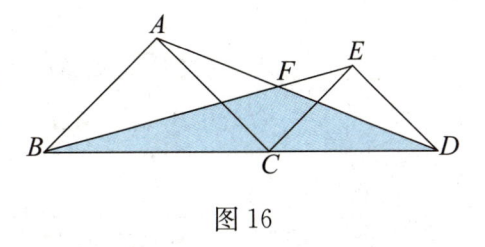

图 16

练习 ❼ 如图 17 所示，在平行四边形 ABCD 中。连结 AC，E 在 AC 上，连结 DE，G 在 DE 上，连结 BG 交 AC 于点 F。△AED 的面积为 9，△ABF 的面积为 15，△BCF 的面积为 21，那么△EFG 的面积为_____。

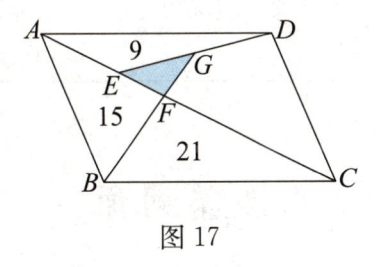

图 17

练习参考答案

练习题号	练习1	练习2	练习3	练习4	练习5	练习6	练习7
参考答案	35	32	29	5：3：2	56	$\dfrac{588}{37}$	3
解答提示	连结 FC，两次燕尾形	连结 AF	连结 FC	连结 CH、CG，边比转化为面积比	△BFC、△CAD、△ABE 的面积相同	延长 BA、DE，再把其交点与点 F 连结起来	连结 BE、BD、DF

163

JH-050　共边定理之导航形

神器内容	如图 1 所示，E 是 $\triangle ABC$ 内一点，连结 BE、CE，延长 AE 交 BC 于点 D，则有 $\dfrac{S_{\triangle ABC}}{S_{\triangle EBC}}=\dfrac{AD}{ED}$。
要点与说明	导航形，像帐篷，箭头直指北斗星。 辨清方向易出行，不会转向头发蒙。 共边也有此模型，高度自己要把控。

图 1

神器溯源

如图 2 所示，这是行车的导航图标，图 1 是形似导航的几何图形。E 是 $\triangle ABC$ 内一点，连结 BE、CE，延长 AE 交 BC 于点 D，则有 $\dfrac{S_{\triangle ABC}}{S_{\triangle EBC}}=\dfrac{AD}{ED}$。

证明：如图 3 所示，分别过 A、E 作 BC 边上的高 AG、EF，从而 $AG \parallel EF$，$\triangle AGD$ 与 $\triangle EFD$ 相似，则 $\dfrac{S_{\triangle ABC}}{S_{\triangle EBC}}=\dfrac{\frac{1}{2}BC \times AG}{\frac{1}{2}BC \times EF}=\dfrac{AG}{EF}=\dfrac{AD}{ED}$。

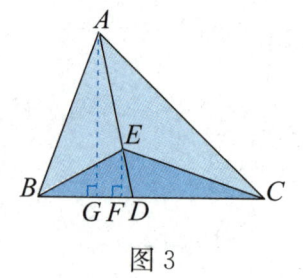

图 2

图 3

例题精讲

例题 1 如图 4 所示，在长方形 $ABCD$ 内有一点 E，$\triangle BCE$ 的面积为 21，F 是 AD 上任一点，连结 FE 并延长交 BC 于点 G。若 $FE:EG=5:3$，则长方形 $ABCD$ 的面积为 _____。

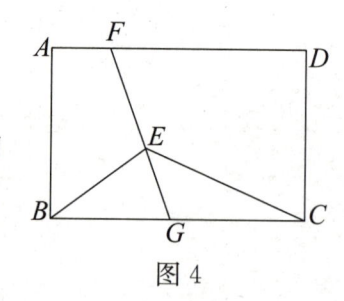

图 4

答案: 112

【解答】 如图 5 所示,连结 FB、FC,根据共边定理导航形,得到 $\triangle BCF$ 的面积为 $21\div 3\times(3+5)=56$,再根据一半模型,长方形 $ABCD$ 的面积为 $56\times 2=112$。

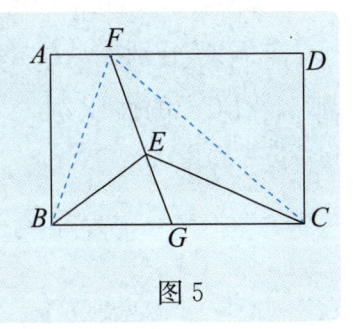

图 5

例题 2 如图 6 所示,点 D、E、F 分别在 $\triangle ABC$ 的三边上,AD 与 EF 相交于点 K,已知 $EK=2FK$,$BD:CD=2:3$,$\triangle ABE$ 的面积与 $\triangle ACF$ 的面积之比为_____。

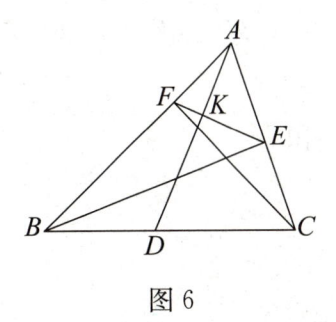

图 6

答案: $4:3$

【解答】 如图 7 所示,连结 BK、CK。然后使用共边定理的燕尾形,得到 $\dfrac{S_{\triangle ABK}}{S_{\triangle ACK}}=\dfrac{2}{3}$,设 $\triangle ABK$ 的面积为 2,则 $\triangle ACK$ 的面积为 3。对图 8 利用共边定理导航形,$\dfrac{S_{\triangle ABE}}{S_{\triangle ABK}}=\dfrac{3}{1}$,得到 $\triangle ABE$ 的面积为 $2\times 3=6$。对图 9 利用导航形,$\dfrac{S_{\triangle ACK}}{S_{\triangle ACF}}=\dfrac{2}{3}$,得到 $\triangle ACF$ 的面积为 $3\div 2\times 3=4.5$。所以 $\triangle ABE$ 与 $\triangle ACF$ 的面积之比为 $6:4.5=4:3$。

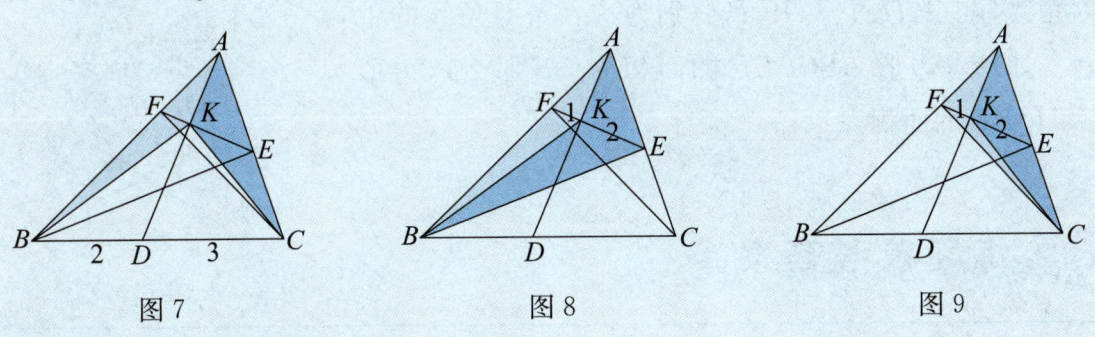

图 7　　图 8　　图 9

针对性练习

练习 ❶ 如图 10 所示,在面积为 24 的四边形 $ABCD$ 中,对角线交点为 E,点 F 是 AC 的中点,$AC=8EF$,那么 $\triangle BDF$ 的面积为_____。

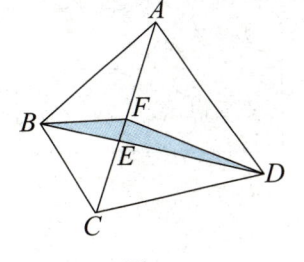

图 10

练习❷ 如图 11 所示,在面积为 72 的长方形 ABCD 中,点 F、G 分别在 AD、BC 上,连结 FG,EF:EG=1:3,那么△BCE 的面积为_____。

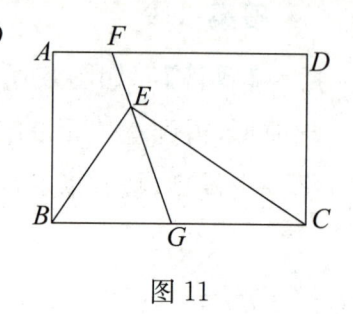

图 11

练习❸ 如图 12 所示,在△ABC 中,BD:DC=2:3,AD=3DE。△BDE 的面积为 6,那么△ABC 的面积为_____。

图 12

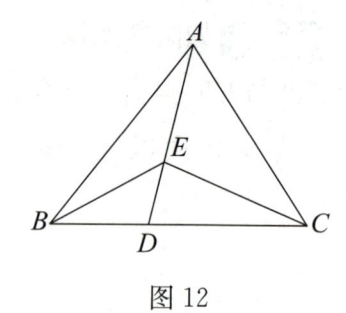

练习❹ 如图 13 所示,在四边形 ABCD 中,E 点是对角线 AC 的中点,F 点是靠近 D 点的 BD 的三等分点。已知四边形 ABCD 的面积为 15,那么阴影部分图形的面积为_____。

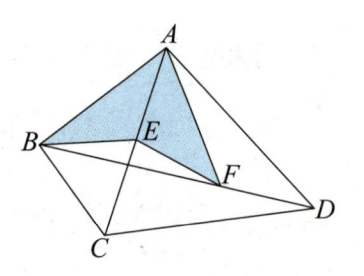

图 13

练习❺ 如图 14 所示,六边形 ABCDEF 连出六条对角线,点 G、H、I、J、K、L 分别为这六条对角线的中点。如果六边形 ABCDEF 的面积为 36,那么六边形 GHIJKL 的面积为_____。

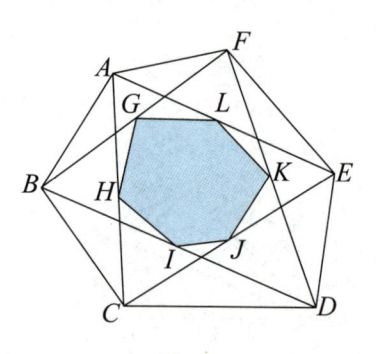

图 14

练习参考答案

练习题号	练习1	练习2	练习3	练习4	练习5
参考答案	3	27	45	5	9
解答提示	基本练习	连结 FB、FC	基本练习	连结 FC	阴影部分占整体的 $\frac{1}{4}$

166

JH-051　共角定理之一般鸟头形

神器内容	如图1所示,三角形的两边上基本线段之比分别为 $a:b$ 和 $c:d$,则阴影面积占整体面积的 $\dfrac{ac}{(a+b)(c+d)}$。
要点与说明	三角形,砍一角,鸟头模型找一找。 图中两个三角形,相同之角要看清。 此角两边来乘积,面积份数好熟悉。 一角互补或相等,共角定理大胆用。 不管鸟头或鱼头,面积会算你最牛。

图1

神器溯源

对于两个三角形的形状,存在着三种关系:共角、相似和全等。这里主要学习两个三角形形状的共角关系。

共角三角形:如果两个三角形中有相等或互补(180°)的角,那么这两个三角形叫作共角三角形。这对相等或互补的角叫作对应角。

共角定理:两个共角三角形的面积之比等于对应角(相等或互补的角)的两边长度乘积之比。

如图2所示,已知△ABC和△DEF,∠A=∠D,则 $\dfrac{S_{\triangle ABC}}{S_{\triangle DEF}}=\dfrac{AB\times AC}{DE\times DF}$。

图2　　图3

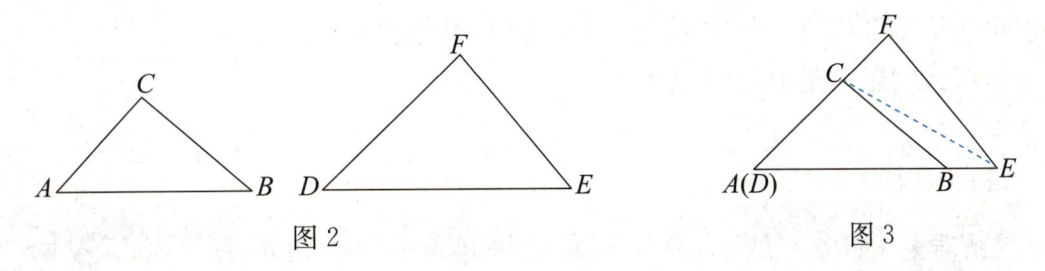

证明: 如图3所示,把两个三角形的∠A和∠D重合,然后连结CE,根据山脊形标记份数即可得到结论(其实就是"鸟头形",共角定理的其他模型证明这里略去)。

如图4所示,这是一只站在雪松枝头的小鸟,图1是形似鸟头的几何图形。三角形的两边上基本线段之比分别为 $a:b$ 和 $c:d$，那么阴影面积占整体面积的 $\dfrac{ac}{(a+b)(c+d)}$。

证明： 如图5连结辅助线，根据共边定理的山脊形，可以得到各个区域的面积份数，从而 $S_{阴} = \dfrac{ac}{ac+bc+d(a+b)} = \dfrac{ac}{(a+b)(c+d)}$。

图 4

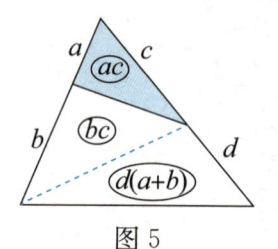

图 5

例题精讲

例题 1 如图6所示，△ABC 的面积为30，D 是 AB 的中点，BF：FC = CE：EA = 2：1，那么阴影部分的面积为_____。

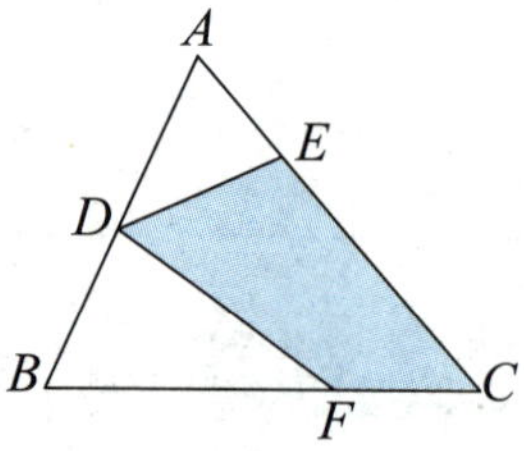

答案： 15

图 6

【解答】 如图7所示，根据共角定理的鸟头形，△ADE 占 △ABC 的 $\dfrac{1 \times 1}{2 \times 3} = \dfrac{1}{6}$，△BDF 占 △ABC 的 $\dfrac{1 \times 2}{2 \times 3} = \dfrac{1}{3}$，所以阴影部分图形的面积为 $30 \times \left(1 - \dfrac{1}{3} - \dfrac{1}{6}\right) = 15$。

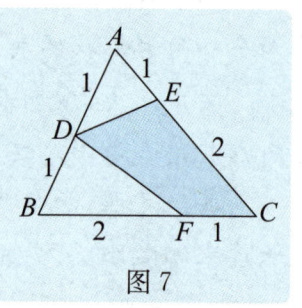

图 7

例题 2 如图8所示，六个三角形拼成一个六边形，它们拼成一周的顶角的角度都相等。其中五个三角形的面积分别为 8、10、15、12、20，那么阴影三角形的面积是_____。

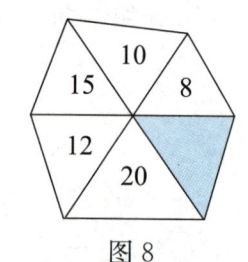

答案： 20

图 8

【解答】 如图9所示，六个三角形拼起来的六个角都是 60°，满足共角定理的条件，可以在这个角边上标记份数，得到阴影部分的面积为 20。

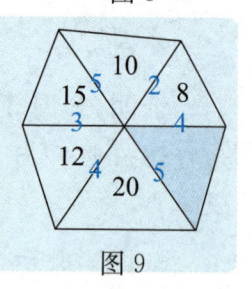

图 9

168

针对性练习

练习❶ 如图 10 所示，$\triangle ABC$ 的面积为 180，$BD：CD=CE：EA=1：2$，那么阴影部分三角形的面积为_____。

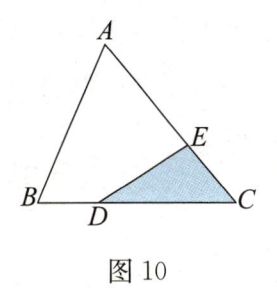

图 10

练习❷ 如图 11 所示，DE 把 $\triangle ABC$ 分成面积相等的两部分，且 $3AD=BD$，那么 $BE：EC=$_____。

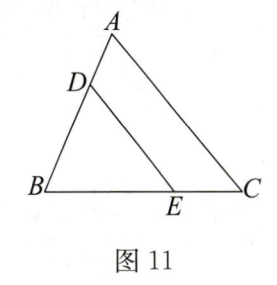

图 11

练习❸ 如图 12 所示，$\angle B=\angle E$，$AB=8$，$BC=9$，$ED=3$，$EF=16$，那么 $\triangle ABC$ 的面积是 $\triangle DEF$ 面积的_____倍。

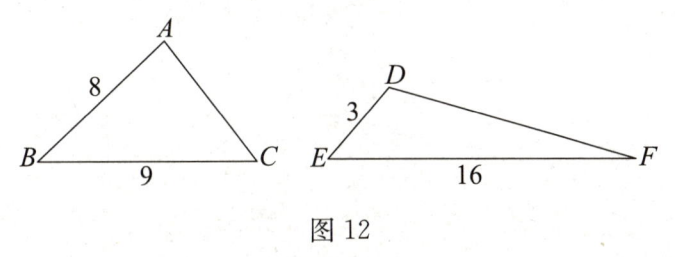

图 12

练习❹ 如图 13 所示，$\triangle ABC$ 的面积为 120，D 是 AB 的中点，G，F 是 BC 的三等分点，AC 是 AE 的 4 倍，那么阴影部分图形的面积为_____。

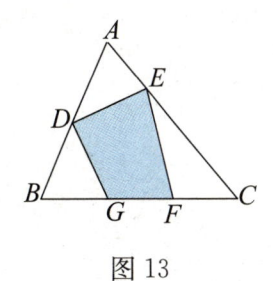

图 13

练习❺ 如图 14 所示，$\triangle ABC$ 的面积为 120，D 是 AB 的中点，$AE=3CE$，阴影 $\triangle DEF$ 的面积为 35，那么 $BF：FC=$_____。

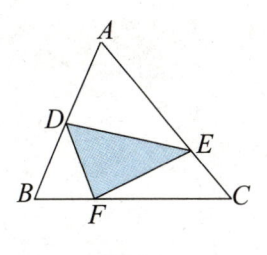

图 14

练习❻ 如图 15 所示，直线 AD、BE、CF 交于一点 O，且两两的夹角相同。$OA：OB：OC：OD：OE：OF=1：3：2：4：5：6$。六边形 $ABCDEF$ 的面积为 365，那么阴影部分图形的面积为_____。

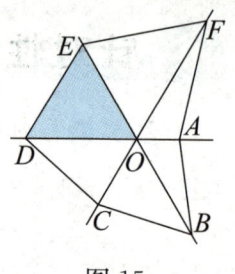

图 15

练习参考答案

练习题号	练习1	练习2	练习3	练习4	练习5	练习6
参考答案	40	2∶1	1.5	55	1∶2	100
解答提示	基本练习	鸟头形逆用	共角定理	三次鸟头形	鸟头形逆用	共角定理

JH-052　共角定理之一般沙漏形

神器内容	如图1所示，已知 AD、BC 相交于点 O，不必 AB//CD，则有 $\dfrac{S_{\triangle ABO}}{S_{\triangle CDO}}=\dfrac{OA\times OB}{OC\times OD}$。 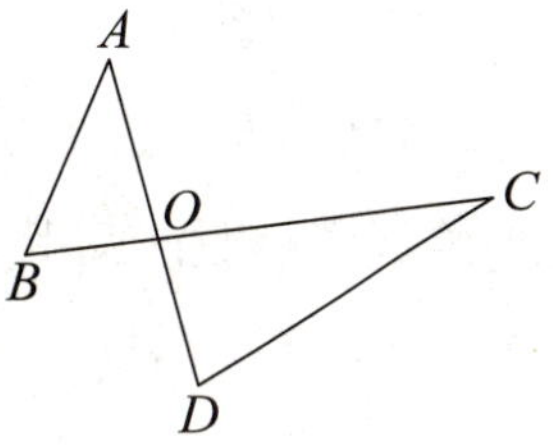
要点与说明	两条直线来相交，一定出现对顶角。 出现对顶三角形，共角定理就发生。 对边未必要平行，这个条件别死盯。 图形有点像沙漏，两边乘积面积求。 沙漏八字外鸟头，命名之战争不休。

图1

神器溯源

如图2所示，这是一只计时用的沙漏，图1是形似沙漏的几何图形。已知 AD、BC 相交于点 O，不必 AB//CD，则有 $\dfrac{S_{\triangle ABO}}{S_{\triangle CDO}}=\dfrac{OA\times OB}{OC\times OD}$。

证明： 如图3所示，连结 AC，根据共边定理的山脊形，得到 $\dfrac{S_{\triangle ABO}}{S_{\triangle ACO}}=\dfrac{OB}{OC}$，$\dfrac{S_{\triangle ACO}}{S_{\triangle CDO}}=\dfrac{OA}{OD}$，两式相乘：$\dfrac{S_{\triangle ABO}}{S_{\triangle ACO}}\times\dfrac{S_{\triangle ACO}}{S_{\triangle CDO}}=\dfrac{OB}{OC}\times\dfrac{OA}{OD}$，$\dfrac{S_{\triangle ABO}}{S_{\triangle CDO}}=\dfrac{OA\times OB}{OC\times OD}$。

图2 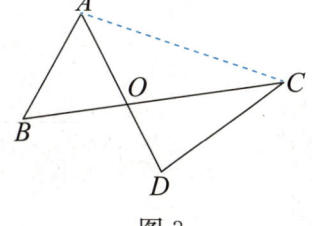　　　图3

一般沙漏形不需要对边平行，它们是通过对顶角相等，满足共角定理的条件，是共角定理的一种模型，又是被称为8字形或外鸟头形，但结论都是一样的。在一般四边形的风筝形中，就有两个这样的一般沙漏形存在。

例题精讲

例题 1 如图 4 所示,四边形 ABCD 中,EC＝3AE,5BE＝4DE,△DCE 的面积比△ABE 的面积大 22 平方厘米,那么四边形 ABCD 的面积为_____平方厘米。

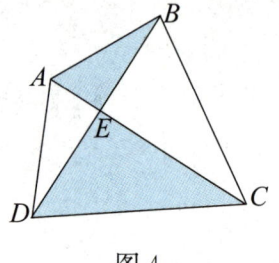

答案: 72

【解答】 如图 5 所示,根据条件标记基本线段份数,根据共角定理一般沙漏形,得到图中面积的份数,四边形ABCD 的面积为 22÷(15－4)×(4＋5＋15＋12)＝72 平方厘米。

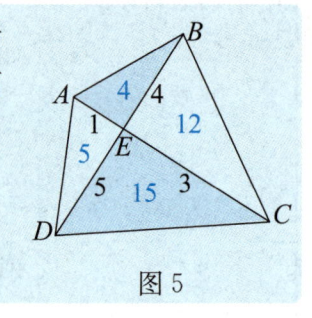

图 4

图 5

例题 2 如图 6 所示,G 是 AE 的中点,又是 BF 的三等分点(靠近 B),H 是 CF 的中点,又是 ED 的三等分点(靠近 D)。阴影部分四边形 EHFG 的面积为 30,那么长方形 ABCD 的面积为_____。

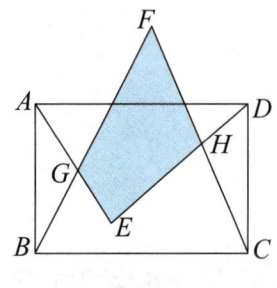

答案: 75

【解答】 如图 7 所示,连结 EF,△ABG 和△FEG 符合一般沙漏形,面积比为 1∶2,同理△CDH 和△EFH 的面积比为 1∶2,得到△ABG 和△CDH 的面积之和 a＋b＝30÷2＝15。

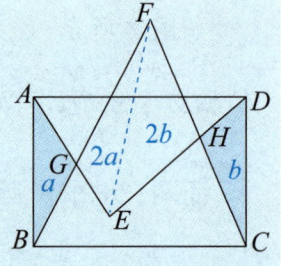

如图 8 和图 9 所示,连结 GH,出现一般鸟头形,阴影部分面积之和为 4c＋4d＝2(2c＋2d)＝30×2＝60。

如图 10 所示,长方形 ABCD 的面积为(a＋b)＋(4c＋4d)＝15＋60＝75。

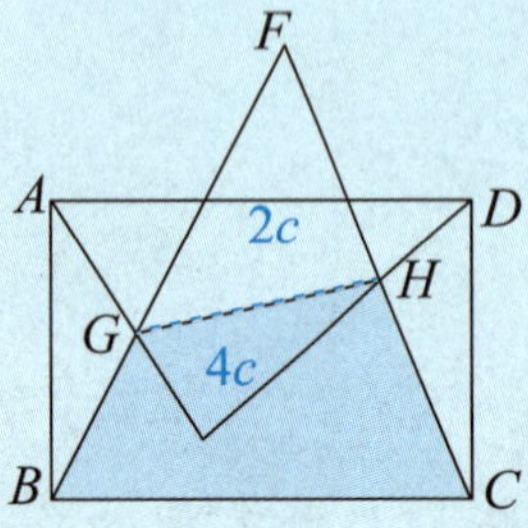

图 6

图 7

图 8

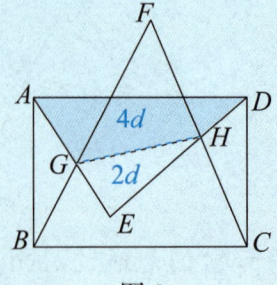

图 9

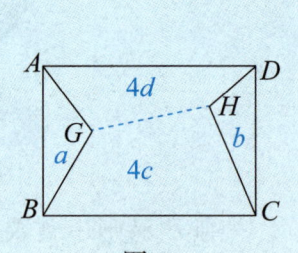

图 10

针对性练习

练习❶ 如图 11 所示，E 既是 AC 的中点，又是 BD 的三等分点（靠近 B）。当 △ABE 的面积为 16 时，那么 △CDE 的面积为_____。

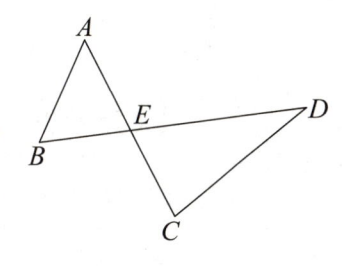

练习❷ 如图 12 所示，$AE:EC=1:2$，$BE:DE=5:3$，△ABE 的面积比 △CDE 的面积小 15，那么 △ADE 的面积为_____。

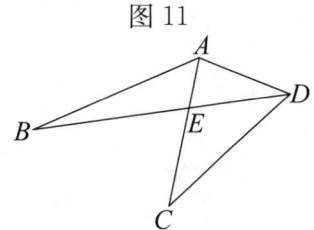

练习❸ 如图 13 所示，四边形 $ABCD$ 的面积为 70，$EC=3AE$，$4BE=3DE$，那么 △ADE 的面积为_____。

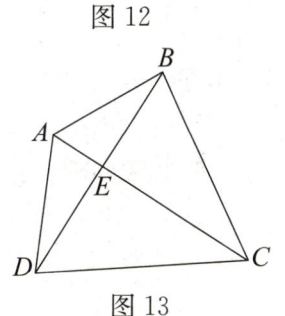

练习❹ 如图 14 所示，$AB:BC:CD:DE=1:1:2:3$，已知凹四边形 $ABGF$ 的面积比凹四边形 $GEDF$ 的面积小 18，那么 △BGE 的面积为_____。

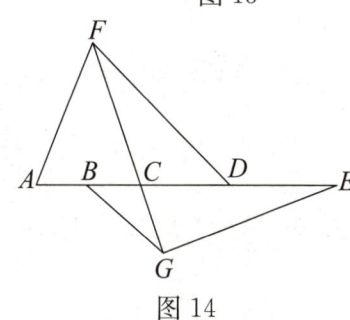

练习❺ 如图 15 所示，已知四边形 $ABCD$ 的面积为 15，分别延长 AB、AD 到 E、F，使得 $AB=3BE$，$DF=2AD$。分别延长 CB、CD 到 H、G，使得 $HB=2BC$，$CD=3DG$。连结 EF、FG、GH、HE，那么四边形 $EFGH$ 的面积为_____。

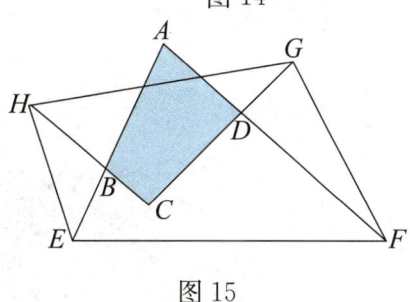

练习参考答案

练习题号	练习1	练习2	练习3	练习4	练习5
参考答案	32	45	10	27	55
解答提示	基本练习	基本练习	基本练习	连结 FB、DG	连结 AC、BD，沙漏形和鸟头形

JH-053　共角定理之母子依偎形

神器内容	如图 1 所示，已知△ABC 和△CDE，B、C、D 三点在一条直线上，则有 $\dfrac{S_{\triangle CDE}}{S_{\triangle ABC}}=\dfrac{CD\times CE}{CA\times CB}$。 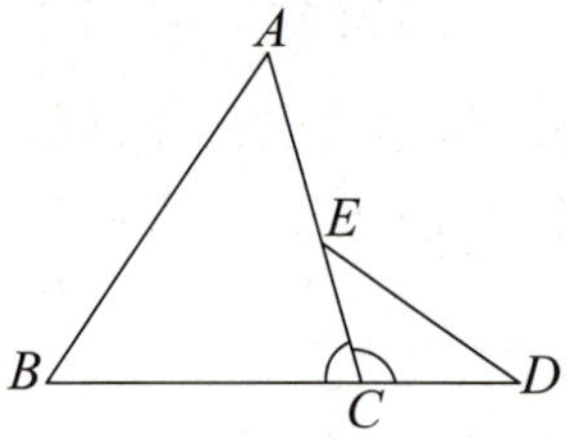
要点与说明	两个角，成互补，形似母子同出入。 两边乘积面积比，仍是共角这定理。 母子休息互依偎，求谁面积我都会。

图 1

神器溯源

如图 2 所示，这是一对相互依偎的北极熊，图 1 是形似母子依偎的几何图形。已知△ABC 和△CDE，B、C、D 三点在一条直线上，则有 $\dfrac{S_{\triangle CDE}}{S_{\triangle ABC}}=\dfrac{CD\times CE}{CA\times CB}$。

证明： 如图 3 所示，连结 AD，根据共边定理的山脊形，得到 $\dfrac{S_{\triangle CDE}}{S_{\triangle ACD}}=\dfrac{CE}{CA}$，$\dfrac{S_{\triangle ACD}}{S_{\triangle ABC}}=\dfrac{CD}{CB}$，两式相乘：$\dfrac{S_{\triangle CDE}}{S_{\triangle ACD}}\times\dfrac{S_{\triangle ACD}}{S_{\triangle ABC}}=\dfrac{CE}{CA}\times\dfrac{CD}{CB}$，$\dfrac{S_{\triangle CDE}}{S_{\triangle ABC}}=\dfrac{CE\times CD}{CA\times CB}$。

图 2

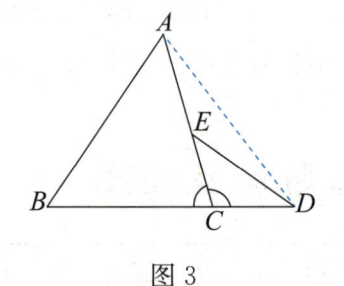

图 3

共角的母子依偎形，它们的相邻的角是邻补角，也可以把△CDE"搬到"△ABC 内，形成一般鸟头形，因此它也是共角定理的一种模型。

例题精讲

例题 1 如图 4 所示，把 AB 延长 0.8 倍到 D，BC 延长一半到 E，$CG=3AG$，$BF=FC$，连结 DF、EG。又知 $\triangle BDF$ 的面积为 80，那么 $\triangle CEG$ 的面积为_____。

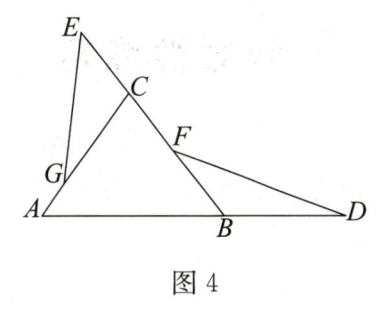

答案：75

【解答】 如图 5 所示，$\triangle BDF$、$\triangle CEG$ 同时和 $\triangle ABC$ 构成母子依偎形。根据结论得到面积关系 $S_{\triangle BDF} : S_{\triangle ABC} : S_{\triangle CEG} = 16 : 40 : 15$，$S_{\triangle CEG} = 80 \div 16 \times 15 = 75$。

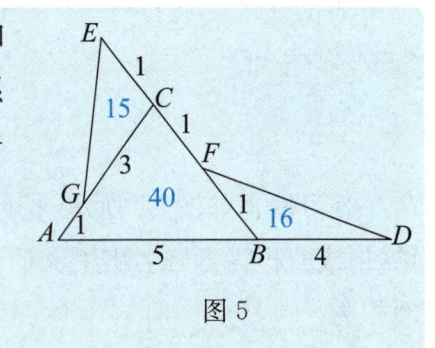

例题 2 如图 6 所示，把 $\triangle ABC$ 的边 CB、AB、AC 分别延长 1 倍、2 倍、3 倍到 D、E、F，连结 DE、EF、DF。如果 $\triangle CDF$ 的面积为 18，那么 $\triangle DEF$ 的面积为_____。

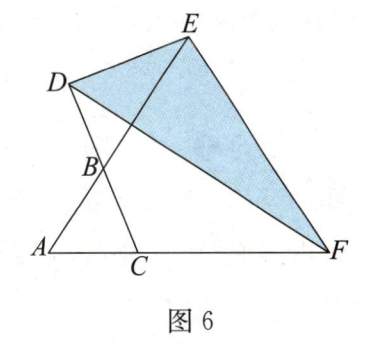

答案：21

【解答】 设 $\triangle ABC$ 的面积为 1，如图 7 所示，根据一般沙漏形得到 $\triangle BDE$ 的面积份数为 $1 \div 1 \times 2 = 2$。如图 8 所示，根据一般鸟头形得到四边形 $CBEF$ 的面积份数为 $1 \div 1 \times (3 \times 4 - 1) = 11$。如图 9 所示，根据母子依偎形得到 $\triangle CDF$ 的面积份数为 $1 \div 1 \times (2 \times 3) = 6$。把三图结合起来，得到 $\triangle DEF$ 的面积份数为 $2 + 11 - 6 = 7$。各自面积的份数已经求出，$\triangle DEF$ 的实际面积为 $18 \div 6 \times 7 = 21$。

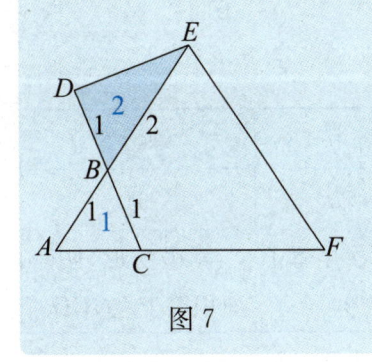

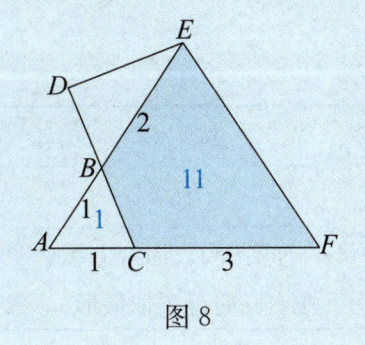

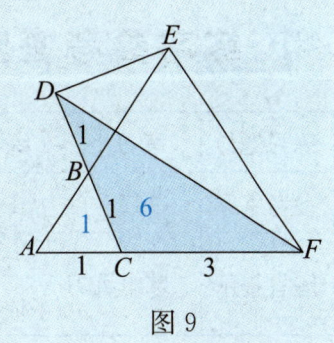

针对性练习

练习 ❶ 如图 10 所示,已知△ABC 的面积为 60,B、C、D 在一条直线上,BC=2CD,E 是 AC 的中点,那么△CDE 的面积为_____。

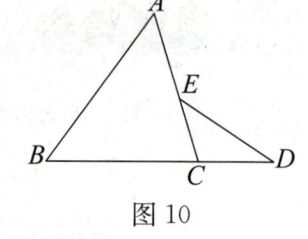

练习 ❷ 如图 11 所示,已知△ABC 的面积为 18,△CDE 的面积为 6,B、C、D 在一条直线上,BC=2CD,那么 AE：EC=_____。

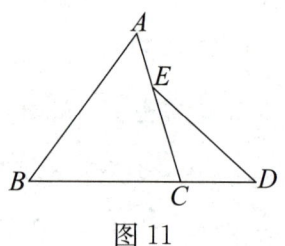

练习 ❸ 如图 12 所示,把四边形 ABCD 的各边延长一倍,形成面积为 80 的四边形 EFGH,那么四边形 ABCD 的面积为_____。

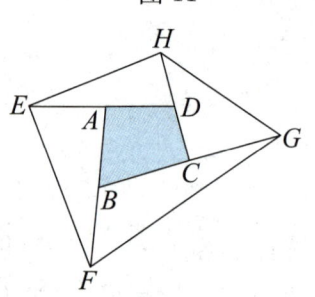

练习 ❹ 如图 13 所示,正方形 ABCD 的面积为 90,BE：EC=1：2,连结 AE,F 是 AE 的中点。再连结 CF,G 是靠近 F 的三等分点,连结 AG,那么阴影部分图形的面积为_____。

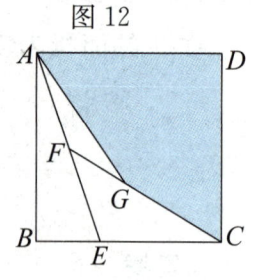

练习 ❺ 如图 14 所示,在面积为 100 的△ABC 的右侧紧贴着一个平行四边形 BDEF,且 D 在 AB 的延长线上。AB：BD=5：4。G 在 BC 上,且 BG 是 CG 的 4 倍,连结 AE、AF、EG,那么阴影部分图形的面积为_____。

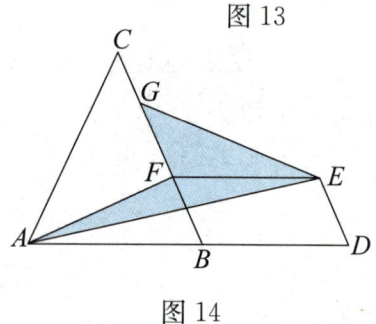

练习参考答案

练习题号	练习1	练习2	练习3	练习4	练习5
参考答案	15	1：2	16	55	64
解答提示	基本练习	反用母子依偎形	连结 AC、BD,上下、左右同时母子依偎形	多次用母子依偎形	等积变形,阴影面积等于△GBD

176

JH-054　共角定理之母子溺爱形

神器内容	如图1所示，在△ABC和△CDE中，$\angle ACB+\angle DCE=180°$，则有 $\dfrac{S_{\triangle ABC}}{S_{\triangle CDE}}=\dfrac{CA\times CB}{CD\times CE}$。
要点与说明	母对孩子很溺爱，开心快乐举起来。 头顶相对成互补，共角定理有此图。 两边乘积面积比，仍是共角这定理。 共角定理溺爱形，求谁面积都可行。

图1

神器溯源

如图2所示，这是母亲开心地把孩子高高举起的图片，图1是形似母子溺爱的几何图形。在△ABC和△CDE中，$\angle ACB+\angle DCE=180°$，则有 $\dfrac{S_{\triangle ABC}}{S_{\triangle CDE}}=\dfrac{CA\times CB}{CD\times CE}$。

证明： 如图3所示，把△ABC绕C点顺时针旋转一定角度到△FGC的位置，使得CA的对应边CF与CE共线。因为$\angle ACB+\angle DCE=180°$，$\angle FCG+\angle DCE=180°$，从而D、C、G三点共线，这样△FCG与△DCE就是母子依偎形，$\dfrac{S_{\triangle ABC}}{S_{\triangle DCE}}=\dfrac{S_{\triangle FCG}}{S_{\triangle DCE}}=\dfrac{CG\times CF}{CD\times CE}=\dfrac{CB\times CA}{CD\times CE}$。

图2

图3

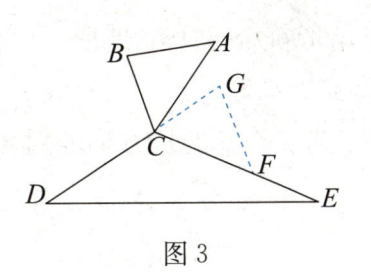

共角的母子溺爱形，它们共顶点的角互补，这两个角的两边乘积之比等于两个三角形的面积比。它也是共角定理的一种模型。

例题精讲

例题 1 如图 4 所示，在四边形 $ABCD$ 中，有两个直角三角形。又知 $AB=13$，$AE=14$，$BE=15$，$CE=4$，$ED=21$，那么四边形 $ABCD$ 的面积为_____。

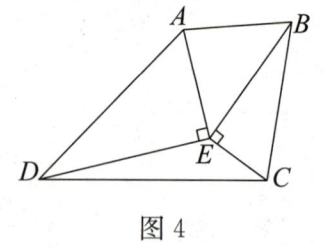

答案：294.6

图 4

【解答】 如图 4 所示，$\triangle ABE$ 的三边分别为 13、14、15，以 14 为底边，可以得到对应的高为 12，所以 $\triangle ABE$ 的面积为 $14 \times 12 \div 2 = 84$。$\triangle CDE$ 和 $\triangle ABE$ 是母子溺爱形，其面积为 $84 \div (14 \times 15) \times (4 \times 21) = 33.6$。由于 $\triangle ADE$ 和 $\triangle BCE$ 是直角三角形，易得 $\triangle ADE$ 的面积为 147，$\triangle BCE$ 的面积为 30，所以四边形 $ABCD$ 的面积为 $84 + 33.6 + 147 + 30 = 294.6$。

例题 2 如图 5 所示，以一个三角形三边为边长，向外作出三个正方形，得到它们的面积分别为 58、89、265，那么整个图形的面积为_____。

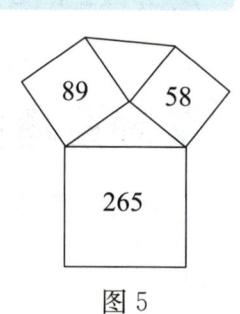

答案：453

图 5

【解答】 如图 6 所示，设中间三角形的三边分别为 a、b、c，则有：

$a^2 = 58 = 3^2 + 7^2$，这说明 a 为 3×7 的长方形的对角线长。

$b^2 = 89 = 5^2 + 8^2$，这说明 b 为 5×8 的长方形的对角线长。

$c^2 = 265 = 3^2 + 16^2 = 11^2 + 12^2$，这说明 c 为 3×16 或 11×12 的长方形的对角线长。

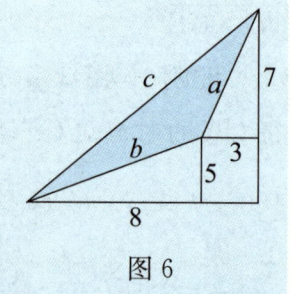

图 6

中间三角形的面积为 $\frac{1}{2} \times 11 \times 12 - \frac{1}{2} \times 8 \times 5 - \frac{1}{2} \times 3 \times 7 - 3 \times 5 = 20.5$，图 5 中两个三角形符合母子溺爱形，且面积相同。从而整个图形的面积为 $58 + 89 + 265 + 20.5 \times 2 = 453$。

如果 c 为 3×16 的长方形的对角线长，则 $8 + 7 = 15 < 16$，则无法构造出对应图形。

· 178 ·

针对性练习

练习 ❶ 如图 7 所示，$AC=5$ 厘米，$BC=4$ 厘米，$CD=8$ 厘米，$CE=10$ 厘米，$\triangle ABC$ 的面积为 7 平方厘米，$\angle ACE+\angle BCD=180°$，那么 $\triangle CDE$ 的面积为 _____ 平方厘米。

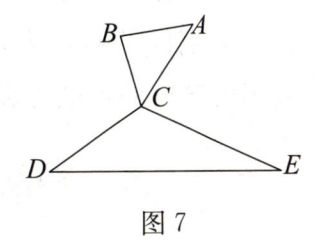

图 7

练习 ❷ 如图 8 所示，两个正方形有一个公共点，其中一个三角形的面积为 8，那么阴影部分图形的面积为 _____。

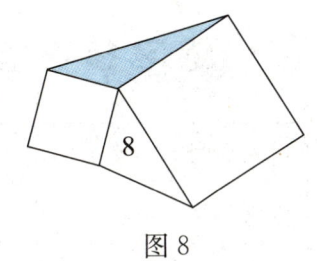

图 8

练习 ❸ 如图 9 所示，正六边形 $ABCDEF$ 和等边 $\triangle CGH$ 有一个公共点 C。已知 $\triangle CDG$ 的面积为 8，那么阴影 $\triangle BCH$ 的面积为 _____。

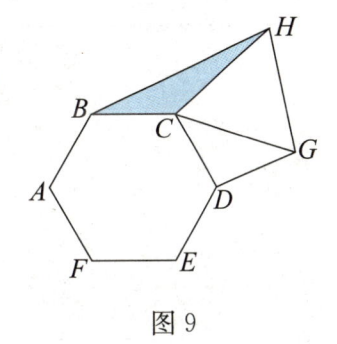

图 9

练习 ❹ 如图 10 所示，把斜边为 5 和一直角边为 3 的三边向外作三个正方形，连成一个六边形，那么这个六边形的面积为 _____。

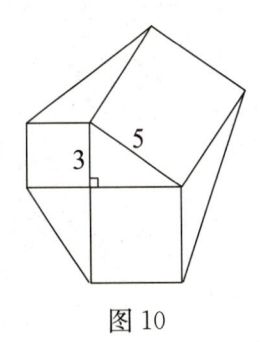

图 10

练习 ❺ 如图 11 所示，将 4 个正方形拼在一起，已知其中 3 个三角形的面积分别为 10、15、21，那么阴影三角形的面积为 _____。

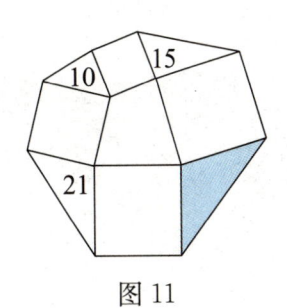

图 11

练习❻ 如图 12 所示,一个三角形的三边分别为 3、4、5,分别以 3 和 5 为边长向三角形外作两个正方形,那么阴影部分图形的面积为_____。

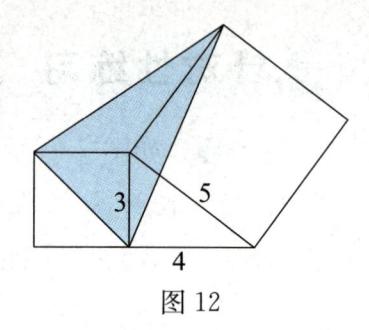

图 12

练习参考答案

练习题号	练习1	练习2	练习3	练习4	练习5	练习6
参考答案	28	8	8	74	26	15
解答提示	基本练习	基本练习	求共顶点的两角和	四个三角形面积相同	相对三角形面积和	阴影图形面积分割三部分

180

JH-055　相似定理之平行鸟头形

神器内容	如图1所示，在△ABC中，DE∥BC，则有 $\dfrac{AD}{AB}=\dfrac{AE}{AC}=\dfrac{DE}{BC}=k$，$\dfrac{S_{\triangle ADE}}{S_{\triangle ABC}}=\dfrac{DE^2}{BC^2}=k^2$。
要点与说明	平行鸟头金字塔，结论加强乐开花。 一个图形来放大，各边同倍扩大它。 面积之比倍平方，直接运用不用想。 平行出现是相似，也可发现双垂直。

图1

神器溯源

相似图形：如果一个图形各边同时放大相同的倍数 k，得到的图形与原图形形状相同，仅是大小不同（$k=1$ 时，图形是全等搬动），这样的两个图形叫作相似图形。扩大的倍数 k 也可写成相似比值为 k，面积之比值为 k^2，由于这样的结论经常用来解答题目，所以被称作相似定理。

如果把一个三角形各边放大 k 倍，得到三角形与原来三角形形状相同，称两者为相似三角形。这两个三角形的面积之比值为 k^2。

如图2所示，从左图到右图三角形各边边长扩大为原来的2倍，相似比值为2。从右图到左图则三角形各边边长缩小为原来的 $\dfrac{1}{2}$，相似比值为 $\dfrac{1}{2}$。

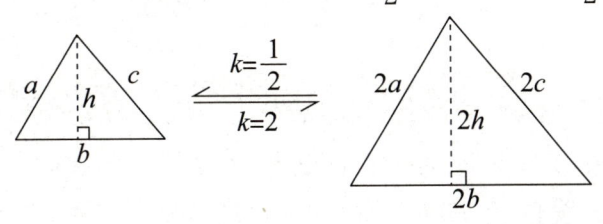

图2

如何判断两个三角形相似呢？

(1)两个三角形的图形固定,有两组对应角相等,则两个三角形必相似。

(2)如果仅一组对应角相等,那么这组角的两边放大相同的倍数k,则两个三角形必相似。

(3)如果没有对应角相等的条件,但两个三角形的三组对应边都是放大相同的倍数k,则两个三角形必相似。

根据前面学习的有关对顶角、同位角、内错角、平分角、代换角相等的情况,判断三角形相似的重点是找相等的两组角。由于平行线中能出现相等的同位角和内错角,因此由平行可以得到相似三角形。而有时使用垂直于同一条直线的两条直线平行,得到平行线,然后再去找角。

如图3所示,这是埃及的法老金字塔,图1是形似金字塔的几何图形,有时又被称为平行鸟头形。△ABC中,$DE // BC$,则$\dfrac{AD}{AB}=\dfrac{AE}{AC}=\dfrac{DE}{BC}=k$,$\dfrac{S_{\triangle ADE}}{S_{\triangle ABC}}=\dfrac{DE^2}{BC^2}=k^2$。

证明: 如图4所示,因为$DE // BC$,所以$\angle 1=\angle 2$,$\angle 3=\angle 4$(也可以使用$\angle A=\angle A$),△ADE与△ABC是相似三角形,它们的对应边成比例,从而$\dfrac{AD}{AB}=\dfrac{AE}{AC}=\dfrac{DE}{BC}=k$,$\dfrac{S_{\triangle ADE}}{S_{\triangle ABC}}=\dfrac{AD \times AE}{AB \times AC}=\dfrac{AD}{AB}\times\dfrac{AE}{AC}=\dfrac{DE}{BC}\times\dfrac{DE}{BC}=\dfrac{DE^2}{BC^2}=k^2$。

如图5所示,由$DE \perp AB$,$BC \perp AB$,得到$DE // BC$,这是平行鸟头的常见形式。

图3

图4

图5

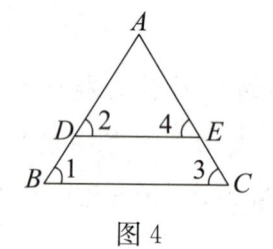

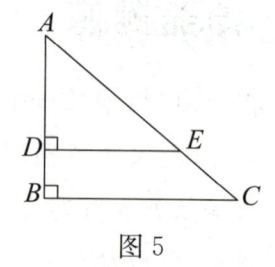

例题精讲

例题1 如图6所示,梯形ABCD中,$AB // DC$,点E、F分别在AD、BC上,$EF // DC$,如果$AE:ED=2:1$,$AB=8$,$DC=17$,那么$EF=$ _____。

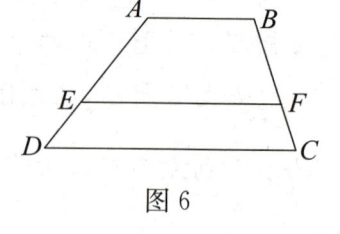

答案:14

图6

【解答】 如图7所示,过A作$AG // BC$交EF于H,交DC于G,则四边形ABCG为平行四边形,$CG=AB=8$,$DG=17-8=9$。又因为$EH // DG$,$AE:ED=2:1$,所以△AEH与△ADG的相似比为2:3,$EH=9\div 3\times 2=6$,$EF=EH+HF=6+8=14$。

图7

182

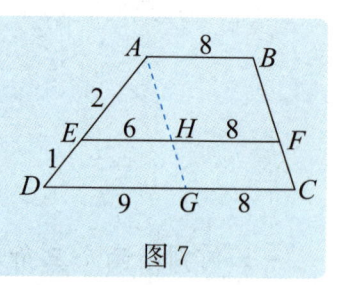

例题 2 如图 8 所示，四边形 ABCD 的面积是 18，点 E、F、G、H 分别在 AB、BC、CD、DA 上，AE=2EB，AH=2HD，CG=2GD，CF=2FB，那么四边形 EFGH 的面积是_____。

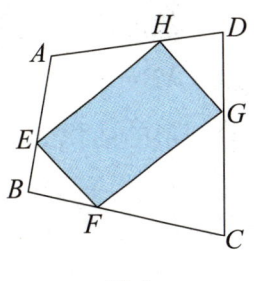

图 8

答案：8

【解答】 如图 9 所示，连结 AC，根据 $\angle D=\angle D$，DH：DA=DG：DC=1：3，所以 △DGH 与 △DAC 是相似比为 3 的相似三角形，所以 $\dfrac{S_{\triangle DGH}}{S_{\triangle DAC}}=\dfrac{1^2}{3^2}=\dfrac{1}{9}$。同理 $\dfrac{S_{\triangle BEF}}{S_{\triangle ABC}}=\dfrac{1^2}{3^2}=\dfrac{1}{9}$，$\dfrac{S_{\triangle DGH}+S_{\triangle BEF}}{S_{四边形ABCD}}=\dfrac{S_{\triangle DGH}+S_{\triangle BEF}}{S_{\triangle DAC}+S_{\triangle ABC}}=\dfrac{1}{9}$。如图 10 所示，得到 $\dfrac{S_{\triangle AEH}+S_{\triangle CFG}}{S_{四边形ABCD}}=\dfrac{S_{\triangle AEH}+S_{\triangle CFG}}{S_{\triangle ABD}+S_{\triangle CBD}}=\dfrac{4}{9}$。

所以 $\dfrac{S_{四边形EFGH}}{S_{四边形ABCD}}=1-\dfrac{1}{9}-\dfrac{4}{9}=\dfrac{4}{9}$，四边形 EFGH 的面积为 18÷9×4=8。

图 9   图 10

针对性练习

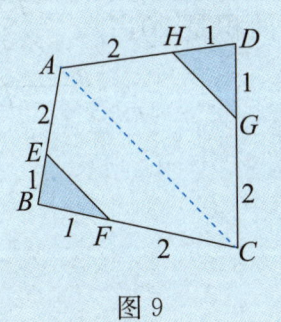

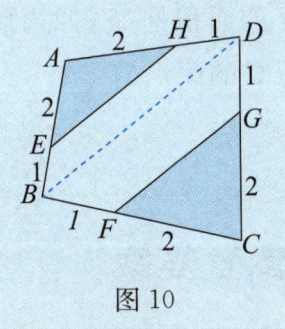

练习❶ 如图 11 所示，已知 D、E 分别在 AB、BC 上，BE：EC=BD：DA=3：1，DE=12，那么 AC=_____。

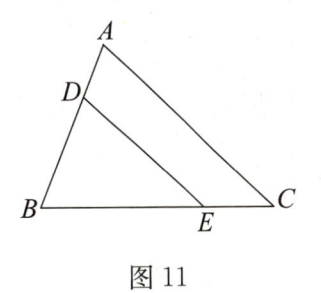

图 11

练习❷ 如图 12 所示，在 △ABC 中，BC⊥AC，ED⊥AC，△ADE 的面积为 50，四边形 BCDE 的面积为 48，那么 ED：BC=_____，CD：DA=_____。

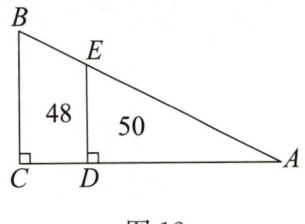

图 12

183

练习 ❸ 如图 13 所示,四边形 ABCD 的面积为 60,AB⊥BC,AB=6,BC=8,E、F 分别为 AD、CD 的中点,那么阴影部分图形的面积为_____。

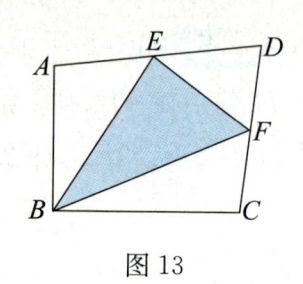

图 13

练习 ❹ 如图 14 所示,把一个长方形剪掉一个小长方形(两个长方形的对角线在一条直线上),三条边的长度如图标记,那么阴影部分图形的面积为_____。

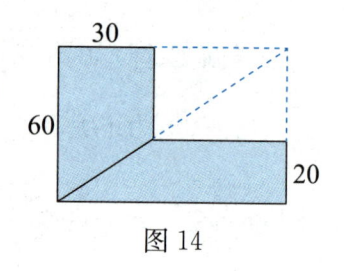

图 14

练习 ❺ 如图 15 所示,P 是三角形 ABC 内一点,DE∥AB,FG∥BC,HI∥CA,四边形 AIPD 的面积是 12,四边形 PGCH 的面积是 15,四边形 BEPF 的面积是 20,那么三角形 ABC 的面积是_____。

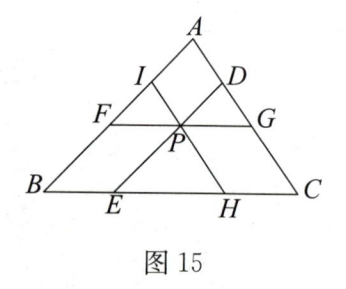

图 15

练习参考答案

练习题号	练习1	练习2	练习3	练习4	练习5
参考答案	16	5∶7 2∶5	21	3000	72
解答提示	基本练习	相似比为 5∶7	连结 BD、AC	两个长方形的相似比为 2∶3	图中三角形都相似,连结 PC

184

JH-056　相似定理之平行沙漏形

神器内容	如图 1 所示，已知 $AB/\!/CD$，则有 $\dfrac{AB}{DC}=\dfrac{AE}{DE}=\dfrac{BE}{CE}=k$，$\dfrac{S_{\triangle ABE}}{S_{\triangle CDE}}=\dfrac{AB^2}{DC^2}=k^2$。
要点与说明	平行相似沙漏形，对应扩倍要发生。 内错之角已相等，准确找到边对应。 面积之比倍平方，写出份数不紧张。

图 1

神器溯源

如图 2 所示，这是平行沙漏的椅子，图 1 是形似平行沙漏的几何图形。在 $\triangle ABC$ 中，$AB/\!/CD$，则有 $\dfrac{AB}{DC}=\dfrac{AE}{DE}=\dfrac{BE}{CE}=k$，$\dfrac{S_{\triangle ABE}}{S_{\triangle CDE}}=\dfrac{AB^2}{DC^2}=k^2$。

证明： 如图 1 所示，因为 $AB/\!/CD$，所以 $\angle A=\angle D$，$\angle C=\angle B$，（也可以使用图中的对顶角相等），$\triangle ABE$ 与 $\triangle DCE$ 是相似形，它们的对应边成比例，从而 $\dfrac{AB}{DC}=\dfrac{AE}{DE}=\dfrac{BE}{CE}=k$，$\dfrac{S_{\triangle ABE}}{S_{\triangle DCE}}=\dfrac{AD\times AE}{DE\times DC}=\dfrac{AD}{DE}\times\dfrac{AE}{DC}=\dfrac{AD^2}{DE^2}=k^2$。

如图 3 所示，由 $AB\perp BC$，$CD\perp BC$，得到 $AB/\!/CD$，这也是平行沙漏的常见形式。

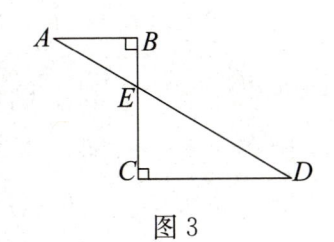

图 2　　　　　图 3

例题精讲

例题1 如图4所示，E是长方形$ABCD$的边AD的中点，$AF=9$，$FG=15$，那么$GH=$ _____ 。

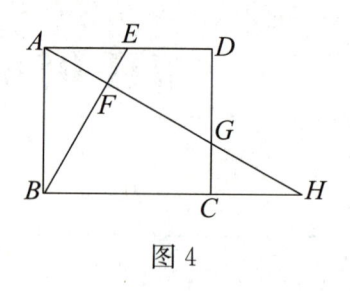

图4

答案：12

【解答】 如图5和图6所示，先标记水平线段的份数和AH上的线段的具体值。可以看到两图中阴影部分的图形都是平行沙漏形，列出方程组

$$\begin{cases} \dfrac{2+x}{1} = \dfrac{15+y}{9} \\ \dfrac{x}{2} = \dfrac{y}{24} \end{cases}, \begin{cases} x=1 \\ y=12 \end{cases}, 所以GH=12。$$

图5

图6

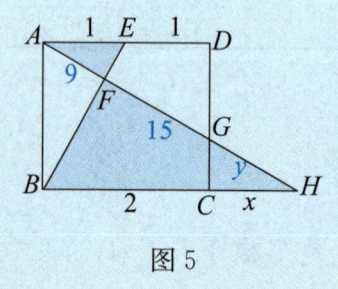

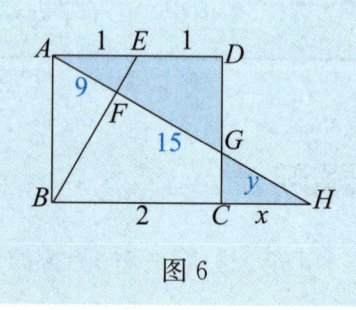

例题2-1 如图7所示，长方形$ABCD$的面积为210，$AF:FB=1:2$，$AE:ED=3:2$。连结BE、CF交于点G，那么阴影部分图形的面积为 _____ 。

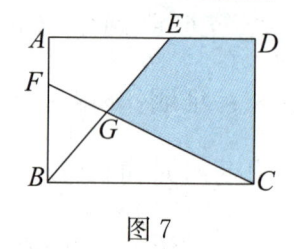

图7

答案：97

【解答】 如图8所示，延长BE、CD并交于H，根据比例标记份数，根据平行沙漏形，得到EH占BH的$\dfrac{2}{5}$。如图9所示，再次使用平行沙漏形，$FG:GC=2:5$，BG占BH的$\dfrac{2}{7}$，$BG:GE:EH=10:11:14$。如图10所示，根据边的比例标记面积份数，得到阴影部分图形的面积为$210÷210×97=97$。

除了使用双平行沙漏形，还可以在图8和中找到平行鸟头形，$\triangle DEH$和$\triangle CBH$。本题还可以延长CF、AD交于一点，仍然可以使用双沙漏形解题，留给读者练习。

· 186 ·

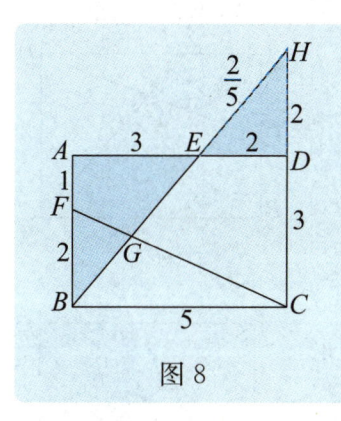

图 8

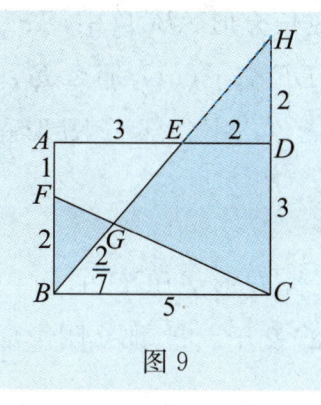

图 9

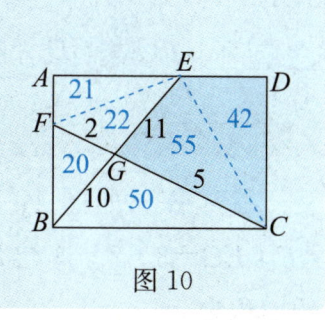

图 10

例题 2-2 如图 11 所示，在△ABC 中，BD＝CD，AF：DF＝3：1，那么 AE：EC＝_____。

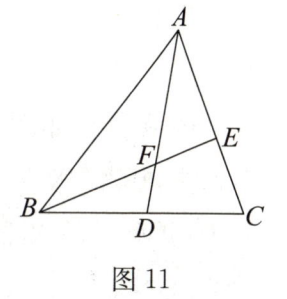

答案：3：2

图 11

【解答】 如图 12 所示，过 D 作 DG∥AE，交 BE 于点 G，则△BDG 与△BCE 为相似比为 1：2 的平行鸟头形，△DFG 与△AFE 为相似比为 1：3 的平行沙漏形。设 EC 为 2 份，则 DG＝2÷2×1＝1，AE＝1÷1×3＝3，所以 AE：EC＝3：2。

根据作平行线出现平行沙漏或平行鸟头，此题还有很多解法。这里再给出如图 13 和图 14 所示的两种辅助线添法：

(1) 如图 13 所示，过 C 作 CG∥AD 交 BE 的延长线于点 G。

(2) 如图 14 所示，过 D 作 DG∥BE 并交 AC 于点 G。

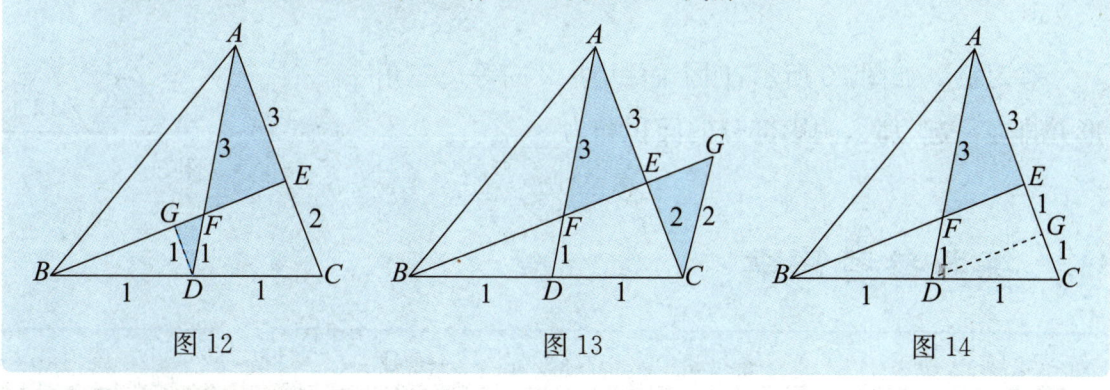

图 12

图 13

图 14

针对性练习

练习❶ 如图 15 所示，已知 AB⊥BC，CD⊥BC，△ABE 的面积与△CDE 的面积之比为 4：25，AB＝6，那么 CD＝_____。

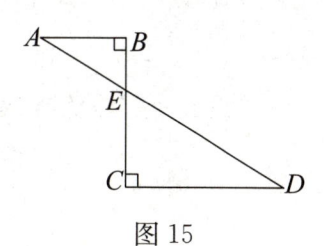

图 15

练习❷ 如图16所示,在长方形 ABCD 中,AF=FB=8,AE=5,ED=10。连结 CE、DF 交于点 G,那么 EG∶GC=_____,FG∶GD=_____,阴影部分图形的面积为_____。

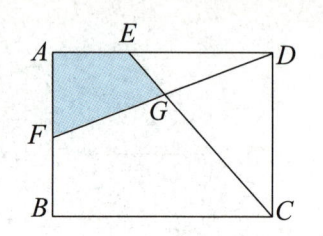

图 16

练习❸ 如图17所示,长方形 ABCD 的面积为80,AE∶ED=3∶2。连结 BE、AC 交于点 F,那么阴影部分图形的面积为_____。

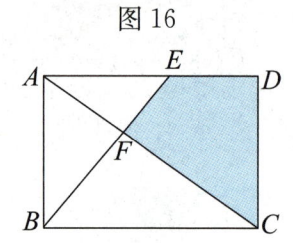

图 17

练习❹ 如图18所示,已知平行四边形 ABCD 的面积为80,M、N 为 AB 的三等分点,DM、DN 分别交 AC 于 P、Q 两点,那么阴影部分图形的面积为_____。

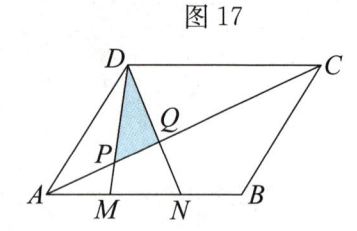

图 18

练习❺ 如图19所示,已知长方形 ABCD 中,过点 B 的直线顺次与 AC、AD 及 CD 的延长线交于 E、F、G,若 BE=15,EF=9,则 FG=_____。

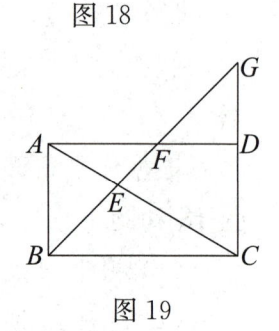

图 19

练习❻ 如图20所示,四个面积为12的等边三角形并排在一起,那么阴影部分的面积和为_____。

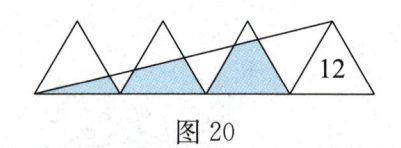

图 20

练习参考答案

练习题号	练习1	练习2	练习3	练习4	练习5	练习6
参考答案	15	1∶3 1∶1 40	31	6	16	22
解答提示	基本练习	延长 DF、CB 或 CE、BA,双沙漏	连结 EC	双平行沙漏	双平行沙漏	鸟头与平行沙漏

188

JH-057　相似定理之母子射影形

神器内容	如图1所示,已知△ABC,∠ACB=90°,CD⊥AB,则有 (1) $\dfrac{AD}{CD}=\dfrac{DC}{DB}=\dfrac{AC}{BC}$。 (2) $AC^2=AD\times AB$。 (3) $BC^2=BD\times AB$。 (4) $CD^2=AD\times BD$。
要点与说明	直角三角形,斜边高作成。 内部两相似,整体是母子。 母子射影形,结论要记清。

图1

神器溯源

射影:如图2所示,当一簇平行的光线射在一个线段上,线段就会产生影子,线段的影子又称线段的射影。线段的射影长度与原来线段比较,可短、可相等,射影也可以是一个点。

如图3所示,A点的射影是A点,B点的射影是B点,C点的射影是D点,AC的射影是AD,BC的射影是BD。

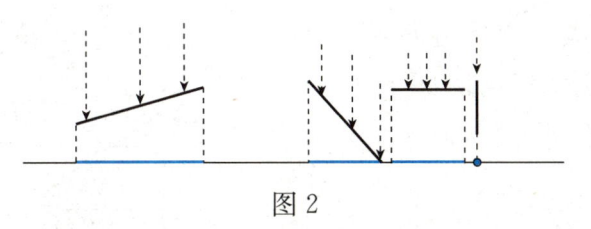

图2

图3

如图4所示,这是一对可爱的大熊猫母子,图1是形似母子的几何图形,可以得到大直角三角形和内部的两个小直角三角形三者互为相似形,这个模型称为母子射影形。如图1所示,已知△ABC,∠ACB=90°,CD⊥AB,则有:(1) $\dfrac{AD}{CD}=\dfrac{DC}{DB}=\dfrac{AC}{BC}$;(2) $AC^2=$

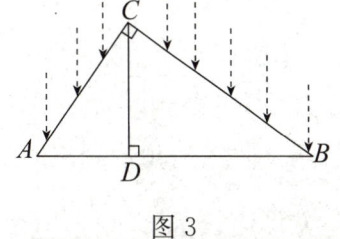

图4

$AD \times AB$；(3) $BC^2 = BD \times AB$；(4) $CD^2 = AD \times BD$。

证明： 如图 5 所示，因为 $\angle ACB = 90°$，所以 $\angle 1 + \angle 2 = 90°$，因为 $CD \perp AB$，所以 $\angle A + \angle 1 = 90°$，$\angle B + \angle 2 = 90°$，所以 $\angle A = \angle 2$，$\angle B = \angle 1$。从而 $\triangle ADC$ 与 $\triangle CDB$ 是相似形，得到 $\dfrac{AD}{CD} = \dfrac{DC}{DB} = \dfrac{AC}{BC}$，$CD^2 = AD \times BD$，同理，根据另外两个三角形相似，得到 $AC^2 = AD \times AB$，$BC^2 = BD \times AB$。

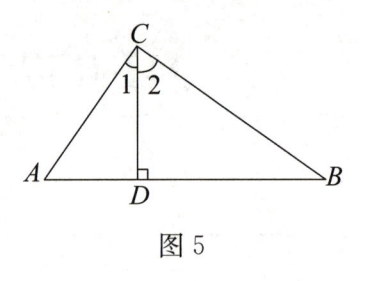

图 5

射影定理： 直角边的平方等于它在斜边上的射影乘以斜边。斜边上的高的平方等于两直角边在斜边上射影的乘积。

例题精讲

例题 1 如图 6 所示，已知 $\triangle ABC$，$\angle ACB = 90°$，$CD \perp AB$，$AD = 9$，$DB = 16$，则 $AC = $ _____，$CD = $ _____，$BC = $ _____。

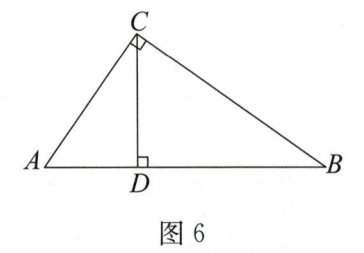

答案： 15　12　20

图 6

【解答】 如图 6 所示，根据母子射影形结论，得到 $AC^2 = 9 \times (9+16) = 15^2$，$AC = 15$。$CD^2 = 9 \times 16 = 12^2$，$CD = 12$。$BC^2 = 16 \times (16+9) = 20^2$，$BC = 20$。

例题 2 如图 7 所示，在直角 $\triangle ABC$ 中，$\angle C = 90°$，其内部放有三个正方形，两个小正方形的边长分别为 6 和 8，那么中间的大正方形的面积为 _____。

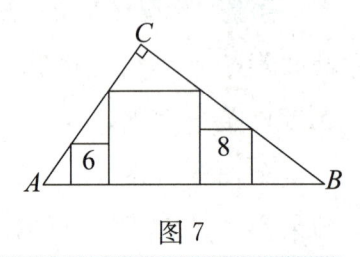

答案： 196

图 7

【解答】 如图 8 所示，过 C 作最大正方形边的垂线，可以得到图中所有三角形都是相似三角形，针对两个阴影三角形列出对应边比例关系的方程，设大正方形边长为 x，则 $\dfrac{6}{x-8} = \dfrac{x-6}{8}$，$x^2 - 14x + 48 = 48$，$x = 14$，所以中间的大正方形的面积为 $14 \times 14 = 196$。

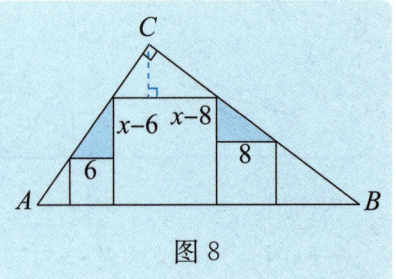

图 8

针对性练习

练习❶ 如图 9 所示，已知直角 $\triangle ABC$，$\angle ACB = 90°$，$CD \perp AB$，$AD = 4$，$DB = 9$，则 $CD = $ _____。

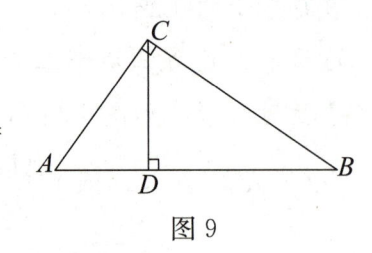

图 9

190

练习 ❷　如图 10 所示,已知直角△ABC,∠ACB=90°,CD⊥AB,AD=4,DB=5,则 AC=_____。

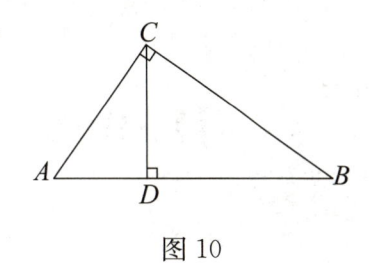

图 10

练习 ❸　如图 11 所示,在直角△ABC 中,∠C=90°,AC=6,BC=8。在直角△ABC 内部作正方形 DEFG,那么正方形的边长为_____。

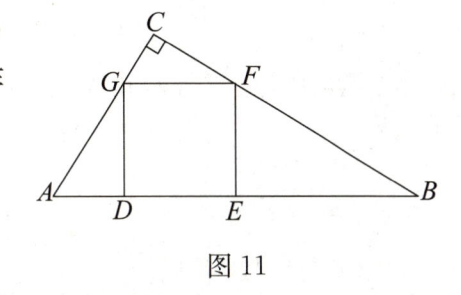

图 11

练习 ❹　如图 12 所示,已知正方形 ABCD 的面积为 60,延长 CD 到 E,使得 ED=DC,连结 BE,过 C 作 CF⊥BE 于 F,连结 AF,那么阴影部分图形的面积为_____。

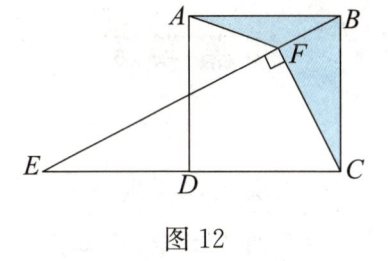

图 12

练习 ❺　如图 13 所示,在四边形 ABCD 中,∠B=∠D=90°,过点 D 作 DE⊥AC 于点 E,延长 DE 交 AB 于点 F。已知 AF=10,BF=4.4,那么 AD=_____。

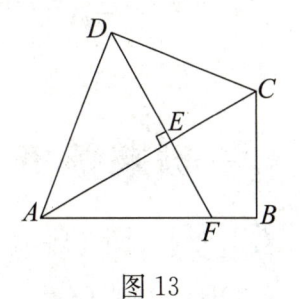

图 13

练习参考答案

练习题号	练习1	练习2	练习3	练习4	练习5
参考答案	6	6	$\dfrac{120}{37}$	18	12
解答提示	基本练习	基本练习	作 AB 边上的高	BF∶FE=1∶4	两组相似

JH-058　相似定理之比例中项形*

神器内容	如图1所示，在△ABC中，作∠1=∠B，D在AB上，则有 $AC^2 = AD \times AB$。

图1

要点与说明	比例中项相似形，有一同角必相等。 还有一条公共边，母子相似来拓展。

神器溯源

比例中项：已知三个数 a、b、c，如果 $a:b=b:c$，那么 b 为 a、c 的比例中项。根据比例式可以得到 $b^2=ac$。如 $1:2=2:4$，则2是1和4的比例中项。

如图1所示，已知△ABC中，作∠1=∠B，D在AB上，则有 $AC^2=AD \times AB$。

证明：因为∠A=∠A，∠1=∠B，则△ACD与△ABC相似，根据对应边比相等，得到 $\dfrac{AD}{AC}=\dfrac{AC}{AB}$，$AC^2=AD \times AB$，则AC是AD和AB的比例中项。

例题精讲

例题1 如图2所示，在△ABC中，∠BAC=∠BCD，AD=9，DB=3，则 BC=_____。

答案：6

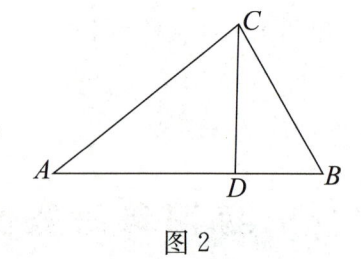

图2

【解答】　如图2所示，根据∠BAC=∠BCD，∠B=∠B，则△DBC与△CBA为比例中项形，得到 $BC^2=3\times(3+9)=6^2$，BC=6。

例题2 如图3所示，三个大小相同的正方形并排在一起，如图连线，则∠1+∠2+∠3=_____。

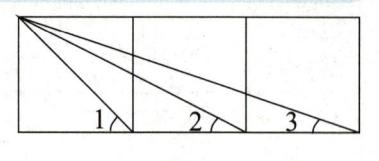

图3

答案：90

【解答】 如图4所示，设正方形的边长为1，$AB^2=1^2+1^2=2$，$AC×AD=1×2=2$，所以 $AB^2=AC×AD$，同时有 $\angle BAC=\angle DAB$，符合相似比例中项形条件。从而 $\angle 3=\angle ABC$，易得 $\angle 1=45°$。
$\angle 1+\angle 2+\angle 3=\angle 1+\angle 2+\angle ABC=2\angle 1=2×45°=90°$。

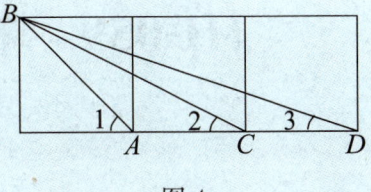

图4

针对性练习

练习❶ 如图5所示，在△ABC中，$\angle ACD=\angle B$，$AC=24$，$AD=18$，则 $DB=$ _____ 。

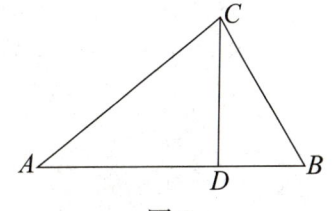

图5

练习❷ 如图6所示，在△ABC中，$\angle ACD=\angle B$，$AD=6$，$AC=8$，$CD=9$，则 $BC=$ _____ 。

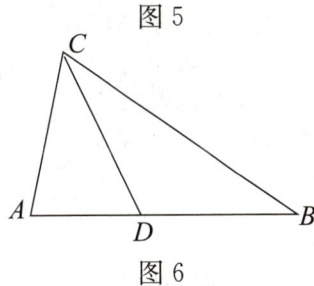

图6

练习❸ 如图7所示，在△ABC中，$AB=AC$，BD为$\angle ABC$的平分线，$AD=BD=3$，那么 $CD^2+3CD=$ _____ 。

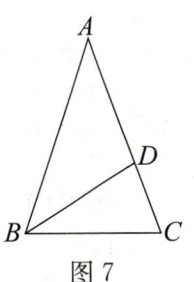

图7

练习❹ 如图8所示，在△ABC中，$\angle BAD=\angle DAE=\angle EAC=\angle ACE$，$BD=25$，$DE=30$，那么△ABC的面积为 _____ 。

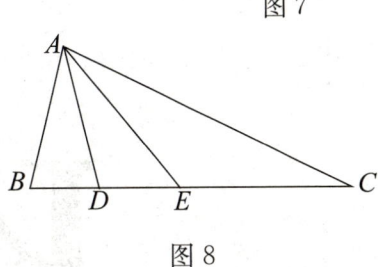

图8

练习参考答案

练习题号	练习1	练习2	练习3	练习4
参考答案	14	12	9	3194.4
解答提示	基本练习	基本练习	基本练习	△ABD与△CBA是比例中项形

193

JH-059　相似定理之三垂 K 字形*

神器内容	如图 1 所示，已知 $AB \perp AD, DE \perp AD, BC \perp CE$，则有 $\dfrac{AB}{CD}=\dfrac{AC}{DE}=\dfrac{BC}{CE}$。
要点与说明	三垂直，K 字形，必有相似看得明。 扩倍找准边对应，经常藏在翻折中。

图 1

神器溯源

如图 2 所示，这是一个 K 形字母，图 1 是一个形似 K 字的几何图形。已知 $AB \perp AD, DE \perp AD, BC \perp CE$，则有 $\dfrac{AB}{CD}=\dfrac{AC}{DE}=\dfrac{BC}{CE}$。

证明： 如图 3 所示，因为 $AB \perp AC$，所以 $\angle B + \angle 1 = 90°$。又因为 $BC \perp CE$，所以 $\angle 1 + \angle 2 = 90°$，所以 $\angle B = \angle 2$。同理 $\angle 1 = \angle E$，则 $\triangle ABC$ 与 $\triangle DCE$ 是相似三角形，各边放大倍数相同，所以 $\dfrac{AB}{CD}=\dfrac{AC}{DE}=\dfrac{BC}{CE}$。

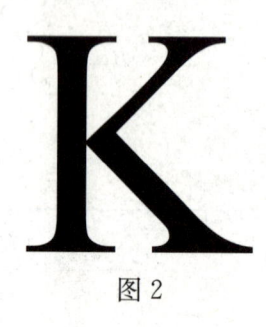

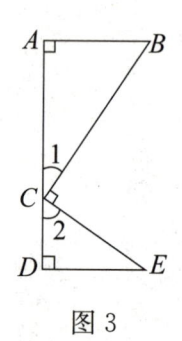

图 2　　图 3

例题精讲

例题 1 如图 4 所示，一个长方形木块 $ABCD$，$AB=6$ 厘米，$AD=8$ 厘米，把长方形木块以 C 为支点，抬起一角，点 B 距地面 EF 高为 4.8 厘米，那么点 D 到地面 EF 的距离为 _____ 厘米。

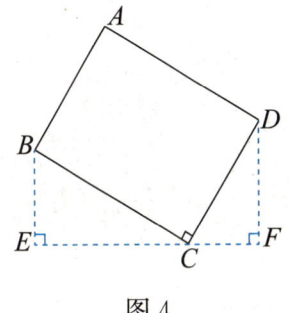

答案：4.8

【解答】 如图 4 所示，根据三垂 K 字形，得到 $\triangle BCE$ 与 $\triangle CDF$ 相似，且相似比为 $\frac{6}{8}=\frac{3}{4}$。$CF=4.8\times\frac{3}{4}=3.6$ 厘米，$DF=6\times\frac{4}{5}=4.8$ 厘米（基本勾股数组 3、4、5 扩倍）。

例题 2 如图 5 所示，在长方形 $ABCD$ 中，$AD=8$，$CD=10$。沿 CF 把点 D 翻折到 AB 上的点 E 处，那么 $\triangle AEF$ 的面积为 _____。

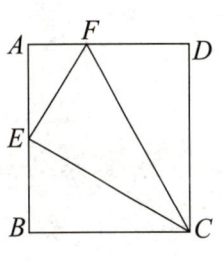

答案：6

【解答】 如图 6 所示，$EC=DC=10$，$BC=8$，根据勾股定理，得到 $BE=6$，$AE=10-6=4$。根据三垂 K 字形，$\triangle AEF$ 与 $\triangle BCE$ 相似，且相似比为 $\frac{1}{2}$，所以 $AF=6\div 2=3$，$\triangle AEF$ 的面积为 $4\times 3\div 2=6$。

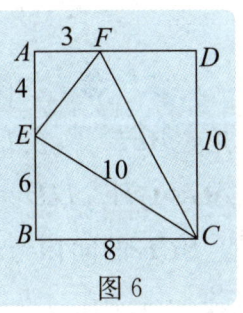

针对性练习

练习 ❶ 如图 7 所示，已知 $AB\perp BD$，$ED\perp BD$，$\angle ACE=90°$，$AB=3.6$，$BC=6$，$CD=3$，那么 $DE=$ _____。

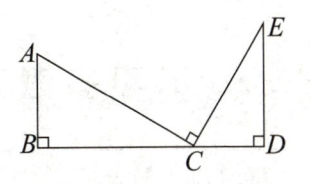

练习 ❷ 如图 8 所示，把长方形 $ABCD$ 沿着 AF 翻折，使得 D 点落在 BC 上。$AE=10$，$EF=5$，那么长方形 $ABCD$ 的面积为 _____。

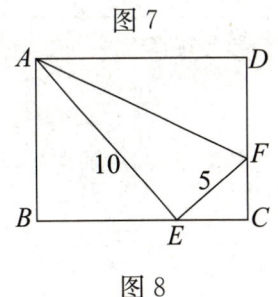

练习❸ 如图 9 所示,把面积为 72 的长方形 ABCD,沿着 FC 翻折,并使点 D 落在 AB 的中点 E 上,那么△AEF 的面积为_____。

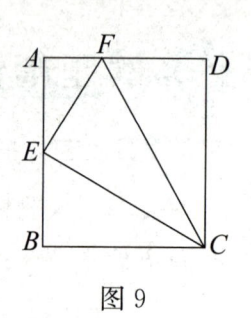

图 9

练习❹ 如图 10 所示,已知长方形 ABCD,AD=8,AB=7,在其右侧放置一个边长为 3 的一个正方形 CEFG。H 在 AB 上,∠HDF=90°,那么阴影△HDF 的面积为_____。

图 10

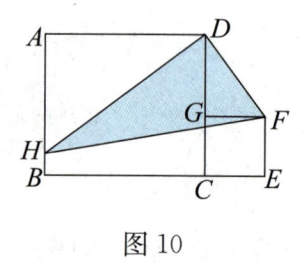

练习❺ 已知直角梯形 ABCD 的面积为 32 平方厘米,AB∥CD,AB⊥AD,AB=2 厘米,CD=6 厘米。E 在 AD 上,∠BEC=90°,那么△BCE 的面积为_____平方厘米。

练习❻ 如图 11 所示,在正方形 ABCD 中放置一个等腰直角△BEF,E 在 CD 边上,BF、EF 分别交 AD 于点 G、H,且 AG∶GH∶HD=9∶5∶4。如果正方形的面积为 72,那么△BEF 的面积为_____。

图 11

练习参考答案

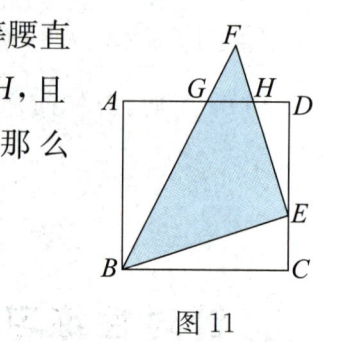

练习题号	练习1	练习2	练习3	练习4	练习5	练习6
参考答案	5	80	6	25	12 或 20	40
解答提示	基本练习	基本练习	基本练习	延长 AD、EF 交于一点,形成三垂 K 字形	两种情况	过 F 补齐弦图

196

JH-060　平行马路口

神器内容	平行马路口Ⅰ型:如图1所示,在平行四边形中,两组对边之比对应为$a:b$和$c:d$,那么阴影面积占平行四边形面积的$\dfrac{ad}{(a+b)(c+d)+bc}$。 平行马路口Ⅱ型:如图2所示,在平行四边形中,一组对边之比对应为$a:b:c$,那么阴影面积占平行四边形面积的$\dfrac{ac}{(a+b+c)(a+2b+c)}$。 图1　　　　　图2
要点与说明	平行四边形,两条路修通。 路边都平行,路口面积定。 对应份数乘,整体还加零。 Ⅰ型和Ⅱ型,结论不相同。

神器溯源

如图3所示,这是一个道路交叉路口,图1和图2是一个形似交叉路口的几何图形。如图4所示,在平行四边形$ABCD$中,两组对边之比对应为$a:b$和$c:d$,那么平行四边形$IJKL$面积占平行四边形面积的$\dfrac{ad}{(a+b)(c+d)+bc}$。

图3

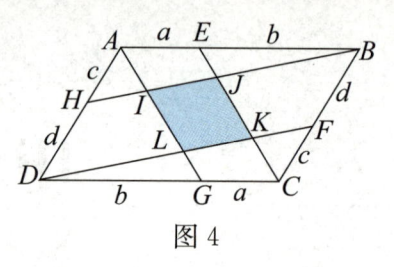

证明： 如图 4 所示，根据已知，首先 $S_{\triangle ABI} = S_{\triangle CDK}$，$S_{\triangle ADL} = S_{\triangle CBJ}$。

如图 5 所示，过 H 作 $HM \parallel AB$ 并交 AG 于点 M，则 $\triangle AHM$ 与 $\triangle ADG$ 是平行鸟头形，$\triangle HIM$ 与 $\triangle ABI$ 是平行沙漏。可以得到 $HM = \dfrac{bc}{c+d}$。设 $S_{\triangle ABI} = a+b$，则 $S_{\triangle AHI} = \dfrac{bc}{c+d}$，$S_{\square ABCD} = \left(a+b+\dfrac{bc}{c+d}\right) \times \dfrac{2(c+d)}{c} = \dfrac{2[(a+b)(c+d)+bc]}{c}$，$S_{\triangle ABI} + S_{\triangle CDK} = \dfrac{2(a+b)}{\dfrac{2[(a+b)(c+d)+bc]}{c}} = \dfrac{(a+b)c}{(a+b)(c+d)+bc}$。

如图 6 所示，同理 $S_{\triangle ADL} + S_{\triangle CBJ} = \dfrac{(c+d)b}{(a+b)(c+d)+bc}$。

所以，$S_{\square IJKL} = 1 - \dfrac{(a+b)c}{(a+b)(c+d)+bc} - \dfrac{(c+d)b}{(a+b)(c+d)+bc} = \dfrac{ad}{(a+b)(c+d)+bc}$。

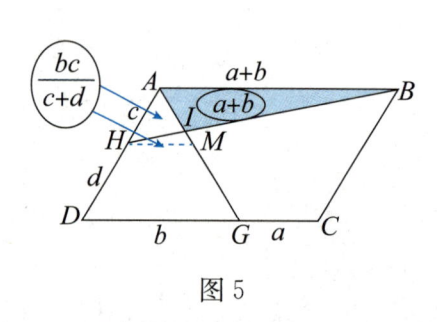

图 5

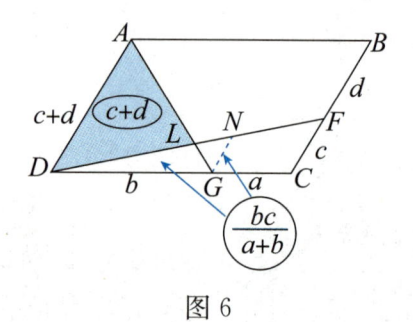

图 6

本题平行马路口为了保证对边平行，需要对边的比例调换位置是相同的。其推导的方法还有使用双平行沙漏或风筝形推导，留给读者练习。由于推导公式需要一般化表示，使用了未知数表示线段长，如果是具体题目的具体数据，比公式要简单许多。如果记不住结论，可以掌握推导结论的方法。

对于平行马路口 Ⅱ 型，根据共角定理之平行鸟头形，标记线段的份数。

如图 7 所示，阴影面积占整体面积的 $\dfrac{a}{a+b+c}$。根据图 8 中的比例，图中面积占图 7 阴影面积的 $\dfrac{c}{a+2b+c}$。因此图 8 中的面积占整个平行四边形面积的 $\dfrac{ac}{(a+b+c)(a+2b+c)}$。

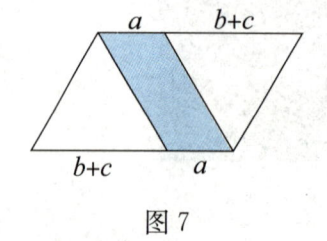

图 7

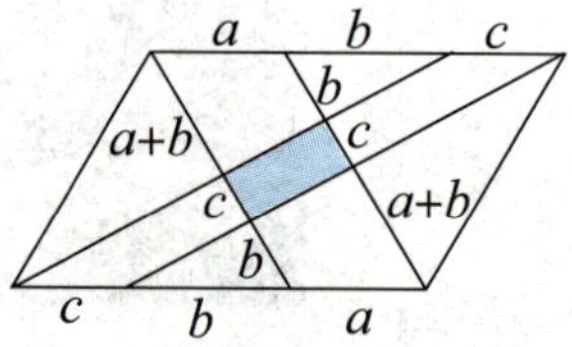

图 8

例题精讲

例题 1 如图 9 所示，平行四边形 ABCD 的面积为 72，E、G 分别为 AB、CD 的中点，AF：FD=CH：HB=1：2。连结 AH、BG、CF、DE，那么阴影部分图形的面积为_____。

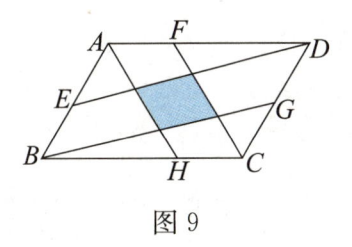

答案：9

图 9

【解答】 如图 10 所示，根据条件标记线段份数，代入平行马路口Ⅰ型结论，得到阴影部分图形的面积为 $72 \times \dfrac{1 \times 1}{(1+1)(1+2)+1 \times 2} = 9$。

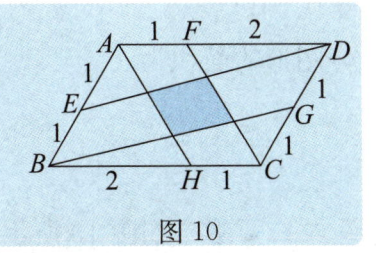

图 10

例题 2-1 如图 11 所示，长方形的四边比例都是 1：a，那么图中阴影部分的面积为_____（用含 a 的式子表示）。

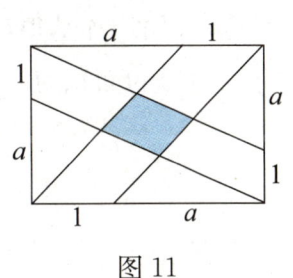

答案：$\dfrac{1}{(1+a)^2+a^2}$

图 11

【解答】 如图 11 所示，根据平行马路口Ⅰ型结论，b=1, c=1, d=a，结论加强为 $\dfrac{1 \times 1}{(1+a)(1+a)+a \times a} = \dfrac{1}{(1+a)^2+a^2}$。

例题 2-2 如图 12 所示，面积为 81 平方厘米的长方形的两个长对应分成的三条线段之比为 1：3：2，连结其中对应的三个分点，那么得到的阴影部分图形的面积为_____平方厘米。

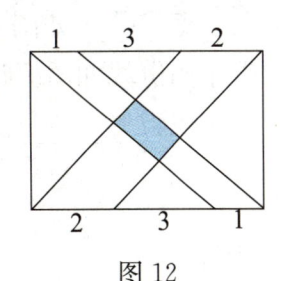

答案：3

图 12

【解答】 如图 12 所示，根据平行马路口Ⅱ型，a：b：c=1：3：2。阴影部分的面积为 $81 \times \dfrac{1 \times 2}{(1+3+2)(1+3+3+2)} = 3$ 平方厘米。

针对性练习

练习❶ 如图 13 所示，大正方形的面积为 20，四边都取中点并连结，得到阴影部分图形的面积为_____。

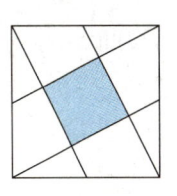

图 13

· 199 ·

练习❷ 如图 14 所示,长方形的面积为 52,四边比例都是 1∶2。如图连结得到的阴影部分图形的面积为_____。

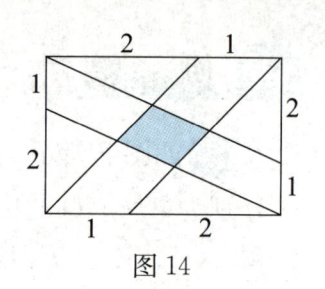

图 14

练习❸ 如图 15 所示,长方形 ABCD 中,$AH=CF=\frac{1}{2}BF=6$,$AE=CG=\frac{2}{3}BE=7.6$。如图连结得到的阴影部分图形的面积为_____。

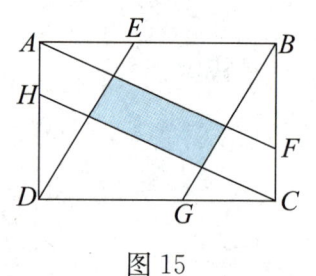

图 15

练习❹ 如图 16 所示,平行四边形的四边比例份数已经标出,如图连结得到的阴影面积为 2 平方厘米,那么大平行四边形的面积为_____。

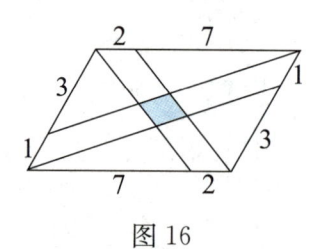

图 16

练习❺ 如图 17 所示,平行四边形的面积为 70,一组边之比为 2∶3∶2,如图连结分点,那么阴影部分图形的面积为_____。

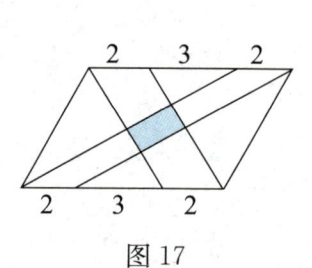

图 17

练习❻ 如图 18 所示,面积为 3080 的大长方形的各边比例份数如图标记,那么连结线段形成的阴影部分图形的面积为_____。

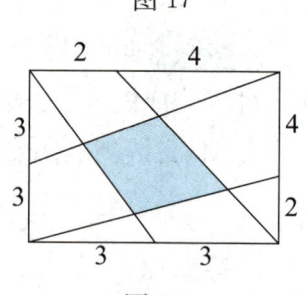

图 18

练习❼ 如图 19 所示,在长方形 ABCD 内作出一个正六边形,E、F、G、H 分别是正六边形的四条边的中点,连结 AE、BF、CG、DH,图中阴影部分的面积为 4,那么正六边形的面积为_____。

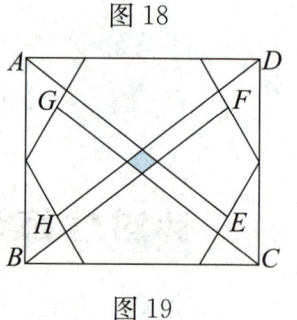

图 19

练习 8 如图 20 所示，正六边形的面积为 90，四边的中点与对应的顶点连成阴影部分，那么阴影部分图形的面积为 _____。

图 20

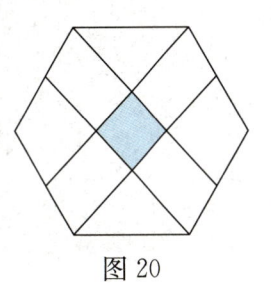

练习参考答案

练习题号	练习 1	练习 2	练习 3	练习 4	练习 5
参考答案	4	4	54	57	4
解答提示	套用结论或割补	基本练习	使用比例套用平行马路口	基本练习	基本练习
练习题号	练习 6	练习 7	练习 8		
参考答案	614	252	8		
解答提示	不符合平行马路口的条件	重点求各边比例，转化为平行马路口Ⅱ型	求线段比例		

JH-061　广义的梯蝴模型

神器内容	如图1所示,在梯形 $ABCD$ 中,$AD/\!/BC$,$AD:BC=a:b$,则有 $S_1+S_3=\dfrac{b}{a}S_2+\dfrac{a}{b}S_4$。 图1
要点与说明	梯形之中有一点,好像蝴蝶舞翩翩。 连出四个三角形,面积关系很对称。 梯蝴模型有广义,熟记秒杀笑嘻嘻。

神器溯源

如图1所示,在梯形 $ABCD$ 中,$AD/\!/BC$,$AD:BC=a:b$,则有 $S_1+S_3=\dfrac{b}{a}S_2+\dfrac{a}{b}S_4$。

证明: 如图2所示,过点 P 作梯形 $ABCD$ 的高,交 AD 于点 E,交 BC 于点 F,则有

$$S_1+S_2+S_3+S_4=\frac{1}{2}(a+b)(c+d)=\frac{1}{2}bc+S_4+S_2+\frac{1}{2}ad$$

$$S_1+S_3=\frac{1}{2}bc+\frac{1}{2}ad=\frac{1}{2}ac\times\frac{b}{a}+\frac{1}{2}bd\times\frac{a}{b}=\frac{b}{a}S_2+\frac{a}{b}S_4$$

所以,$S_1+S_3=\dfrac{b}{a}S_2+\dfrac{a}{b}S_4$,或者 $ab(S_1+S_3)=b^2S_2+a^2S_4$。

(1)连结 AC、BD 得到梯形的面积是它的特殊情况,此结论是梯形对角线交点的位置一般化,因此它是梯形中的共角定理之蝴蝶形或梯蝴模型的推广。

(2)P 点位置还可以在梯形的外边,广义的梯蝴模型的结论也会随之变化。

如图 3 所示,结论变化为:$S_1+S_3=-\dfrac{b}{a}S_2+\dfrac{a}{b}S_4$。

如图 4 所示,结论变化为:$S_1+S_3=\dfrac{b}{a}S_2-\dfrac{a}{b}S_4$。

如图 5 所示,结论变化为:$-S_1+S_3=\dfrac{b}{a}S_2+\dfrac{a}{b}S_4$。

如图 6 所示,结论变化为:$S_1-S_3=\dfrac{b}{a}S_2+\dfrac{a}{b}S_4$。

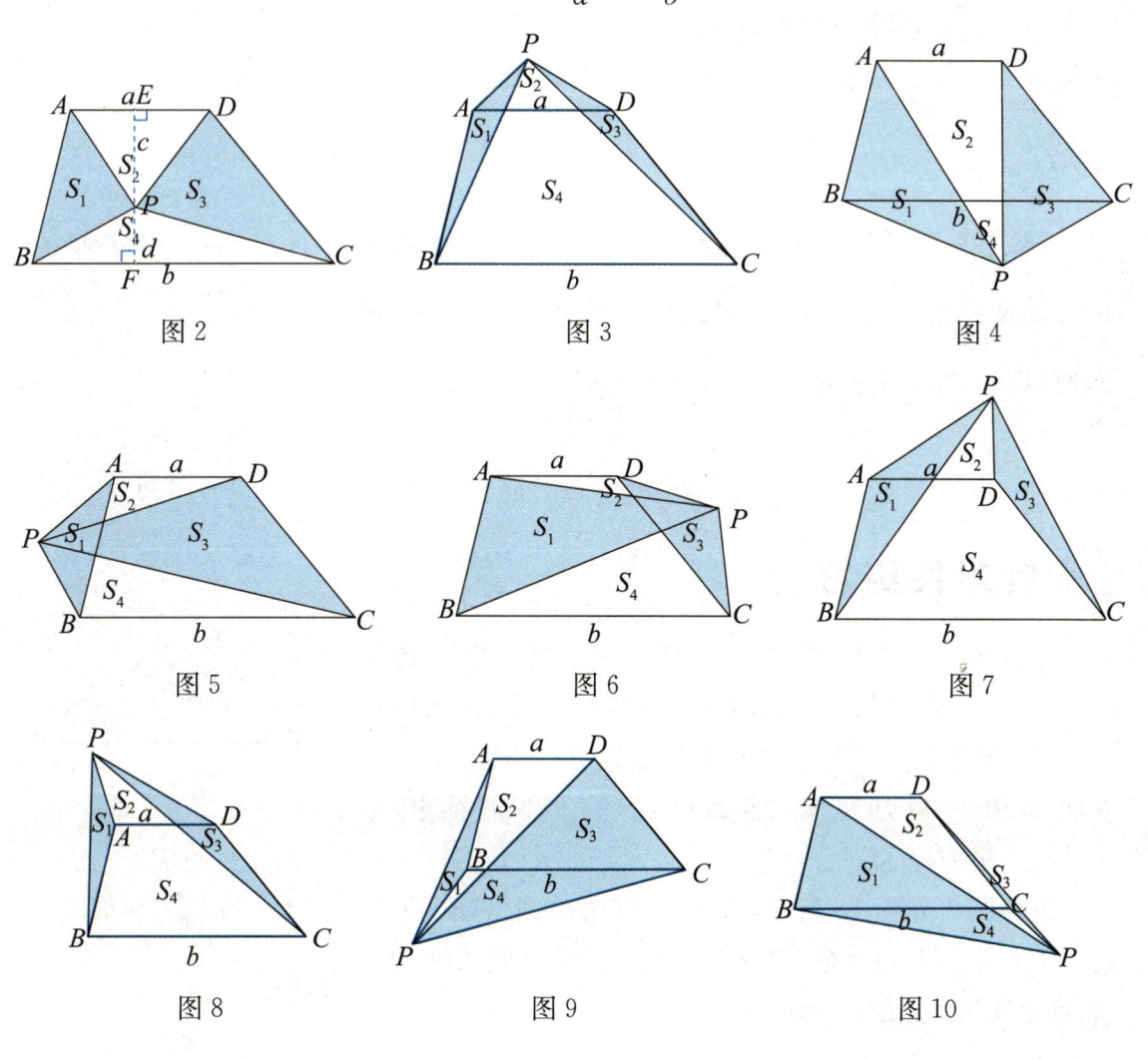

如图 7 所示,结论变化为:$S_1-S_3=-\dfrac{b}{a}S_2+\dfrac{a}{b}S_4$。

如图 8 所示,结论变化为:$-S_1+S_3=-\dfrac{b}{a}S_2+\dfrac{a}{b}S_4$。

如图 9 所示,结论变化为:$-S_1+S_3=\dfrac{b}{a}S_2-\dfrac{a}{b}S_4$。

如图 10 所示,结论变化为:$S_1-S_3=\dfrac{b}{a}S_2-\dfrac{a}{b}S_4$。

图 2

图 3

图 4

图 5

图 6

图 7

图 8

图 9

图 10

例题精讲

例题 1 如图 11 所示,在梯形 ABCD 中,AD：BC＝2：5,E 是 AB 上一点,且 AE：EB＝1：2。已知△ADE 的面积为 12,那么△CDE 的面积为_____。

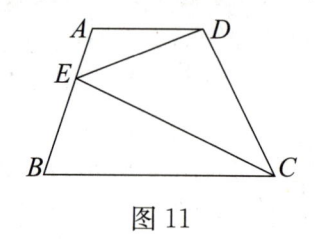

答案:54

【**解答**】 如图 12 所示,根据条件标记线段比例,首先使用共角定理,得到
$S_{△ADE}：S_{△BCE}＝(1×2)：(2×5)＝1：5＝12：60$,则
$S_{△CDE}＝\dfrac{2}{5}×60＋\dfrac{5}{2}×12＝54$。

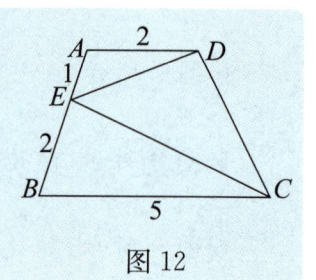

例题 2 如图 13 所示,P 是正六边形内一点,连结正六边形其中的三个顶点,其中三块的面积为 8、9、11,那么正六边形的面积为_____。

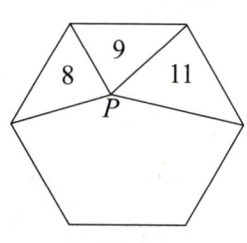

答案:60

【**解答**】 如图 14 所示,连结 BC,可知 BC＝2AD,根据广义梯蝶模型,$\dfrac{1}{2}×S_{△BCP}＋\dfrac{2}{1}×9＝8＋11$,得到△BCP＝2,所以正六边形的面积为(2＋8＋9＋11)×2＝60。

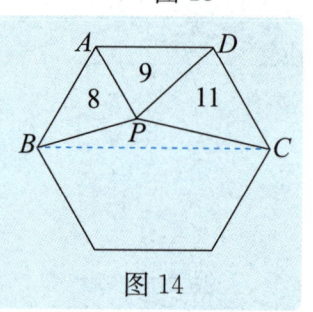

针对性练习

练习❶ 如图 15 所示,在梯形 ABCD 中,AD∥BC,BC＝2AD。梯形 ABCD 的内部有一点 O,连结 AO、BO、CO、DO,得到三个三角形的面积分别为 6 平方厘米、8 平方厘米和 9 平方厘米,那么阴影△COD 的面积为_____平方厘米。

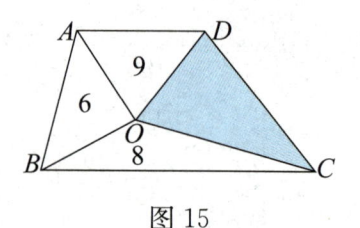

练习❷ 如图 16 所示,面积为 60 的梯形 ABCD 的腰 CD 上有一点 O,OC＝2DO,下底 BC 是上底 AD 的 3 倍,那么阴影△ABO 的面积为_____。

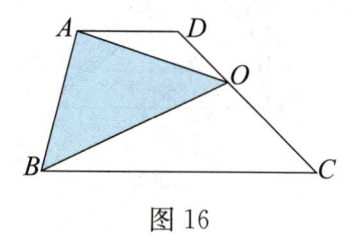

204

练习 ❸ 如图 17 所示,在梯形 ABCD 中,下底是上底的 2.5 倍,把梯形分成三部分,其中两部分面积为 6 和 57,那么阴影部分图形的面积为_____。

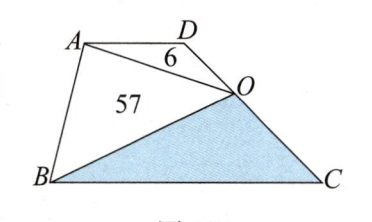

图 17

练习 ❹ 如图 18 所示,在梯形 ABCD 中,AD∥BC,梯形外有一点 O,连结 OA、OB、OC、OD,BC = 2AD,△AOD 的面积为 15,△BOC 的面积为 40,△COD 的面积为 20,那么阴影部分图形的面积为_____。

图 18

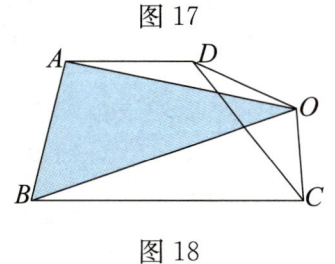

练习 ❺ 如图 19 所示,在梯形 ABCD 中,AD∥BC,梯形外有一点 P,连结 OA、OB、OC、OD,AD:BC = 3:5,△ADP 的面积为 15,△CDP 的面积为 56,△BCP 的面积为 200,那么阴影部分图形的面积为_____。

图 19

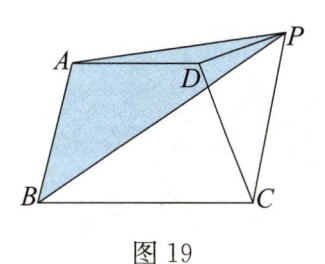

练习 ❻ 如图 20 所示,在面积为 48 的正六边形 ABCDEF 中,P 是其内一点,△ABP 与 △EFP 的面积之和为 19,那么△BPE 的面积为_____。

图 20

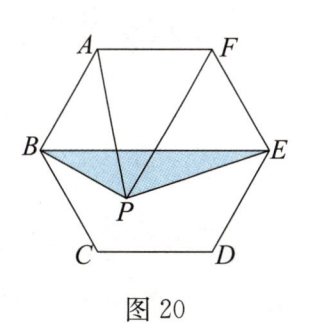

练习参考答案

练习题号	练习1	练习2	练习3	练习4	练习5	练习6
参考答案	16	25	105	70	151	6
解答提示	基本练习	基本练习	基本练习	参考图 6 结论	考虑结论变形使用	△AFP 的面积比△BEP 的面积大 5

JH-062　风沙模型

神器内容	如图1所示，一个三角形被分成五个小三角形，则有 $S_{全}=\dfrac{ac}{b}$。
要点与说明	a 与 b，是风筝，相同之底在当中。 b 与 c，是沙漏，对顶之角发现有。 可以简称为"风沙"，结论简洁能秒杀。

图1

神器溯源

如图2所示，在 $\triangle ABC$ 中，点 D、E 分别在 AB、AC 上，连结 BE、CD 交于点 F，连结 DE，对应五块面积分别为 a、b、c、d、e，则有 $S_{\triangle ABC}=\dfrac{ac}{b}$。

证明：如图2所示，根据共边之风筝形，得到 $bc=de$，再以 AB 边两次利用山脊形，得到

$\dfrac{a}{b+d}=\dfrac{a+b+e}{c+d}$

$b(a+b+e)+ad+bd+de=ac+ad$

$b(a+b+e)+bd+bc=ac$

$b(a+b+c+d+e)=ac$

$bS_{\triangle ABC}=ac$

即有 $S_{\triangle ABC}=\dfrac{ac}{b}$。

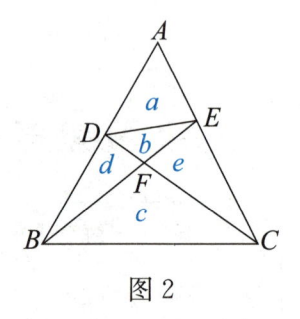

图2

例题精讲

例题 1 如图3所示，点 D、E 分别在 AB、AC 上，连结 BE、CD、DE。图中标记的三个三角形的面积分别为4、12、20，那么 $\triangle ABC$ 的面积为_____。

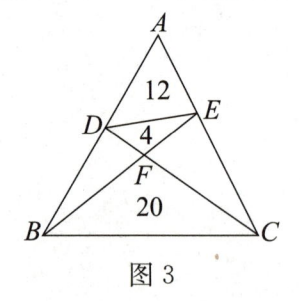

图3

答案：60

【解答】 根据风沙模型结论，△ABC 的面积为 12×20÷4＝60。

例题 2 如图 4 所示，线段 DF 交△ABC 的边 AB 于 D，交 AC 于 E，交 BC 的延长线于 F。连结 BE 与 CD 于 O。已知△BOD 的面积为 6，△BOC 的面积为 8，△CEF 的面积为 8.75，那么△ADE 的面积为＿＿＿＿。

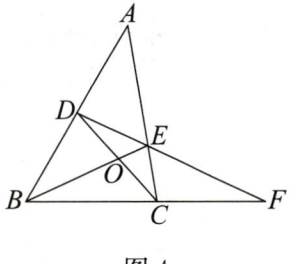

答案：$\dfrac{105}{26}$

图 4

【解答】 如图 5 所示，在 BF 上两次使用山脊模型，设△DOE 的面积为 $3x$，得到 $\dfrac{8.75}{8+4x}=\dfrac{8.75+7x}{8+6}$，$2x×(4x+13)=15$，$4x×(4x+13)=30$，而 $(4x+13)-4x=13$，所以 $x=0.5$。

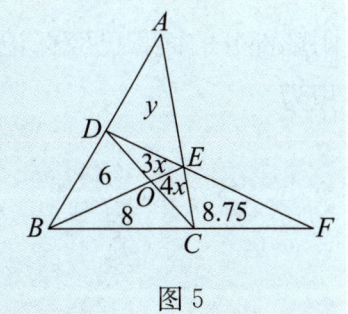

在△ABC 中使用风沙模型，设△ADE 的面积为 y。$8y=3×0.5×(y+6+8+3×0.5+4×0.5)$，$y=\dfrac{105}{26}$。

图 5

针对性练习

练习❶ 如图 6 所示，△ABC 内部的三个三角形的面积分别为 1 平方厘米、4 平方厘米、8 平方厘米，那么△ABC 的面积为＿＿＿＿平方厘米。

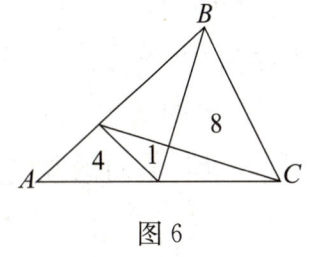

图 6

练习❷ 如图 7 所示，面积为 100 的三角形被分割成五个三角形，其中上面的两部分的面积分别为 6 和 15，那么阴影部分图形的面积之和为＿＿＿＿。

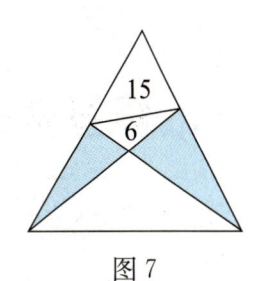

图 7

练习❸ 如图 8 所示，把△ABC 分成四部分，其中三个三角形的面积分别为 6、8、12，那么△ABC 的面积为＿＿＿＿。

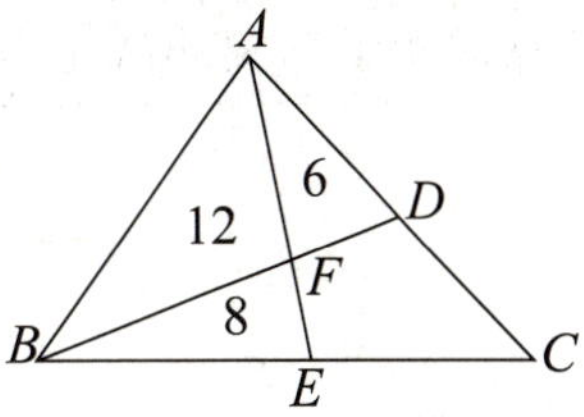

图 8

· 207 ·

练习❹ 如图 9 所示,在 △ABC 中,BD=DE=EC,点 F 是 AC 的三等分点,且靠近点 C,连结 AE、DF 并交于点 G,△EFG 的面积为 2,四边形 ABDG 的面积为 27,那么△ABC 的面积是_____。

图 9

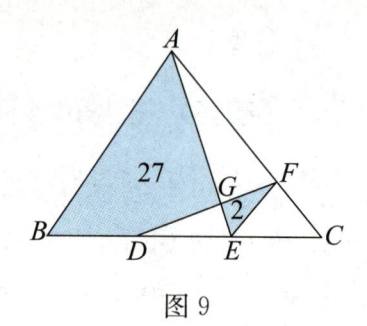

练习❺ 如图 10 所示,把一个三角形如图连线,图中五块阴影部分的面积已经标记出来 1、3、4、6、9,那么大三角形的面积为_____。

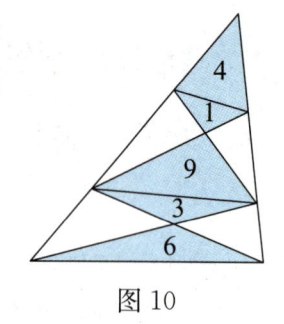

图 10

练习❻ 如图 11 所示,已知等边△ABC 和等边△BDE,点 B 在 AD 上。连结 AE 与 BC 交于点 F,CD 与 BE 交于点 G,AE 与 CD 交于点 H,连结 FG。△HGF 的面积为 4,△CEH 的面积为 18,那么四边形 ADEC 的面积为_____。

图 11

练习参考答案

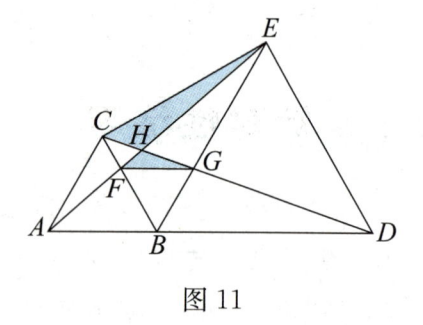

练习题号	练习1	练习2	练习3	练习4	练习5	练习6
参考答案	32	39	45	45 或 67.5	72	220.5
解答提示	基本练习	基本练习	连结 DE	连结 AD	两次风沙模型	AB∶BD=1∶2

208

JH-063　区字调和定理*

神器内容	如图1所示,已知 $AB /\!/ CD$,连结 AD、BC 并交于点 F,过点 F 作 $EF /\!/ AB$ 并交 AC 于点 E,则有 $\dfrac{1}{AB}+\dfrac{1}{CD}=\dfrac{1}{EF}$。
要点与说明	三条线段互平行,去掉中间像区形。 区字定理用一用,三者调和传美名。

图1

神器溯源

如图2所示,这是一个毛笔书写的汉字"区",图1是一个形似区字的几何图形。已知 $AB /\!/ CD$,连结 AD、BC 交于点 F,过点 F 作 $EF /\!/ AB$ 交 AC 于点 E,则有 $\dfrac{1}{AB}+\dfrac{1}{CD}=\dfrac{1}{EF}$。

证明: 如图1所示,根据已知,可以得到 $AB /\!/ CD /\!/ EF$。如图3所示,因为 $AB /\!/ EF$,则 $\triangle CEF$ 与 $\triangle CAB$ 符合相似之平行鸟头,得到 $\dfrac{EF}{AB}=\dfrac{CE}{CA}$ ……①。

如图4所示,同理,$\triangle AEF$ 与 $\triangle ACD$ 符合相似之平行鸟头,得到 $\dfrac{EF}{CD}=\dfrac{AE}{AC}$ ……②。

①+②: $\dfrac{EF}{AB}+\dfrac{EF}{CD}=\dfrac{CE}{CA}+\dfrac{AE}{AC}=\dfrac{CE+AE}{CA}=\dfrac{CA}{CA}=1$,$\dfrac{EF}{AB}+\dfrac{EF}{CD}=1$,$\dfrac{1}{AB}+\dfrac{1}{CD}=\dfrac{1}{EF}$。

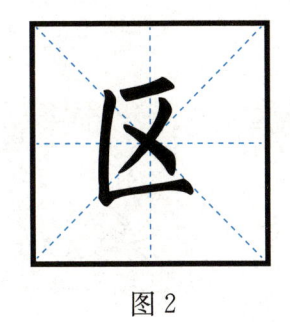

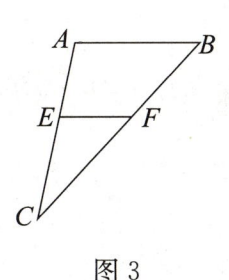

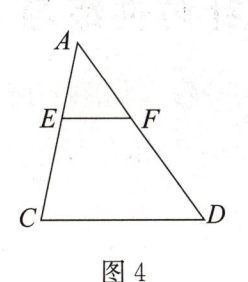

图2　　图3　　图4

这里的三条平行线段的结论称为简单的线段调和关系。

例题精讲

例题 1 如图 5 所示,$AB/\!/EF/\!/CD$,$AB=24$,$CD=40$,那么 $EF=$ _____。

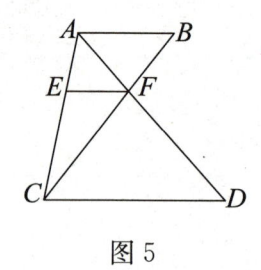

答案: 15

【解答】 如图 5 所示,题目条件符合区字调和定理条件,$\dfrac{1}{EF}=\dfrac{1}{24}+\dfrac{1}{40}=\dfrac{5+3}{120}=\dfrac{1}{15}$,$EF=15$。

例题 2 如图 6 所示,在 $\triangle ABC$ 中,$\angle BAC=120°$,AD 平分 $\angle BAC$,$AB=10$,$AC=15$,那么 $AD=$ _____。

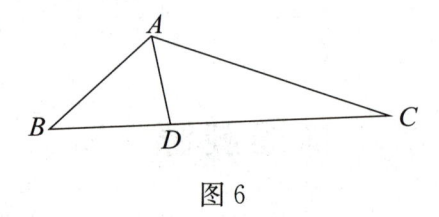

答案: 6

【解答】 如图 7 所示,分别过点 B、C 作 AD 的平行线,各自与 CA、BA 的延长线交于点 E、F,根据 AD 是 $120°$ 角的平分线,从平分线的内错角和同位角入手可以得到 $\triangle ABE$ 和 $\triangle ACF$ 都是等边三角形。又由于符合区字调和定理的条件,得到 $\dfrac{1}{AD}=\dfrac{1}{BE}+\dfrac{1}{CF}=\dfrac{1}{10}+\dfrac{1}{15}=\dfrac{1}{6}$,$AD=6$。

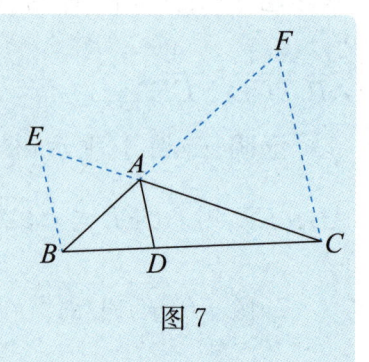

针对性练习

练习 ❶ 如图 8 所示,已知 $AB/\!/EF/\!/CD$,若 $AB=10$,$CD=40$,那么 $EF=$ _____。

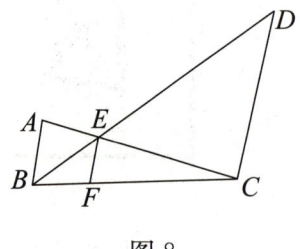

练习❷ 如图 9 所示,已知梯形 $ABCD$,$AB/\!/CD$,AC、BD 交于点 O,过 O 作 $EF/\!/AB$ 交 AD 于 E,交 AB 于 F。$AB=6$,$CD=10$,那么 $EF=$ _____。

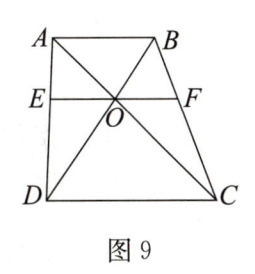

图 9

练习❸ 如图 10 所示,已知梯形 $ABCD$,$AB/\!/CD$,上底是下底的 0.6 倍,对角线交于点 O,过点 O 作 $EF/\!/AB$ 交 AD 于 E,交 AB 于 F。G、H 分别为 AD、BC 的中点,那么 $\dfrac{EF}{GH}=$ _____。

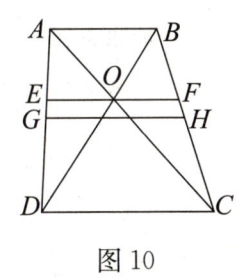

图 10

练习❹ 如图 11 所示,已知梯形 $ABCD$ 中,$AD/\!/BC$ ($AD<BC$),AC 和 BD 交于点 M,$EF/\!/AD$,且过点 M,EC 和 FB 交于点 N,$GH/\!/AD$,且过 N。$AD=15$,$BC=30$,那么 $EF+GH=$ _____。

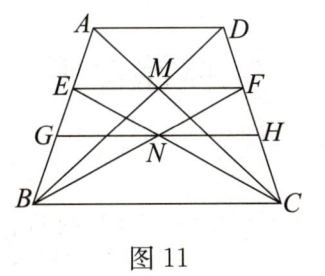

图 11

练习参考答案

练习题号	练习1	练习2	练习3	练习4
参考答案	8	7.5	$\dfrac{15}{16}$	44
解答提示	基本练习	$\dfrac{1}{AB}+\dfrac{1}{CD}=\dfrac{2}{EF}$	区字调和定理与梯形的中位线	两次区字调和定理

JH-064　三线共点之塞瓦定理

神器内容	如图1所示，在△ABC中，点D、E、F分别在BC、CA、AB上，连结AD、BE、CF并交于一点O，则有 $\dfrac{AF}{FB} \times \dfrac{BD}{DC} \times \dfrac{CE}{EA} = 1$。

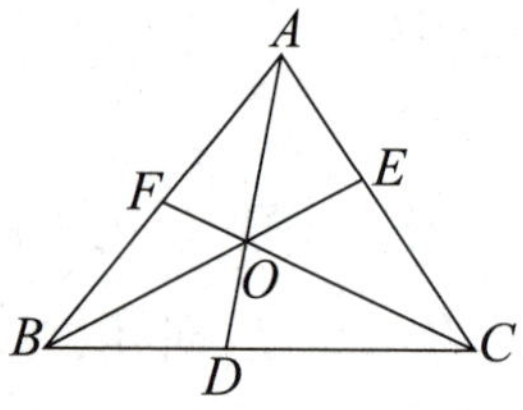

图1

要点与说明	三条线，交一点，对应比例乘一遍。 结果是1真好算，千万对应别搞反。 赛瓦赛瓦真厉害，这个定理证出来。 条件结论反着用，三线共点可证明。

神器溯源

如图1所示，在△ABC中，点D、E、F分别在BC、CA、AB上，连结AD、BE、CF交于一点O，则有 $\dfrac{AF}{FB} \times \dfrac{BD}{DC} \times \dfrac{CE}{EA} = 1$。

证明： 如图2所示，使用三次共边定理之燕尾形，得到 $\dfrac{AF}{FB} \times \dfrac{BD}{DC} \times \dfrac{CE}{EA} = \dfrac{S_{\triangle ACO}}{S_{\triangle BCO}} \times \dfrac{S_{\triangle ABO}}{S_{\triangle ACO}} \times \dfrac{S_{\triangle BCO}}{S_{\triangle ABO}} = 1$。

这是三线共点时得到的结论，结论和条件也可以互换，也就是说，如果 $\dfrac{AF}{FB} \times \dfrac{BD}{DC} \times \dfrac{CE}{EA} = 1$，则有三线交于一点。

塞瓦定理的结论可以按照图3进行记忆。

赛瓦（Ceva，1647—1734）意大利水利工程师，数学家，数学著作有《直线论》。

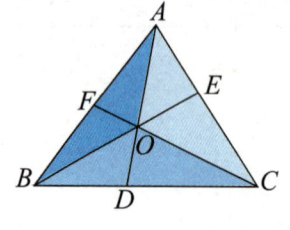

图2 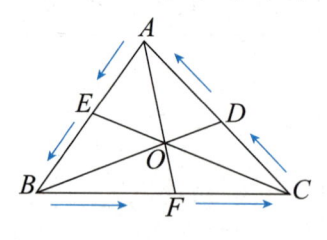　　　　图3

例题精讲

例题 1 如图 4 所示，△ABC 中，AF、BD、CE 交于点 O，BF：FC = 3：2，CD：DA = 3：4，那么 AE：EB = _____。

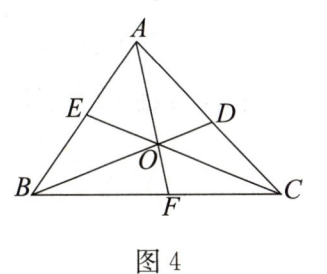

答案：8：9

【解答】根据赛瓦定理，得到 $\dfrac{AE}{EB} \times \dfrac{3}{2} \times \dfrac{3}{4} = 1$，$\dfrac{AE}{EB} = \dfrac{8}{9}$。

例题 2 如图 5 所示，在 △ABC 中，AF、BD、CE 交于点 O，△AOE、△BOF、△COD 的面积分别为 10、8、7，那么 $S_{\triangle AOD} \times S_{\triangle BOE} \times S_{\triangle COF} =$ _____。

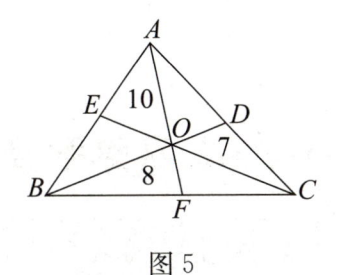

答案：560

【解答】如图 5 所示，因为 $\dfrac{AE}{EB} \times \dfrac{BF}{FC} \times \dfrac{CD}{DA} = 1$，所以 $\dfrac{10}{S_{\triangle BOE}} \times \dfrac{8}{S_{\triangle COF}} \times \dfrac{7}{S_{\triangle AOD}} = \dfrac{10 \times 8 \times 7}{S_{\triangle BOE} \times S_{\triangle COF} \times S_{\triangle AOD}} = 1$，$S_{\triangle BOE} \times S_{\triangle COF} \times S_{\triangle AOD} = 560$。

针对性练习

练习 ❶ 如图 6 所示，△ABC 中，AD、BE、CF 交于点 O，F 为 AB 中点，BD：DC = 2：3，那么 AE：EC = _____。

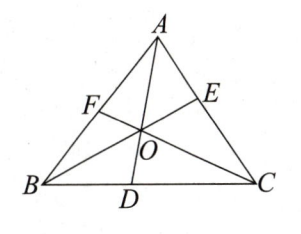

练习 ❷ 如图 7 所示，在 △ABC 中，三角形中各边之比如图所示，且三线交于一点 O，那么 AF：FB = _____。

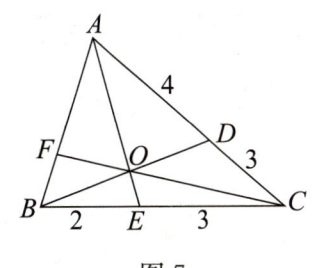

练习 ❸ 如图 8 所示，△ABC 中，AF、BD、CE 交于点 O，△AOE、△BOF、△COD 的面积分别为 4、5、6，那么 $S_{\triangle AOD} \times S_{\triangle BOE} \times S_{\triangle COF} =$ _____。

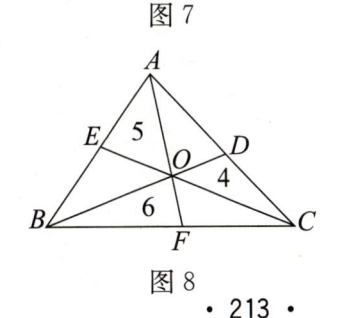

· 213 ·

练习 ❹ 如图 9 所示，△ABC 被通过它的三个顶点与其内部一点 O 的三条直线分为 6 个小三角形，其中三个小三角形的面积分别为 12、14、16，那么 △ABC 的面积为_____。

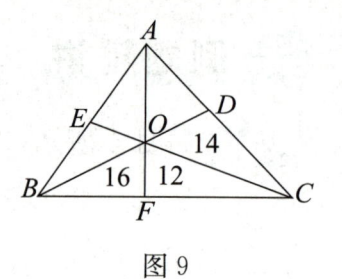

图 9

练习 ❺ 如图 10 所示，在 △ABC 中，AE、BF、CD 交于点 O，△ADO 的面积为 8，△BDO 的面积为 6，△CEO 的面积为 14，那么 △ABC 的面积为_____。

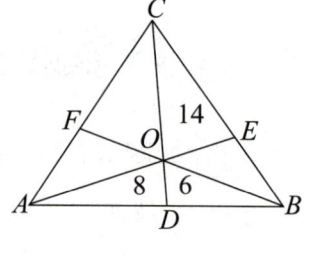

图 10

练习参考答案

练习题号	练习1	练习2	练习3	练习4	练习5
参考答案	2∶3	2∶1	120	126	63
解答提示	基本练习	基本练习	面积比转化为边比	先求 BO∶OD，BF∶FC	设 △BEO 的面积

214

JH-065　三点共线之梅氏定理

神器内容	如图 1 所示，直线 DF 截 $\triangle ABC$ 的边于点 D、E，延长 BC 交 DF 于点 F，则有 $\dfrac{AD}{DB}\times\dfrac{BF}{FC}\times\dfrac{CE}{EA}=1$。 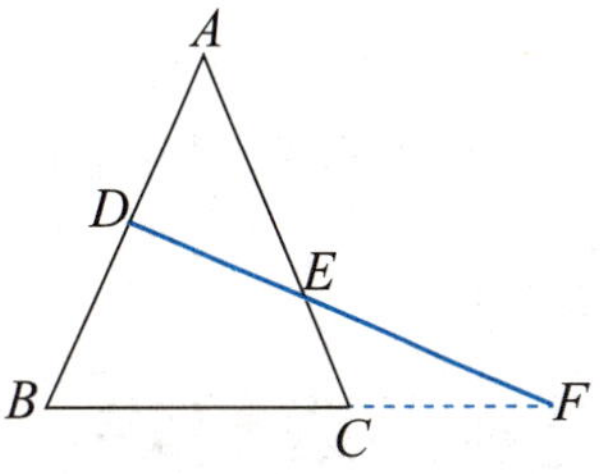
要点与说明	三角形，被斜切，各边都被它所截。 顶点交点六线段，对应比例乘起看。 发现乘积就是1，梅涅劳斯一定理。 条件结论可互换，证明三点能共线。

图 1

神器溯源

如图 1 所示，直线 DF 截 $\triangle ABC$ 的边于点 D、E，延长 BC 交 DF 于点 F，则有 $\dfrac{AD}{DB}\times\dfrac{BF}{FC}\times\dfrac{CE}{EA}=1$。

证明： 如图 2 所示，连结 AF、BE，根据共边定理之燕尾形和山脊形，得到

$\dfrac{AD}{DB}=\dfrac{S_2}{S_3}$ ……①，$\dfrac{BC}{CF}=\dfrac{S_1}{S_2}$，$\dfrac{BF}{CF}=\dfrac{BC+CF}{CF}=\dfrac{S_1+S_2}{S_2}$ ……②，

$\dfrac{CE}{EA}=\dfrac{S_3}{S_1+S_2}$ ……③。

①×②×③得 $\dfrac{AD}{DB}\times\dfrac{BF}{FC}\times\dfrac{CE}{EA}=\dfrac{S_2}{S_3}\times\dfrac{S_1+S_2}{S_2}\times\dfrac{S_3}{S_1+S_2}=1$。

梅涅劳斯定理的证明方法很多，小学生也可以通过平行鸟头和平行沙漏证明，留给读者练习。

梅氏定理是三点共线时得到的结论，结论和条件也可以互换，也就是如果 $\dfrac{AD}{DB}\times\dfrac{BF}{FC}\times\dfrac{CE}{EA}=1$，则有三线共线。

梅氏定理的结论可以按照图 3 进行记忆。

图 2

图 3

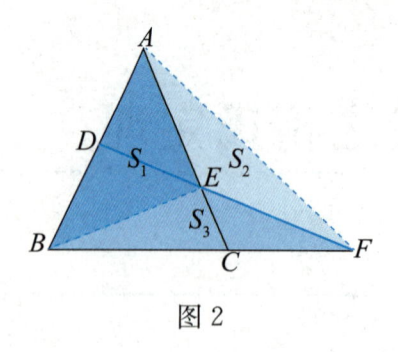

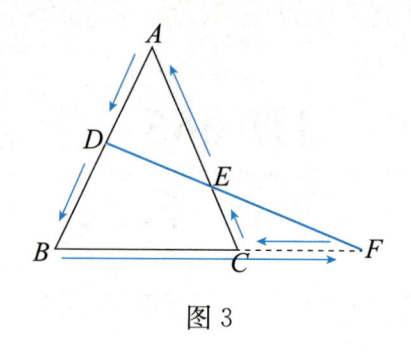

梅涅劳斯(Menelaus)是古希腊数学家,数学著作有《球面学》。

例题精讲

例题 1 如图 4 所示,在 △ABC 中,D 为 BC 的中点,CE=3AE,连结 BE、AD 交于点 F,那么 BF:FE=_____,AF:FD=_____。

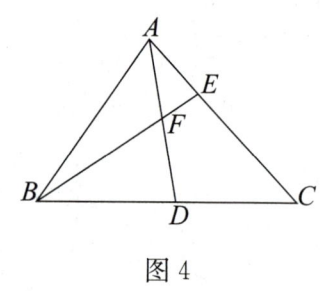

图 4

答案: 4:1   2:3

【解答】 如图 5 所示,用 AD 截 △BCE,根据梅氏定理结论,得到 $\frac{BD}{DC} \times \frac{CA}{AE} \times \frac{EF}{FB} = \frac{1}{1} \times \frac{4}{1} \times \frac{EF}{FB} = \frac{4}{1} \times \frac{EF}{FB} = 1$,$\frac{BF}{FE} = \frac{4}{1}$。

如图 6 所示,用 BE 截 △ACD,得 $\frac{AE}{EC} \times \frac{CB}{BD} \times \frac{DF}{FA} = 1$,$\frac{1}{3} \times \frac{2}{1} \times \frac{DF}{FA} = 1$,$\frac{AF}{FD} = \frac{2}{3}$。

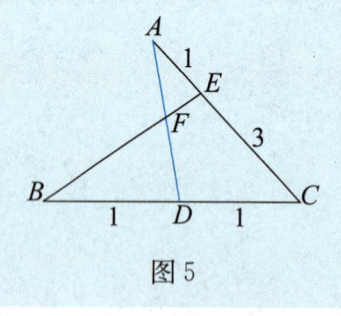

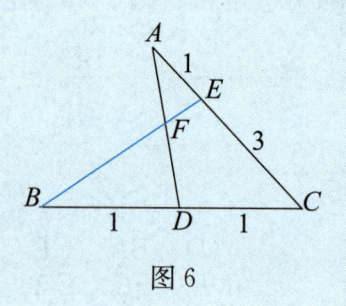

图 5

图 6

例题 2 如图 7 所示,在 △ABC 中,D、E 为 BC 的三等分点,AF:FC=1:2,连结 AD、AE、BF。如果 △ABC 的面积为 210,那么阴影部分图形的面积为_____。

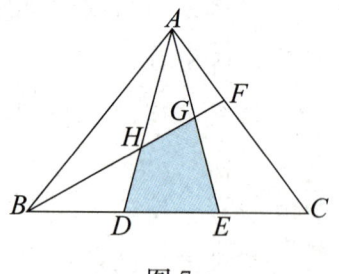

图 7

216

答案:52

【解答】 如图 8 所示,用 BF 截 $\triangle ACE$,得 $\dfrac{AG}{GE}\times\dfrac{2}{3}\times\dfrac{2}{1}=1$,$\dfrac{AG}{GE}=\dfrac{3}{4}$。

如图 9 所示,用 BF 截 $\triangle ACD$,得 $\dfrac{AH}{HD}\times\dfrac{1}{3}\times\dfrac{2}{1}=1$,$\dfrac{AH}{HD}=\dfrac{3}{2}$。

如图 10 所示,采用共角定理之鸟头形,得到阴影部分图形的面积为 $210\times\dfrac{1}{3}\times\left(1-\dfrac{3}{5}\times\dfrac{3}{7}\right)=52$。

图 8　　　图 9　　　图 10

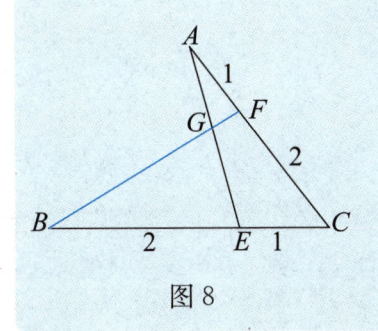

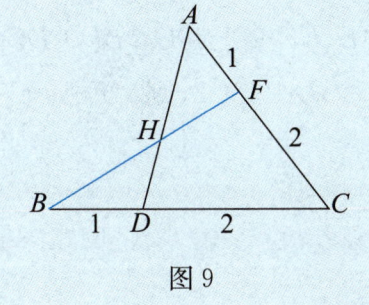

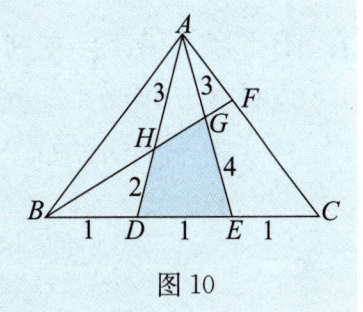

针对性练习

练习❶ 如图 11 所示,在 $\triangle ABC$ 中,E 为 AC 的中点,$BD=2AD$,延长 DE、BC 交于点 F,那么 $BC:CF=$ _____。

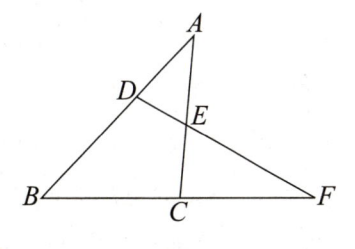

图 11

练习❷ 如图 12 所示,在 $\triangle ABC$ 中,$BD=2CD$,$CE=3AE$,连结 BE、AD 交于点 F,那么 $BF:FE=$ _____,$AF:FD=$ _____。

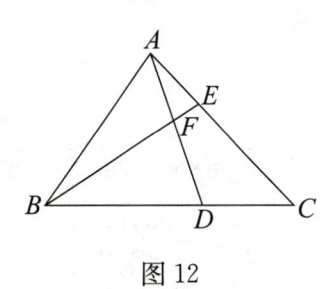

图 12

练习❸ 如图 13 所示,$\triangle ABC$ 中,D 是 AC 的中点,连结 BD,G、H 分别是 BD 的三等分点。连结 AG、AH 并延长分别交 BC 于点 E、点 F,那么 $BE:EF:FC=$ _____。

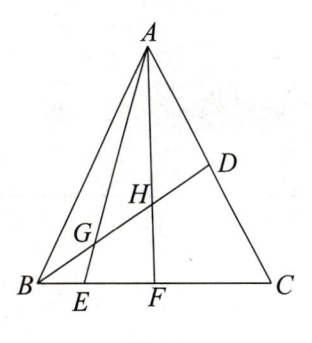

图 13

练习❹ 如图 14 所示，AD 是 $\triangle ABC$ 的中线，点 E 是 AD 的中点，过点 E 作直线交 AB、AC 于点 F、点 G，那么 $\dfrac{AB}{AF}+\dfrac{AC}{AG}=$ _____。

图 14

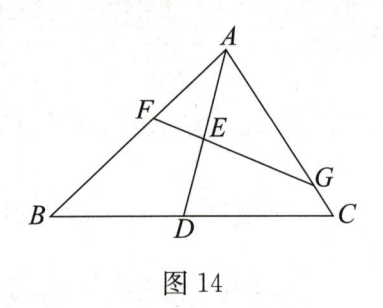

练习❺ 如图 15 所示，在 $\triangle ABC$ 中，D 在 BC 上，E 在 AB 上，F 在 AC 上，连结 AD、EF 交于点 G。$BD:DC=1:3$，$AE:EB=2:3$，$AG:GD=1:2$，则 $AF:FC=$ _____。

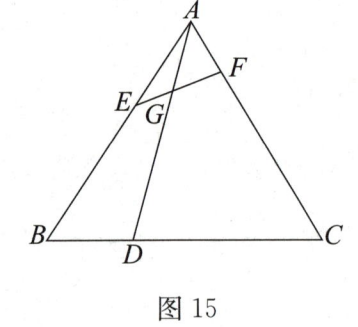

图 15

练习❻ 如图 16 所示，E、F、G、H 分别是四边形 $ABCD$ 各边上的分点，$AE:EB=BF:FC=2:1$，$CG:GD=1:3$。连结 EF、AC、HG 各自延长交于同一点 P。$\triangle AHE$ 的面积为 88，$\triangle BEF$ 的面积为 54，$\triangle DHG$ 的面积为 81，那么阴影部分图形的面积为 _____。

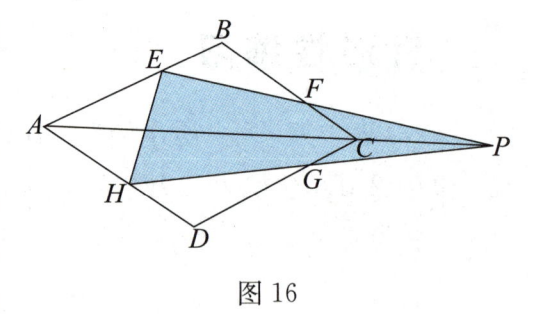

图 16

练习参考答案

练习题号	练习1	练习2	练习3	练习4	练习5	练习6
参考答案	1:1	8:1　1:2	2:3:5	4	2:7	320
解答提示	DF 为截线	基本练习	AE、AF 分别作截线	延长 FG、BC 并交于点 H	延长 FE、CB 并交于点 H	求 $AH:HD$、$AC:CP$

JH-066　三线包围之卢森定理

神器内容	如图1所示，大三角形的面积为1，三边之比依次都是 $1:n(n>1)$，则有 (1) $S_{阴}=\dfrac{(n-1)^3}{n^3-1}$。 (2) $a:b:c=1:(n^2-1):(n+1)$。
要点与说明	三角形，三边上，对应比例都一样。 连出内含三角形，面积大小能确定。 卢森定理是其名，简化公式秒杀用。

图1

神器溯源

如图1所示，大三角形的面积为1，三边之比依次都是 $1:n(n>1)$，则有 $S_{阴}=\dfrac{(n-1)^3}{n^3-1}$，$a:b:c=1:(n^2-1):(n+1)$。

证明：如图2所示，在 $\triangle ABC$ 中，$AD:DB=BE:EC=1:n$，连结 BG，根据共边定理之燕尾形，得到 $\triangle ACG$ 的面积为 $S_{\triangle ACG}=\dfrac{n^2+n}{n^3+2n^2+2n+1}=\dfrac{n(n+1)}{(n+1)(n^2+n+1)}=\dfrac{n}{n^2+n+1}$，$\dfrac{DG}{DC}=\dfrac{1}{n^2+n+1}$。

如图3所示，同理 $S_{\triangle BCI}=\dfrac{n}{n^2+n+1}$，$\dfrac{IC}{DC}=\dfrac{n+1}{n^2+n+1}$。

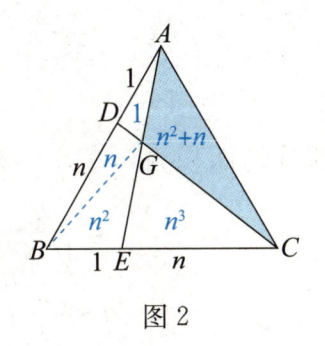

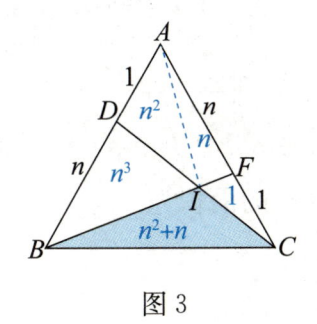

图2

图3

如图 4 所示，同理 $S_{\triangle ABH} = \dfrac{n}{n^2+n+1}$，所以 $S_{\triangle GHI} = 1 - \dfrac{3n}{n^2+n+1} = \dfrac{(n-1)^2}{n^2+n+1} = \dfrac{(n-1)^3}{n^3-1}$。

$DG:GI:IC = EH:HG:GA = FI:IH:HB = \dfrac{1}{n^2+n+1} : \left(1 - \dfrac{n+2}{n^2+n+1}\right) : \dfrac{n+1}{n^2+n+1} = 1:(n^2-1):(n+1)$。

本结论是卢森定理的一种特殊情况，其一般结论是：如图 5 所示，在面积为 1 的三角形中，三边分点之比依次是 $1:a$、$1:b$、$1:c$，则三线围成的内含三角形面积为 $\dfrac{(abc-1)^2}{(ca+a+1)(ab+b+1)(bc+c+1)}$。

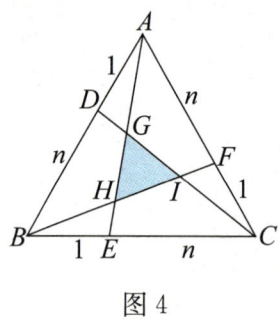

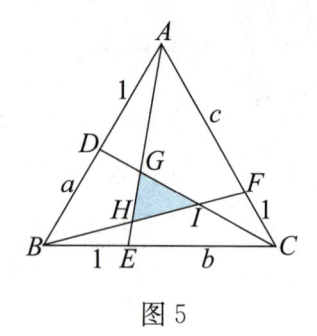

图 4

图 5

例题精讲

例题 1 如图 6 所示，$\triangle ABC$ 的面积为 140 平方厘米，$AD:DB = BE:EC = CF:FA = 1:2$，那么阴影 $\triangle GHI$ 的面积为_____平方厘米。

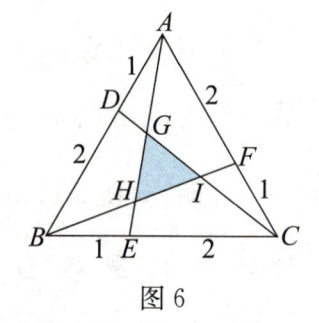

图 6

答案： 20

【解答】 如图 6 所示，根据已知条件，得到 $n=2$，阴影部分的面积为 $S_{\triangle GHI} = 140 \times \dfrac{(2-1)^3}{2^3-1} = 20$ 平方厘米。

例题 2 如图 7 所示，在 $\triangle ABC$ 中，$AD:DB = 1:1$，$BE:EC = 1:2$，$CF:FA = 1:3$。已知阴影部分的面积为 10，那么 $\triangle ABC$ 的面积为_____。

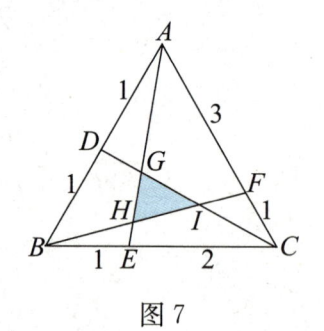

图 7

220

答案：100

【解答】 先分解图形,采用"三面埋伏"的方法和共边定理之燕尾形,分别求出外围三个三角形的面积。

如图 8 所示,$S_{\triangle AGC}=\dfrac{4}{10}=\dfrac{2}{5}$；如图 9 所示,$S_{\triangle ABH}=\dfrac{9}{30}=\dfrac{3}{10}$；如图 10 所示,$S_{\triangle BCI}=\dfrac{4}{20}=\dfrac{1}{5}$；所以△ABC 的面积为 $10\div\left(1-\dfrac{2}{5}-\dfrac{3}{10}-\dfrac{1}{5}\right)=100$。

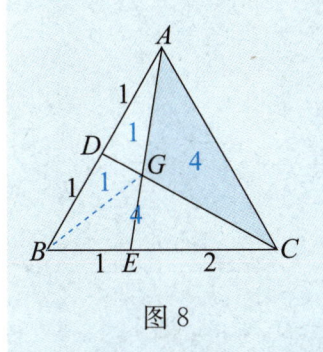

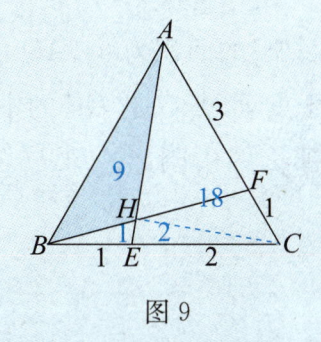

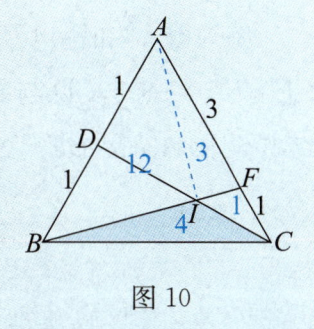

图 8　　　图 9　　　图 10

另解：本题也可以直接套用三线包围的卢森定理的一般化结论,$a=1, b=2, c=3$。△ABC 的面积为 $10\div\dfrac{(1\times2\times3-1)^2}{(3\times1+1+1)(1\times2+2+1)(2\times3+3+1)}=10\div\dfrac{25}{5\times5\times10}=100$。

针对性练习

练习❶ 如图 11 所示,△ABC 的面积为 26 平方厘米,$AD:DB=BE:EC=CF:FA=1:3$,那么阴影△GHI 的面积为_____平方厘米。

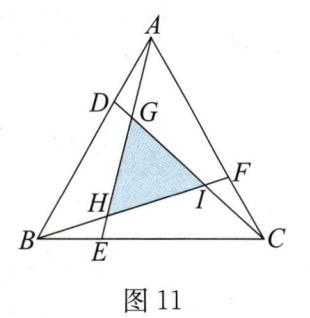

图 11

练习❷ 如图 12 所示,△ABC 的面积为 70 平方厘米,$AD:DB=BE:EC=CF:FA=1:4$,那么阴影△GHI 的面积为_____平方厘米。

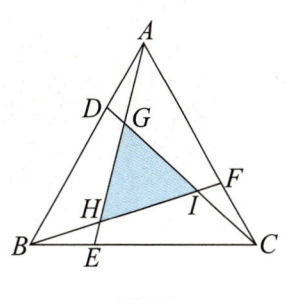

图 12

练习❸　如图 13 所示，△ABC 的面积为 70，AG=GH，BH = HI，CI = IG，那么图中阴影部分面积总和为_____。

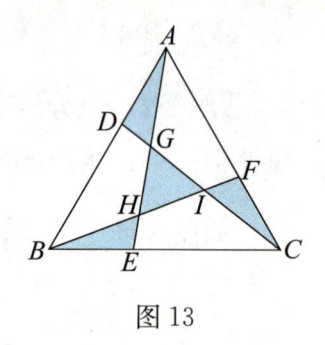

图 13

练习❹　如图 14 所示，△ABC 的面积为 63，AD：DB= CE：EA=1：2，CD 与 BE 交于点 F，点 G 是 DF 的中点，连结并延长 AG 交 BF 于点 H，那么图中阴影△FGH 的面积为_____。

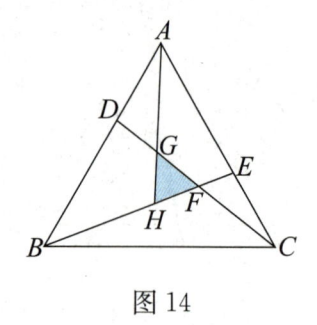

图 14

练习参考答案

练习题号	练习1	练习2	练习3	练习4
参考答案	8	30	20	3
解答提示	基本练习	基本练习	连结 DH、BG	先求 BH：HF

JH-067　重心定理

神器内容	如图 1 所示，在 △ABC 中，AD、BE、CF 分别是各边中线。 (1) 三条中线交于一点 G。 (2) 六个基本三角形的面积都相等。 (3) $AG:GD=BG:GE=CG:GF=2:1$。	图1
要点与说明	三条中线交一点，塞瓦定理可来验。 交点就是图重心，不偏不倚能放稳。 重心来把中线分，三等分点不平均。	

神器溯源

图 2 是一个寻找物体重心的示意图。图 1 中的中线交点 G 就是整个图形的重心。在 △ABC 中，AD、BE、CF 分别是各边中线，三条中线交于一点 G，同时得到六个基本三角形的面积都相等，$AG:GD=BG:GE=CG:GF=2:1$。

证明：如图 3 所示，根据塞瓦定理，$\dfrac{AF}{FB} \times \dfrac{BD}{DC} \times \dfrac{CE}{EA} = \dfrac{1}{1} \times \dfrac{1}{1} \times \dfrac{1}{1} = 1$，所以三条中线交于一点，设为 G。

同时根据燕尾定理，可以得到每个基本三角形的面积都相等，所以 $AG:GD = S_{\triangle ACG}:S_{\triangle DCG}=2:1$，其他结论均同理可得。还可以连结 EF，利用平行沙漏证明。

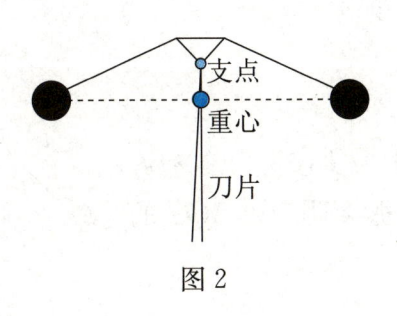

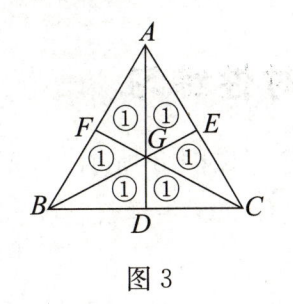

图2

图3

例题精讲

例题 1 如图 4 所示,长方形 ABCD 的面积为 60,点 E、F 分别为 AB、AD 的中点,连结 BF、DE 交于点 G,那么阴影部分图形的面积为_____。

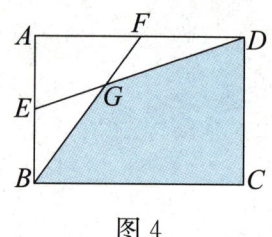

答案: 40

【**解答**】 如图 5 所示,连结 BD,G 为 △ABD 的重心,△BGD 的面积占 △ABD 面积的 $\frac{1}{3}$,所以阴影部分图形的面积为 $60 \times \left(\frac{1}{2} + \frac{1}{2} \times \frac{1}{3}\right) = 40$。

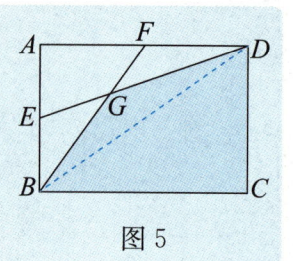

例题 2 如图 6 所示,过 △ABC 的重心 G 作直线 DE,交 AC、AB 于点 D、E,且点 E 靠近 B 点,那么 $\frac{BE}{EA} + \frac{CD}{DA} =$ _____。

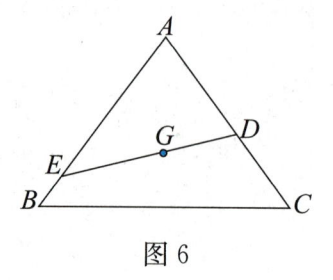

答案: 1

【**解答**】 如图 7 所示,延长 CB、DE 交于点 F。连结 AG 并延长,交 BC 于点 H。G 为重心,则 AG:GH=2:1,点 H 为 BC 中点。设 BF=x,则 $\frac{BE}{EA} \times \frac{AG}{GH} \times \frac{HF}{FB} = \frac{BE}{EA} \times \frac{2}{1} \times \frac{x+1}{x} = 1$,$\frac{BE}{EA} = \frac{x}{2(x+1)}$。

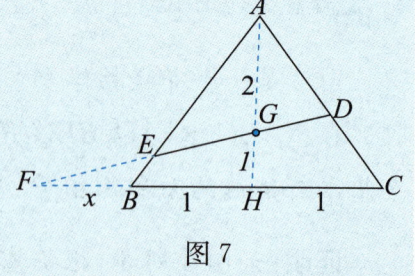

$\frac{CD}{DA} \times \frac{AG}{GH} \times \frac{HF}{FC} = \frac{CD}{DA} \times \frac{2}{1} \times \frac{x+1}{x+2} = 1$,$\frac{CD}{DA} = \frac{x+2}{2(x+1)}$。

所以,$\frac{BE}{EA} + \frac{CD}{DA} = \frac{x}{2(x+1)} + \frac{x+2}{2(x+1)} = \frac{2x+2}{2(x+1)} = 1$。

针对性练习

练习❶ 如图 8 所示,△ABC 的面积为 18,G 为 △ABC 的重心。连结 AG 并延长,交 BC 于点 D,那么阴影 △ACG 的面积为_____。

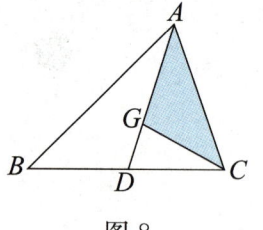

224

练习❷ 如图9所示，△ABC的面积为60，D、E分别为AB、BC的中点，连结AE、CD交于G，那么阴影△DEG的面积为_____。

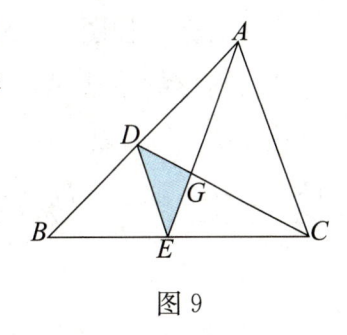

图9

练习❸ 如图10所示，△ABC的面积为18，G为△ABC的重心，AD：DC=1：2，AE=2BE，连结GE、GD、ED，那么阴影△DEG的面积为_____。

图10

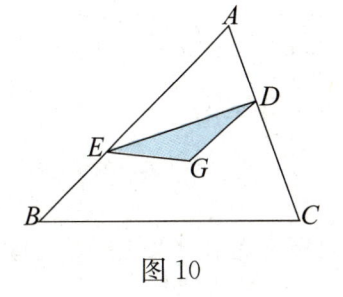

练习❹ 如图11所示，G是△ABC的重心，AB=3AE，那么BF：FC=_____。

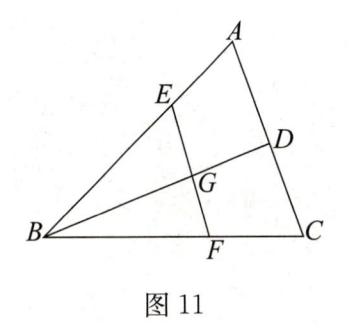

图11

练习❺ 如图12所示，面积为56平方厘米的△ABC的重心是点G，AD：DB=5：3，连结DG并延长交AC于点E，那么阴影△ADE的面积为_____平方厘米，DG：GE=_____。

图12

· 225 ·

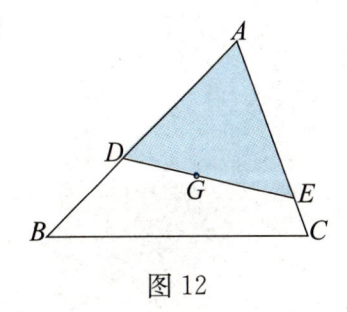

练习 ❻ 如图 13 所示,在面积为 48 的△ABC 中,连结三角形的中线 AD、BE、CF(顶点与对边中点的连线段)交于一点 G。已知 $DH = HA$,$EI = 2IB$,$4FJ=5JC$,那么△HIJ 的面积为_____。

图 13

练习参考答案

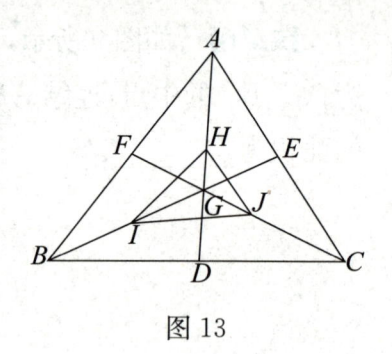

练习题号	练习1	练习2	练习3	练习4	练习5	练习6
参考答案	6	5	2	2∶1	25 7∶8	6
解答提示	基本练习	基本练习	连结 BG 并延长,交 AC 于 F	EF∥AC	连结 AG 并延长,交 BC 于 F。延长 DE、BC 并交于点 N	重心分中线为 2∶1

226

JH-068　三角形内角平分线定理

神器内容	如图1所示，在△ABC中，∠BAD=∠CAD，则有AB：AC=BD：DC。

图1

要点与说明	三角形，仔细看，有个内角平分线。 出现共角三角形，面积比例列方程。 两边之比线段比，对应相等笑嘻嘻。 内角平分线交点，各边距离一样远。

神器溯源

如图1所示，在△ABC中，∠BAD=∠CAD，则有AB：AC=BD：DC。

证明： 如图2所示，因为∠1=∠2，根据共角定理，得到

$$\frac{S_{\triangle ABD}}{S_{\triangle ACD}}=\frac{AB\times AD}{AC\times AD}=\frac{AB}{AC}。$$

再根据共边定理之山脊形，得到 $\frac{S_{\triangle ABD}}{S_{\triangle ACD}}=\frac{BD}{DC}$。

所以 $\frac{AB}{AC}=\frac{BD}{DC}$。

图2

另证： 如图3所示，过D作DE∥AC交AB于点E。

∴∠2=∠3。又∵∠1=∠2，∴∠1=∠3。∴ED=EA。

∴BD：DC=BE：EA=BE：ED。

∵△BDE与△BCA相似，∴BE：ED=AB：AC。

∴BD：DC=AB：AC。

内角平分线定理有很多证法，一般过B、C、D中的某一点分别作AB或AC的平分线，出现平行鸟头形，读者可以自己证明。

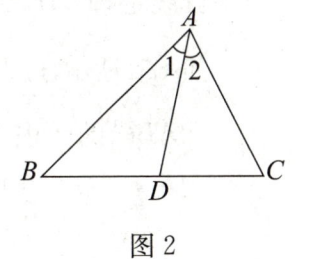

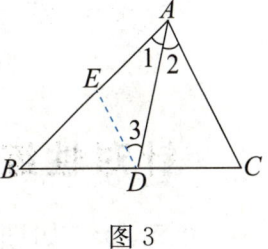

图3

例题精讲

例题 1 如图 4 所示,已知△ABC,∠C=90°,AD 是∠BAC 的平分线,BE 是∠ABD 的平分线。AB=10 厘米,AC=6 厘米,那么阴影△BDE 的面积为_____平方厘米。

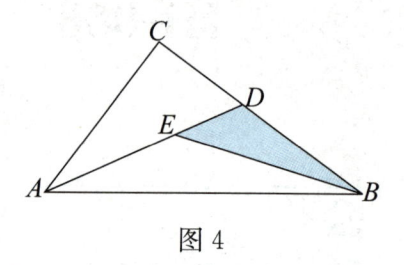

答案: 5

【解答】 如图 5 所示,根据勾股定理,可得 BC=8 厘米,△ABC 的面积为 6×8÷2=24 平方厘米。利用内角平分线定理,$\frac{BD}{8-BD}=\frac{5}{3}$,BD=5 厘米,$\frac{DE}{EA}=\frac{5}{10}=\frac{1}{2}$,所以△BDE 的面积为 $24\times\frac{5}{8}\times\frac{1}{3}=$ 5 平方厘米。

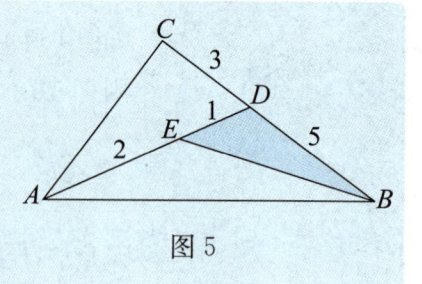

例题 2 如图 6 所示,在△ABC 中,∠BAD=∠DAE=∠EAC=∠ACE。BD=5,DE=6,那么△ABC 的面积为_____。

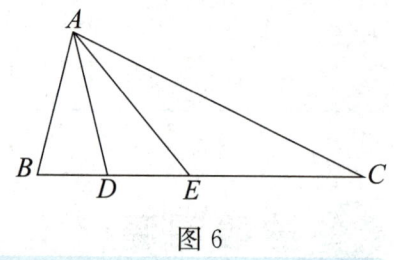

答案: 127.776

【解答】 如图 7 所示,首先因为△ABE 为等腰三角形,得到 AB=11,根据内角平分线定理,$AE=CE=11\times\frac{6}{5}=13.2$。

如图 8 所示,过 B 作 BF⊥AE 于点 F,直角△ABF 边比为 3:4:5,BF=8.8。△ABC 的面积为 $\frac{1}{2}\times 13.2\times 8.8\times\frac{11+13.2}{11}=127.776$。

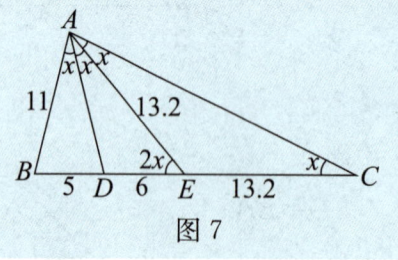

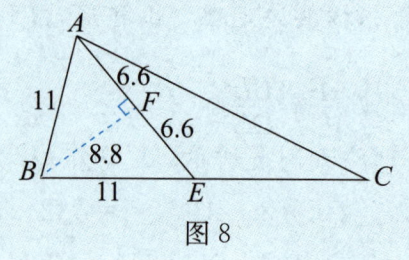

针对性练习

练习❶ 如图 9 所示,已知△ABC,∠C=90°,AC=3,BC=4,AD 是∠BAC 的平分线,阴影△ABD 的面积为_____。

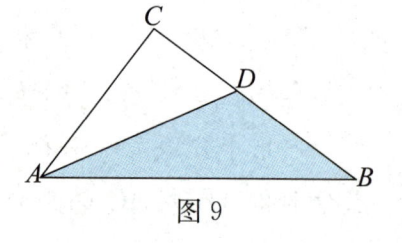

228

练习❷ 如图 10 所示,在直角△ABC 中,∠C=90°,AE 是∠BAC 的平分线,BE 是∠ABC 的平分线,过 E 作 ED⊥BC 于点 D。AB=10 厘米,BC=8 厘米,那么阴影△BDE 的面积为_____平方厘米。

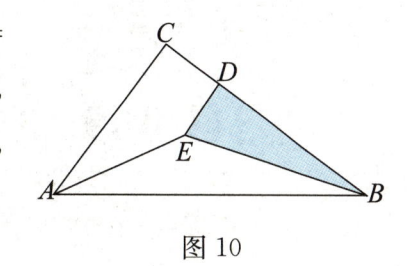

图 10

练习❸ 如图 11 所示,在直角△ABC 中,∠C=90°,AC=6,BC=8,AD 是∠BAC 的平分线,过点 D 作 DE⊥AB 于点 E,阴影部分图形的面积为_____。

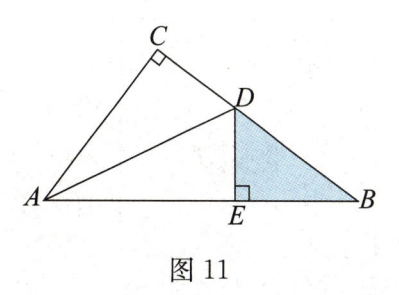

图 11

练习❹ 如图 12 所示,在△ABC 中,AC=15 厘米,AB=14 厘米,BC=13 厘米。AO 是∠BAC 的平分线,BO 是∠ABC 的平分线,过点 O 作 OE⊥AB 于点 E,延长 CO 交 AB 于点 D,那么△ADO 的面积比△BEO 的面积大_____平方厘米。

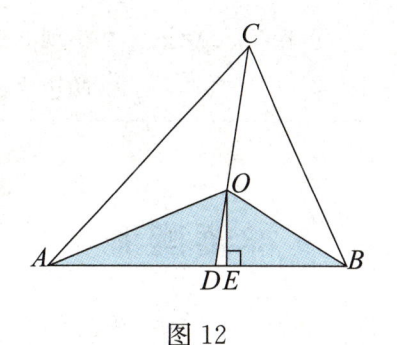

图 12

练习❺ 如图 13 所示,在△ABC 中,∠BAC=30°,AB=10,AC=8,∠CAD 是△ABC 的外角,AE 平分∠CAD 交 BC 的延长线于点 E,那么△ACE 的面积为_____。

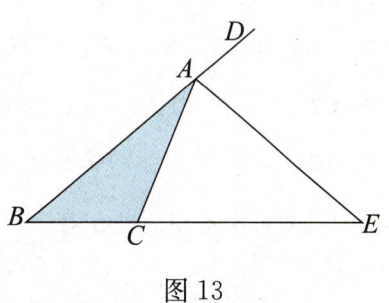

图 13

练习参考答案

练习题号	练习1	练习2	练习3	练习4	练习5
参考答案	3.75	6	6	3	80
解答提示	基本练习	延长 BE,ED=2	翻折△ADC 到△ADE 的位置	可以先求△ABC 的面积,OE=4	预先探索外角平分线性质

JH-069　三角形外角平分线定理*

神器内容	如图1所示,在△ABC中,外角平分线AE交BC延长线于点E,则有AB：AC=BE：EC。
要点与说明	三角形,仔细看,有个外角平分线。 出现共角三角形,面积比例列方程。 两边之比线段比,对应相等笑嘻嘻。

图1

神器溯源

如图1所示,在△ABC中,外角平分线AE交BC延长线于点E,则有AB：AC=BE：EC。

证明: 如图2所示,在AD上取点F,使得AF=AC,连结CF、EF,又因为AE为∠CAE的平分线,则△ACE与△AEF是面积相等的共角三角形(其实是全等三角形)。

根据共角定理,得到$\dfrac{AB}{AC}=\dfrac{AB}{AF}=\dfrac{S_{\triangle ABE}}{S_{\triangle AFE}}=\dfrac{S_{\triangle ABE}}{S_{\triangle ACE}}=\dfrac{BE}{EC}$。

通过作平分线,利用相似的证明方法留给读者练习。

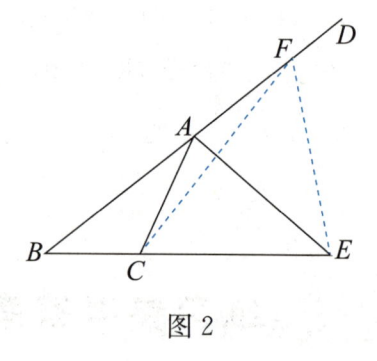

图2

例题精讲

例题1 如图3所示,在面积为60的△ABC中,把△ADC沿着CD翻折,A点落在E处,又知BD长是DE的1.4倍,那么△BDE的面积为_____。

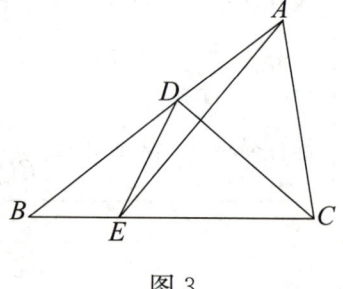

图3

答案:10

【解答】 如图3所示,根据△ADC翻折到△EDC的位置,则DC是△BDE的外角平分线,得到$\frac{BC}{CE}=\frac{BD}{DE}=\frac{1.4}{1}=\frac{7}{5}$。利用共角鸟头形,△BDE的面积为$60\times\frac{2}{7}\times\frac{7}{12}=10$。

例题 2 如图 4 所示,在△ABC 中,∠BAC=30°,AB=10,AC=8,∠CAD 是△ABC 的外角,AE 平分∠CAD 交 BC 的延长线于点 E,那么△ACE 的面积为_____。

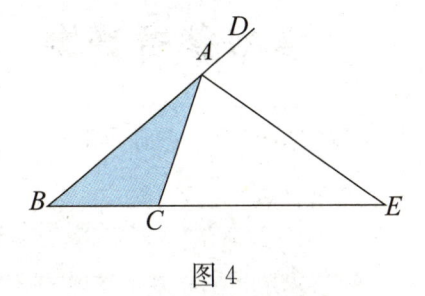

图 4

答案:80

【解答】 如图4所示,根据含30°角的三角形面积公式,得到△ABC 的面积为 $10\times 8\div 4=20$(也可以过 C 作 AB 边上的高求面积)。根据外角平分线定理,得到$\frac{BE}{EC}=\frac{10}{8}=\frac{5}{4}$。△ACE 的面积为 $20\times\frac{4}{5-4}=80$。

针对性练习

练习 ❶ 如图 5 所示,AE 是△ABC 的外角平分线,BC:CE=3:7,AB=10,那么 AC=_____。

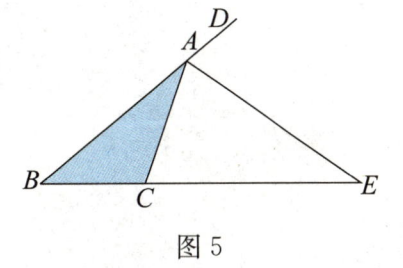

图 5

练习 ❷ 如图 6 所示,△ABC 的面积为 30,AB 是△ADC 的外角平分线,AD:AC=3:5,那么△ACD 的面积为_____。

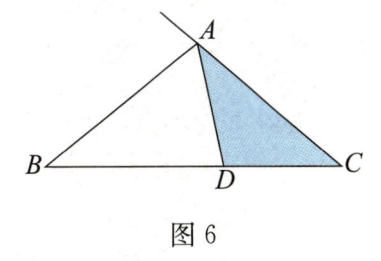

图 6

练习 ❸ 如图 7 所示,△ABC 的面积为 70,AB:BC:AC=5:4:3。把△ADC 沿着 CD 折叠到点 E 处,那么△BDE 的面积为_____。

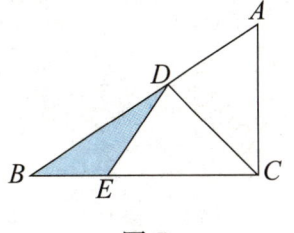

图 7

231

练习 ❹ 如图 8 所示,在 △ABC 中,外角平分线 AE 交 BC 延长线于点 E,过 C 作 CF∥AB 交 AE 于 F。求证:$\dfrac{AB}{AC}=\dfrac{AE}{EF}$。

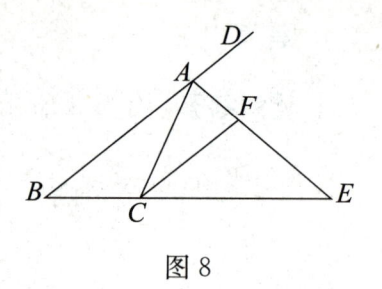

图 8

练习参考答案

练习题号	练习1	练习2	练习3	练习4
参考答案	7	12	10	略
解答提示	基本练习	基本练习	内角或外角平分线定理,鸟头模型	略

JH-070　正方形的内接四边形

神器内容	如图1所示，正方形中有一个内接四边形，那么其面积可以作弦图分割。
要点与说明	方形内接四边形，弦图分割要先行。 翻转折叠有两层，不足两层打补丁。

图1

神器溯源

如图2所示，正方形的面积为S，弦图分割内接四边形，得到外围的四个长方形阴影和空白各占一半；中间长方形只有阴影部分，没有空白部分，补上一个中间长方形，就可以得到阴影的面积为$\dfrac{S+ab}{2}$。

如图3所示，正方形的面积为S，通过两次翻转折叠，中间阴影部分是三层，其它阴影都是两层，因此阴影面积为$\dfrac{S-ab}{2}$。

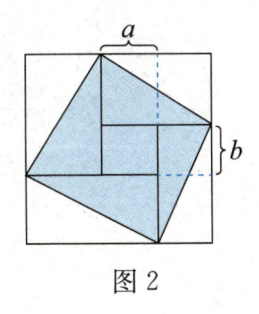

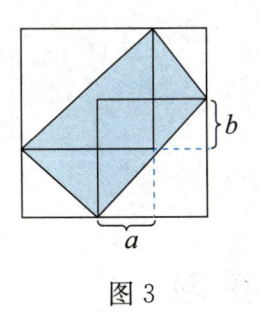

图2　　　图3

例题精讲

例题1 如图4所示，在面积为72平方厘米的正方形内有一个阴影四边形，这个阴影部分图形的面积为_____平方厘米。

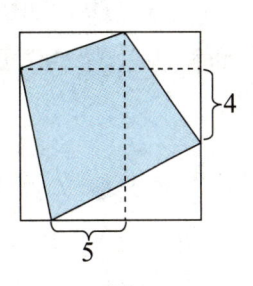

图4

答案: 46

【解答】 如图 5 所示,如图弦图分割,阴影面积为 $\dfrac{72+4\times5}{2}=46$ 平方厘米。

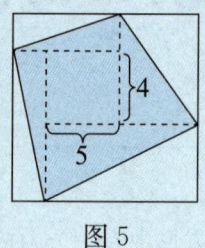

图 5

例题 2 如图 6 所示,在面积为 240 平方厘米的正方形 ABCD 内,有一个内接四边形 EFGH,EG=16 厘米,FH=17 厘米,那么阴影部分图形的面积为_____平方厘米。

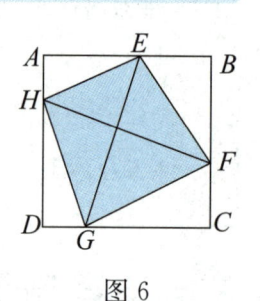

答案: 134

图 6

【解答】 如图 7 所示,过 E 作 EI⊥CD 于点 I,根据勾股定理,得到 $GI^2=16^2-240=16$,GI=4。

如图 8 所示,同理得到 $HJ^2=17^2-240=49$,HJ=7。

如图 9 所示,根据正方形的内接四边形结论,得到阴影四边形 EFGH 的面积为 $(240+4\times7)\div2=134$ 平方厘米。

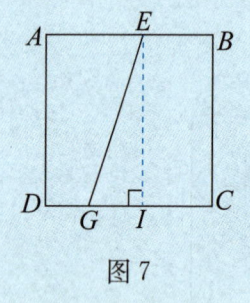

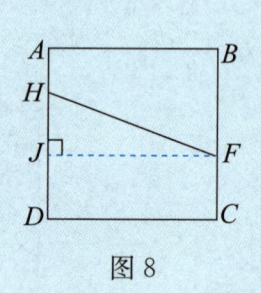

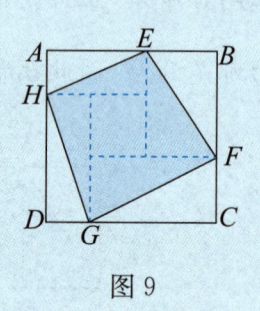

图 7 图 8 图 9

针对性练习

练习❶ 如图 10 所示,两个正方形的对应边平行,两个正方形的面积之差为 100,那么阴影部分图形的面积为_____。

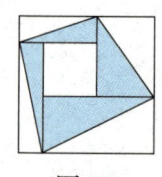

图 10

练习❷ 如图 11 所示,两个正方形的对应边平行,较大正方形的面积为 100,较小正方形的面积为 40,那么阴影部分图形的面积为_____。

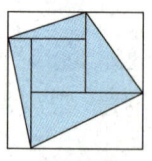

图 11

练习❸ 如图 12 所示,正方形 ABCD 的边长为 10,有一个内接四边形 EFGH,AH+CF=6,AE+CG=15,那么阴影部分图形的面积为_____。

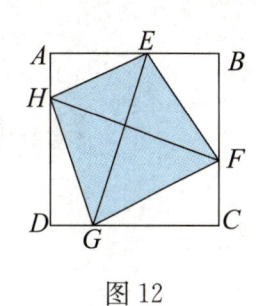

图 12

练习❹ 如图 13 所示,在面积为 160 平方厘米的正方形 ABCD 内,有一个内接四边形 EFGH。EG=13 厘米,FH=14 厘米,那么阴影部分图形的面积为_____平方厘米。

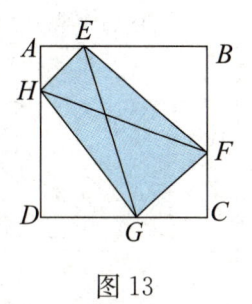

图 13

练习❺ 如图 14 所示,在面积为 80 平方厘米的正方形内有一个阴影四边形,上、下两点的水平距离为 5 厘米,左、右两点的竖直距离为 4 厘米,那么阴影部分图形的面积为_____平方厘米。

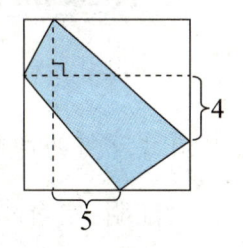

图 14

练习参考答案

练习题号	练习1	练习2	练习3	练习4	练习5
参考答案	50	70	60	71	30
解答提示	基本练习	基本练习	改"斜"归"正",求水平、竖直距离	改"斜"归"正",求水平、竖直距离	分割或弦图

· 235 ·

JH-071　直角三角形中的正方形

神器内容	如图1所示，在直角三角形中作一个正方形，正方形的一顶点分斜边为 a 和 b，则有正方形的面积为 $S=\dfrac{a^2b^2}{a^2+b^2}$。
要点与说明	一个直角三角形，内部有个正方形。 斜边线段平方幂，和除积来是面积。

图1

神器溯源

如图2所示，在直角三角形中作一个正方形，正方形的一顶点分斜边为 a 和 b，则有正方形的面积 $S=\dfrac{a^2b^2}{a^2+b^2}$。

证明： 空白三角形相似，对应边比例相同，对应边的平方比也相同，故 $\dfrac{a^2}{x^2}=\dfrac{b^2}{b^2-x^2}$，$b^2x^2=a^2b^2-a^2x^2$，$(a^2+b^2)x^2=a^2b^2$，$x^2=\dfrac{a^2b^2}{a^2+b^2}$，

所以正方形的面积为 $S=x^2=\dfrac{a^2b^2}{a^2+b^2}$。

在直角三角形中作正方形，当已知条件改变时，还可以有下面三种情况：

(1) 如图3所示，小直角三角形的两边长为 a、b，则正方形的面积 $S=x^2=ab$。

证明： 根据相似三角形对应边比例相同，$\dfrac{a}{x}=\dfrac{x}{b}$，$S=x^2=ab$。

(2) 如图4所示，大直角三角形的两直角边为 a、b，则正方形的面积 $S=x^2=\left(\dfrac{ab}{a+b}\right)^2$。

证明： $\dfrac{a-x}{a}=\dfrac{x}{b}$，$x=\dfrac{ab}{a+b}$，$S=x^2=\left(\dfrac{ab}{a+b}\right)^2$。

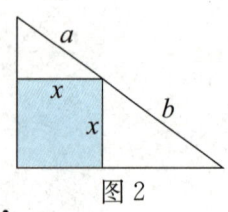

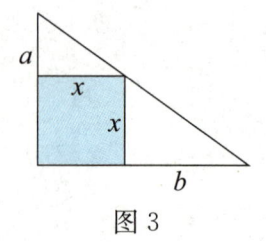

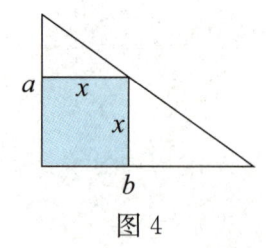

图2　　　图3　　　图4

(3)如图5所示,正方形把大直角三角形分割成三个相似的直角三角形,则正方形的面积 $S=x^2=ab$。

本证明留给读者完成。

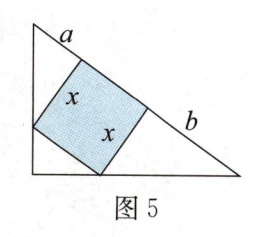

图 5

例题精讲

例题 1 如图6所示,在直角 $\triangle ABC$ 中,作出一个正方形,两个小直角三角形的各自一条直角边的长度分别为4和6,那么正方形的面积为_____。

答案: 24

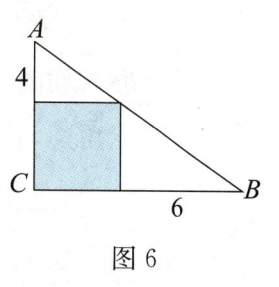

图 6

【解答】 如图6所示,根据前面图3结论,得到正方形的面积为 $4\times 6=24$。

例题 2 如图7所示,直角三角形中水平放入两个正方形,斜边被分成4厘米、2厘米和5厘米,那么阴影部分两个正方形的面积之和为_____平方厘米。

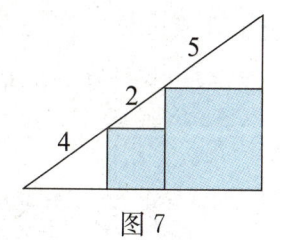

答案: $17\dfrac{291}{305}$

图 7

【解答】 如图7所示,根据前面图1的结论,得到小正方形面积为 $\dfrac{4^2\times 2^2}{4^2+2^2}=\dfrac{16}{5}$ 平方厘米,大正方形面积为 $\dfrac{(4+2)^2\times 5^2}{(4+2)^2+5^2}=\dfrac{900}{61}$ 平方厘米,面积之和为 $\dfrac{16}{5}+\dfrac{900}{61}=17\dfrac{291}{305}$ 平方厘米。

针对性练习

练习❶ 如图8所示,在直角三角形中放入一个正方形,把斜边分成3和4两部分,那么正方形的面积为_____。

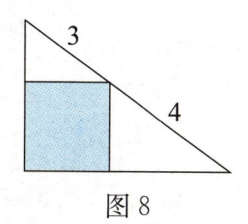

图 8

练习❷ 如图9所示,直角三角形被放入的正方形分成两个空白三角形,两条直角边的边长分别为2和6且已在图中标出,那么正方形的面积为_____。

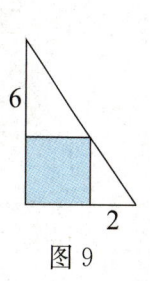

图 9

· 237 ·

练习❸ 如图 10 所示,大直角三角形的两直角边的边长分别为 3 和 4,如果在内部放入一个正方形,那么正方形的面积为_____。

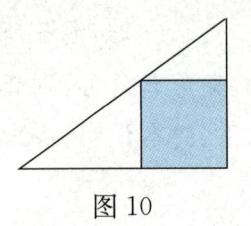

图 10

练习❹ 如图 11 所示,直角三角形被放入的正方形分成三个空白三角形,其中两边长度 4 和 9 已经标出,那么正方形的面积为_____。

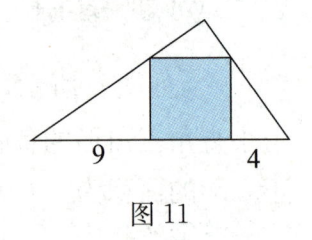

图 11

练习❺ 如图 12 所示,直角三角形的面积为 35,较长直角边长是较短直角边长的 2 倍。内部作出一个正方形并连出阴影部分,那么阴影部分图形的面积为_____。

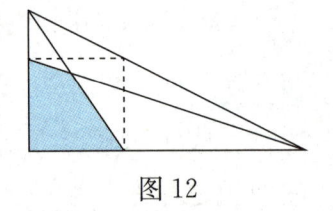

图 12

练习参考答案

练习题号	练习1	练习2	练习3	练习4	练习5
参考答案	5.76	12	$\frac{144}{49}$	36	10
解答提示	基本练习	基本练习	基本练习	基本练习	先求正方形边长份数

JH-072　正方形的两个内接正方形 *

神器内容	如图1所示，把正方形中的每边都按相同顺序分成 $a:b:c(a+b+c=1)$，依次连结各分点，则得到两个内接正方形重叠部分的面积为 $[(1-a)^2+a^2]\left(1-\dfrac{2bc^2}{1-b-2ac}\right)$。
要点与说明	两个内接正方形，重叠面积要算清。 一边比例用燕尾，另边比例用风筝。 四角之上鸟飞鸣，剩下只有加减乘。 公式复杂不对称，记住方法最高明。

神器溯源

如图1所示，把正方形中的每边都按相同顺序分成 $a:b:c(a+b+c=1)$，依次连结各分点，则得到两个内接正方形重叠部分的面积为 $[(1-a)^2+a^2]\left(1-\dfrac{2bc^2}{1-b-2ac}\right)$。

如图2所示，根据共边定理之燕尾形，得到 $EF:FG=b:\dfrac{b(a+b)}{c}=c:(a+b)=c:(1-c)$。

如图3所示，根据共边定理之风筝形，得到 $EH:HI=bc:(a^2+ab+c^2)=bc:(c^2-ac+a)$。

如图4所示，根据共角定理之鸟头形，得到 $\triangle EFH$ 的面积占正方形 $EGJI$ 的面积的 $\dfrac{1}{2}\times\dfrac{bc\times c}{(a+b+c)(a^2+ab+bc+c^2)}=\dfrac{bc^2}{2(a^2+ab+bc+c^2)}=\dfrac{bc^2}{2(1-b-2ac)}$。

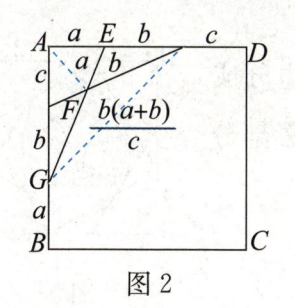

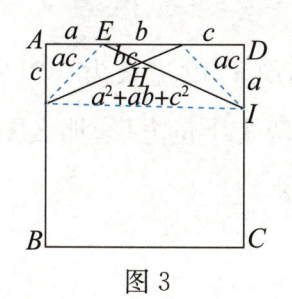

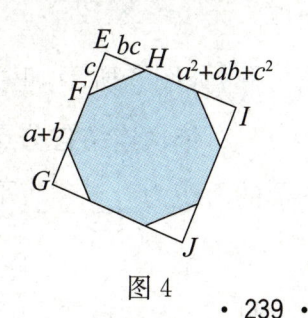

图2

图3

图4

又知正方形 $EGJI$ 的面积占正方形 $ABCD$ 的 $1-\dfrac{1}{2}\times\dfrac{4a(b+c)}{(a+b+c)^2}=(1-a)^2+a^2$。

所以，两个内角正方形的重叠部分的面积为 $\left[(1-a)^2+a^2\right]\left(1-\dfrac{2bc^2}{1-b-2ac}\right)$。

例题精讲

例题 1 如图 5 所示，在面积为 108 的正方形 $ABCD$ 中，把每边都三等分。依次连结各分点，得到两个内接正方形，那么两个内接正方形重叠部分的面积为_____。

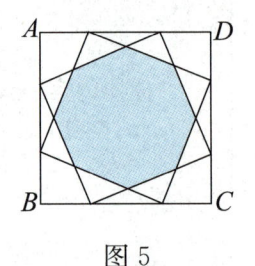

答案：50

图 5

【解答】 如图 6 所示，利用燕尾定理，可以得到 $EF:FG=1:2$。如图 7 所示，利用沙漏可以得到 $EH:HI=1:3$。如图 8 所示，$\triangle EFH$ 的面积占正方形 $EGJI$ 的面积的 $\dfrac{1}{2}\times\dfrac{1\times 1}{3\times 4}=\dfrac{1}{24}$。

所以，阴影部分的面积为 $108\times\left(1-\dfrac{1}{2}\times\dfrac{1\times 2}{3\times 3}\times 4\right)\times\left(1-\dfrac{1}{24}\times 4\right)=108\times\dfrac{5}{9}\times\dfrac{5}{6}=50$。

另解：直接套用公式，其中 $a=b=c=\dfrac{1}{3}$，$108\times\left[\left(\dfrac{2}{3}\right)^2+\left(\dfrac{1}{3}\right)^2\right]\times\left(1-\dfrac{2\times\dfrac{1}{3}\times\dfrac{1}{3}\times\dfrac{1}{3}}{1-\dfrac{1}{3}-2\times\dfrac{1}{3}\times\dfrac{1}{3}}\right)=108\times\dfrac{5}{9}\times\dfrac{5}{6}=50$。

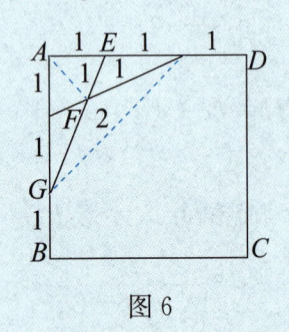

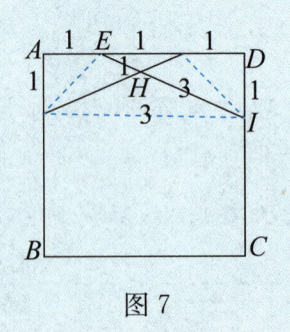

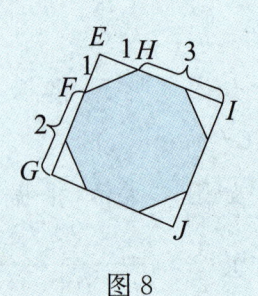

图 6   图 7   图 8

例题 2 如图 9 所示，正方形 $ABCD$ 的边长为 5 厘米，各边分成 $2:1:2$，依次连结各分点得到两个小正方形，那么图中阴影部分图形的面积为_____平方厘米。

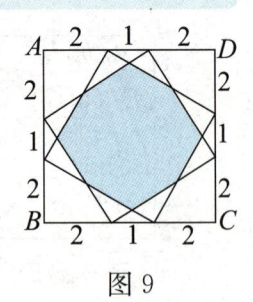

图 9

答案：$11\dfrac{4}{15}$

【解答】 阴影面积先不看，咱把空白算一算。空白面积来"贴膜（见 JH-089）"，重复面积要记着。整体面积减空白，阴影面积求出来。

如图 10 所示，采用燕尾定理，得到阴影面积为 $\dfrac{1}{2}\times 3\times 3\times\dfrac{12}{15}=3.6$。如图 11 所示，阴影采用蝴蝶形，得到阴影面积为 $\dfrac{1}{2}\times 5\times 2\times\dfrac{1}{30}=\dfrac{1}{6}$。

如图 12 所示，得到其中的空白面积，也就是原来图形中的阴影面积为 $5\times 5-4\times 3.6+4\times\dfrac{1}{6}=11\dfrac{4}{15}$ 平方厘米。

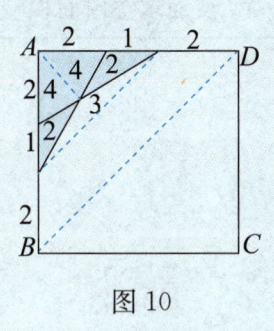

图 10 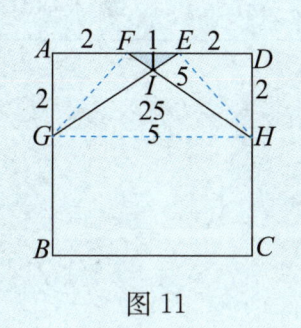　图 11 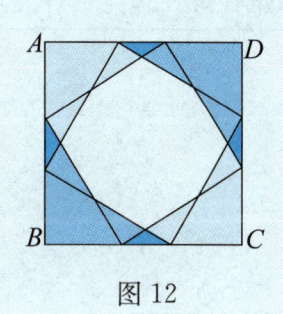　图 12

另解：采用公式，$a=c=\dfrac{2}{5}$，$b=\dfrac{1}{5}$，阴影部分面积为

$$5\times 5\times\left[\left(\dfrac{3}{5}\right)^2+\left(\dfrac{2}{5}\right)^2\right]\left(1-\dfrac{2\times\dfrac{1}{5}\times\dfrac{2}{5}\times\dfrac{2}{5}}{1-\dfrac{1}{5}-2\times\dfrac{2}{5}\times\dfrac{2}{5}}\right)=13\times\dfrac{13}{15}=11\dfrac{4}{15}\text{平方厘米}。$$

针对性练习

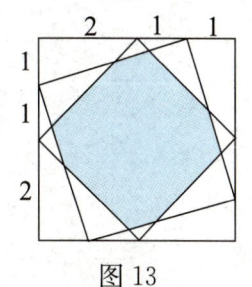

练习❶ 如图 13 所示，面积为 160 的正方形的各边分成 2∶1∶1，如图连结各分点得到两个小正方形，那么图中阴影部分图形的面积为_____。

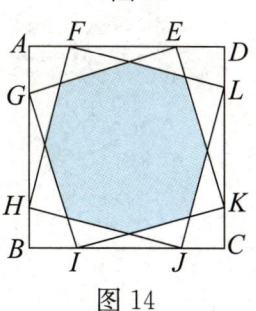

图 13

练习❷ 如图 14 所示，在正方形 ABCD 中，AG∶GH∶HB＝BI∶IJ∶JC＝CK∶KL∶LD＝DE∶EF∶FA＝1∶3∶1。依次连出两个小正方形 GIKE、正方形 HJLF。图中阴影部分的面积为 289 平方厘米，那么正方形 ABCD 的面积为_____平方厘米。

图 14

· 241 ·

练习❸ 如图 15 所示，面积为 896 的正方形的各边依次取两点，得到线段比为 2∶3∶3，连结各分点得到两个内接正方形，那么图中阴影部分图形的面积为_____。

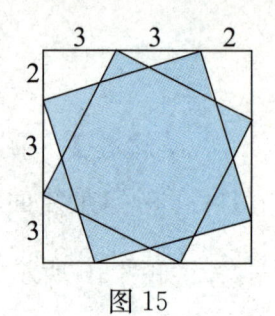

图 15

练习参考答案

练习题号	练习1	练习2	练习3
参考答案	75	500	611
解答提示	解法练习验证公式	基本练习	反面求空白面积

JH-073　正三角形的两个内接正三角形*

神器内容	如图1所示,将面积为1的等边△ABC的每边都分成三段,对应线段比为 $n:m:n$,顺次连结各分点得到两个小等边三角形,则两个小等边三角形重叠部分的面积为 $S_{阴影}=\dfrac{2(n^2+mn+m^2)^2}{(2n+m)^3(2m+n)}$。 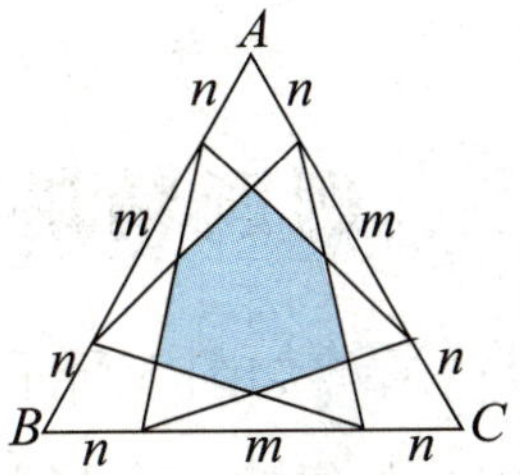
要点与说明	两个内接三角形,各自三边要相等。 发现左右还对称,重叠面积要算清。 使用比例多模型,公式复杂好头疼。 记住方法最高明,记错公式可不行。

神器溯源

如图1所示,将面积为1的等边△ABC的每边都分成三段,对应线段比为 $n:m:n$,顺次连结各分点得到两个小等边三角形,则两个小等边三角形重叠部分的面积为 $S_{阴影}=\dfrac{2(n^2+mn+m^2)^2}{(2n+m)^3(2m+n)}$。

证明: 如图2所示,△DEH 的面积为 $S_{阴影}=1-\dfrac{3n(n+m)}{(2n+m)^2}=\dfrac{n^2+mn+m^2}{(2n+m)^2}$。

如图3所示,$\dfrac{DI}{DE}=\dfrac{m}{n+2m}$。如图4所示,$\dfrac{DJ}{DH}=\dfrac{n}{2n+m}$。

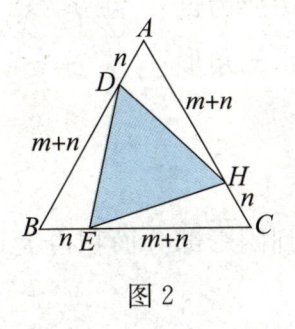

图2 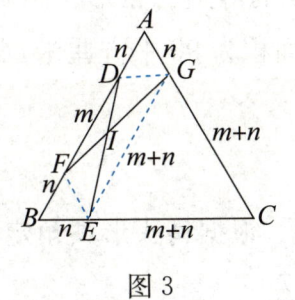　　图3 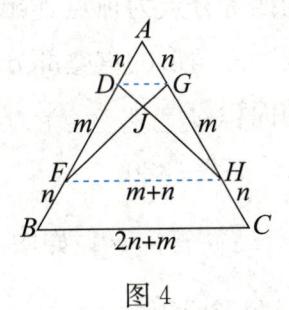　　图4

根据共角定理之鸟头形，图 1 中的阴影面积为 $S_{阴影} = \dfrac{n^2+mn+m^2}{(2n+m)^2} \times$
$\left(1 - 3 \times \dfrac{m}{n+2m} \times \dfrac{n}{2n+m}\right) = \dfrac{n^2+mn+m^2}{(2n+m)^2} \times \dfrac{2(n^2+mn+m^2)}{(2n+m)(n+2m)} = \dfrac{2(n^2+mn+m^2)^2}{(2n+m)^3(2m+n)}$。

公式仅是规律的呈现，记忆有一定的困难。大家要掌握公式的推导或证明方法，以便在所求和条件变化的情况下，照样能求得题目的正确答案。

例题精讲

例题 1 如图 5 所示，面积为 64 的等边三角形每边四等分，中点连成的等边三角形与四等分点连成的等边三角形相交形成三个阴影部分图形的面积总和为_____。

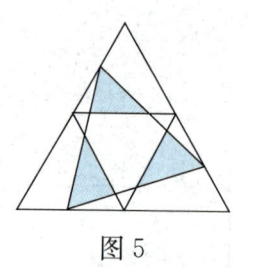

答案：14

图 5

【解答】 如图 6 所示，阴影三角形的面积为 $64 \times \left(1 - 3 \times \dfrac{1 \times 3}{4 \times 4}\right) = 28$。

如图 7 所示，以及图 8 中的平行鸟头，就可以得到图 9 中阴影的面积为 $28 \times \dfrac{1 \times 1}{3 \times 2} = \dfrac{14}{3}$，故所求总面积为 $\dfrac{14}{3} \times 3 = 14$。

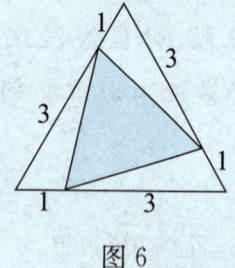

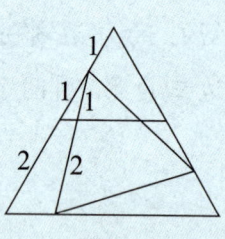

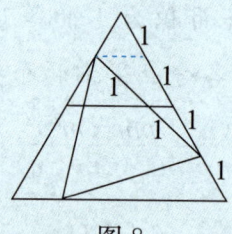

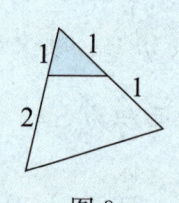

图 6   图 7   图 8   图 9

例题 2 如图 10 所示，将一个等边三角形每边四等分，以靠近顶点的四等分点为顶点连出两个新的等边三角形。阴影部分图形为这两个三角形的重叠部分，它的面积为 98 平方厘米，那么大正三角形的面积为_____平方厘米。

答案：320

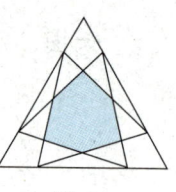

图 10

【解答】 (1) 如图 11 所示，根据鸟头形共角定理，得到阴影部分面积占大正三角形面积的 $1 - \dfrac{1 \times 3}{4 \times 4} \times 3 = \dfrac{7}{16}$。

· 244 ·

(2)如图12所示,连结 CD,根据条件,也出现平行沙漏,在△AEN 与△CDN 中,得到 AN：NC＝2：3。

(3)如图13所示,连结 AD、BE,根据条件,出现平行沙漏,在△ADM 与△BEM 中,得到 AM：MB＝1：3。

(4)如图14所示,调整各边的比例,然后使用鸟头形共边定理,得到阴影部分面积占△ABC 面积的 $1-\frac{1 \times 2}{5 \times 4} \times 3=\frac{7}{10}$。

所以,原图中阴影部分面积占大正三角形面积的 $\frac{7}{16} \times \frac{7}{10}=\frac{49}{160}$,从而大正三角形的实际面积为 $98 \div \frac{49}{160}=320$ 平方厘米。

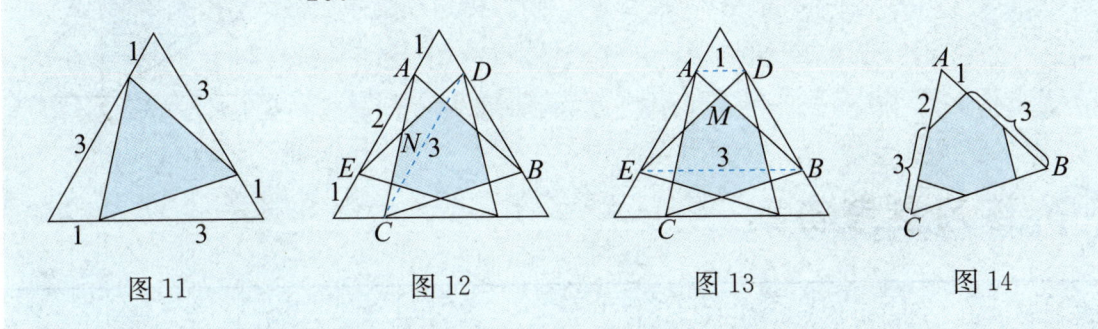

图11　　图12　　图13　　图14

另解：直接套用公式,$n=1,m=2$,阴影面积为 $98 \div \frac{2(1^2+2 \times 1+2^2)^2}{(2 \times 1+2)^3(2 \times 2+1)}=98 \div \frac{49}{160}=320$ 平方厘米。

针对性练习

练习❶　如图15所示,将一个等边三角形每边三等分,以三等分点为顶点连出两个新的等边三角形。阴影部分为这两个三角形的重叠部分。如果大正三角形的面积为18,那么阴影部分图形的面积为_____。

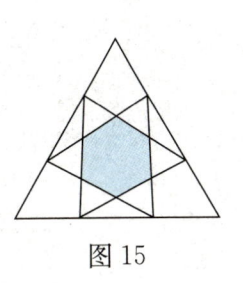

图15

练习❷　如图16所示,将面积为875的一个等边三角形每边五等分,以靠近顶点的五等分点为顶点连出两个内接等边三角形,那么三个等边三角形重叠部分图形的面积为_____。

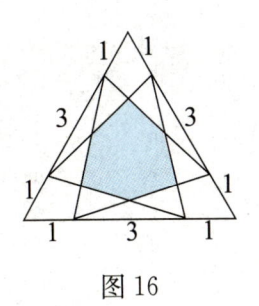

图16

· 245 ·

练习❸ 如图 17 所示，面积为 64 的等边三角形的每边四等分，中点连成的等边三角形与四等分点连成的等边三角形交叉重叠，那么阴影部分图形的面积为_____。

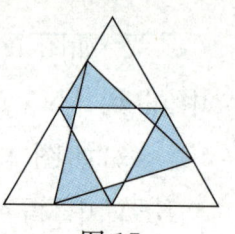

图 17

练习❹ 如图 18 所示，一个面积为 120 的等边三角形，各边都按 1∶3∶2 分成三段，按图连结两个三角形，那么阴影部分图形的面积为_____。

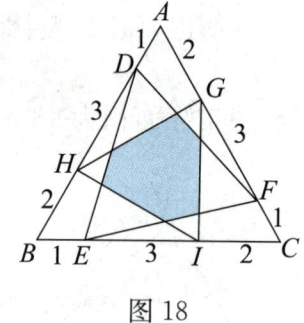

图 18

练习参考答案

练习题号	练习1	练习2	练习3	练习4
参考答案	4	338	20	35
解答提示	基本练习	基本练习	根据平行鸟头形，先求线段比例	风筝形或鸟头形

JH-074　正三角形的标准分割

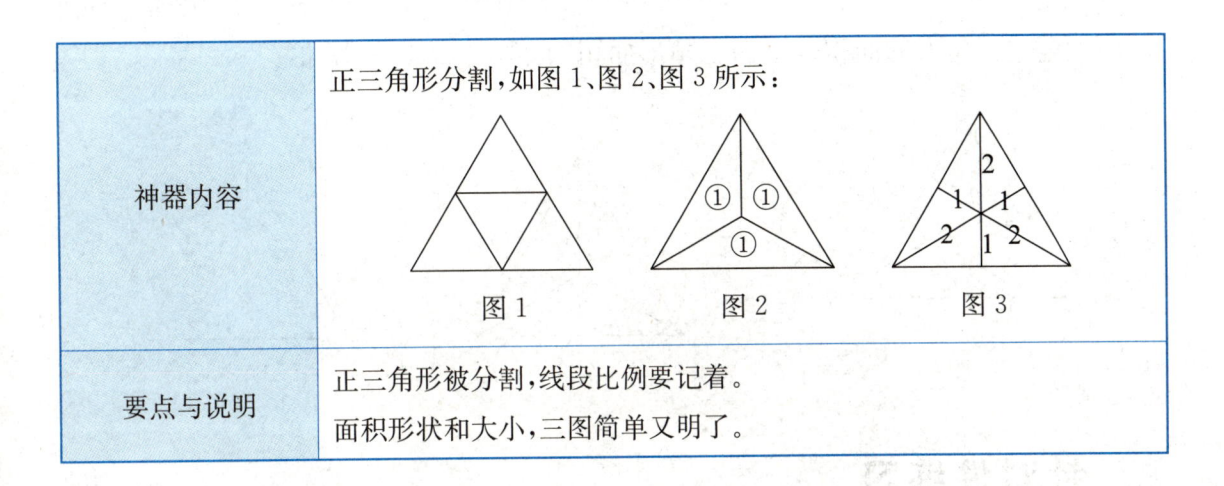

神器内容	正三角形分割,如图1、图2、图3所示:
要点与说明	正三角形被分割,线段比例要记着。 面积形状和大小,三图简单又明了。

神器溯源

如图4所示,连结 DE,根据三角形中位线平行于第三边,得到平行沙漏,故有 BO:OE=2:1。同理可得其他各中线被交点分成的比例关系。

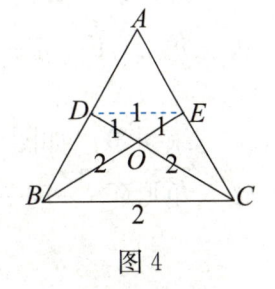

例题精讲

例题 1 钢铁侠有种如图5所示的面具。把一个正六边形分成了6个相同的正三角形,其中有三个小正三角形被分成3个相同的小三角形,有两个小正三角形被分成3个相同的四边形。如果阴影部分图形的面积为24,那么正六边形的面积为_____。

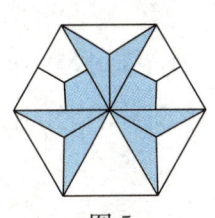

答案: 54

【解答】 如图5所示,小正三角形被3等分,得到每个小正三角形的面积为 24÷8×3=9,从而正六边形的面积为 9×6=54。

例题 2 如图6所示,将边长为6厘米的等边三角形剪成四部分:按逆时针方向,每边都从三角形顶点往下1厘米处作对边的垂线,中间部分形成一个小的等边三角形(空白部分),那么大等边三角形的面积是空白等边三角形面积的_____倍。

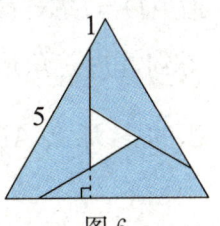

答案:12

【解答】 如图 7 所示,把每块阴影部分补出一个角,通过图 8 拼接,发现整个阴影部分等于大正三角形面积。出入相补,得到补出的三个三角形面积之和等于中间空白正三角形的面积。如图 9 所示,每个阴影小角占大正三角形面积的 $\frac{1 \times 1}{6 \times 6} = \frac{1}{36}$,从而大等边三角形的面积是空白三角形面积的 $36 \div (1 \times 3) = 12$ 倍。

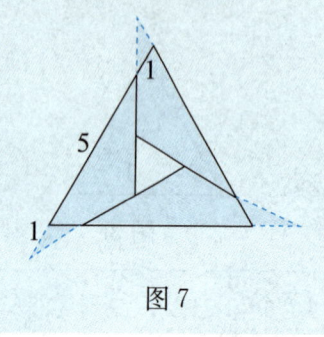

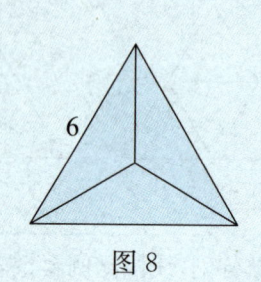

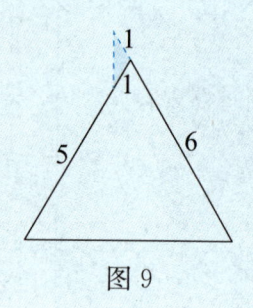

图 7　　　图 8　　　图 9

针对性练习

练习❶ 如图 10 所示,请把一张等边三角形纸片,剪成 6 个等边三角形(不一定一样大)。

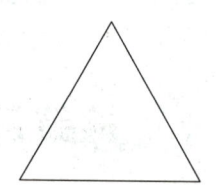

图 10

练习❷ 如图 11 所示,请把一张等边三角形纸片,剪成 4 个等腰三角形(不一定一样大,不一定形状相似)。

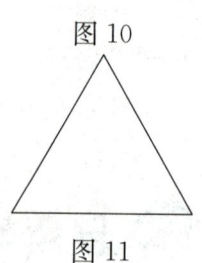

图 11

练习❸ 如图 12 所示,图中大正六边形的面积是 18,那么阴影部分图形的面积之和为_____。

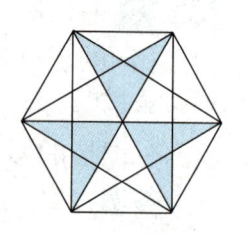

图 12

练习❹ 如图 13 所示,在等边三角形 ABC 各边上分别截取 $AD = BE = CF$,再分别过点 D、E、F 作 BC、AC、AB 的垂线,得到等边三角形 RPQ。如果阴影部分面积占大等边三角形面积的 $\frac{1}{3}$,那么 $AD : DB =$ _____。

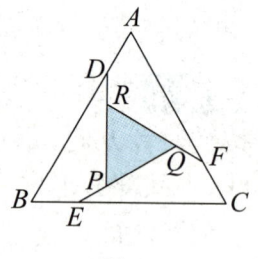

图 13

248

练习 ❺ 如图 14 所示,面积为 48 的等腰△ABC 被分成了五个等腰三角形,其中 $AD=DB=BF=FC=CE=EA$,那么等腰直角△DEF 的面积为_____。

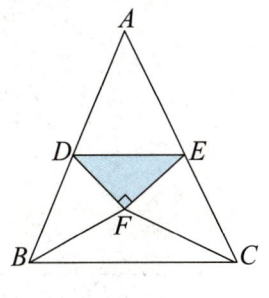

图 14

练习参考答案

练习题号	练习1	练习2	练习3	练习4	练习5
参考答案			6	1:2	6
解答提示	如图所示	图中角$\angle 1=\angle 2=20°$、$\angle 3=\angle 4=\angle 5=40°$、$\angle 6=80°$	基本练习	补成标准分割形式	连结 AF 并延长交 BC 于 G,$\angle A=2\angle CBF$

JH-075　正方形的标准分割

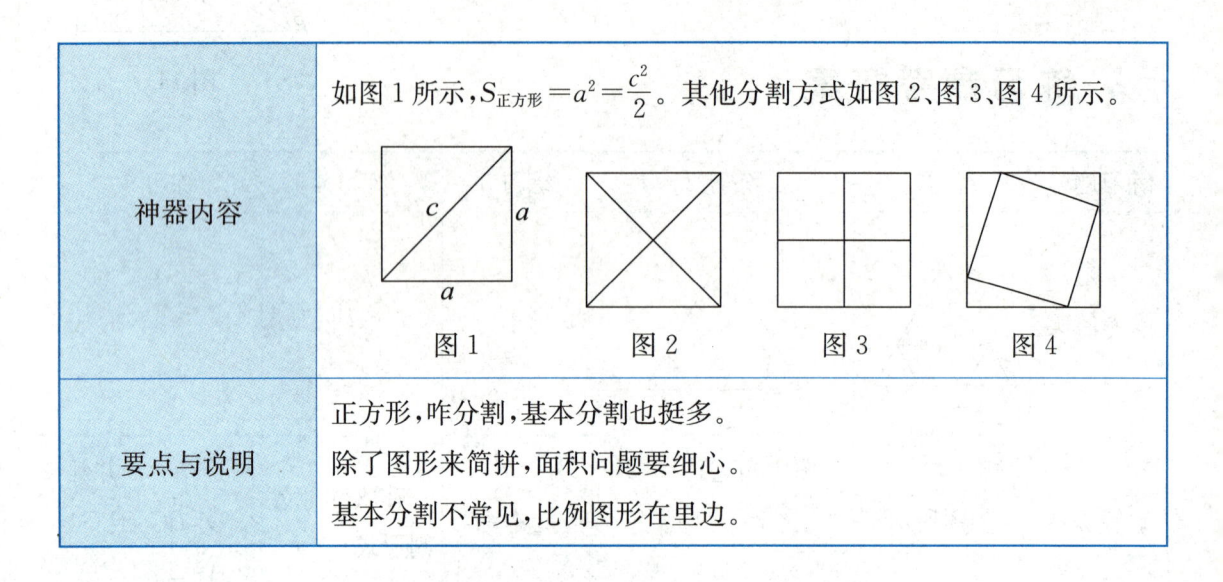

神器内容	如图 1 所示，$S_{正方形} = a^2 = \dfrac{c^2}{2}$。其他分割方式如图 2、图 3、图 4 所示。 图 1　　　图 2　　　图 3　　　图 4
要点与说明	正方形，咋分割，基本分割也挺多。 除了图形来简拼，面积问题要细心。 基本分割不常见，比例图形在里边。

例题精讲

例题 1 如图 5 所示，正方形 ABCD 的边长为 6，BD、AC 交于点 O。分别以 OA、OB、OC、OD 为直角边向外作 4 个等腰直角三角形，点 E、F、G、H 分别为对应直角边上的中点，那么阴影部分图形的面积为_____。

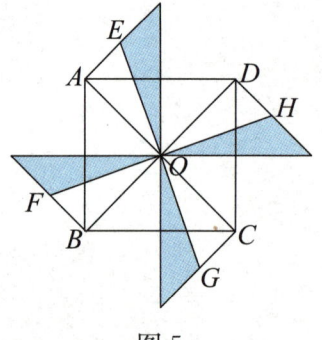

图 5

答案：18

【解答】　如图 6 所示，连结 DN，把四个阴影部分可以等积变形拼成正方形 AODN 的面积。显然，它是正方形 ABCD 的面积的一半，故阴影部分图形的面积为 6×6÷2＝18。

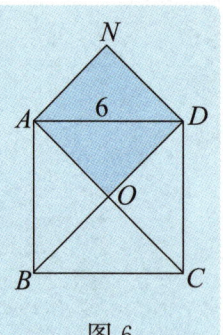

图 6

例题 2-1 如图 7 所示，两个直角三角形，一个的直角边分别为 3 和 6，另一个的直角边分别为 3 和 9，那么∠1+∠2=＿＿＿＿＿°。

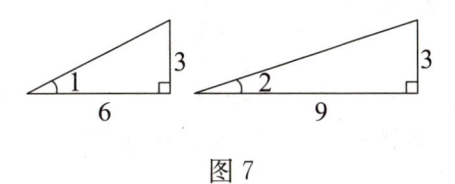

图 7

答案：45

【**解答**】 如图 8 所示，把两个直角三角形拼在边长为 3 的正方形方格图中，可以得到△ABC 是等腰直角三角形，∠BAC=45°，根据角的旗子形，∠1+∠2=∠BAC=45°。

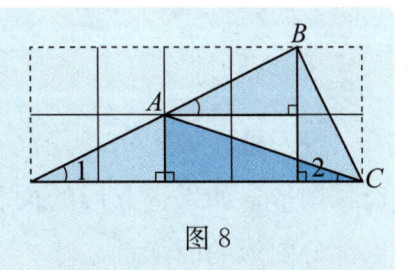

图 8

例题 2-2 如图 9 所示，将一个固定好的正方形分割成 3 个等腰直角三角形，有图中 4 种不同方式。如果将一个固定好的正方形，分割成 4 个等腰三角形，那么共有＿＿＿＿＿种不同的分割法。（注意：正方形固定，不能旋转）

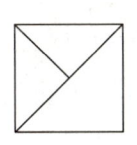

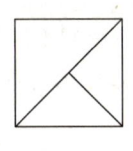

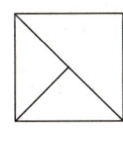

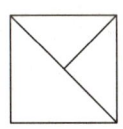

图 9

答案：21

【**解答**】 如图 10 所示，进行分类计数，共计有 8+8+1+4=21 种。

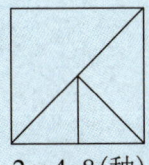

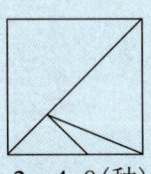

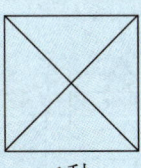

2×4=8（种）　　2×4=8（种）　　1 种　　4 种

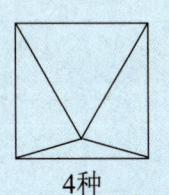

图 10

针对性练习

练习 ❶ 如图 11 所示，请把一个正方形纸片分割成 n 个正方形（大小不一定相同）：(1)n=6。(2)n=7。

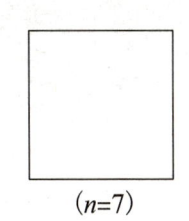

(n=6)　(n=7)

图 11

251

练习❷　如图 12 所示，一个正方形被四条平行线（平行线与正方形对角线平行）分成面积相等的五个部分，平行线段中最短线段长为 6，那么正方形的面积为_____。

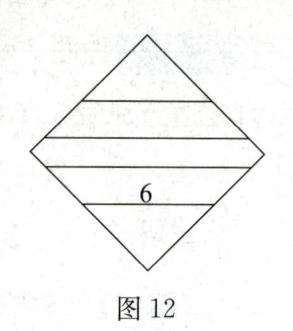

图 12

练习❸　如图 13 所示，一个长方形和一个正方形组成一个轴对称图形。如果正方形的面积是 72，长方形的面积是 96，那么阴影部分图形的面积是_____。

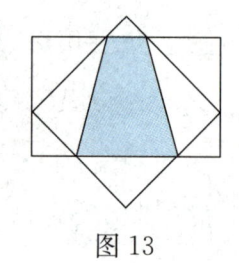

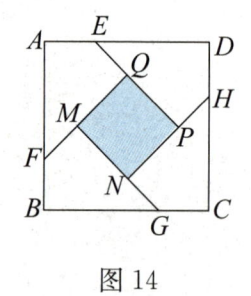

图 13

练习❹　如图 14 所示，在正方形 ABCD 的边上取点 E、F、G、H，分别作 $EP \perp NH$，$FQ \perp EP$，$GM \perp FQ$，$HN \perp GM$。得到的中间阴影四边形 QPNM 为正方形，它的面积占正方形 ABCD 面积的 $\frac{2}{9}$，那么 ED 长是 AE 的_____倍。

图 14

练习参考答案

练习题号	练习1	练习2	练习3	练习4
参考答案		45	32	2
解答提示	基本练习	作边长或对角线长为 6 的正方形	求正方形的对角线长	延伸四角，作出等腰直角三角形

JH-076　正五边形的标准分割

神器内容	如图1所示,在正五边形中, (1)线段 a、b 关系式: $a^2=b^2+ab$。 (2)每个内角都是 $108°$。 (3)每条对角线是内角的三等分线。 (4)对角线内部交点都是黄金分割点。 (5)面积的总份数为 $(7ab+4b^2)$。
要点与说明	五边形,分割图,角度大小要记住。 线段分割黄金点,图形相似是必然。 三十五个三角形,个个等腰要记清。 共角面积来转化,助你解题去秒杀。

图1

神器溯源

如图2所示,在正五边形中,可以得到 $\angle ABD=\angle BAC=\angle CBD=36°$, $\triangle ABC$ 与 $\triangle BDC$ 相似,则有 $\dfrac{AB}{BC}=\dfrac{BC}{CD}$, $\dfrac{a}{b}=\dfrac{b}{a-b}$, $a^2=b^2+ab$, 点 D 为 AC 的黄金分割点 $(\dfrac{b}{a}\approx 0.618)$。

如图3所示,整个正五边形的面积可以视为 $(7ab+4b^2)$ 份。

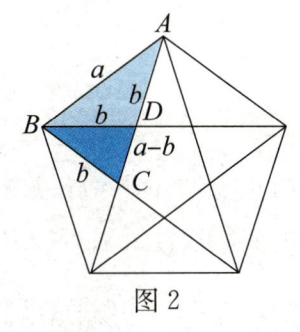

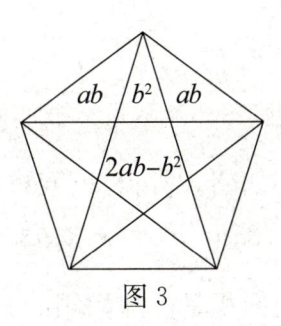

图2　　　　图3

例题精讲

例题 1 如图 4 所示,这是一个手机信号基站铁塔的侧视图。在这个侧视图中铁塔被看作等腰△ABC,在两条腰上各有两个焊接点、底上有一个焊接点。把这些焊接点用钢架连在一起,在侧视图中正好是一个正五边形。如果阴影部分图形的面积为 100,那么△ABC 的面积是_____。

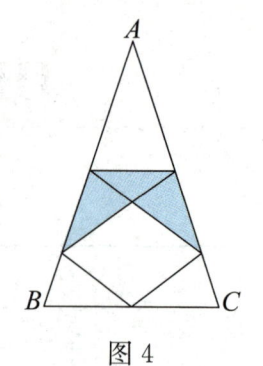

答案: 400

【解答】 如图 5 所示,根据共角定理,从边上的黄金分割关系,得到面积的关系。可以构造如图 6 所示的分割,得到图 5 中的阴影面积是△ABC 面积的 $\frac{1}{4}$,所以△ABC 面积为 $100 \times 4 = 400$。

图 4

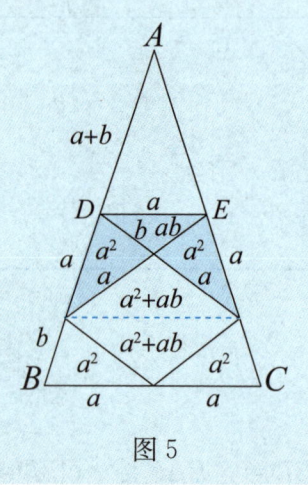

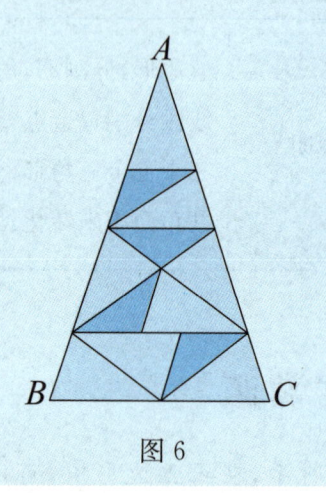

图 5

图 6

例题 2 如图 7 所示,正五边形 ABCDE 与正五边形 FGHIJ 的面积之和为 120 平方厘米,那么图中阴影部分图形的面积为_____平方厘米。

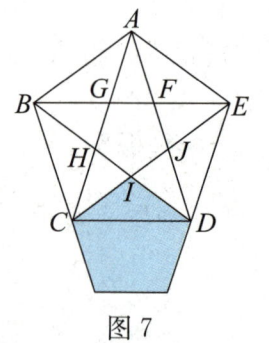

图 7

答案: 40

【解答】 如图 8 所示,正五边形 ABCDE 与正五边形 FGHIJ 的面积之和为 $(7ab+4b^2)+(2ab-b^2)=3(3ab+b^2)$,而阴影正五边形的面积为 $(3ab+b^2)$。故阴影正五边形的面积是已知面积的 $\frac{1}{3}$,实际面积为 $120 \times \frac{1}{3} = 40$ 平方厘米。

如图 9 所示进行剪拼，注意中间部分都被使用 2 次，图 8 中的阴影面积为 $(2ab+a^2)$，得到 6 个 ab 与 3 个 a^2，故所求面积为 $120 \times \dfrac{1}{3}=40$ 平方厘米。

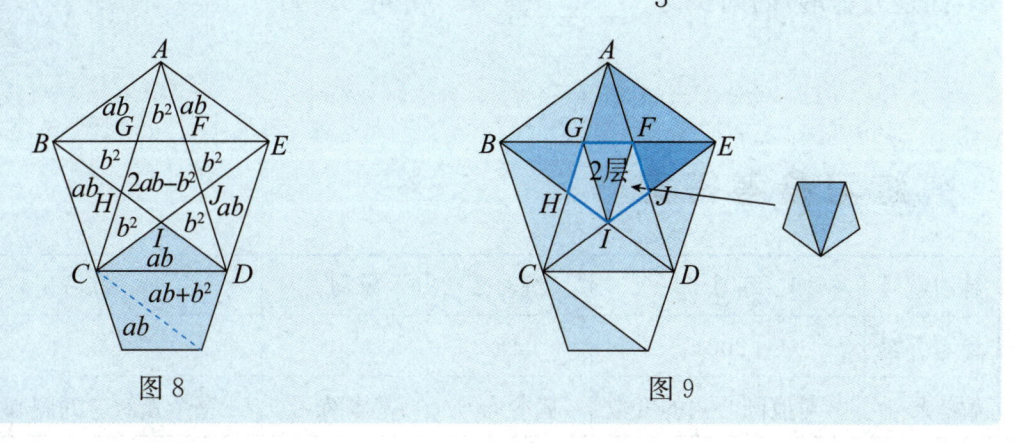

图 8

图 9

针对性练习

练习❶ 如图 10 所示，用面积为 20 的正五边形沿着虚线围成一周，每个正五边形的中心都恰好在圆周上，那么所有正五边形的面积之和为_____。

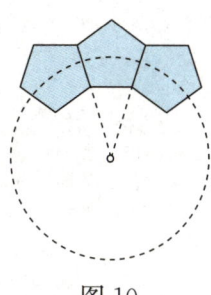

图 10

练习❷ 如图 11 所示，此图由正五边形 ABCDE 与等腰 △CDF 拼接而成，∠CFD=108°。六边形 ABCFDE 的面积为 60 平方厘米，那么阴影三角形的面积为_____平方厘米。

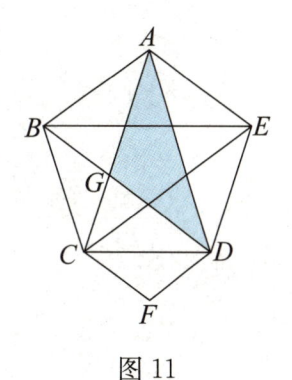

图 11

练习❸ 如图 12 所示，在正五边形 ABCDE 内，五角星 ACEBD（阴影部分图形）的面积为 60。AC 与 BD 交于点 F，AD 与 CE 交于点 G，那么四边形 BFGE 的面积为_____。

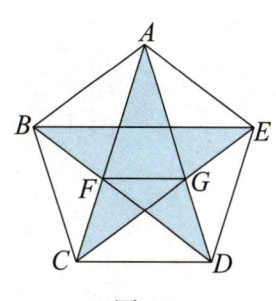

图 12

· 255 ·

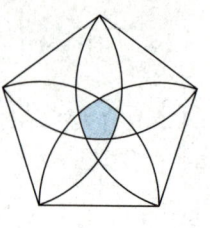

练习❹ 如图 13 所示,在边长为 3 厘米的正五边形中,以每个顶点为圆心,边长为半径画五段圆弧,那么它们围成阴影部分图形(曲边五边形)的周长为_____厘米。(π 取 3.14)

图 13

练习参考答案

练习题号	练习1	练习2	练习3	练习4
参考答案	200	15	30	3.14
解答提示	对应圆心角的度数	基本练习	基本练习	每个弧对应的圆心角为 12°

JH-077　正六边形的标准分割

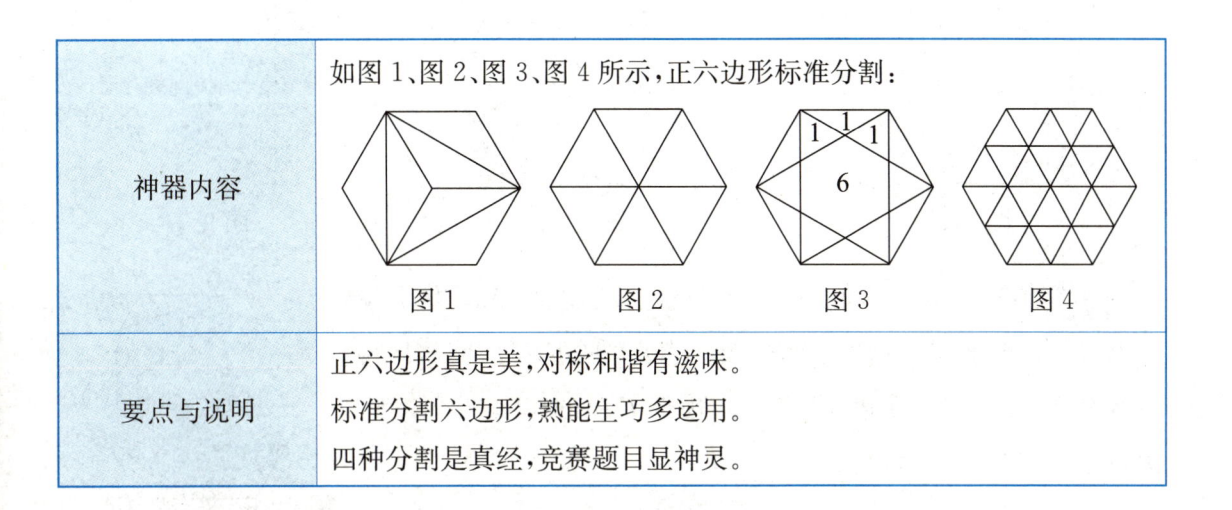

神器内容	如图1、图2、图3、图4所示,正六边形标准分割: 图1 图2 图3 图4
要点与说明	正六边形真是美,对称和谐有滋味。 标准分割六边形,熟能生巧多运用。 四种分割是真经,竞赛题目显神灵。

神器溯源

对于正六边形的四种标准分割,其他都是显而易见,只有图3需再推导一下。如图5所示,连结AB,梯形$ABCD$的上底与下底之比为$1:2$,可以得到$CE:EA=1:2$,根据对称性,$AF=CE$,从而$AF=FE=EC$。根据线段比例就可以标记面积份数。

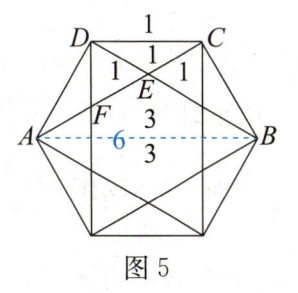

图5

例题精讲

例题1 如图6所示,在面积为18平方厘米的正六边形中,连结两条对角线和四条其他线段,它们的交点在对角线上,形成上下对称且左右对称图形,那么阴影部分图形的面积为_____平方厘米。

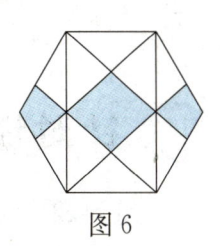

图6

答案: 5

【解答】 如图7所示,连结AD,正六边形的中心为O点,连结BO、OC。根据平行沙漏,可以得到$OH:HC=1:2$,因此得到$AG:GB=1:2$,$\triangle AFG$的面积占正六边形面积的$\frac{1}{6}\times\frac{1}{2}\times\frac{1}{3}=\frac{1}{36}$。$\triangle EFI$的面积占正六边形面积的$\frac{4}{6}\times\frac{1}{2}\times\frac{1}{4}=\frac{1}{12}$,所以阴影部分图形的总面积为$18\times(\frac{1}{36}\times4+\frac{1}{12}\times2)=5$平方厘米。

对于 $AG:GB$ 的比例求法,可以如图 8 所示补出等边 $\triangle ABL$,FG 延长必过 L 点,根据平行沙漏得到 $AG:GB=1:2$。也可以如图 9 所示一样,根据平行沙漏得到这个比例。

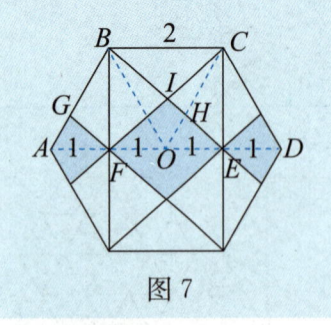

图 7 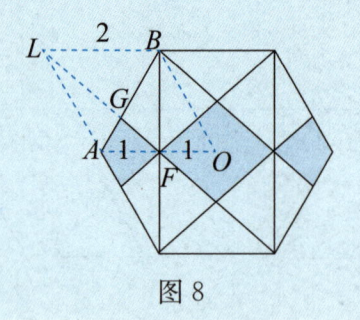　　　　　　　图 8 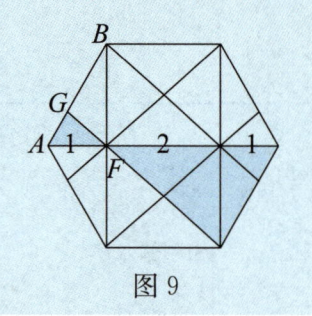　　　　　　　图 9

例题 2　如图 10 所示,面积为 72 的正六边形 $ABCDEF$,点 G、H、I、J、K、L 分别为 AB、BC、CD、DE、EF、FA 边上的三等分点(G 靠近 A),形成了正六边形 $GHIJKL$,那么正六边形 $GHIJKL$ 的面积为_____。

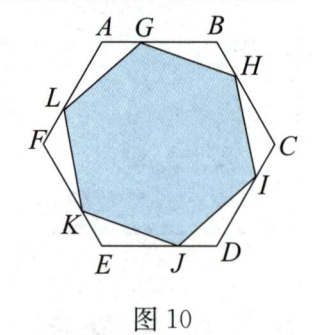

图 10

答案: 56

【解答】　如图 11 所示,分割正六边形,利用鸟头形共角定理先求每个空白三角形的面积占整体的几分之几。得到 $\triangle FKL$ 的面积为 $72 \times \dfrac{1}{6} \times \dfrac{1 \times 2}{3 \times 3} = \dfrac{8}{3}$,所以正六边形 $GHIJKL$ 的面积为 $72 - 6 \times \dfrac{8}{3} = 56$。

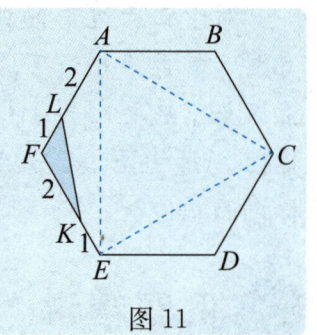

图 11

针对性练习

练习❶　如图 12 所示,这是一个正六边形的图案,已知正六边形的面积为 54 平方厘米,那么阴影部分图形的面积为_____平方厘米。

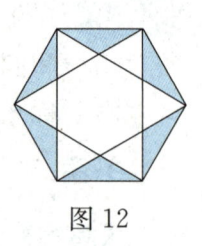

图 12

练习❷　如图 13 所示,正六边形的面积为 36,连结对角线得到的阴影部分图形的面积为_____。

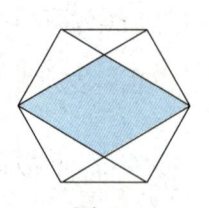

图 13

· 258 ·

练习❸ 如图 14 所示,正六边形的面积为 24,两边的中点和两个顶点连成阴影梯形,那么阴影部分图形的面积为_____。

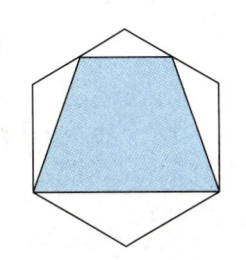

图 14

练习❹ 如图 15 所示,正六边形 ABCDEF 的面积为 80 平方厘米,以点 G、H、I 为中心的三个小正六边形的边长是正六边形 ABCDEF 边长的一半,那么△GHI 的面积是_____平方厘米。

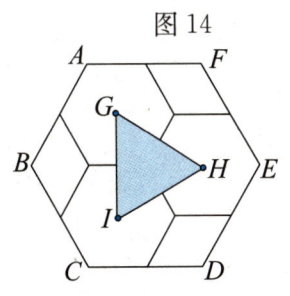

图 15

练习❺ 如图 16 所示,面积为 1 的正六边形 ABCDEF 中,点 G、H、I、J、K、L 分别为 AB、BC、CD、DE、EF、FA 边上的点,且 $AG:GB=BH:HC=CI:ID=DJ:JE=EK:KF=FL:LA=n:m$,形成了正六边形 GHIJKL,则正六边形 GHIJKL 的面积为_____(用含 n、m 的式子表示)。

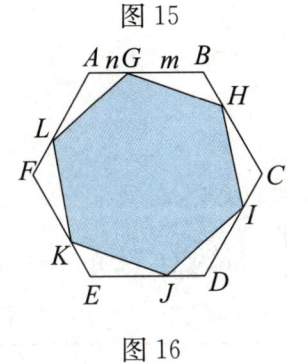

图 16

练习❻ 如图 17 所示,一个正六边形的三个不相邻的顶点恰好与正三角形各边的四等分点重合。如果正六边形的面积为 28,那么正三角形的面积为_____。

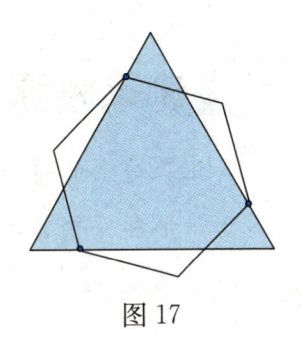

图 17

练习参考答案

练习题号	练习1	练习2	练习3	练习4	练习5	练习6
参考答案	18	16	15	10	$\dfrac{m^2+mn+n^2}{(m+n)^2}$	32
解答提示	基本练习	基本练习	基本练习	格点分割	先求空白面积	连结重合的四分点

JH-078 正八边形的标准分割

神器内容	如图1、图2、图3所示,正八边形分割: 图1　　　图2　　　图3 (1)每个内角135°。 (2)$a^2 = 2b^2$。
要点与说明	八边形,来分割,基本图形也不多。 相同图形数一数,倍数关系多琢磨。 内角度数一三五,连出直角看清楚。

神器溯源

正八边形的每个内角为$135°$,可分成$45°$和$90°$。如图1所示,共由8个等腰直角三角形和4个长方形组成。a是正八边形的边长,也是等腰直角三角形的斜边,对应的直角边长为b,根据勾股定理则有$a^2 = 2b^2$。整个正八边形的面积为$2a^2 + 4ab$。

如图3所示,对正方形的一个角作外半弦图,可以得到$\triangle ABC$的底AB对应的高为$\frac{1}{2}a$,$\triangle ABC$的面积为$\frac{1}{2} \times a \times \frac{1}{2}a = \frac{a^2}{4}$,从而中间正八边形的面积为$2a^2 + 4ab - \frac{a^2}{4} \times 8 = 4ab$。

例题精讲

例题1 如图4所示,边长为8的正八边形被对角线分割,那么阴影部分图形的总面积为_____。

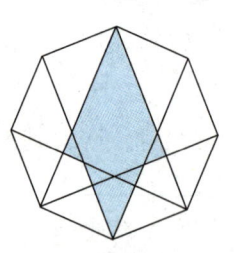

图4

答案: 96

【解答】 如图 5、图 6、图 7、图 8 所示,依次进行割补图形,最终得到阴影部分为一个边长为 8 的正方形与一条对角线长为 8 的正方形的面积之和。实际面积为 $8\times 8+8\times 8\div 2=96$。

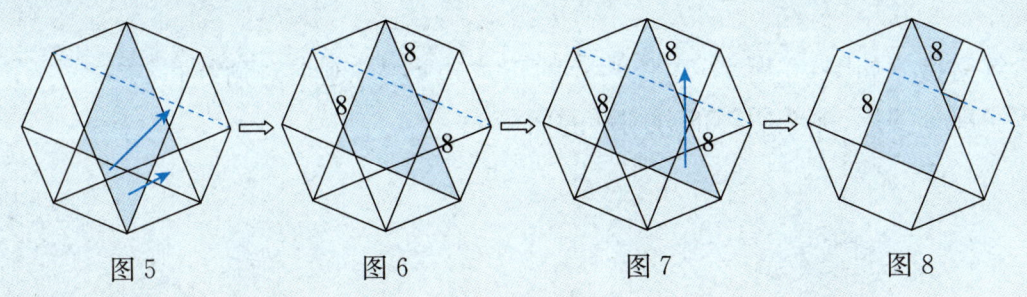

图 5　　图 6　　图 7　　图 8

例题 2 如图 9 所示,在面积为 120 平方厘米的正八边形中,那么阴影部分图形的面积为_____平方厘米。

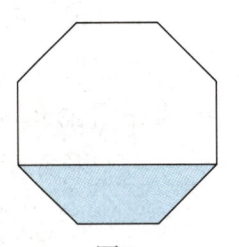

答案: 30

图 9

【解答】 如图 10 所示进行分割图形,得到八个等腰直角三角形和四个长方形。阴影部分占整体面积的 $\dfrac{1}{4}$,故阴影部分图形的面积为 $120\times \dfrac{1}{4}=30$ 平方厘米。

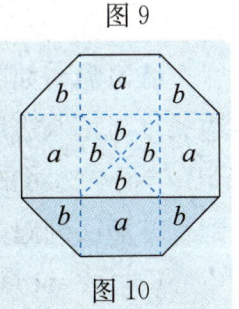

图 10

针对性练习

练习❶ 如图 11 所示,正八边形的面积为 100,那么阴影部分图形的面积是_____。

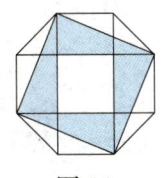

图 11

练习❷ 如图 12 所示,正八边形的边长为 6,那么阴影部分图形的面积是_____。

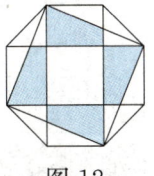

图 12

练习❸ 如图 13 所示,在边长为 6 的正八边形中,阴影部分图形的面积之差为_____。

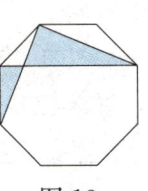

图 13

练习④ 如图 14 所示,边长为 6 的正八边形中,连结对角线得到阴影部分图形,阴影部分图形的面积为_____。

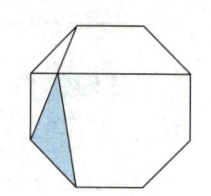

图 14

练习⑤ 如图 15 所示,边长为 6 的正八边形中,连结对角线得到阴影部分图形,那么阴影部分图形的面积为_____。

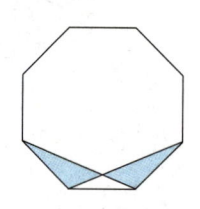

图 15

练习⑥ 如图 16 所示,把正方形减去四个角,得到一个正八边形。图中正方形的一个角块与正八边形的一个角块的面积之和(阴影部分图形面积之和)为 3 平方厘米,那么正八边形的面积为_____平方厘米。

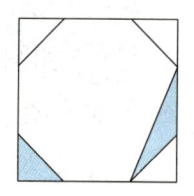

图 16

练习⑦ 如图 17 所示,正八边形内部有一个正方形 $ABCD$,边 AD 与正八边形的一条边重合,现在将正方形绕 A 点旋转使得 AB 与正八边形的另一条边重合,然后绕 B 进行上述旋转……直到正方形回到起始位置。已知正八边形的边长为 10,那么正方形中心(对角线交点)所经过的轨迹与正八边形之间图像的面积为_____。(π 取 3.14)

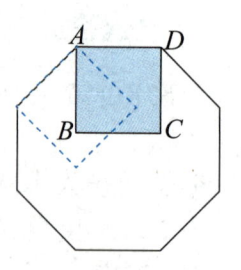

图 17

练习参考答案

练习题号	练习 1	练习 2	练习 3	练习 4
参考答案	50	72	18	18
解答提示	基本练习	基本练习	都加上阴影部分	可以转化为正方形
练习题号	练习 5	练习 6	练习 7	
参考答案	18	24	357	
解答提示	弦图求高	等积变形再分割	分割成 45° 扇形与等腰直角三角形	

262

JH-079 含 30°角的三角形面积

神器内容	如图 1 所示，△ABC 中，∠ACB＝30°，则有 (1) $S_{\triangle ABC}=\dfrac{ab}{4}$。 (2) 30°角所对的直角边等于斜边的一半。

图 1

要点与说明	三角形，求面积，高的一半乘以底。 如果内角三十度，公式简化看上图。 此角两边来相乘，四分之一要记清。

神器溯源

如图 2 所示，在正三角形 ABC 中，边长为 2a。过 A 点作 BC 边上的高，根据正三角形的轴对称性质，得到 BD＝DC＝a。可以记作：在直角三角形中，30°角所对直角边等于斜边的一半。根据勾股定理不难得到 $b^2=(2a)^2-a^2=3a^2$（得到 a、b 之间的平方关系即可，回避开方运算）。

如图 3 所示，在△ABC 中，∠ACB＝30°，BC＝a，AC＝b，过点 A 作 AD⊥BC 于点 D。根据在直角三角形中，30°角所对直角边等于斜边的一半，得到 $AD=\dfrac{b}{2}$。所以 $S_{\triangle ABC}=\dfrac{1}{2}BC\times AD=\dfrac{1}{2}a\times\dfrac{1}{2}b=\dfrac{ab}{4}$。

记忆方法：含 30°角的三角形面积，等于 30°角的两边长乘积的四分之一。

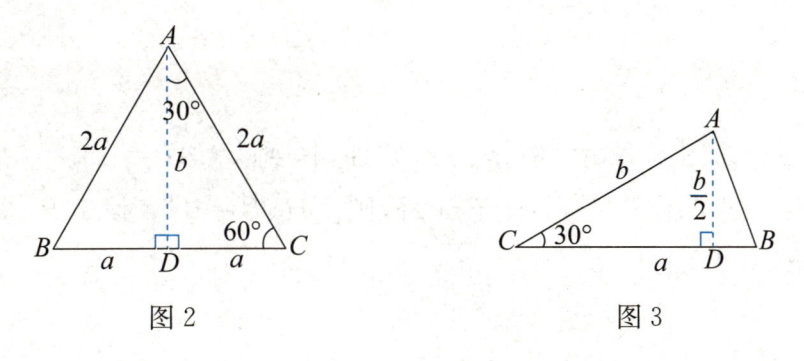

图 2

图 3

例题精讲

例题 1 如图 4 所示，正十二边形与正方形的四个交点，恰好是正方形四条边的中点。如果正方形的面积为 80 平方厘米，那么阴影箭头的面积为_____平方厘米。

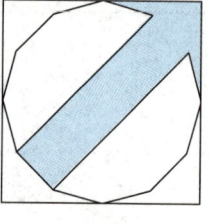

答案：25

【解答】 如图 5 所示添加辅助线，把阴影部分分成两部分。在图 6 中，△AOB 是顶角为 30°角的等腰三角形，其面积占正十二边形面积的 $\frac{1}{12}$，阴影长方形的面积占正十二边形面积的 $\frac{1}{12} \times 4 = \frac{1}{3}$。

如图 7 所示，阴影部分面积占正十二边形面积的 $\frac{1}{12}$，占大正方形面积的 $\frac{1}{16}$。所以图 4 中整个阴影面积占大正方形面积的 $\frac{1+4}{16} = \frac{5}{16}$。故所求为 $80 \times \frac{5}{16} = 25$ 平方厘米。

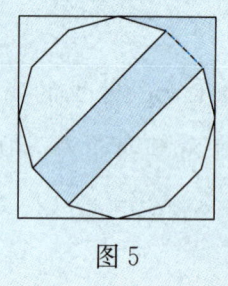

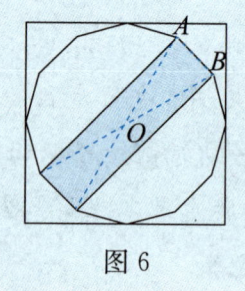

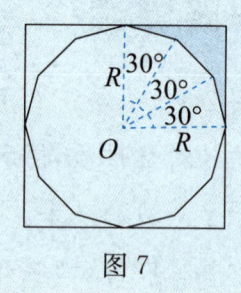

图 5　　　　图 6　　　　图 7

例题 2 如图 8 所示，已知△ABC，∠CAB：∠ABC：∠ACB=3：4：5。分别以 AC、BC 为边向形外作正方形 ACDE 和正方形 BCGF。已知正方形 ACDE 的面积为 60 平方厘米，那么正方形 BCGF 的面积为_____平方厘米。

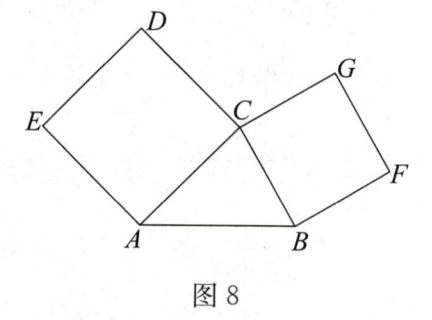

图 8

答案：40

【解答】 如图 9 所示，根据已知条件，得到∠CAB=45°，∠ABC=60°，∠ACB=75°。过 C 作 CH⊥AB 于点 H，则∠HCB=30°。设 HB=a，CH=b，AC=c，则 BC=2a，AH=b。

$S_{正方形BCGF}=(2a)^2=4a^2$，而 $S_{正方形ACDE}=c^2=2b^2=2\times 3a^2=6a^2$，$\dfrac{S_{正方形BCGF}}{S_{正方形ACDE}}=\dfrac{4a^2}{6a^2}=\dfrac{2}{3}$。

所以 $S_{正方形BCGF}=60\times\dfrac{2}{3}=40$ 平方厘米。

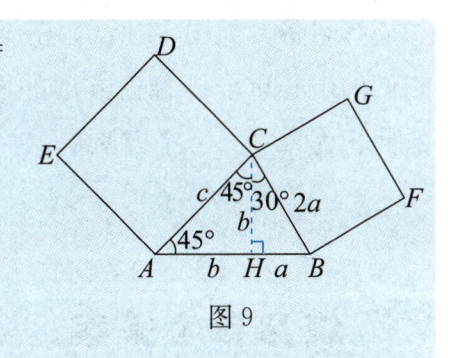

图 9

针对性练习

练习❶ 如图 10 所示，四边形 ABCD 中，AB＝AD＝6，BC＝10，∠BAC＝90°，∠CAD＝30°，那么四边形 ABCD 的面积为_____。

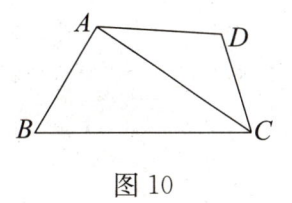

图 10

练习❷ 如图 11 所示，把三个相同的直角三角形拼成一个大等边三角形，每个直角三角形面积为 18 平方厘米，那么它们围成的阴影三角形面积为_____平方厘米。

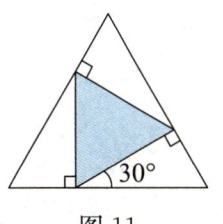

图 11

练习❸ 如图 12 所示，大正六边形中有一个正六角星，还有六个一样大的正方形，六个一样大的等腰三角形。已知每个正方形的面积为 6 平方厘米，那么大正六边形的面积比正六角星大_____平方厘米。

图 12

练习❹ 如图 13 所示，在正十二边形中，有 4 个正方形和 4 个菱形及 12 个正三角形。已知正十二边形的边长为 6 厘米，那么阴影部分图形的面积之和为_____平方厘米。

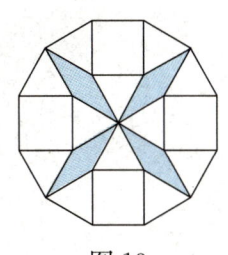

图 13

· 265 ·

练习❺ 如图 14 所示,正十二边形与正方形的四个交点,且它们的中心重合。若正方形的面积 60 平方厘米,那么阴影矩形的面积为_____平方厘米。

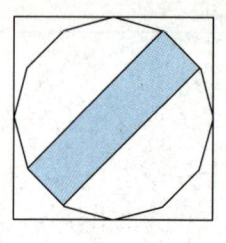

图 14

练习参考答案

练习题号	练习 1	练习 2	练习 3	练习 4	练习 5
参考答案	36	27	45	72	15
解答提示	基本练习	求各边比例	等腰三角形顶角 150°	标准分割少 2 个正方形	阴影旋转到合适位置

JH-080　正十二边形的标准分割

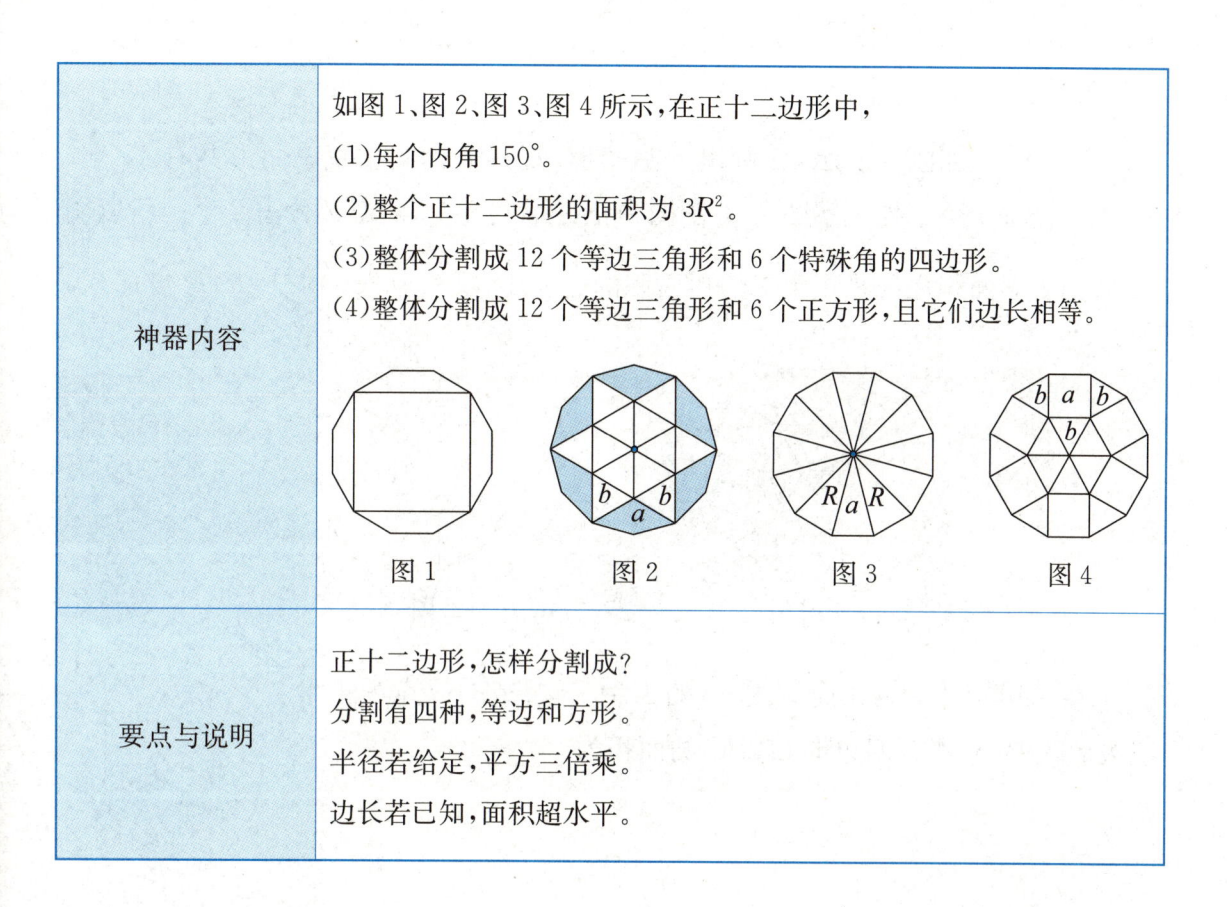

神器内容	如图 1、图 2、图 3、图 4 所示,在正十二边形中, (1) 每个内角 150°。 (2) 整个正十二边形的面积为 $3R^2$。 (3) 整体分割成 12 个等边三角形和 6 个特殊角的四边形。 (4) 整体分割成 12 个等边三角形和 6 个正方形,且它们边长相等。 图 1　　图 2　　图 3　　图 4
要点与说明	正十二边形,怎样分割成? 分割有四种,等边和方形。 半径若给定,平方三倍乘。 边长若已知,面积超水平。

神器溯源

如图 1 所示,每个等腰梯形占正十二边形的 $\frac{1}{12}$,可以从图 4 的分割中求出来,能分割出 1 个等边三角形和 $\frac{1}{2}$ 个正方形。

如图 2 所示,可以得到四边形(加阴影)的四个内角分别为 45°、45°、120°、150°。

如图 3 所示,每个小三角形的顶角为 30°,正十二边形的面积为 $\frac{1}{4}R^2 \times 12 = 3R^2$。

如图 4 所示,正十二边形的最常见分割,由 12 个等边三角形和 6 个正方形组成。

例题精讲

例题 1 如图 5 所示,一种包装的设计图为正十二边形,其面积为 180 平方厘米,其中被涂色的阴影部分由 4 个正三角形和 1 个正方形组成,则阴影部分图形的总面积为_____平方厘米。

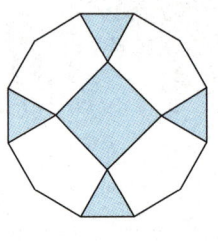

答案:60

图 5

【解答】 如图 6 所示,先画出分割图形,观察分割图中正三角形共有 12 个,阴影部分占 4 个。再观察图 7,分割图中正方形共 6 个,阴影部分占 2 个。所以阴影部分图形面积之和是正十二边形面积的 $\frac{1}{3}$,实际面积为 $180 \times \frac{1}{3} = 60$ 平方厘米。

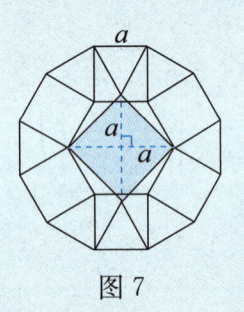

图 6

图 7

例题 2 如图 8 所示,在面积为 60 的正十二边形中,O 点为正十二边形的中心,那么四边形 $OABC$ 的面积为_____。

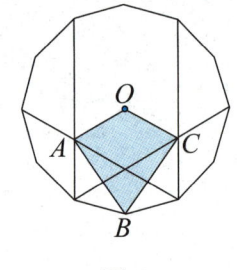

图 8

答案:10

【解答】 如图 9 所示,连出两个等边三角形,得到 $DA = AE = EF$。

如图 10 所示,根据共边定理之导航形,得到 $\triangle AOB$ 的面积等于四边形 $ODBA$ 的面积,从而把阴影部分等积变形为图 11 中的阴影部分。

如图 12 所示,阴影部分的面积为 $\frac{1}{2}R^2$。又知正十二边形的面积为 $3R^2$,所以阴影部分面积为正十二边形面积的 $\frac{\frac{1}{2}R^2}{3R^2} = \frac{1}{6}$,得到阴影实际面积为 $60 \times \frac{1}{6} = 10$。

另解： 根据正十二边形标准分割图 2，得到图 13，按照箭头所指方向进行等积变形变为图 14。阴影部分面积为 2 个等边三角形和 1 个四边形，占整体面积的 $\frac{1}{6}$，其面积为 $60 \times \frac{1}{6} = 10$。

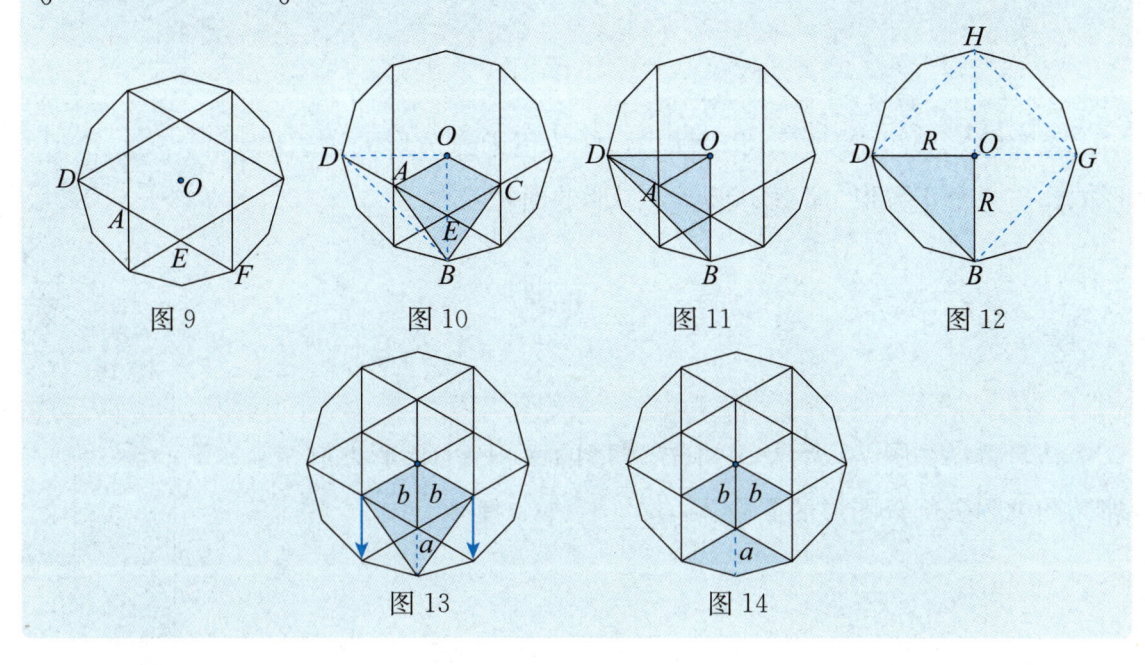

图 9

图 10

图 11

图 12

图 13

图 14

针对性练习

练习❶ 如图 15 所示，正十二边形的面积为 12 平方厘米，那么阴影部分图形的面积为_____平方厘米。

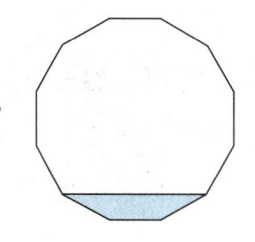

图 15

练习❷ 如图 16 所示，在正十二边形中连出一个正方形。已知阴影部分的面积为 30 平方厘米，那么正十二边形的面积为_____平方厘米。

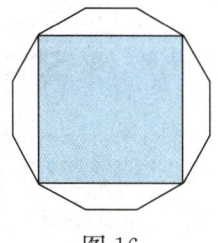

图 16

练习❸ 如图 17 所示，正十二边形和中心白色的正六边形的边长均为 2，那么图中阴影部分图形的面积是_____。

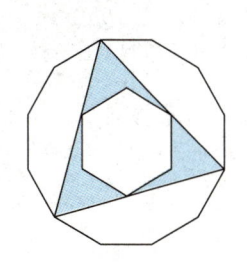

图 17

练习 ❹ 如图 18 所示,在边长为 2 的正十二边形中,空白部分是 12 个正三角形,那么阴影部分图形的面积为_____。

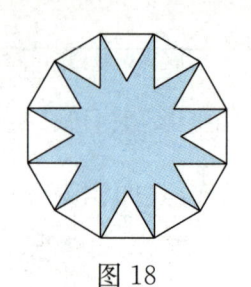

图 18

练习 ❺ 如图 19 所示,以面积为 36 的正十二边形的一边向形内作出一个正方形,那么阴影部分图形的面积为_____。

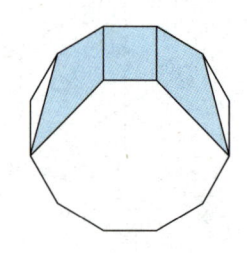

图 19

练习 ❻ 如图 20 所示,正十二边形的面积为 12 平方厘米,那么图中阴影部分图形的面积为_____平方厘米。

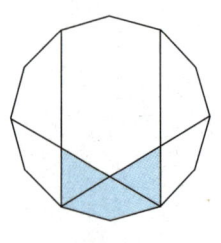

图 20

练习 ❼ 如图 21 所示,在正方形内作出一个正十二边形,其中有四条边在正方形的四条边上。正方形的边长比正十二边形的边长长 4 厘米,那么正十二边形的面积为_____平方厘米。

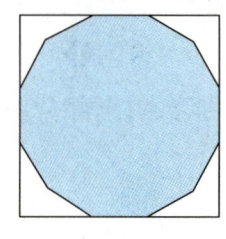

图 21

练习参考答案

练习题号	练习1	练习2	练习3	练习4	练习5
参考答案	1	45	9	24	12
解答提示	基本练习	基本练习	先进行标准分割	少6个正方形	先进行标准分割
练习题号	练习6	练习7			
参考答案	2	24			
解答提示	先标准分割	连结顶点和中心			

270

JH-081　图形的平移

神器内容	如图1所示,把△ABC沿着一个方向平移到△DEF的位置,则有 (1)平移前后的大小、形状都不变。 (2)对应点连线段相等、平行或在一条直线上。
要点与说明	一个图形被平移,方向相同要谨记。 大小方向都不变,线段重合平行线。

图1

神器溯源

如图1所示,把一个图形沿着一个方向移动到另一个位置,那么整个图形变换过程叫作平移。平移前后的图形是全等的。平移前后的对应点连结线段的长叫作平移的距离。

例题精讲

例题 1 如图2,已知梯形 $ABCD$,$AD \parallel BC$,$AB=13$,$BC=25$,$CD=15$,$DA=11$,那么梯形 $ABCD$ 的面积为_____。

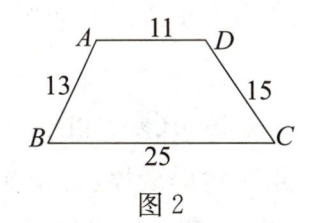

图2

答案: 216

【解答】 如图3所示,如图把线段 AB 平移到 DF 的位置,根据△CDF 的三边为13、14和15。过 D 作 $DE \perp BC$ 于点 E,则梯形高 $DE=12$。梯形 $ABCD$ 的面积为 $(11+25) \times 12 \div 2 = 216$。

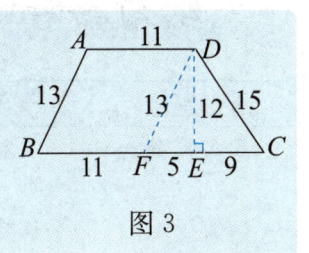

图3

· 271 ·

例题 2 如图 4 所示，把直角△ABC 向右平移 4 厘米，然后再向下平移 2 厘米到△DEF 的位置，且点 D、F 都在 AC 所在直线上，又知 EF=14 厘米，那么梯形 ABGD 的面积为_____平方厘米。

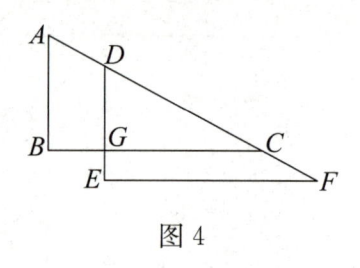

答案： 24

【解答】 根据图 4，通过平移，图形出入相补，梯形 ABGD 与梯形 EFCG 是等积变形。梯形面积均为 (14−4+14)×2÷2=24 平方厘米。

针对性练习

练习 ❶ 如图 5 所示，在梯形 ABCD 中，AD∥BC，AD=AB=3，BC=8，CD=4，那么梯形 ABCD 的面积为_____。

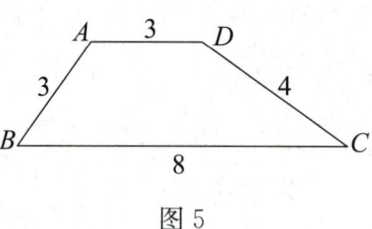

练习 ❷ 如图 6 所示，在梯形 ABCD 中，AD∥BC，AC=3，BD=4，AD+BC=5，那么梯形 ABCD 的面积为_____。

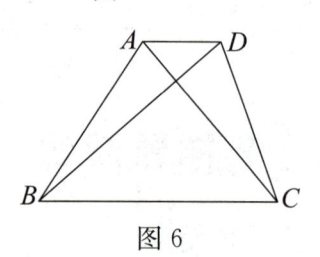

练习 ❸ 如图 7 所示，在大正方形中放入三个大小相同的小正方形。从上到下看，第一层红色正方形的面积看到 54，第二层黄色正方形看到的面积为 26，第三层蓝色正方形看到的面积为 10，那么大正方形的面积为_____。

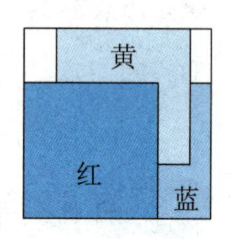

练习 ❹ 如图 8 所示，在平行四边形中放入两个直角三角形纸片，一个直角边为 3 和 7，另一个直角边为 6 和 11，那么没有被纸片盖住的图形的面积为_____。

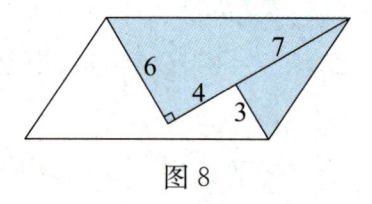

练习参考答案

练习题号	练习1	练习2	练习3	练习4
参考答案	13.2	6	96	31.5
解答提示	平移梯形的腰	基本练习	将标"黄"的正方形左移到大正方形左边	平移三角形

JH-082　图形的旋转

神器内容	如图1所示，把△AOB绕O点逆时针旋转到△COD的位置，则有 (1)对应线段相等。 (2)对应角相等。 (3)旋转角相等。
要点与说明	一个图形被旋转，一定找到旋转点。 旋转图形都全等，旋转角度定相同。

神器溯源

如图1所示，把一个图形绕着一个定点旋转一定角度，这个图形的变换过程叫作图形的旋转。旋转前后图形是全等的。当一个图形绕一个定点旋转$180°$，那么前后两个图形的位置关系叫作中心对称。如果一个图形旋转$180°$以后仍和原来的图形完全重合，那么这个图形为中心对称图形。

例题精讲

例题 1-1 如图2所示，在直角三角形中减去一个正方形，得到两个直角三角形的斜边分别为5和8，那么阴影部分的面积为_____。

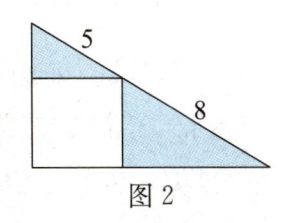

答案：20

【解答】 如图3所示，把△ACD绕C点逆时针旋转$90°$，到达图4中△EFC的位置，得到直角△BCE的两直角边分别为5和8，所以阴影部分的面积为$\frac{1}{2}×5×8=20$。

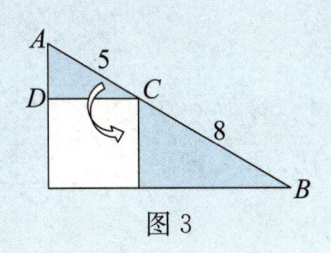

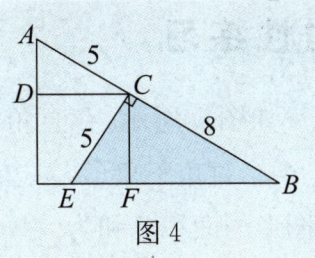

例题 1-2 如图 5 所示,等边 △ABC 与等边 △ADE 有公共的顶点 A,连结 BD、CE,图中三块阴影部分的面积分别为 1、16 和 38,那么第四块阴影三角形的面积为 _____。

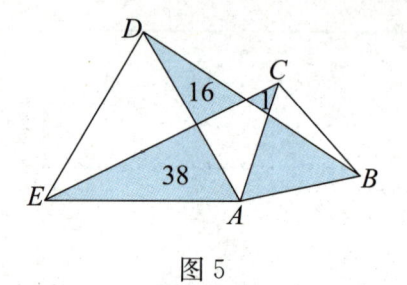

图 5

答案:23

【解答】 如图 6 所示,可以把 △ABD 绕 A 点旋转到 △ACE 的位置。根据等边三角形,可以得到 ∠BAC = ∠DAE = 60°,AB = AC,AD = AE,则 ∠BAC + ∠CAD = ∠DAE + ∠CAD,∠BAD = ∠CAE。这说明 △ABD 与 △ACE 全等,因为有两组对应边相等,且夹角也对应相等。这样就可以看作三角形的旋转位置了。

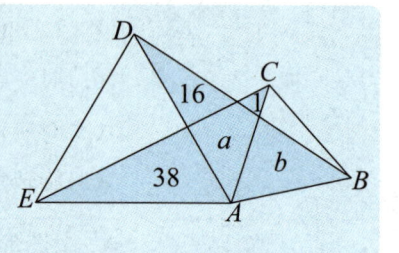

把 △ABD 与 △ACE 的公共部分也画上阴影,则有 $1+38+a=16+a+b$,所以第四块阴影 $b=(1+38)-16=23$。

图 6

例题 2 如图 7 所示,点 P 为等边 △ABC 内一点,连结 AP、BP、CP,AP=4,BP=3,∠APB=150°,那么 CP=_____。

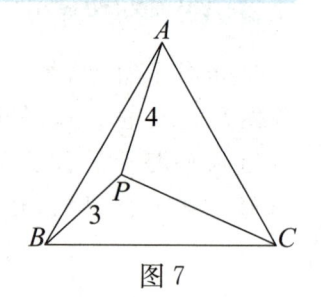

图 7

答案:5

【解答】 如图 8 所示,把 △ABP 绕 A 点逆时针旋转 60° 到 △ACD 的位置,连结 PD,则 △APD 为等边三角形,∠ADP = 60°,∠PDC = ∠ADC − ∠ADP = 150° − 60° = 90°,且 DP=4,DC=3,由勾股定理得到 PC=5。

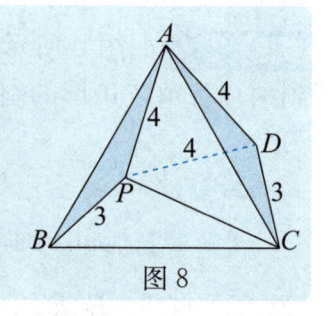

图 8

针对性练习

练习❶ 如图 9 所示,在直角三角形纸片上,剪下一个正方形,剩下两个直角三角形,斜边分别是 6 和 15,那么剩下的阴影部分图形的面积总和为_____。

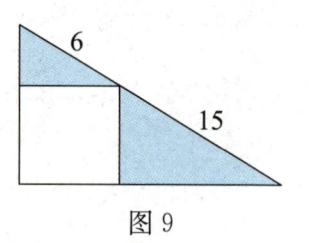

图 9

· 274 ·

练习❷ 如图 10 所示,把直角△ABC 绕 B 点逆时针旋转 120°到△DBE 的位置,∠ACB=90°,BC=5 厘米,AC=12 厘米,那么图中阴影部分的面积为_____平方厘米。(π 取 3)

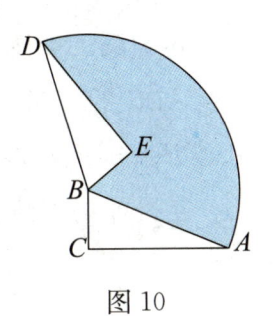

图 10

练习❸ 如图 11 所示,一个等腰梯形的上底为 10,下底为 18,以腰为边长作正方形,得到图中的阴影部分的面积为_____。

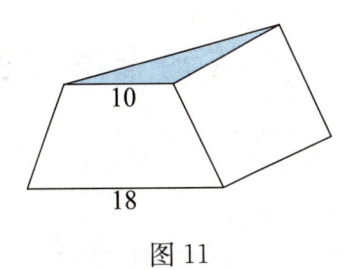

图 11

练习❹ 如图 12 所示,已知凹五边形 ABCDE,BA⊥AE,AB=AE,BC⊥CD,BC=CD,AC=6 厘米,那么整个图形的面积为_____平方厘米。

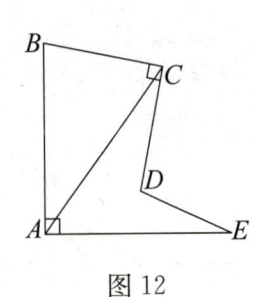

图 12

练习❺ 如图 13 所示,△ABC 和△ADE 都是等边三角形。连结 BD、CE。图中阴影①②③的面积分别为 2、4、6,那么阴影图形④的面积为_____。

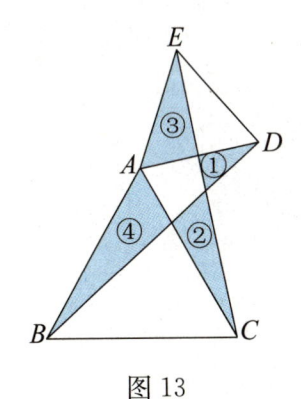

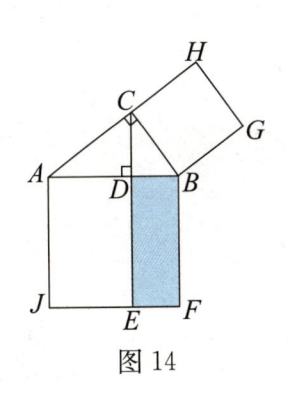

图 13

练习❻ 如图 14 所示,在直角三角形 ABC 中,BC=5 厘米,四边形 ABFJ、BCHG 均为正方形,CE⊥FJ,那么长方形 DBFE 的面积为_____平方厘米。

图 14

练习❼ 如图 15 所示，正方形 DEFG 的 3 个顶点分别在 △ABC 的三条边上。且 AG＝BG＝10 厘米，AE＝14 厘米，CE＝2 厘米，BD＝DC，那么正方形 DEFG 的面积为 _____ 平方厘米。

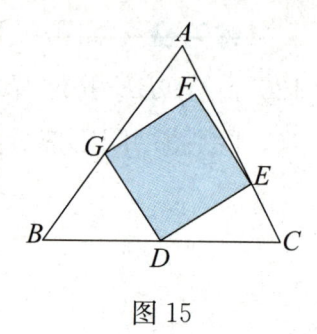

图 15

练习参考答案

练习题号	练习1	练习2	练习3	练习4	练习5
参考答案	45	139	20	18	8
解答提示	基本练习	基本练习	高与底之差	旋转△ABC	①＋④＝②＋③

练习题号	练习6	练习7			
参考答案	25	64			
解答提示	旋转＋等积变形	空白三角形旋转			

JH-083　图形的翻转

神器内容	如图1所示,把△ABC沿着直线翻折到△DEF的位置,则有 (1)对应线段相等。 (2)对应角相等。 (3)对应线段平行或交于对称轴上。
要点与说明	一个图形被翻转,一定沿着一直线。 翻转图形都全等,对应角度定相同。 对应线段交轴上,或者平行去延长。

图1

神器溯源

把一个图形沿着一条直线 l 在空间内旋转180°(或者翻折)到达另一个图形的位置,那么这条直线叫作翻转轴,这两个图形的位置关系叫作轴对称。在轴对称的两个图形中,对应点的连线段被翻转轴垂直平分,对应边要么平行于翻转轴,要么交点或延长线的交点在翻转轴上。

如果一个图形沿着一条直线对折,那么这个图形的两部分完全重合,那么这个图形叫作轴对称图形。线段、等腰三角形、长方形、正方形、圆都是轴对称图形,有的图形的对称轴还不止一条。

例题精讲

例题1-1 如图2所示,把面积为120的长方形 $ABCD$ 的 D 点,沿着 FC 翻折到 AB 的中点 E,那么△AEF 的面积为_____。

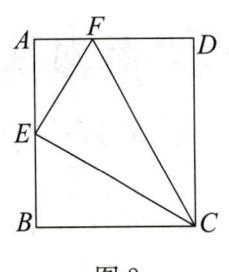

图2

答案： 10

【解答】 如图 3 所示，连结 DE，设 $CE=2$，则 $AE=EB=1$，$CE=DE=2$，可以把 △AEF 翻转到 △GEF 的位置，△BCE 翻转到 △GCE 的位置，△AEF 的面积为 $120÷12=10$。

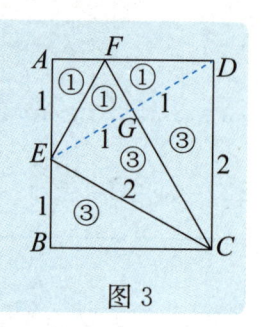

图 3

例题 1-2 如图 4 所示，已知长方形 $ABCD$，$AB=6$，$BC=8$，点 E 在 BC 上，把 △ABE 沿 AE 翻折，使得点 B 落在对角线 AC 上的点 F 处，那么 △ABE 的面积为 _____ 。

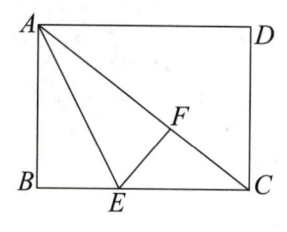

答案： 9

【解答】 如图 5 所示，设 $BE=x$，对 △ECF 的三边使用勾股定理，或者根据 △ECF 与 △ABC 都是由勾股数组扩倍得到的，求得 $x=3$。△ABE 的面积为 $6×3÷2=9$。

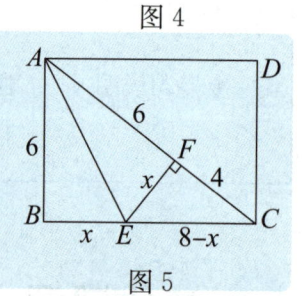

图 4

图 5

例题 2 如图 6 所示，在面积为 80 的正方形内如图放置两个相同的长方形和一个等腰直角三角形，那么等腰直角三角形的面积为 _____ 。

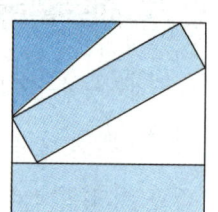

答案： 10

【解答】 如图 7 所示，把斜放的长方形沿对角线 AB 翻转到平放位置（或者把下面的长方形向上平移到这个位置），得到线段 a 与 b，从而等腰直角三角形的直角边是正方形边长的一半，其面积为 $80÷8=10$。

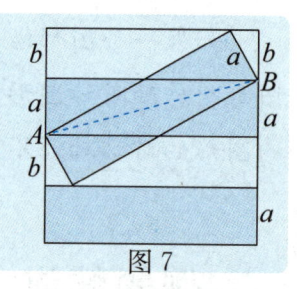

图 6

图 7

针对性练习

练习❶ 如图 8 所示，将长方形 $ABCD$ 的一角翻折，使得点 D 恰好落在 AB 上的点 F 处。已知 $AB=20$，$EC=25$，那么长方形 $ABCD$ 的面积为 _____ 。

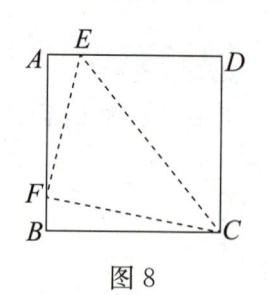

图 8

278

练习 ❷ 如图 9 所示,点 E 是长方形 $ABCD$ 边 AB 的中点,连结 ED,作 $\angle DEF=69°$,过点 C 作 $CF \perp EF$ 于点 F。$AB=20$,$CF=10$,那么 $\angle DCF=$ _____ °。

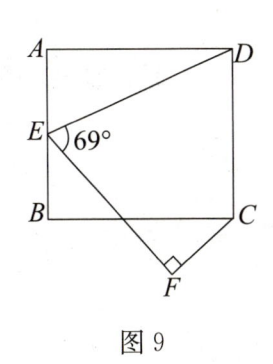

图 9

练习 ❸ 如图 10 所示,把长方形 $ABCD$ 沿着 AF 翻折,使得点 D 落在 BC 上的点 E。$AE=10$,$EF=5$,那么长方形 $ABCD$ 的面积为 _____ 。

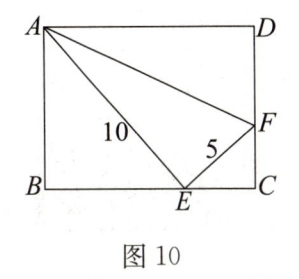

图 10

练习 ❹ 如图 11 所示,把一个长方形纸片无缝隙地折成一个"信封",如果这个"信封"的长为 4,宽为 3,那么这个长方形的周长是 _____ 。

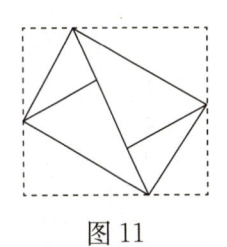

图 11

练习 ❺ 如图 12 所示,正方形 $ABCD$ 的面积为 30,点 E 为 BC 的中点。连结 AE,把 $\triangle ABE$ 延 AE 翻折到正方形内部,点 B 落在点 F 处,连结 CF、DF,那么阴影 $\triangle CDF$ 的面积为 _____ 。

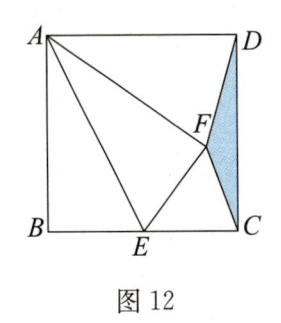

图 12

练习 ❻ 如图 13 所示,在四边形 $ABCD$ 中,连结 AC、BD,$AB=AC$,$\angle ABD=60°$,$\angle ADB=78°$,$\angle BDC=24°$,那么 $\angle DBC=$ _____ °。

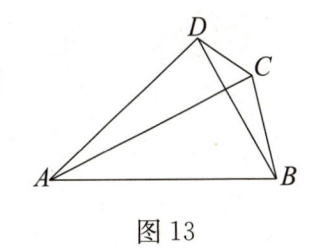

图 13

· 279 ·

练习参考答案

练习题号	练习1	练习2	练习3	练习4	练习5
参考答案	384	134	80	19.6	3
解答提示	翻折后用勾股定理	连结 EC，两次翻折再求角	基本练习	翻折的图形展开	连结 BF，$\triangle CDF$ 与 $\triangle BEF$ 的面积相等

练习题号	练习6				
参考答案	18				
解答提示	$\triangle ADC$ 沿 AD 翻转				

JH-084　图形的剪拼

神器内容	图形的剪拼:把一个图形按照要求剪成几部分,或者剪后又拼成一个符合要求的图形,这个过程叫作图形的剪拼。图形在剪拼前后符合等积变形。
要点与说明	大小一般指面积,面积不变记心里。 形状一般指图形,图形可能要相同。 既剪又拼旋转法,中心对称才用它。 面积等于平方和,改"斜"归"正"用得多。

神器溯源

1. 图形只剪不拼

把一个图形剪开,使得每部分大小(面积相同或不同)、形状(相似不相似)符合一定的要求。主要有:

(1)大小相同,形状不限制。

(2)大小不限制,形状相似。

(3)大小相同,且形状相同。

(4)周长相同,面积最大。

(5)周长相同,面积最小。

有些图形要求剪开,需要包括特定的图形,特别是在图形大小、形状都相同的情况下:

(1)剪成相同的两部分:过图形中心,向正、反方向作一条剪开线。

(2)剪成相同的三部分:过图形中心作一条剪开线,然后绕图形中心旋转120°、240°。

(3)剪成相同的四部分:过图形中心作一条剪开线,然后绕图形中心旋转90°、180°、270°。

2. 图形拼图

已知一些图形，按照要求拼成一个符合要求的图形。

3. 图形既剪又拼

先把一个图形剪开，然后拼成一个符合条件的图形，有时也要在图形块数上加以限制。剪拼方法如下：

(1) 计算面积，确定拼图边长。当一个图形的面积 $S=a^2$，则拼成的正方形的边长为 a。当一个图形的面积 $S=a^2+b^2$，则拼成的正方形的边长为 $a \times b$ 的长方形的对角线。

(2) 网格化。把一个图形画出一些方格，便于剪开线的确定。

(3) 先定形后剪开。如果方便，可以把所剪图形和目标图形都放在网格中，调整目标图形的位置找到合适的剪法。

例题精讲

例题 1 如图 1 所示，一个长方形纸片上有一个圆形的"洞"，请把这个图形分成面积相等的两部分，怎么分？

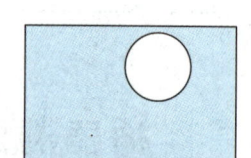

答案：见图 2。

图 1

【解答】 如图 2 所示，过长方形的中心和圆的圆心连线，得到的就是面积等分线。

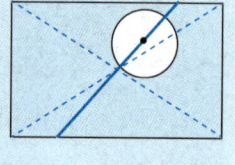

图 2

例题 2 如图 3 所示，由 8 个相同的正方形拼成的图形，请把此图分割成三部分，然后拼成一个正方形。

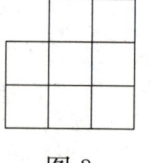

答案：见图 4 和图 5。

图 3

【解答】 (1) 如图 4 所示，设每个小正方形的面积为 1，则整体面积为 $8=2^2+2^2$，所以拼成的正方形的边长为 2×2 的正方形的对角线。

(2) 如图 5 所示，把原图放入正方形方格中，尝试画出要拼成的正方形，就可以找到剪开线和拼法。

图 4　　　　　　　　　　　　图 5

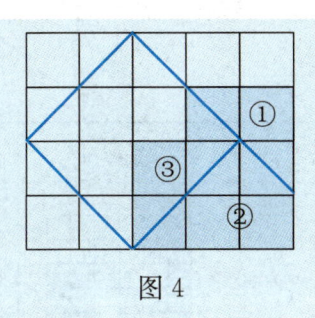

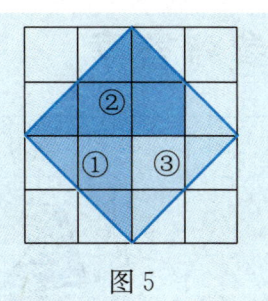

针对性练习

练习❶　请把图 6 中的等边三角形剪成大小、形状都相同的三部分。

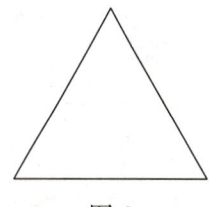

图 6

练习❷　如图 7 所示,一个面积为 20 的格点三角形纸片,如何从这个三角形上剪出一个面积为 8 的三角形?请给出一种剪法。(剪出图形就是原三角形纸片的一部分)

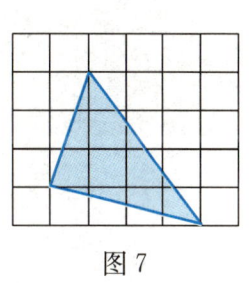

图 7

练习❸　图 8 是由一个 3×5 的长方形与一个边长为 1 的正方形拼成的。请把它分割成四个大小、形状都相同的四部分。

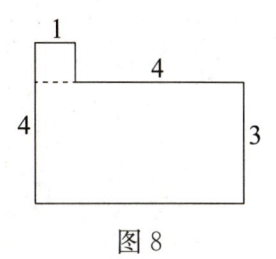

图 8

练习❹　如图 9 所示,将 6×6 的方格表沿网格线分成大小、形状都相同的四块,并且每块都有黑棋子和白棋子各一个。

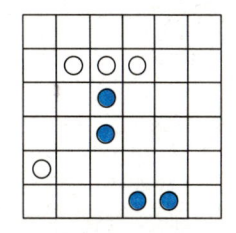

图 9

练习❺　把图 10 分割成大小、形状都相同的两块,然后拼成一个正方形。

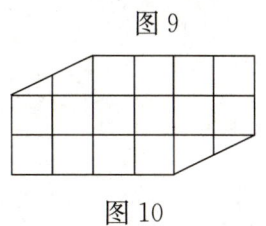

图 10

练习参考答案

练习题号	练习1	练习2	练习3	练习4	练习5
参考答案			略		
解答提示	过中点,答案不唯一	使用平行沙漏形和鸟头形计算	网格化,剪法不唯一	过中心点	对称作图

JH-085　圆与勾股

神器内容	如图 1 所示，圆的半径为 R，则 (1) 圆的周长 $C=2\pi R$。 (2) 圆的面积 $S=\pi R^2$。 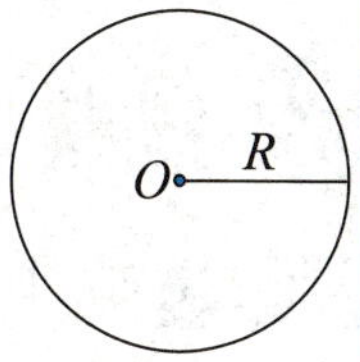

图 1

要点与说明	圆的面积怎么求，不知半径只挠头。 切点半径常相连，出现勾股记心间。 半径未知能平方，代入公式喜洋洋。

神器溯源

在圆面积公式中有个表示数的字母 π，规定 $\pi=\dfrac{C}{D}$，π 就是周长 C 与直径 D 的比值，被称为圆周率。

$\pi=3.14159265358979323846264338327950288419716939937510\cdots$

一般地，圆周率 π 保留两位小数，要熟记 $\pi\sim10\pi$ 的值。

从圆周率的定义出发，可以得到圆的周长公式：$C=2\pi R=\pi D$。

如图 2 所示，我们把圆想象成一个圆形坐垫，然后用剪刀把圆沿着一条半径剪开，再用每条编织带摆成三角形的形状。三角形的高就是圆的半径 R，底是圆的周长 C，其面积近似于圆面积。当编织带越来越薄，趋向于无穷小时，那么三角形的面积就是圆的面积，因此 $S_{圆}=\dfrac{1}{2}\times C\times R=\dfrac{1}{2}\times 2\pi R\times R=\pi R^2$。

如图 3 所示，与圆有关的概念：①圆心与圆周上任一点连成的线段叫作圆的半径，如半径 OA。②圆周上两点连成的线段叫作弦，如弦 AB。③如果弦经过圆心，那么它是最长的弦，叫作直径，长度等于半径的 2 倍，如直径 BC。④圆周上两点之间的部分（曲线）叫作弧，如弧 AB，直径所分成的弧叫作半圆。⑤两条半径和一条弧围成的图形叫作扇形，如扇形 AOB。⑥弦 AB 与弧 AB 构成的图形叫作弓形。

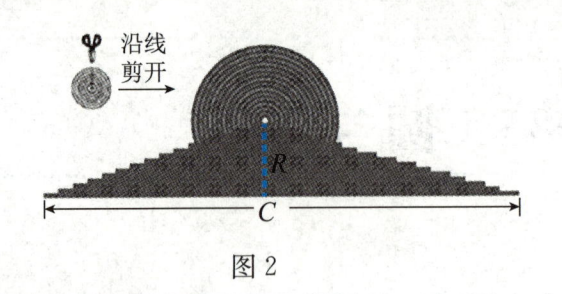

图 2

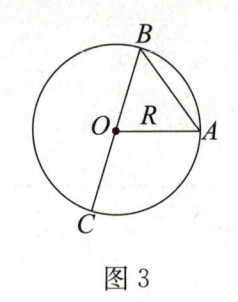

图 3

例题精讲

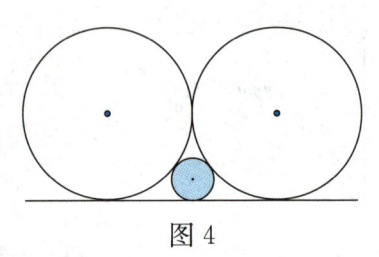

例题 1 如图 4 所示,两个面积都是 50.24 的圆紧靠着放在桌面上,图中放入一个阴影圆,它与两个大圆和桌面都相切,那么小圆的面积为_____。(π 取 3.14)

答案: 3.14

图 4

【解答】 如图 5 所示,因为 $50.24 \div 3.14 = 16$,所以大圆的半径为 4,设小圆的半径为 x,则直角三角形的三边分别为 4、$4-x$ 和 $4+x$,根据勾股定理得到 $x=1$,所以小圆的面积为 $3.14 \times 1^2 = 3.14$。

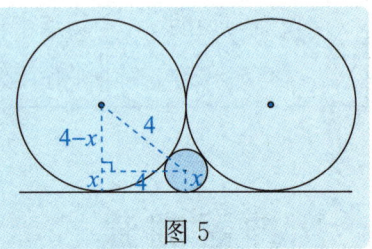

图 5

例题 2 如图 6 所示,从两直角边长分别为 6 厘米和 8 厘米的直角三角形木板上锯下一个最大的圆,那么剩下图形的面积为_____平方厘米。(π 取 3.14)

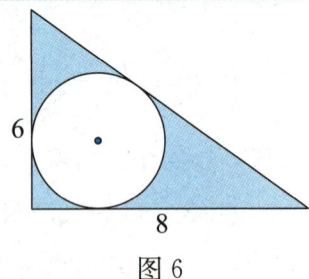

图 6

答案: 11.44

【解答】 如图 7 所示,根据勾股定理,直角三角形斜边长为 10,圆的半径为 $(6+8-10) \div 2 = 2$。阴影部分图形的面积为 $6 \times 8 \div 2 - \pi \times 2^2 = 11.44$ 平方厘米。

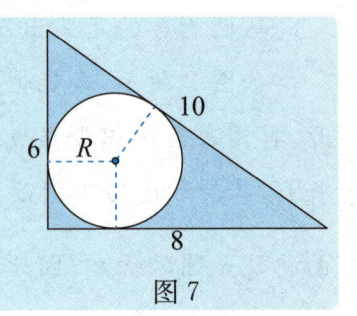

图 7

针对性练习

练习❶ 如图 8 所示,一个圆内恰好可以放下长为 4 厘米、宽为 2 厘米的长方形,那么圆的面积为_____平方厘米。(π 取 3.14)

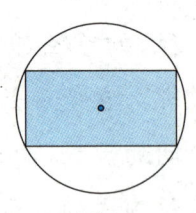

图 8

286

练习❷ 如图9所示,在一个长方形内放入两个圆,大圆的半径为9,小圆的半径为4,那么长方形的面积为_____。

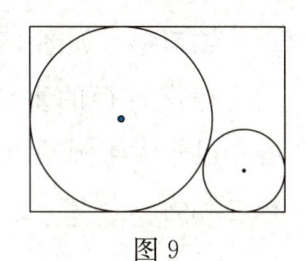

图 9

练习❸ 如图10所示,长方形的面积为80,那么三块阴影部分图形的面积之和为_____。(π 取 3.14)

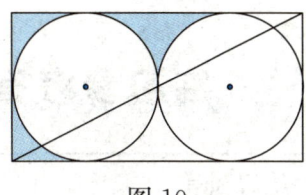

图 10

练习❹ 如图11所示,把两个半圆如图放置,大半圆的面积为32,那么小半圆的面积为_____。

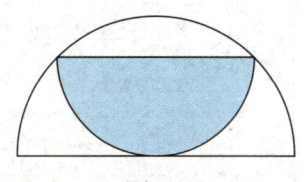

图 11

练习❺ 如图12所示,边长为2的正三角形内作出最大的圆(内切圆)的面积为_____。(π 取 3.15)

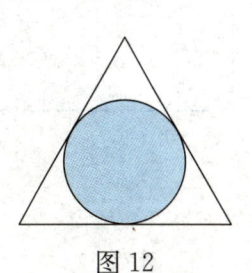

图 12

练习❻ 如图13所示,三个半径均为2厘米的圆紧靠在一起,形成的图形的周长为_____厘米。(π 取 3.14)

图 13

练习❼ 如图14所示,四个圆的半径之比为1:2:3:4,空白部分面积之和为30,那么阴影部分的面积为_____。

图 14

· 287 ·

练习❽ 如图 15 所示，过两个小半圆与大半圆的交点作直径的垂线，垂足恰好是两个小圆的圆心。已知大半圆的面积为 15，那么两个小半圆的面积之和为_____。

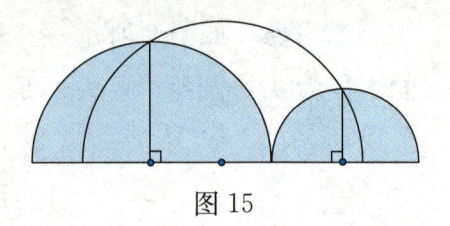

图 15

练习参考答案

练习题号	练习 1	练习 2	练习 3	练习 4	练习 5
参考答案	15.7	450	8.6	16	1.05
解答提示	半径的平方为 5	连结圆心和切点	可以先设半径份数	连结圆心，寻找半径关系	勾股求半径
练习题号	练习 6	练习 7	练习 8		
参考答案	31.4	50	15		
解答提示	连结圆心	面积之比为 1:3:5:7	大圆心与两个交点连半径		

288

JH-086　扇形相关量

神器内容	如图1所示,已知扇形 AOB,所在圆的半径为 R,圆心角为 $n°$,则 (1)扇形的弧长 $L=2\pi R \times \dfrac{n}{360}$。 (2)扇形的周长 $C=2R+L$。 (3)扇形的面积 $S=\pi R^2 \times \dfrac{n}{360}=\dfrac{1}{2}LR$。
要点与说明	扇形之中五个量,三个关系写在上。 已知两个就能算,别忘 π 也在里边。 公式不用去强记,一定理解多动笔。

神器溯源

所求扇形是标准的扇形,其圆心就是所在圆的圆心,几个扇形可以拼成一个圆,就能得到圆心角与圆周角的倍数关系。其弧长需要和圆周长对比推导并记忆,面积需要与所在圆的面积对比推导并记忆。

扇形的面积除了是圆面积的 $\dfrac{n}{360}$ 以外,还可以是弧长乘以半径的一半。具体推导如下:

扇形的面积 $S=\pi R^2 \times \dfrac{n}{360}=\dfrac{1}{2} \times \left(2\pi R \times \dfrac{n}{360}\right) \times R=\dfrac{1}{2} \times L \times R=\dfrac{1}{2}LR$。

例题精讲

例题1 一个扇形的周长为36,弧长是半径的2倍,那么扇形的面积为_____。

答案:81

【解答】 扇形的半径为 $R=36 \div (1+1+2)=9$,弧长 $L=9 \times 2=18$,扇形的面积为 $\dfrac{1}{2}LR=\dfrac{1}{2} \times 18 \times 9=81$。

例题 2-1 如图 2 所示,两个相同直角扇形放在一起,重叠部分恰好是长为 10、宽为 4 的长方形,那么阴影部分图形的面积为_____。(π 取 3.14)

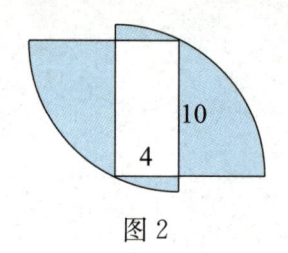

图 2

答案:102.12

【解答】 如图 3 所示,连结长方形的一条对角线,那么扇形半径就是对角线长,半径的平方为 $10^2 + 4^2 = 116$。阴影面积就是两个直角扇形的面积减去两层长方形的面积,具体为 $π × 116 ÷ 2 - 10 × 4 × 2 = 3.14 × 58 - 80 = 102.12$。

图 3

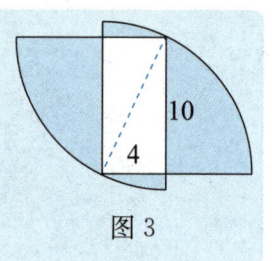

例题 2-2 如图 4 所示,在直角扇形中放置一个长为 16 厘米、宽为 2 厘米的长方形,那么阴影部分图形的面积为_____平方厘米。(π 取 3.14)

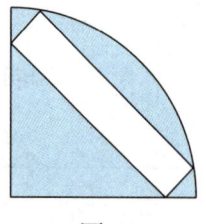

图 4

答案:96.74

【解答】 如图 5 所示,连结 OA,过点 O 作 $OE ⊥ AD$ 于点 E,交 BF 于点 C,$AE = BC = 16 ÷ 2 = 8$,$OE = 2 + 8 = 10$。$OA^2 = 8^2 + 10^2 = 164$,阴影部分的面积为 $\dfrac{π × 164}{4} - 2 × 16 = 96.74$ 平方厘米。

图 5

针对性练习

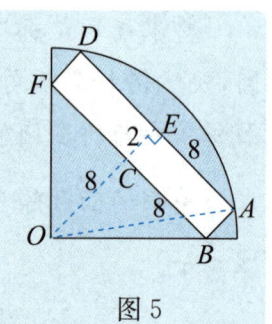

练习 ❶ 一个扇形的弧长为 6.28 厘米,圆心角为 120°,那么这个扇形的面积为_____平方厘米。(π 取 3.14)

练习 ❷ 如图 6 所示,大正方形的边长为 6,小正方形边长未知,如图连结线段或弧线,那么阴影部分图形的面积为_____。(π 取 3.14)

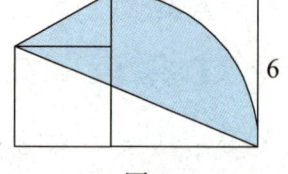

图 6

290

练习❸ 如图 7 所示,边长为 2 的正三角形内作出一个最大的扇形,这个扇形的面积为_____。(π 取 3.14)

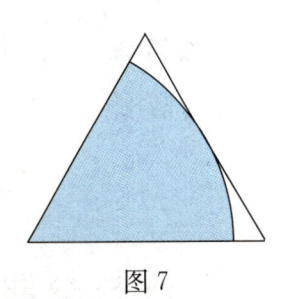

图 7

练习❹ 如图 8 所示,过 45°扇形的弧中点作一个长为 6、宽为 4 的长方形,那么阴影部分图形的面积为_____。(π 取 3.14)

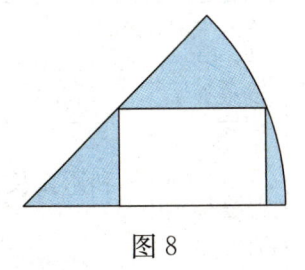

图 8

练习❺ 如图 9 所示,已知直角扇形的半径为 12,两个半圆相切于一点,那么阴影部分图形的面积为_____。(π 取 3.14)

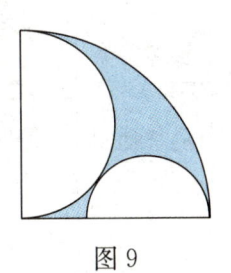

图 9

练习❻ 如图 10 所示,已知虚线正方形面积为 50 平方厘米,通过其四个顶点在外部画一个圆,并在内部以其边长为半径画一个直角扇形,那么阴影部分图形的面积为_____平方厘米。(π 取 3.14)

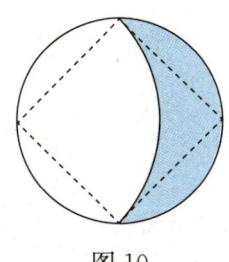

图 10

练习❼ 如图 11 所示,正方形的边长为 6,另外还有一个正方形的内切圆和两个直角扇形组成这个图形,那么阴影部分图形的面积为_____。(π 取 3.14)

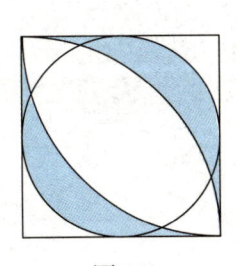

图 11

练习 ❽ 如图 12 所示，边长为 2 的 9 个小正方形拼成一个大正方形方格，那么阴影部分图形的面积之和为_____。（π 取 3.14）

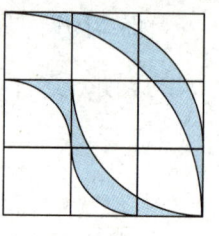

图 12

练习参考答案

练习题号	练习 1	练习 2	练习 3	练习 4	练习 5
参考答案	9.42	28.26	1.57	21.53	31.4
解答提示	利用弧长公式求半径	连结两个正方形的对角线并进行等积变形	切点与圆心连结	弧中点与圆心连结	连结两个半圆圆心

练习题号	练习 6	练习 7	练习 8		
参考答案	25	11.61	7.74		
解答提示	分割求面积	反求空白面积	分别计算或割补到一起		

JH-087 弓形相关量

神器内容	如图1所示，已知弓形 ABC，半径 OA=R，弦 AB=a，弓高 CD=m，弦心距 OD=d。 (1) R=m+d。 (2) $\left(\dfrac{a}{2}\right)^2+d^2=R^2$。 (3) 弓形面积 $S_{弓形}=S_{扇形}\pm S_{三角形}$。
要点与说明	把圆任意切一刀，大小弓形都报到。 弦长半径和弓高，三个一团要知晓。 弓形面积弦心距，加入计算大团体。 弧弦中点来相连，经过圆心垂直弦。

图1

神器溯源

如图2所示，弓形是圆上的弧和弦围成的图形。①弧中点 C。②弦中点 D。③圆心 O。④AB⊥OC。已知以上四条中任意两条，一般可以得到另外两条。

(1) ①②⇒③④。　(2) ①③⇒②④。
(3) ①④⇒②③。　(4) ②③⇒①④（此时弦 AB 不是直径）。
(5) ②④⇒①③。　(6) ③④⇒①②。

这些都说明 C、D、O 三点共线，且所在直线是弓形的对称轴。

注：本性质在初中被称为垂径定理及其推论，考虑教学要求仅是能判断，略有改动并作为了解内容。

图2

例题精讲

例题1 如图3所示，一个直角扇形的弦长为8，那么图中的弓形的面积为_____。（π 取 3.14）

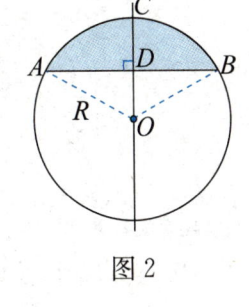

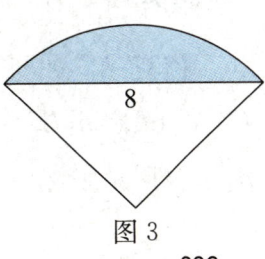

图3

答案: 9.12

【解答】 如图 4 所示,$OA^2=8^2\div 2=32$,阴影弓形的面积为 $\dfrac{\pi\times 32}{4}-32\div 2=9.12$。

图 4

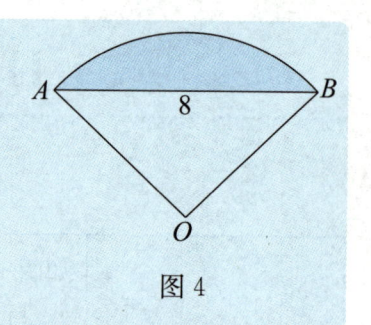

例题 2-1 如图 5 所示,把三个面积均为 18 平方厘米的圆部分重叠地放置在一起,每个圆的圆周都经过另外两个圆的圆心,那么阴影部分图形的面积为_____平方厘米。

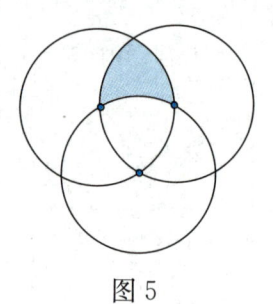

图 5

答案: 3

【解答】 如图 6 所示添加辅助线,得到一个等边三角形。通过对弓形进行割补,阴影部分恰为 60°的扇形,所以面积为 $18\div 6=3$ 平方厘米。

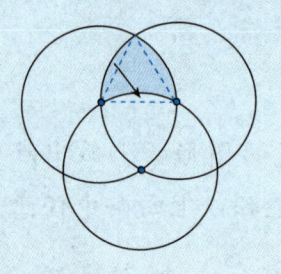

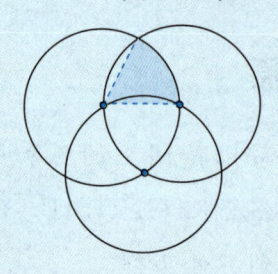

图 6

例题 2-2 如图 7 所示,已知直角扇形 AOB,$\angle OBC=30°$,过点 A 作 $AC\perp BC$ 于点 C,又知 $AC-BC=6$ 厘米,那么阴影部分图形的面积为_____平方厘米。(π 取 3.14)

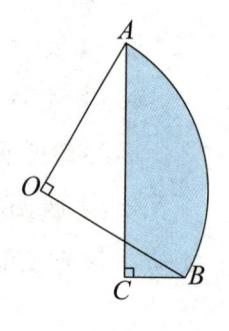

图 7

答案: 19.26

【解答】 如图 8 所示,过点 O 作 $OD\perp BC$ 的延长线于点 D,作 $OE\perp AC$ 于点 E。设 $OD=a$,$BC=b$,则 $AC-BC=(a+a+b)-b=2a=6$ 厘米,$a=3$ 厘米。

根据贴膜法(见 JH-089),得到

· 294 ·

$S_{阴影} = S_{扇形AOB} + S_{\triangle BOD} - S_{\triangle AOE} - S_{正方形OECD} = S_{扇形AOB} - S_{正方形OECD} = \dfrac{\pi \times 6^2}{4} - 3 \times 3 = 9\pi - 9 = 19.26$ 平方厘米。

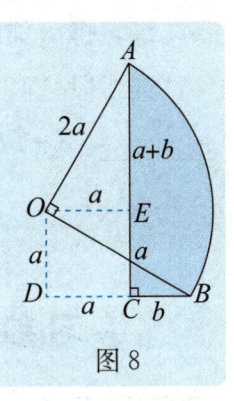

图 8

针对性练习

练习❶ 如图 9 所示,两个 45°的扇形拼成一个等腰直角三角形,斜边长为 12,那么扇形重叠部分的面积为_____。(π 取 3.14)

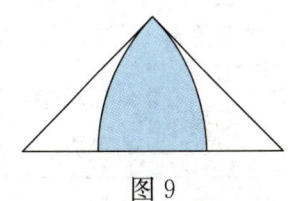

图 9

练习❷ 如图 10 所示,扇形的圆心角为 150°,半径为 6,那么弓形的面积为_____。(π 取 3.14)

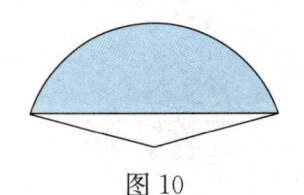

图 10

练习❸ 如图 11 所示,已知扇形 AOB,$\angle AOB = 120°$,半径为 6,弧 CD 占弧 AB 的 $\dfrac{1}{4}$,那么阴影部分的面积为_____。(π 取 3.14)

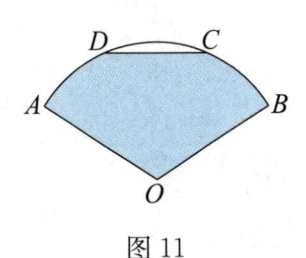

图 11

练习❹ 如图 12 所示,七个面积都为 9 的圆如图放置,周围的每个圆都经过相邻圆的圆心和中心圆的圆心,那么阴影部分图形的面积之和为_____。

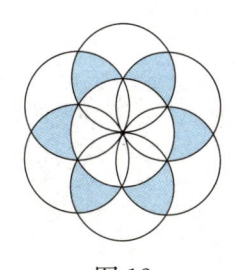

图 12

练习❺ 如图 13 所示,一个半径为 10 厘米,圆心角为 144°的扇形图。弧 BD 长度、弧 DE 长度、弧 EC 长度之比为 3∶2∶3,那么阴影部分面积为_____平方厘米。(π 取 3.14)

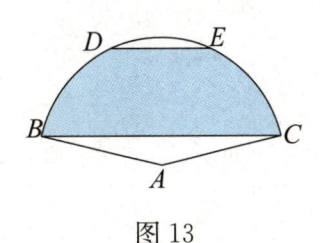

图 13

· 295 ·

练习 6 如图 14 所示，在半径为 6 的圆形钟表面上，"1"和"11"连线段，"10"和"2"连线段，那么两线段之间图形的面积为 _____ 。（π 取 3.14）

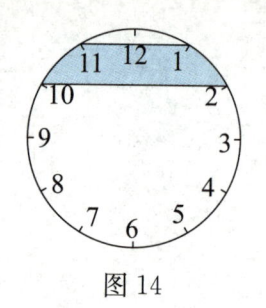

图 14

练习参考答案

练习题号	练习1	练习2	练习3	练习4	练习5	练习6
参考答案	20.52	38.1	37.26	9	94.2	18.84
解答提示	先求半径的平方	利用含150°的三角形面积	小弓形面积可求	每个阴影相当于60°的扇形	相当于108°扇形	相当于60°的扇形

JH-088　方中圆与圆中方

神器内容	如图1所示，在方中圆中，$S_方:S_圆=4:\pi$。在圆中方中，$S_圆:S_方=\pi:2$。

图1

要点与说明	方中圆、圆中方，面积之比记心上。圆的面积为 π 份，相邻偶数要记对。如果图形仅一半，补成原图要熟练。

神器溯源

如图1所示，在正方形中画一个内切圆，两者面积之比确定，$S_方:S_圆=(2R)^2:\pi R^2=4:\pi$。当 π 取 3.14 时，圆占正方形面积的 78.5%。

在圆内画一个正方形，两者面积之比确定，$S_方:S_圆=\dfrac{(2R)^2}{2}:\pi R^2=2:\pi$。当 π 取 3.14 时，圆占正方形面积的 157%。

例题精讲

例题 1 图2是由两个正方形和两个圆组成，大正方形的面积为20，那么较小的圆的面积为_____。（π 取 3.14）

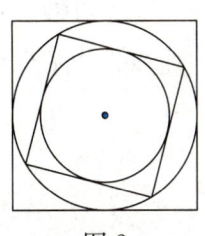

图2

答案：7.85

【解答】　如图2所示，大正方形与小正方形的面积比为 2:1，所以小正方形面积为 $20 \div 2 = 10$。小圆面积占小正方形面积的 78.5%，所以小圆面积为 $10 \times 78.5\% = 7.85$。

297

例题2 如图3所示,在等腰直角三角形中放入最大的半圆,已知阴影部分图形的面积为43,那么等腰直角三角形的面积为_____。(π取3.14)

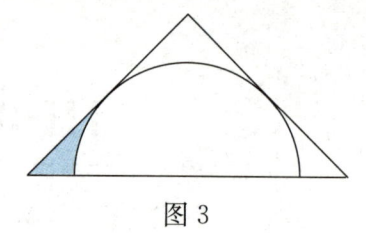

图3

答案:800

【**解答**】 如图4所示,把图形上下翻折,与原图构造方中圆。两个阴影变成鱼尾三角形。四个鱼尾三角形占正方形的 1－78.5%＝21.5%。所以三角形的面积为 43×8÷21.5%÷2＝800。

图4

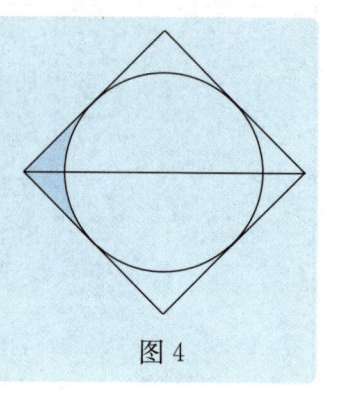

📖 针对性练习

练习❶ 如图5所示,正方形的面积为36,那么阴影部分图形的面积为_____。(π取3.14)

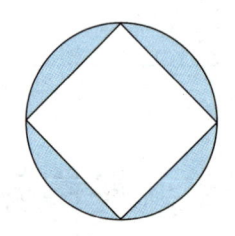

图5

练习❷ 如图6所示,在一个正方形纸片上剪下一个最大的圆,圆的面积为12.56,那么四个鱼尾三角形(阴影部分)的面积之和为_____。(π取3.14)

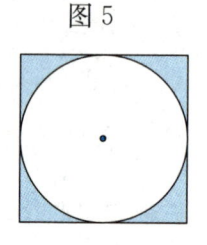

图6

练习❸ 如图7所示,长方形的面积为80,那么三块阴影部分图形的面积之和为_____。(π取3.14)

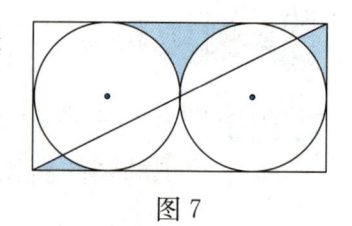

图7

练习❹ 如图8所示,在面积为157的半圆中放入半径相同的两个半圆和一个小圆,那么阴影部分图形的面积为_____。(π取3.14)

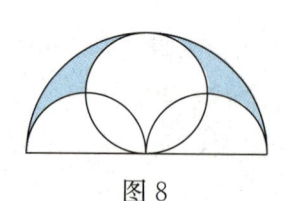

图8

· 298 ·

练习❺ 图 9 是由两个正方形和两个圆重叠而成的图形。已知大正方形的面积为 160，那么阴影图形的面积之和为_____。（π 取 3.14）

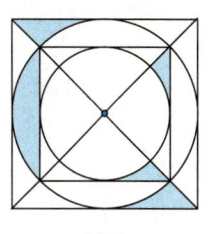

图 9

练习❻ 如图 10 所示，在圆内有一点，与圆周上的四等分点都相连并将圆分成四部分，其中三部分的面积为 12、15、20，那么阴影部分图形的面积为_____。

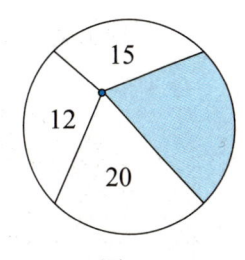

图 10

练习参考答案

练习题号	练习1	练习2	练习3	练习4	练习5	练习6
参考答案	20.52	3.44	6.45	28.5	24.3	23
解答提示	基本练习	基本练习	方中圆	重复等于未覆盖	阴影拼在一起	弓形相等，一半模型

· 299 ·

JH-089　贴膜法

神器内容	贴膜法求图形面积：对于一个图形，先贴上一些基本图形，把图形完全盖住，然后揭掉多层的基本图形，让留下的一层部分就是所求的图形。
要点与说明	手机贴膜很常见，这种方法可借鉴。 曲边图形求面积，贴上覆盖再揭去。 要求图形看分明，恰好仅仅剩一层。

神器溯源

贴膜法又称加减法，把一个图形用一些基本图形（三角形、正方形、圆、扇形等）覆盖起来，这就是加；然后把贴上多层的基本图形揭下来一部分，这就是减；让剩下一层的部分就是所求的图形，此种解题的方法叫作贴膜法或加减法。

例题精讲

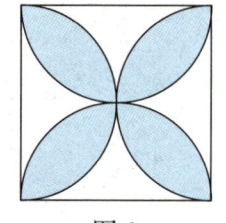

例题1 如图1所示，正方形的边长为10，那么阴影部分的周长为_____，面积为_____。（π取3.14）

答案：62.8　57

图1

【解答】（1）阴影部分的周长相当于两个圆的周长，具体为 $2\pi \times 5 \times 2 = 62.8$。

（2）如图2所示，为了覆盖整个图形，可以先贴上四个半圆，然后揭去一个正方形，那么剩下的阴影部分就是一层了。

根据上面的方法，得到阴影面积 $S_{阴影} = \frac{1}{2} S_{r=5} \times 4 - S_{正方形} = 2 S_{r=5} - S_{正方形} = 2 \times \pi \times 5^2 - 10 \times 10 = 50 \times 3.14 - 100 = 57$。

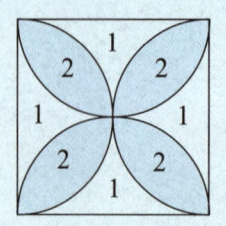

图2

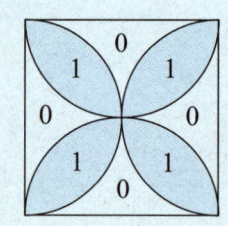

例题 2 如图 3 所示,在长方形 ABCD 中,AB=6,BC=4,扇形 BAE、扇形 BCF 均为直角扇形,那么阴影部分图形的面积为_____。(π 取 3.14)

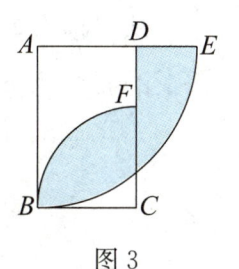

答案: 16.82

【**解答**】 (1)如图 4 所示,为了覆盖整个图形,可以先贴上两个直角扇形,然后揭去一长方形,剩下一层的就是所求阴影部分。

(2)阴影面积 $S_{阴影} = \frac{1}{4}S_{r=6} + \frac{1}{4}S_{r=4} - S_{长方形ABCD} = \frac{1}{4} \times \pi \times 6^2 + \frac{1}{4} \times \pi \times 4^2 - 4 \times 6 = 13\pi - 24 = 16.82$。

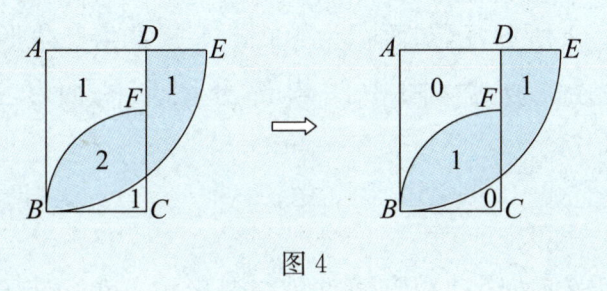

针对性练习

练习❶ 如图 5 所示,边长为 10 的正方形内放入四个直角扇形,阴影部分图形的面积为_____。(π 取 3.14)

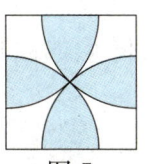

练习❷ 如图 6 所示,两个相同的扇形叠放在一起,每个面积都是 100,空白长方形的面积为 36,AB:BC=2:3,那么阴影部分图形的面积为_____。

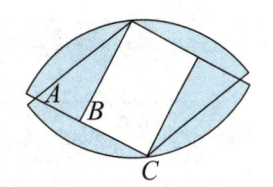

练习❸ 如图 7 所示,四个圆的圆心是正方形的四个顶点,它们的公共点是该正方形的中心,如果每个圆的半径都是 1,那么阴影部分图形的总面积是_____。(π 取 3.14)

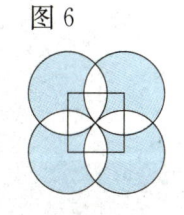

练习❹ 如图 8 所示,直角三角形 ABC 的两直角边长分别为 10 和 4,以两直角边为直径作半圆,交点 D 恰好在 AB 上,那么阴影部分图形的面积为_____。(π 取 3.14)

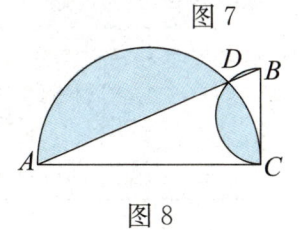

练习❺　如图 9 所示，四个圆纸片贴在一个大圆形桌面上，大圆桌的面积为 6.28，那么桌面没有被盖住部分（阴影）的面积为_____。（π 取 3.14）

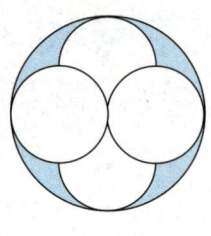

图 9

练习❻　如图 10 所示，图中有三个直径分别为 3、4、5 的半圆，那么阴影部分图形的面积之和为_____。（π 取 3.14）

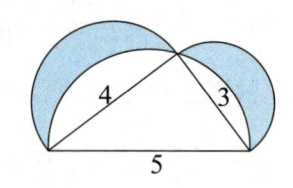

图 10

练习❼　如图 11 所示，已知面积为 100 的等腰直角三角形，以两直角边为直径作半圆，图中阴影部分图形的面积为_____。（π 取 3.14）

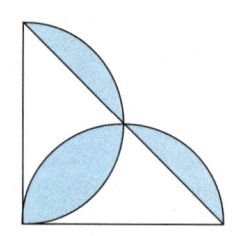

图 11

练习❽　如图 12 所示，已知等腰直角三角形的直角边为 8，以直角边为直径作半圆和以直角边为半径作扇形，那么阴影部分图形的面积为_____。（π 取 3.14）

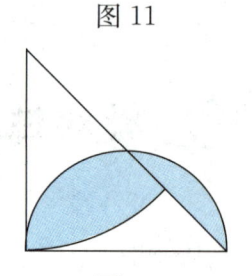

图 12

练习参考答案

练习题号	练习 1	练习 2	练习 3	练习 4	练习 5
参考答案	57	104	8	25.53	1.14
解答提示	贴 4 个扇形，揭去 1 个正方形	贴 2 个扇形，揭去 1 个菱形 1 个长方形	贴 4 个圆，揭去两层空白部分	贴两个扇形，揭去三角形	重复等于未覆盖

练习题号	练习 6	练习 7	练习 8
参考答案	6	57	18.24
解答提示	贴 2 个半圆和 1 个直角三角形	贴 2 个半圆，揭 1 个三角形	贴半圆和扇形，揭 1 个三角形

JH-090 分割法

神器内容	分割法:把一个不规则的图形分割成几个基本图形,其面积之和就是所求面积。
要点与说明	一个图形不规则,要求面积没有辙。 可以分割几小块,一块一块求出来。 分割方法真可贵,熟练运用要学会。

神器溯源

能够使用面积公式可以直接或间接求出面积的基本图形有三角形、正方形、长方形、圆、扇形、弓形等。把一个不规则的图形分割成几个基本图形,基本图形的面积之和就是所求面积。

例题精讲

例题 1-1 如图 1 所示,半圆 ACB 的直径为 12 厘米,C 是弧 AB 的中点,那么阴影部分图形的面积为_____平方厘米。(π 取 3.14)

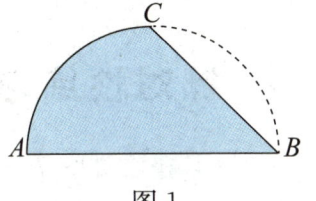

答案:46.26

图 1

【解答】 如图 2 所示,连结 OC,则把阴影分成直角扇形和等腰直角三角形。阴影面积 $S_{阴影} = \frac{1}{4} \times \pi \times 6^2 + \frac{1}{2} \times 6 \times 6 = 9\pi + 18 = 9 \times 3.14 + 18 = 46.26$ 平方厘米。

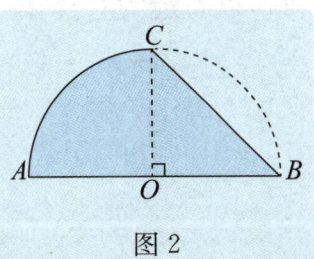

图 2

例题 1-2 如图 3 所示,正方形的边长为 10,那么阴影部分的面积为_____。(π 取 3.14)

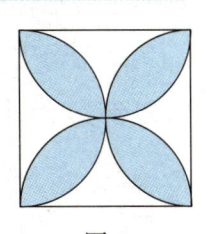

图 3

答案：57

【解答】 如图 4 所示，对阴影部分图形进行分割，两个弓形可以是半圆减去等腰直角三角形的面积。$S_{阴影}=\left(\dfrac{1}{2}\times\pi\times5^2-\dfrac{1}{2}\times10\times5\right)\times4=50\pi-100=50\times3.14-100=57$。

图 4

例题 2 如图 5 所示，在草场上有一个长 8 米、宽 4 米的关闭着的羊圈，在羊圈的一角用长 12 米的绳子拴着一只羊，那么这只羊能够活动的范围最大面积为_____平方米。（π 取 3.14）

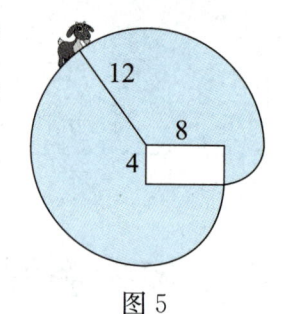

答案：401.92

图 5

【解答】 如图 6 所示分割，得到三个扇形，找准各自的圆心角和半径。羊活动范围面积为 $\dfrac{1}{4}\times\pi\times4^2+\dfrac{1}{4}\times\pi\times8^2+\dfrac{3}{4}\times\pi\times12^2=128\pi=401.92$ 平方米。

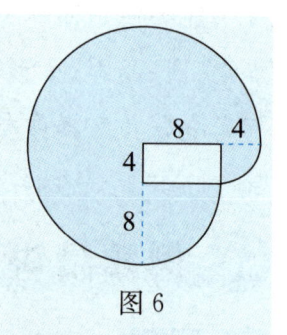

图 6

针对性练习

练习 ❶ 如图 7 所示，直角三角形的两直角边分别为 6 和 2，以斜边为直径作半圆，那么阴影部分图形的面积为_____。（π 取 3.14）

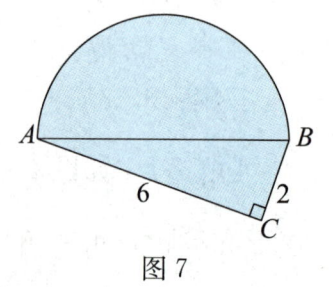

图 7

练习 ❷ 如图 8 所示，直角三角形的两直角边分别为 6 和 2，以斜边为半径作直角扇形，那么阴影部分图形的面积为_____。（π 取 3.14）

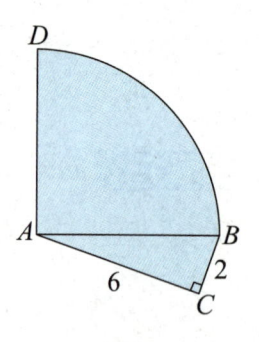

图 8

· 304 ·

练习❸ 如图 9 所示,正方形的边长为 2 厘米,顺次作出四个直角扇形得到此图,那么阴影部分图形的面积为_____平方厘米。(π 取 3.14)

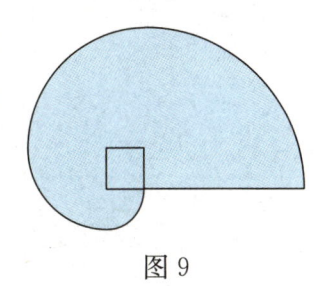

图 9

练习❹ 如图 10 所示,图中有三个扇形和一个半圆组成,空白长方形的长为 4、宽为 2,那么阴影部分图形的面积为_____。(π 取 3.14)

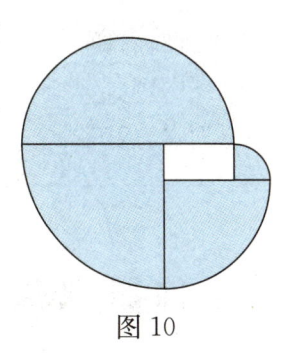

图 10

练习❺ 如图 11 所示,边长为 3 米的等边三角形一个角上拴着一只狗,拴狗的绳子长为 4 米,那么这只狗在三角形外能够活动的范围最大面积为_____平方米。(π 取 3.14)

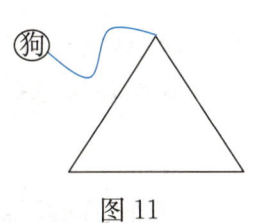

图 11

练习❻ 如图 12 所示,在一个墙的底边长相等、夹角为 90°的墙角,修了一个边长为 2.4 米的正方形小棚子,棚子周围都是草地,将一只羊用 4.8 米长的绳子拴在棚子的一角,那么这头羊能吃到草地的外轮廓周长(不含墙和棚子的边长)为_____米。(π 取 3.14,墙足够长)

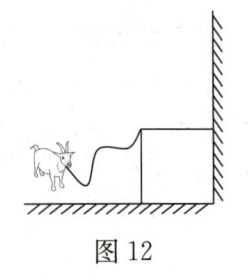

图 12

练习参考答案

练习题号	练习1	练习2	练习3	练习4	练习5	练习6
参考答案	21.7	37.4	98.2	138.16	43.96	12.56
解答提示	基本练习	基本练习	分割成扇形和正方形	分割成扇形	分割成三个扇形	扇形的圆心角为 150°

JH-091　割补法

神器内容	割补法：一个不规则的图形被分割成几块，把其中几块补到另一个位置，变成可直接或间接求面积的基本图形，这种方法叫作割补法。
要点与说明	图形规律不清楚，先去分割再添补。 补成基本图形来，套用公式乐开怀。

神器溯源

一个不规则的图形分割成几块，把其中几块补到另一个位置，变成可直接或间接求面积的基本图形，这种求图形面积的方法叫作割补法。在割补图形之前，首先判断所割补的图形的形状和面积是否相同，割补后图形是否能无缝拼接。

例题精讲

例题 1 如图 1 所示，两个直径为 6 的半圆放在直角扇形中，形成的阴影部分图形的面积为_____。

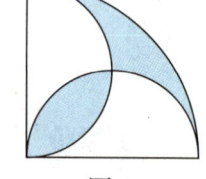

答案：10.26

图 1

【解答】　如图 2 所示，把弓形进行割补，得到阴影是直角扇形上的弓形，其面积为 $\dfrac{\pi \times 6^2}{4} - \dfrac{1}{2} \times 6^2 = 9\pi - 18 = 9 \times 3.14 - 18 = 10.26$。

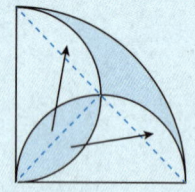

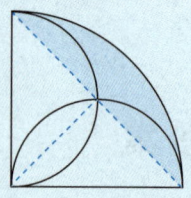

图 2

例题 2 如图 3 所示，圆的半径为 3，把弓形沿虚线对折，使得弧经过圆心，得到的阴影部分图形的面积为_____。（π 取 3.14）

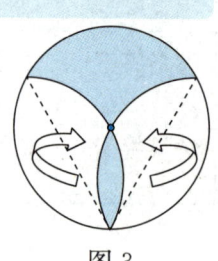

图 3

答案:9.42

【解答】 如图4所示,下面纺锤形分割成两个弓形进行割补,可以得到阴影图形为圆心角为120°(请结合图4中的右图思考原因)的扇形。那么阴影面积为 $\pi \times 3^2 \times \dfrac{120}{360} = 3\pi = 3 \times 3.14 = 9.42$。

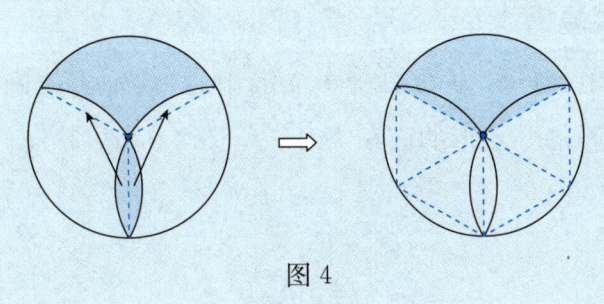

图4

针对性练习

练习❶ 如图5所示,一个半圆与直角边长为6厘米的等腰直角三角形拼成此图,那么阴影部分图形的面积为_____。

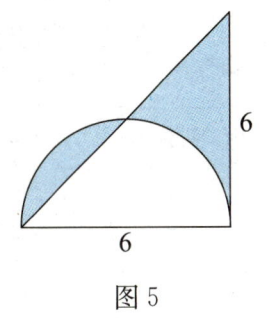

图5

练习❷ 如图6所示,圆的面积为18,把两段弧翻折经过圆心,那么阴影部分图形的面积为_____。

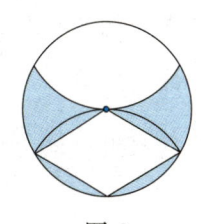

图6

练习❸ 如图7所示,圆内作出的虚线正方形的面积为300,把两个弓形内折形成阴影图形,那么阴影部分图形的面积为_____。(π取3.14)

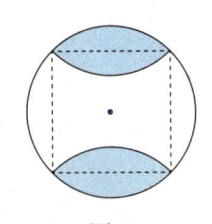

图7

练习❹ 如图8所示,在面积为18的圆内作出一个正六边形,然后作出阴影部分,那么阴影部分图形的面积为_____。

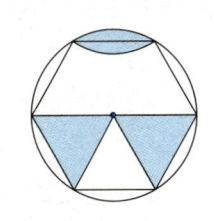

图8

练习 5 如图 9 所示,把直角△AOB 绕直角顶点 O 旋转 120°到△COD 的位置,OA＝90,OB＝120,那么图中阴影部分图形的面积为_____。(π 取 3.14)

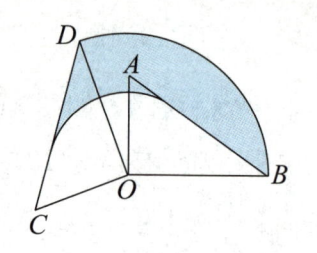

图 9

练习 6 如图 10 所示,点 O 是钟表面的中心点,钟表面圆的半径为 3,那么阴影部分图形的面积为_____。(π 取 3.14)

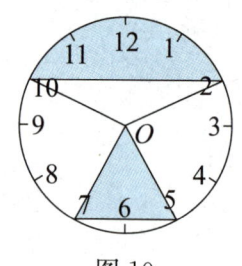

图 10

练习参考答案

练习题号	练习 1	练习 2	练习 3	练习 4	练习 5
参考答案	9	6	171	6	6594
解答提示	割补成三角形	割补成 60°扇形	割补成圆中方	割补成 60°扇形	割补成圆环的一部分
练习题号	练习 6				
参考答案	9.42				
解答提示	割补成 120°扇形				

308

JH-092 求差的技巧

神器内容	$a-b=(a\pm c)-(b\pm c)$。
要点与说明	两个量,来求差,最好一一求出它。 如果两量很难求,同增同减再出手。 同增同减差不变,避开复杂才好算。 注:所求的差可以是周长差、面积差等。

神器溯源

求两个量之差时,如果两个量不能或很费劲才能求出,可以考虑使用差的性质:"同增同减差不变",即同时增加或减少的量相同。两个量之差,可以是图形的面积之差、周长之差和线段长之差等。

例题精讲

例题 1 如图 1 所示,把水平的直径向上平移 2 个单位,再把竖直的直径向右平移 3 个单位,那么阴影部分图形的面积比空白面积大_____个平方单位。

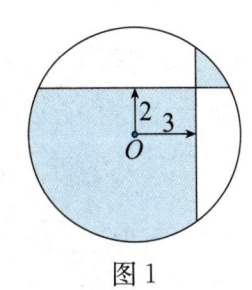

答案:24

图 1

【解答】 如图 2 所示,把直径向相反的方向移动相同单位,空白面积为 $2a+2b$,阴影部分面积不但有对应的 $2a+2b$,还多 $6\times 4=24$ 个平方单位。

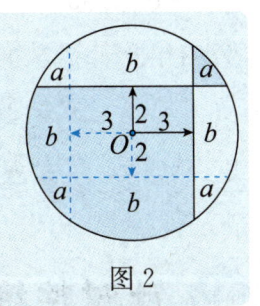

图 2

例题 2-1 如图 3 所示,两个半径为 6 的半圆垂直相交,横放的半圆直径过竖放半圆的圆心,那么两块阴影部分图形的面积之差为_____。

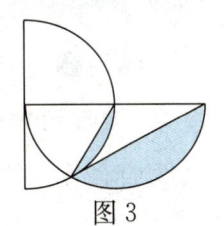

图 3

答案：18.84

【解答】 如图4所示，连结AD，则△ADC与△CBD的面积相等，则两个阴影弓形的面积差等于扇形BCD与扇形CAD的面积之差，半径均为6。如图5所示，圆心角分别为120°和60°。两个扇形的面积差为$\left(\dfrac{1}{3}-\dfrac{1}{6}\right)\times 3.14\times 6^2=18.84$。

图4

图5

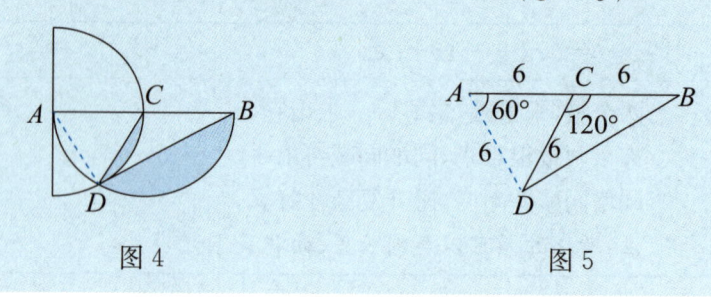

例题2-2 已知两个腰长相等的等腰三角形，它们的底分别为18厘米和12厘米。如图6所示，将这两个三角形拼成一个四边形，且∠AOC=90°，那么△AOB与△BOC的面积之差为_____平方厘米。

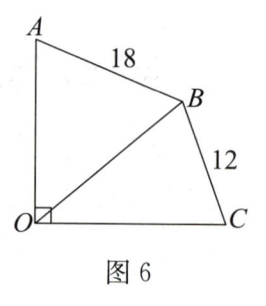

图6

答案：45

【解答】 如图7所示，分别以AB、BC为斜边向形内作等腰直角△ABE、△BCF，连结OE、OF。下面证明四边形OEBF是平行四边形。

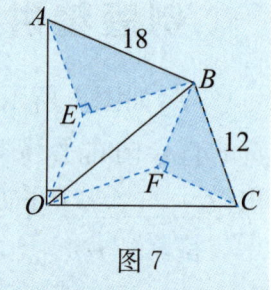

因为∠ABC=∠OEB=∠OFB=$\dfrac{360°-90°}{2}=135°$，所以∠EBF=135°-90°=45°。所以四边形OEBF的对边平行（同旁内角互补），从而四边形OEBF是平行四边形。

所以，△OAE、△OBE、△OBF、△OCF都是全等三角形。$S_{\triangle AOB}-S_{\triangle BOC}=S_{\triangle AEB}-S_{\triangle BFC}=\dfrac{18^2}{4}-\dfrac{12^2}{4}=45$平方厘米。

图7

📖 针对性练习

练习❶ 如图8所示，一个等腰直角三角形的直角边长为6厘米，以其直角顶点为圆心，以直角边为半径作一个扇形，又以斜边为直径作一个半圆，那么图中两个阴影部分图形的面积之差为_____平方厘米。（π取3.14）

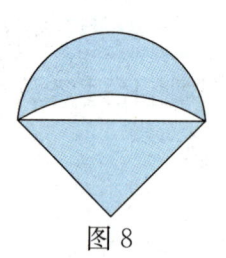

图8

练习❷　如图 9 所示，一个等腰直角三角形的斜边为 4，以其直角顶点为圆心，以直角边为半径作一个扇形，又以斜边为直径作出一个半圆，那么图中两个空白部分图形的面积之差为_____平方厘米。(π 取 3.14)

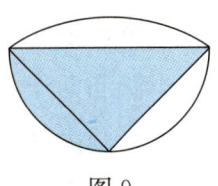

图 9

练习❸　如图 10 所示，点 O 是正六边形的中心，点 O 到正六边形内的两条线段的距离分别为 2 和 5，那么空白部分图形的面积比阴影部分图形的面积大_____。

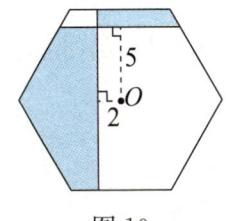

图 10

练习❹　如图 11 所示，圆 O 的面积为 204.1，弦 $AB=14$，$CD=16$，且两弦互相垂直，那么阴影部分图形的面积为_____。(π 取 3.14)

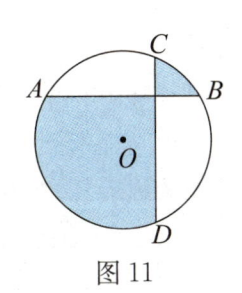

图 11

练习❺　如图 12 所示，在长为 30、宽为 20 的长方形内放置两个直角扇形，那么长方形未被覆盖部分图形的面积比覆盖两层部分图形的面积小_____。(π 取 3.14)

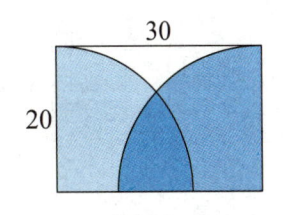

图 12

练习❻　如图 13 所示，边长为 2 厘米的正方形中有一个半圆和一个直角扇形，两个阴影部分图形的面积之差为_____平方厘米。(π 取 3.14)

图 13

练习❼　如图 14 所示，在边长为 300 厘米的正方形中，放置了两个直角扇形和一个半圆，那么两块阴影部分图形的面积差是_____平方厘米，两块阴影部分图形的周长之差是_____厘米。(π 取 3.14)

图 14

练习❽ 如图 15 所示,三个半圆、两个圆摆放在一起,两个小半圆和两个小圆的半径都是 10,那么大半圆外的阴影图形面积比大半圆内的阴影图形面积大_____。(π 取 3.14)

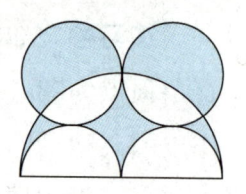

图 15

练习❾ 如图 16 所示,一个长方形的长和宽分别为 5 和 3,作出两个扇形,那么阴影部分图形的面积之差为_____。(π 取 3.14)

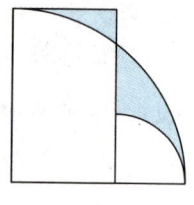

图 16

练习参考答案

练习题号	练习 1	练习 2	练习 3	练习 4	练习 5
参考答案	0	1.14	40	110.05	28
解答提示	基本练习	都加上中间直角三角形	对称作图	对称作图,和差问题	两个扇形减去长方形

练习题号	练习 6	练习 7	练习 8	练习 9	
参考答案	0.71	15975　485	314	1.485	
解答提示	都加上同一个空白部分	同加一个空白部分	同加上两个空白部分	加上空白,再求差	

JH-093　平面图形的翻动

神器内容	把一个三角形、四边形或其他图形进行翻动,依次发生支点变化,图形向前移动,探求翻动过程中的图形面积或周长的问题。
要点与说明	一个图形来翻动,不是圆形它有棱。 向前翻动支点变,点的轨迹是关键。 面积周长算一算,整体复杂去分段。

神器溯源

把一个三角形、四边形或其他图形进行翻动,依次发生支点变化,图形向前移动,翻动图形上的点到支点之间的距离就是该点轨迹的半径。

例题精讲

例题 1 如图 1 所示,一个长为 8 厘米、宽为 6 厘米的长方形 ABCD,在直线 l 上翻动,弧线是顶点 A 经过的路线,那么顶点 A 经过的路线长是_____厘米,这条曲线和直线 l 围成的图形的面积是_____平方厘米。(π 取 3.14)

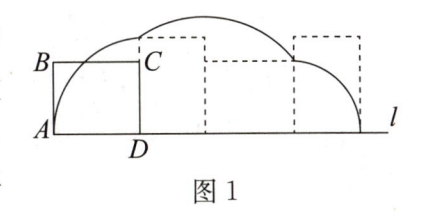

图1

答案:37.68　205

【解答】 (1)如图 2 所示,A 点先是绕 D 点旋转 90°,半径为 8 厘米;再绕 C 点旋转 90°,半径为 10 厘米;最后绕 B 点旋转 90°,半径为 6 厘米。

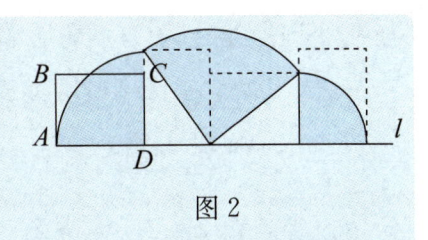

图2

(2) A 点的轨迹路线长为 $\frac{2\pi \times 8}{4} + \frac{2\pi \times 10}{4} + \frac{2\pi \times 6}{4} = 12\pi = 12 \times 3.14 = 37.68$ 厘米。

(3)弧线与直线 l 围成区域是三个直角扇形和两个直角三角形,两个直角三角形可以拼成 6×8 的长方形。所求面积为 $\frac{\pi \times 8^2}{4} + \frac{\pi \times 10^2}{4} + \frac{\pi \times 6^2}{4} + 6 \times 8 = 50\pi + 48 = 50 \times 3.14 + 48 = 205$ 平方厘米。

例题 2 如图 3 所示,把直角 △AOB 绕直角顶点 O 旋转 120° 到 △COD 的位置,OA=24,OB=40,那么阴影部分图形的面积为_____。(为了计算简便 π 取 3.15)

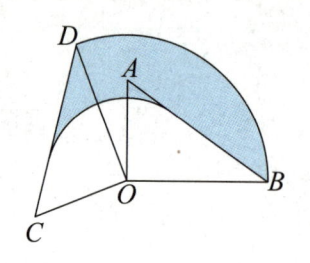

图 3

答案: 1075.2

【解答】 如图 4 所示,阴影部分可以割补成 120° 的局部圆环。其面积为 $\dfrac{\pi(40^2-24^2)}{3} = \dfrac{3.15 \times (40^2-24^2)}{3} = 1075.2$。

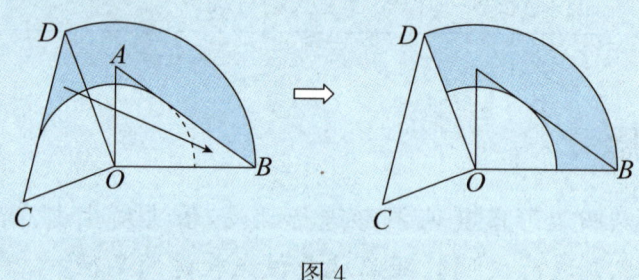

图 4

针对性练习

练习❶ 如图 5 所示,△ABC 为等腰直角三角形,∠A=90°,其面积为 2。现以 B 为圆心逆时针旋转 45° 到 △BED 的位置,那么边 AC 扫过的阴影部分图形的面积为_____。(π 取 3.14)

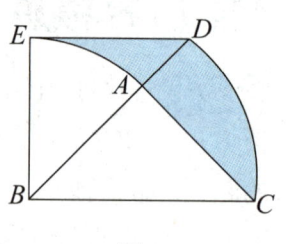

图 5

练习❷ 如图 6 所示,直角扇形中大扇形半径为 4,小扇形半径为 2,小扇形顺时针旋转 45° 后,得到了右图,那么右图中阴影部分图形的面积为_____。(π 取 3.14)

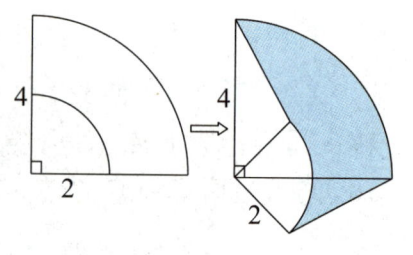

图 6

练习❸ 如图 7 所示,把直径为 18 厘米的半圆绕直径一个端点逆时针旋转 40°,则形成的阴影部分图形的面积为_____平方厘米。(π 取 3.14)

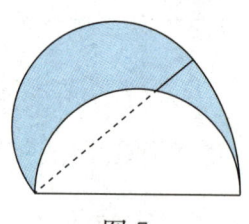

图 7

练习❹ 如图 8 所示，把直角△AOB 逆时针旋转 120°到△COD 的位置。OA＝3 厘米，OB＝5 厘米，∠AOB＝90°，那么阴影部分图形 DBAE 与弓形 CE 的面积差为＿＿＿＿平方厘米。（π 取 3.15）

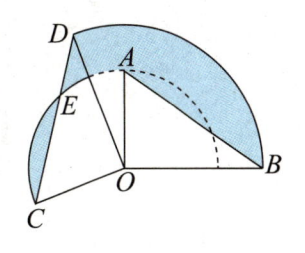

图 8

练习参考答案

练习题号	练习 1	练习 2	练习 3	练习 4
参考答案	1.57	9.42	113.04	16.8
解答提示	割补成 45°局部圆环	割补成 90°局部圆环	割补成 40°局部圆环	割补成 120°局部圆环

· 315 ·

JH-094 圆的内外滚动

神器内容	如图 1 所示,一个半径为 r 的小圆紧贴着半径为 R 的大圆转动,则 (1)紧贴大圆外部滚动一周,则小圆绕自己圆心转动 $\left(\dfrac{R}{r}+1\right)$ 圈。 (2)紧贴大圆内部滚动一周,则小圆绕自己圆心转动 $\left(\dfrac{R}{r}-1\right)$ 圈。 图 1
要点与说明	小圆绕着大圆转,小圆到底转几圈? 周长之比算一算,外部一定加一圈。 内部滚动要减一,自转公转可分析。 动圆圆心轨迹长,再用自身周长量。

神器溯源

如图 2 所示,两个大小相同的圆,一个固定,另一个在定圆外滚动一周的四分之一。你会发现圆弧接触部分都是滚动过圆周的四分之一,而原来射线 OA 是指向下的,此时却指向上,说明绕自身圆心旋转了 $180°$,也就是滚动了半周。照这样计算,当动圆在定圆外围滚动半周时,动圆绕自身圆心旋转一圈。从而整体上动圆绕自身圆心转动了两圈。也可以考虑周长相同应该转动一圈,由于在外围转动一周,可以考虑增加公转一周。也可以归结为圆心的轨迹长用动圆的周长去量,得到几个周长动圆就转动几圈。

设每个圆的半径为 R,则动圆的圆心的轨迹长为 $2\pi\times 2R$,动圆的周长为 $2\pi\times R$,则动圆绕自身圆心转动的圈数为 $\dfrac{2\pi\times 2R}{2\pi\times R}=2$ 圈。

仿此,动圆在定圆内部滚动时,周长相除时再减去一周公转,就是动圆转动的圈数。

动圆在滚动过程中,经过拐角处,在外部时会发生支点不动,动圆仍滚动的情况。圆心轨迹会产生一个弧线,弧线的圆心角与拐角的角度互补,半径就是动圆的半径。以直角拐角为例,如图 3 所示,动圆在拐角的外部滚动,圆心的轨迹线是一个直角扇形的弧长,半径为动圆的半径。如图 4 所示,动圆在拐角的内部运动,不能到达拐角位置,会有一个鱼形三角形不能扫过,圆心轨迹拐角仍是直角。

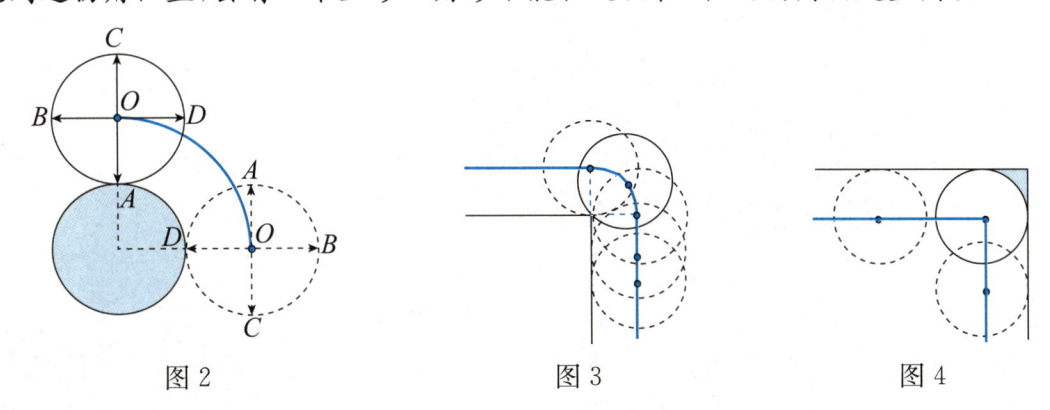

图 2   图 3   图 4

例题精讲

例题 1-1 一个半径为 1 的动圆在一个半径为 5 的大圆内部,紧靠着大圆周并滚动大圆的一周,回到开始的位置,那么动圆滚动了_____圈,动圆扫过的面积为_____。(π 取 3.14)

答案: 4 50.24

【解答】 (1)如图 5 所示,动圆的圆心的轨迹是半径为 4 的圆周长,动圆的半径为 1,所以动圆绕自身圆心转动 $(2\pi \times 4) \div (2\pi \times 1) = 4$ 圈。

(2)动圆扫过的面积为内轮廓是一个半径为 3 的圆周,外轮廓是一个半径为 5 的圆周。扫过的面积为 $\pi \times 5^2 - \pi \times 3^2 = 16\pi = 16 \times 3.14 = 50.24$。

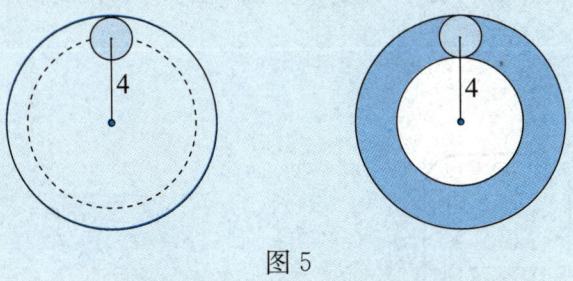

图 5

例题 1-2 如图 6 所示,两枚半径为 1cm 的圆形硬币互相紧靠平放在桌面上,第三枚硬币贴着它们的外围滚过一圈后回到原来的位置,那么这个硬币上的线段 OA 绕 O 点旋转了_____圈。

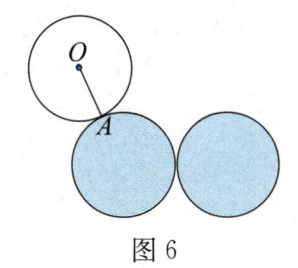

图 6

答案：$\dfrac{8}{3}$

【解答】 如图 7 所示，动圆圆心的轨迹路线是两段 240°的弧，弧的半径为 2，所以动圆转动的圈数为 $\left(2\pi\times 2\times\dfrac{480}{360}\right)\div(2\pi\times 1)=\dfrac{8}{3}$ 圈。

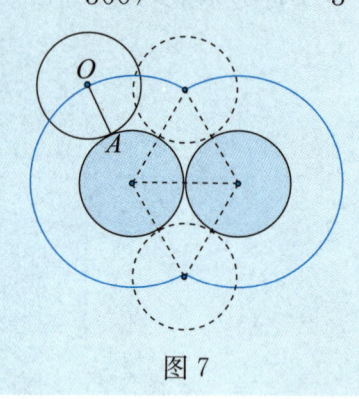

图 7

例题 2 如图 8 所示，四个边长为 2 的正方形拼成"L"形，一个半径为 1 的圆在其外部紧靠着滚动一周，那么动圆圆心经过的路线长为_____，它扫过的面积为_____。（π 取 3.14）

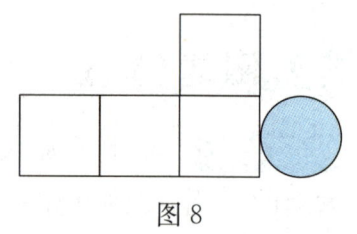

图 8

答案：25.85 51.485

【解答】（1）如图 9 所示，圆心轨迹路线是 9 段长度为小正方形边长的线段和 5 段直角扇形弧长组成的，其长为 $9\times 2+2\pi\times 1\times\dfrac{450}{360}=18+2.5\pi=25.85$。

（2）如图 10 所示，动圆扫过的面积在内轮廓和外轮廓之间，由 9 个边长为 2 的正方形和 5 个直角扇形再去掉一个小鱼形三角形组成。具体为 $9\times 2^2+\pi\times 2^2\times\dfrac{5}{4}-\dfrac{2^2-\pi\times 1^2}{4}=35+5.25\pi=51.485$。

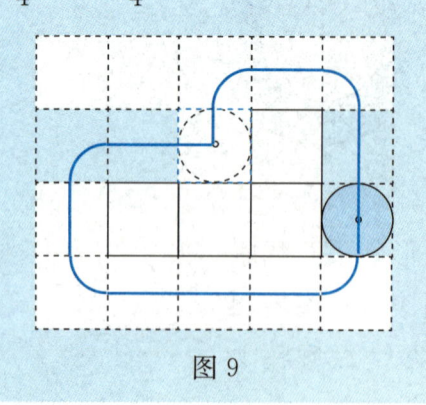

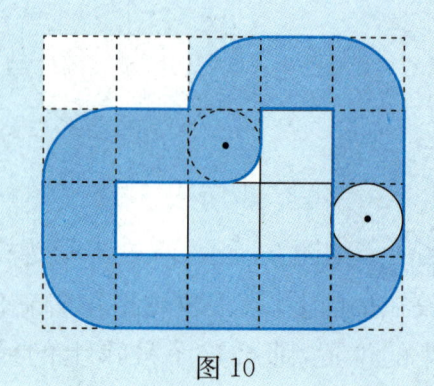

图 9

图 10

针对性练习

练习 ❶ 如图 11 所示,一个内外半径分别为 5 厘米和 10 厘米的圆环沿地面作无滑动的滚动两周,那么图中阴影部分的面积和为_____平方厘米。(π 取 3.14)

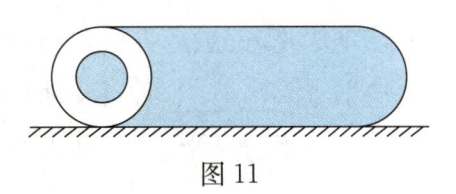

图 11

练习 ❷ 如图 12 所示,直角 $\triangle ABC$ 中,$AB=2$,$BC=1$,$\angle BCA=90°$,B 点随 $\triangle ABC$ 翻动,那么图中 B 点的轨迹路线长为_____。(π 取 3.12)

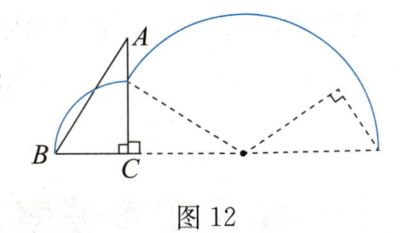

图 12

练习 ❸ 如图 13 所示,先作一个边长为 2 的等边三角形,再以三顶点为圆心,以 2 为半径作弧,形成的曲边三角形叫作莱洛三角形。把莱洛三角形在桌面上滚动一周,那么它扫过的图形的面积为_____。(π 取 3.14,边长为 1 的等边三角形面积取值为 0.433)

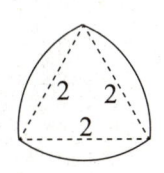

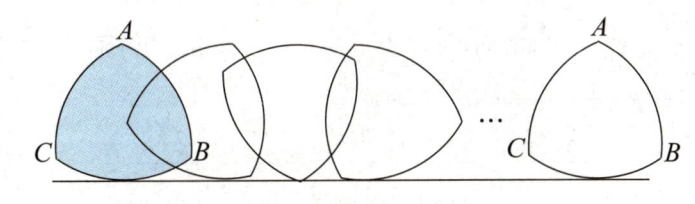

图 13

练习 ❹ 一个半径为 3 的圆铁片绕着一个半径为 5 的圆铜片外围滚动一周,那么铁片绕自身圆心转动了_____圈。

练习 ❺ 如图 14 所示,一个半径为 2 的圆铁片绕着一个内部半径为 6 的圆铁环内部滚动一周,回到开始位置,那么圆铁片绕自身圆心转动了_____圈。

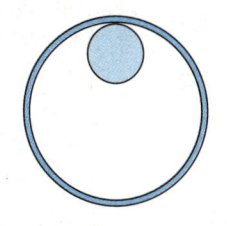

图 14

练习 ❻ 如图 15 所示,五个半径都是 4 的圆紧靠在一起,空白圆绕其他五个圆旋转一周,那么动圆自身旋转了_____圈。

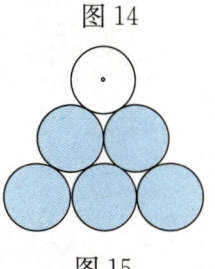

图 15

· 319 ·

练习 7 如图 16 所示,一个直径为 4 厘米的圆绕着桌面上码放的五个边长为 4 厘米的正方体木块从左边滚动到右边,那么圆心的路线轨迹长为_____厘米,动圆扫过的面积为_____平方厘米。(π 取 3.14)

图 16

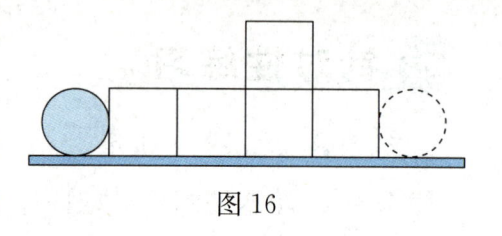

练习 8 如图 17 所示,一个半径为 2 的圆沿着图形的内壁滚动一周,回到开始的位置,那么动圆扫过的面积为_____。(π 取 3.14)

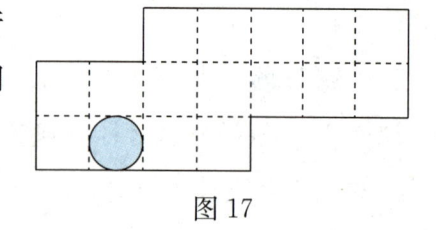

图 17

练习参考答案

练习题号	练习1	练习2	练习3	练习4	练习5
参考答案	2590.5	6.76	15.376	$\frac{8}{3}$	2
解答提示	割补成长方形和一个圆的面积	两段弧长之和	长方形面积+莱洛三角形面积	动圆的圆心轨迹长÷动圆周长	动圆的圆心轨迹长÷动圆周长

练习题号	练习6	练习7	练习8
参考答案	$\frac{11}{3}$	32.56 141.08	243.96
解答提示	先求动圆的圆心的轨迹长	画内外轮廓	画内外轮廓

JH-095　圆心角与圆周角

神器内容	如图1所示，圆心角 $\angle AOB = \widehat{AB} = \dfrac{n\pi}{180}$，圆周角 $\angle ACB = \dfrac{1}{2}\widehat{AB} = \dfrac{n\pi}{360}$。 图1
要点与说明	角的顶点很重要，顶点位置要看好。 顶点如果在圆心，半径构成圆心角。 角与夹弧有对应，角度弧度要分清。 顶点恰在圆周上，圆周之角不能忘。 角与夹弧有对应，度数一半记心中。 同弧圆心圆周角，两者二倍能推导。

神器溯源

1. 弧度与角度：一条线段长为1，绕着一个端点旋转一周，形成的角叫作周角，记作360°。同时另一个端点经过的路径就是圆的圆周，其长为 $2\pi \times 1 = 2\pi$，这样 2π 就与360°产生对应，记作

$\pi \stackrel{m}{=} 180°$（等号上添加"m"，表示它们是一种对应，意义相同）。

如下表所示，第一行是用度来表示角的大小，第二行表示其对应的弧度。两者可以通过此表所示的比例关系进行转换。

角度	0°	30°	45°	60°	90°	180°
弧度	0	$\dfrac{\pi}{6}$	$\dfrac{\pi}{4}$	$\dfrac{\pi}{3}$	$\dfrac{\pi}{2}$	π

2. 圆心角：顶点在圆心，两边是弦的角叫作圆心角，与所夹的弧的弧度相等，角度也相等。

3. 圆周角：顶点在圆周上，两边为弦的角叫作圆周角，其度数等于其所夹弧的一半。下面给出一种情况的推导过程。

证明：如图 2 所示，$\angle ACB = \angle OCB - \angle OCA = \dfrac{180°-\angle BOC}{2} - \dfrac{180°-\angle AOC}{2} = \dfrac{\angle AOC - \angle BOC}{2} = \dfrac{\angle AOB}{2} = \dfrac{1}{2}\overset{\frown}{AB}$.

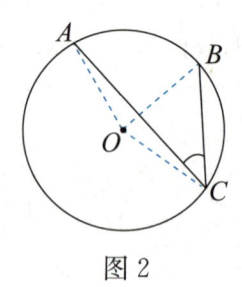

图 2

4. 圆内接多边形：多边形的每个顶点都在圆周上，也就是每个角都是圆周角，这样的多边形叫作这个圆的内接多边形，这个圆叫作这个多边形的外接圆。

如图 3 所示，△ABC 是圆 O 的内接三角形，圆 O 是 △ABC 的外接圆。

如图 4 所示，AC 是圆 O 的直径，从而 ∠B 所夹的弧就是半个圆周长，对应的弧为 π，得到 $\angle B = 180° \div 2 = 90°$。反之，如果已知 $\angle B = 90°$，那么其所对的弦一定的直径，所夹的弧的弧度一定为 π。

如图 5 所示，四边形 ABCD 是圆 O 的圆内接四边形，由于 ∠A 与 ∠C 所夹的弧之和正好是整个圆周，所以其弧度和为 2π，$\angle A + \angle C = 180°$，同理 $\angle B + \angle D = 180°$。因此得到：圆内接四边形的对角互补。

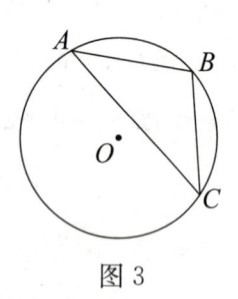

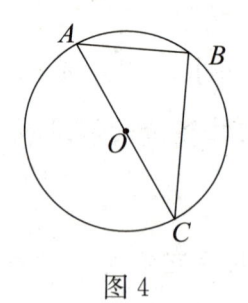

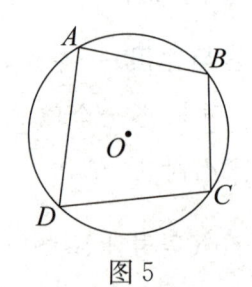

图 3　　　图 4　　　图 5

例题精讲

例题 1 如图 6 所示，在圆 O 中，$\angle AOC = 100°$，那么 $\angle B = $ _____°。

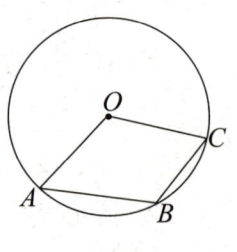

图 6

322

答案: 130

【解答】 如图 7 所示,因为圆心角 $\angle AOC=100°$,所以 $\overset{\frown}{ABC}=100°$,$\overset{\frown}{ADC}=360°-100°=260°$。圆周角等于它所夹的弧的一半,所以 $\angle ABC=260°\div 2=130°$。

另解: 如图 8 所示,在优弧 $\overset{\frown}{AC}$ 上任取一点 D,连结 AD、CD。因为同弧的圆周角等于圆心角的一半,所以 $\angle ADC=100°\div 2=50°$。又因为四边形 $ABCD$ 是圆内接四边形,对角互补,所以 $\angle ABC=180°-50°=130°$。

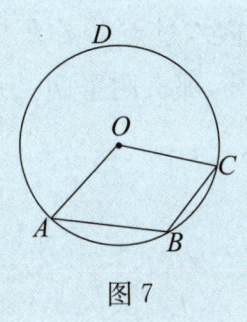

图 7

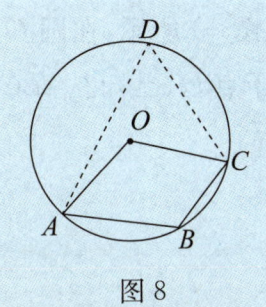

图 8

例题 2 如图 9 所示,在半径为 5 厘米的圆 O 中作圆内接四边形 $ABCD$,AD 为直径,点 E 是 AC 与 BD 的交点,$AB=BC=6$ 厘米,那么 $\triangle ABE$ 的面积为_____平方厘米。

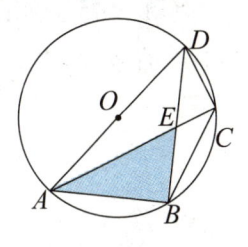

图 9

答案: 13.5

【解答】 如图 10 所示,根据题意,直径 $AD=5\times 2=10$ 厘米,其所对的圆周角 $\angle ABD=90°$。根据勾股定理,得到 $BD=8$ 厘米。由于弦 $AB=BC$,所以 $\overset{\frown}{AB}=\overset{\frown}{BC}$,进一步得到所对的圆周角相等,所以 $\angle ADB=\angle BDC$。$\angle DAC$ 与 $\angle DBC$ 是同一条弧所对的圆周角,它们相等,$\angle DAC=\angle DBC$。说明 $\triangle ADE$ 是由 $\triangle BDC$ 放大而来(即相似),所以 $\dfrac{AE}{6}=\dfrac{10}{8}$,$AE=7.5$ 厘米,$BE=7.5\div 5\times 3=4.5$ 厘米。$\triangle ABE$ 的面积为 $6\times 4.5\div 2=13.5$ 平方厘米。

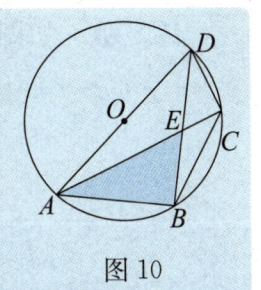

图 10

针对性练习

练习❶ 如图 11 所示,在圆 O 中,已知 $\angle B=62°$,那么 $\angle AOC=$_____°。

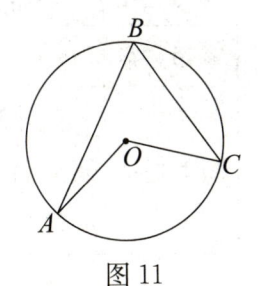

图 11

· 323 ·

练习❷ 如图 12 所示,在圆 O 中,$\angle B = 16°$,那么 $\angle C = $ _____°。

图 12

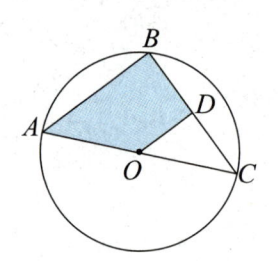

练习❸ 如图 13 所示,在圆 O 中,AC 为直径,过点 O 作 $OD // AB$ 交 BC 于点 D,已知 $\triangle ABC$ 的面积为 36,那么阴影四边形的面积为_____。

图 13

练习❹ 如图 14 所示,在圆内接四边形 $ABCD$ 中,$\angle A = 110°$,那么 $\angle C = $ _____°。

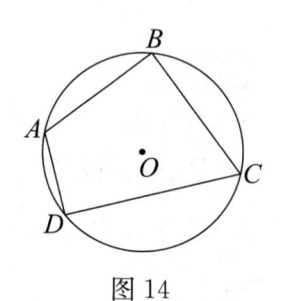

图 14

练习❺ 如图 15 所示,圆内接凹七边形的内角和 $\angle A + \angle B + \angle C + \angle D + \angle E + \angle F + \angle G = $ _____°。

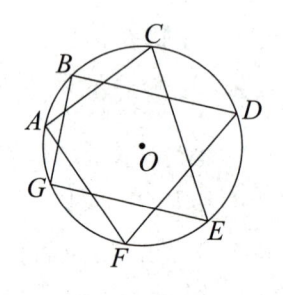

图 15

练习参考答案

练习题号	练习1	练习2	练习3	练习4	练习5
参考答案	124	16	27	70	540
解答提示	同弧所对的圆周角等于圆心角的一半	同弧所对的圆周角相等	OD 为 $\triangle ABC$ 的中位线	圆内接四边形内对角和为 $180°$	看作圆周角计算弧度

324

JH-096　圆的切线与割线

神器内容	如图1所示，直线 l 与圆 O 只有一个公共点 A，l 叫作圆的切线，则 $OA \perp l$。 如图2所示，直线 l 与圆 O 有两个公共点 A、B，l 叫作圆的割线。 图1　　　　　图2
要点与说明	一条直线一个圆，位置关系谈一谈。 公共点数是秘诀，只有一点为相切。 此点更名为切点，直线更名为切线。 如果直线为割线，两个交点能看见。 经常都爱圆心连，垂直关系非一般。

神器溯源

根据直线与圆的公共点个数，把两者关系分为相离、相切和相交三种。在相切时，公共点叫作切点，直线叫作圆的切线。切点与圆心的连线垂直于切线。如图1所示，①过切点 A。②过圆心 O。③ $OA \perp l$。三者组成一个整体，把其中任两个作为条件，就可以推出第三个结论。

圆的切线与过切点的弦组成的角叫作弦切角，如图3所示，$\angle DAB$ 为弦切角，其角度也等于它所夹的弧的度数的一半，与此弧所对的圆周角相等。理由如下：

证明：连结 AO 并延长交圆于点 C，连结 BC。

∵ AC 为直径，∴ $\angle B = 90°$。∴ $\angle C + \angle 1 = 90°$。

又知 $\angle CAD = 90°$，∴ $\angle DAB + \angle 1 = 90°$。∴ $\angle C = \angle DAB$。

如图 4 所示,圆 O 的两条切线分别为 PA、PB,切点分别为点 A、B,通过连结半径构成的 $\triangle AOP$ 与 $\triangle BOP$ 是全等的,且关于直线 OP 轴对称。由此得到切线长 $PA=PB$。

如果一个多边形的每条边都是圆的切线,那么这个多边形称为圆的圆外切多边形,圆为多边形的内切圆。图 5 所示的三角形就是圆 O 的外切三角形,圆 O 是这个三角形的内切圆。

如图 2 所示,直线 l 为圆 O 的割线,经常连结交点与圆心,圆心与弦中点,或作割线的垂线。半径、半弦、弦心距构成一个以半径为斜边的直角三角形。

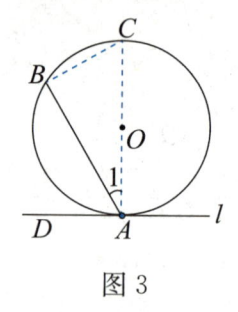

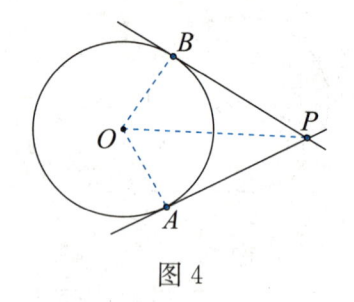

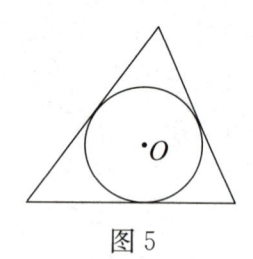

图 3

图 4

图 5

例题精讲

例题 1 如图 6 所示,AC 是圆 O 的切线,$\angle B=18°$,那么 $\angle BAC=$ _____ °。

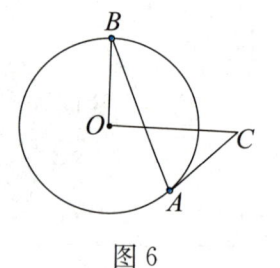

图 6

答案: 72

【解答】 如图 7 所示,连结 OA,则 $\angle OAB=\angle B=18°$,又知 $\angle OAC=90°$,所以 $\angle BAC=90°-18°=72°$。

图 7

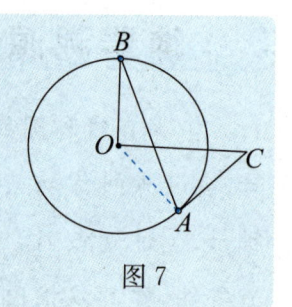

例题 2 如图 8 所示,$\triangle ABC$ 的三边分别为 6、8、10,一个半径为 1 的小圆,在其内部滚动一周回到开始位置,那么圆心的轨迹路线围成的三角形比 $\triangle ABC$ 的面积小 _____ 。

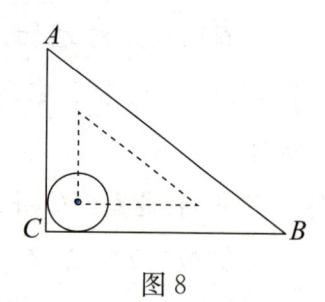

图 8

326

答案：18

【解答】 如图 9 所示,首先得到△ABC 为直角三角形,设圆心的轨迹三角形的边长一份为 k,根据两直角边长之和与斜边的差的等量关系,得到 $6+8-10=2+3k+4k-5k,k=1$。所以圆心轨迹形成的三条线段长为 3、4、5。两个三角形面积相差 $6×8÷2-3×4÷2=18$。

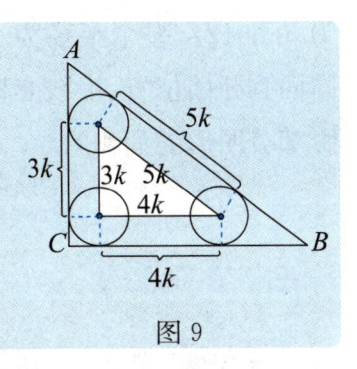

图 9

针对性练习

练习❶ 如图 10 所示,AC 为圆的切线,C 为切点,∠ACB=50°,那么∠D=_____。

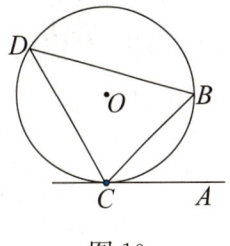

图 10

练习❷ 如图 11 所示,CP 为圆 O 的切线,点 C 为切点,过点 P 作圆的割线 PAB 与圆 O 交于点 A、B,弦心距 OD 为半径的一半,$\overparen{AC}$ 的弧度为 $\frac{\pi}{2}$,那么∠P=_____。

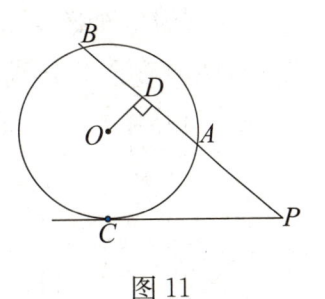

图 11

练习❸ 如图 12 所示,一个直角三角形的两直角边长分别为 3 和 4。在其内部画出一个最大的圆,那么阴影部分图形的面积为_____。(π 取 3.14)

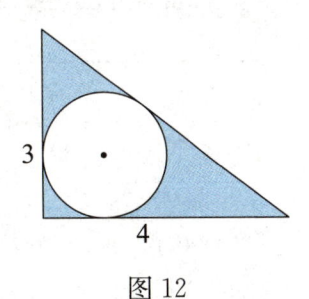

图 12

练习❹ 一个三角形的面积为 35,周长为 35,那么这个三角形的内切圆的面积为_____。(π 取 3.14)

练习❺ 如图 13 所示,△ABC 的三边之比为 9：10：11,其内切圆的切点确定的△DEF 的面积为 16,那么△ABC 的面积为_____。

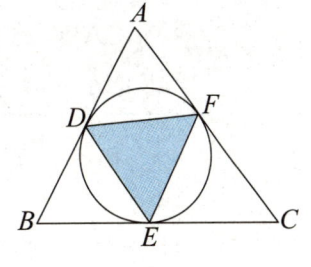

图 13

· 327 ·

练习❻ 如图 14 所示，△ABC 的两直角边分别为 5 和 12。一个半径为 1 的小圆，在其内部滚动一周回到开始位置，虚线是动圆心的轨迹路线，那么阴影部分图形的面积为_____。

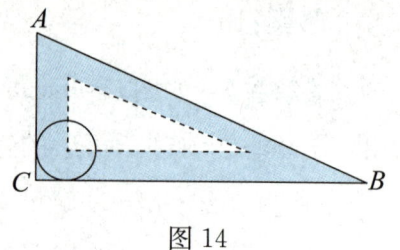

图 14

练习❼ 如图 15 所示，作正三角形的内切圆与外接圆，已知内切圆的面积为 6，那么图中阴影部分的面积之和为_____。

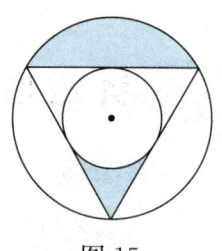

图 15

练习❽ 如图 16 所示，在边长为 8 的正方形内作出两个直角扇形，两者重合部分画出内切圆，那么这个圆的面积为_____。（π 取 3.14）

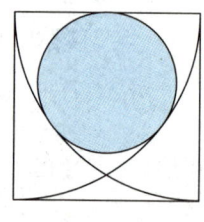

图 16

练习参考答案

练习题号	练习 1	练习 2	练习 3	练习 4	练习 5
参考答案	50	30	2.86	12.56	66
解答提示	基本练习	连结 OC、OA	圆半径为 1	内切圆半径为 2	确定切点位置，使用鸟头形
练习题号	练习 6	练习 7	练习 8		
参考答案	22.5	6	28.26		
解答提示	△ABC 的边长缩小一半	半径之比为 1:2	圆心、切点扇形直角顶点相连		

JH-097　圆幂定理*

神器内容	圆幂定理:已知一圆的半径为 r,平面内一点 P 到圆心的距离为 d,那么过 P 任作一条直线交圆 O 于点 A、B(A、B 也可重合),则有 $PA \cdot PB = \|d^2-r^2\|$。具体分为三种情形: 如图1所示,切割线形:$PA \cdot PB = PT^2$。 如图2所示,两割线形:$PA \cdot PB = PC \cdot PD$。 如图3所示,相交弦形:$PA \cdot PB = PC \cdot PD$。 图1　　　图2　　　图3
要点与说明	圆的切线和割线,其中线段咋计算。 学习圆幂此定理,线段之积或比例。 三种情形要记清,形式本质都相同。

神器溯源

在与圆相关的线段长度计算中,圆幂定理是最常用的。下面把三种类型的结论分别进行证明。(O 为圆心,半径为 r)

1. 切割形:PT 为圆 O 的切线,PAB 是圆 O 的割线,则有 $PA \cdot PB = PT^2$。

证明:(1)如图4所示,当割线经过圆心时,连结 OT,则 $\angle OTP = 90°$,根据勾股定理得

$$PT^2 = PO^2 - OT^2 = PO^2 - r^2 = (PO-OA)(PO+OA) = PA \cdot (PO+OB) = PA \cdot PB.$$

图4

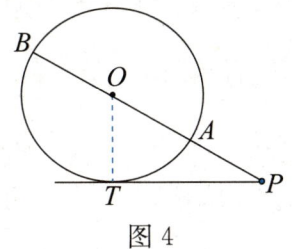

如图 5 所示,当割线不经过圆心 O 时,连结 AT、BT,因为夹同一条弧的圆周角和弦切角相等,则有 $\angle B=\angle ATP$,可以把 $\angle P$ 看作公共角,$\triangle PAT$ 与 $\triangle PTB$ 符合比例中项型相似,对应边扩大倍数相同,则有 $\dfrac{PA}{PT}=\dfrac{PT}{PB}$,$PA \cdot PB=PT^2$。

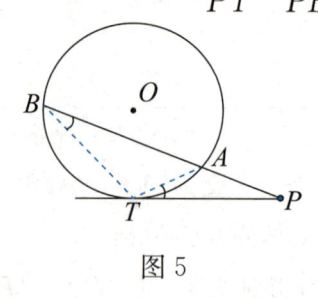

图 5

2. 双割形:割线 PCD、PAB 都是圆 O 的割线,则有 $PA \cdot PB=PC \cdot PD$。

证明:如图 6 所示,当一条割线经过圆心时,过点 O 作 $OE \perp CD$ 于点 E,连结 OC,则有 $DE=EC$,根据勾股定理得

$PE^2=PO^2-OE^2=PO^2-(r^2-DE^2)=PO^2-r^2+DE^2$,$PE^2-DE^2=PO^2-r^2$,$(PE+DE)(PE-DE)=(PO+r)(PO-r)=(PO+OB)(PO-OA)$,$PC \cdot PD=PA \cdot PB$。

如图 7 所示,当割线都不经过圆心 O 时,连结 AD、BC,则有 $\angle B=\angle D$,把 $\angle P$ 看作公共角,$\triangle PAD$ 与 $\triangle PCB$ 相似,则有 $\dfrac{PA}{PC}=\dfrac{PD}{PB}$,$PA \cdot PB=PC \cdot PD$。

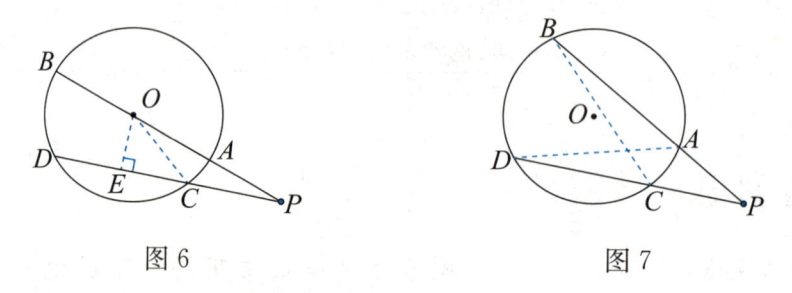

图 6   图 7

3. 相交弦形:弦 AB、CD 相较于点 P,则有 $PA \cdot PB=PC \cdot PD$。

证明:如图 8 所示,当一条弦为直径时,过点 O 作 $OE \perp CD$ 于点 E,连结 OD,则有 $DE=EC$,根据勾股定理得 $OD^2-DE^2=PO^2-PE^2$,$OD^2-PO^2=DE^2-PE^2$,$r^2-PO^2=DE^2-PE^2$,$(OB-OP)(OB+OP)=(DE-PE)(DE+PE)$,$PA \cdot PB=PC \cdot PD$。

如图 9 所示,当切线都不经过圆心 O 时,连结 AC、BD,则有 $\angle A=\angle D$,$\angle B=\angle C$,$\triangle PAD$ 与 $\triangle PCB$ 为沙漏形相似,则有 $\dfrac{PA}{PD}=\dfrac{PC}{PB}$,$PA \cdot PB=PC \cdot PD$。

其实,在上面每种类型中,都给出了两种证明方法,一种是特殊情形下的证明,一种是一般情形下的证明。尽管特殊情形下的证明较复杂,但对线段关系的推导

还是很有帮助的。

图 8

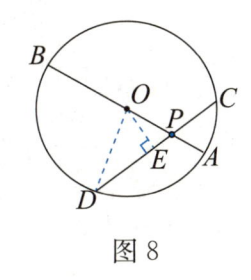

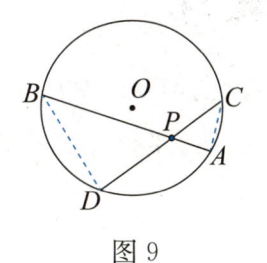

图 9

例题精讲

例题 1-1 如图 10 所示，PT 为圆 O 的切线，$PT=4$，$PA=2$，那么圆 O 的面积为_____。（π 取 3.14）

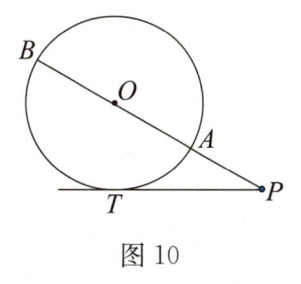

图 10

答案：28.26

【解答】 如图 10 所示，根据切割线形圆幂定理，得到 $2\times PB=4^2$，$PB=8$，圆 O 的半径为 $(8-2)\div 2=3$，圆的面积为 $3.14\times 3^2=28.26$。

例题 1-2 如图 11 所示，AB 为圆 O 的直径，AC 切圆 O 于点 A，CD 切圆 O 于点 D，延长 CD 交 AB 的延长线于点 E。若 $AB=6$，$EB=2$，那么△ACE 的面积为_____。

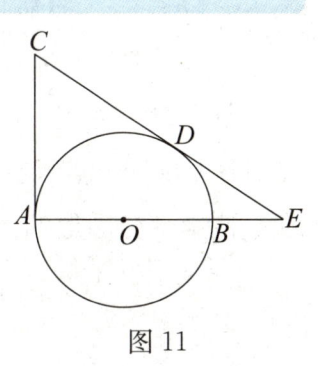

图 11

答案：24

【解答】 如图 11 所示，根据切割线形圆幂定理，得到 $DE^2=2\times(2+6)=16$，$DE=4$。设 $AC=x$，根据勾股定理得 $(x+4)^2-x^2=8^2$，$x=6$，所以△ACE 的面积为 $6\times 8\div 2=24$。

例题 2 如图 12 所示，在圆 O 中，弦 AB 与 CE 交于点 D，$\angle BAC=90°$。$AC=4$，$CD=5$，$AB=10$，那么 $DE=$_____。

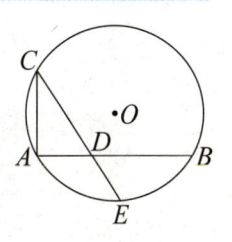

图 12

答案：4.2

【解答】 如图 12 所示，根据勾股定理，$AD^2=5^2-4^2=9$，$AD=3$。又知 $AB=10$，得到 $DB=10-3=7$。由圆幂定理得到 $DE\times 5=3\times 7$，$DE=4.2$。

331

针对性练习

练习❶ 如图 13 所示,PT 为圆 O 的切线,点 T 为切点,PT=4,PA=2,那么阴影部分圆形的面积为_____。

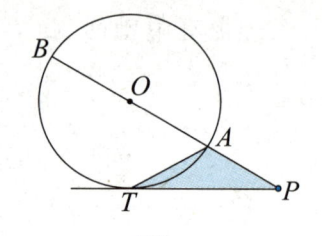

图 13

练习❷ 如图 14 所示,PT 为圆 O 的切线,点 T 为切点,AB=5,AP=4,那么 PT=_____。

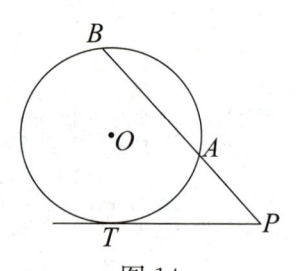

图 14

练习❸ 如图 15 所示,在圆 O 中,弦 AB、CD 交于点 P,且 P 为 CD 的中点,AP=4,BP=9,那么 CD=_____。

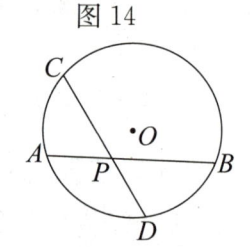

图 15

练习❹ 如图 16 所示,圆 O 的割线 DA、BC 交于点 F,连结 AB、CD 交于点 E。∠ADC=90°。AD=4,DE=3,EC=7,那么阴影部分图形的面积为_____。

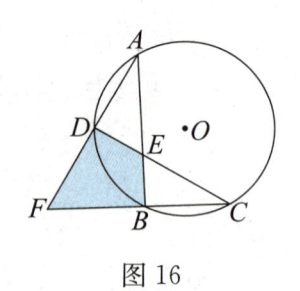

图 16

练习❺ 如图 17 所示,圆 O 的与直角△ABC 交于点 A、E、F,且切点 D 为弧 EF 的中点,∠C=90°,BD=5,CD=3,那么阴影部分图形的面积为_____。

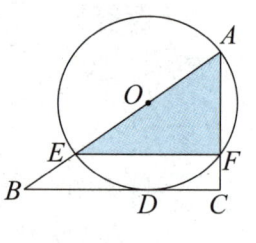

图 17

练习参考答案

练习题号	练习1	练习2	练习3	练习4	练习5
参考答案	2.4	6	12	25.74	13.5
解答提示	连结OT	切割线形	相交弦形	相交弦与山峰形	勾股+角平分线+切割线

· 332 ·

JH-098　两圆的位置关系

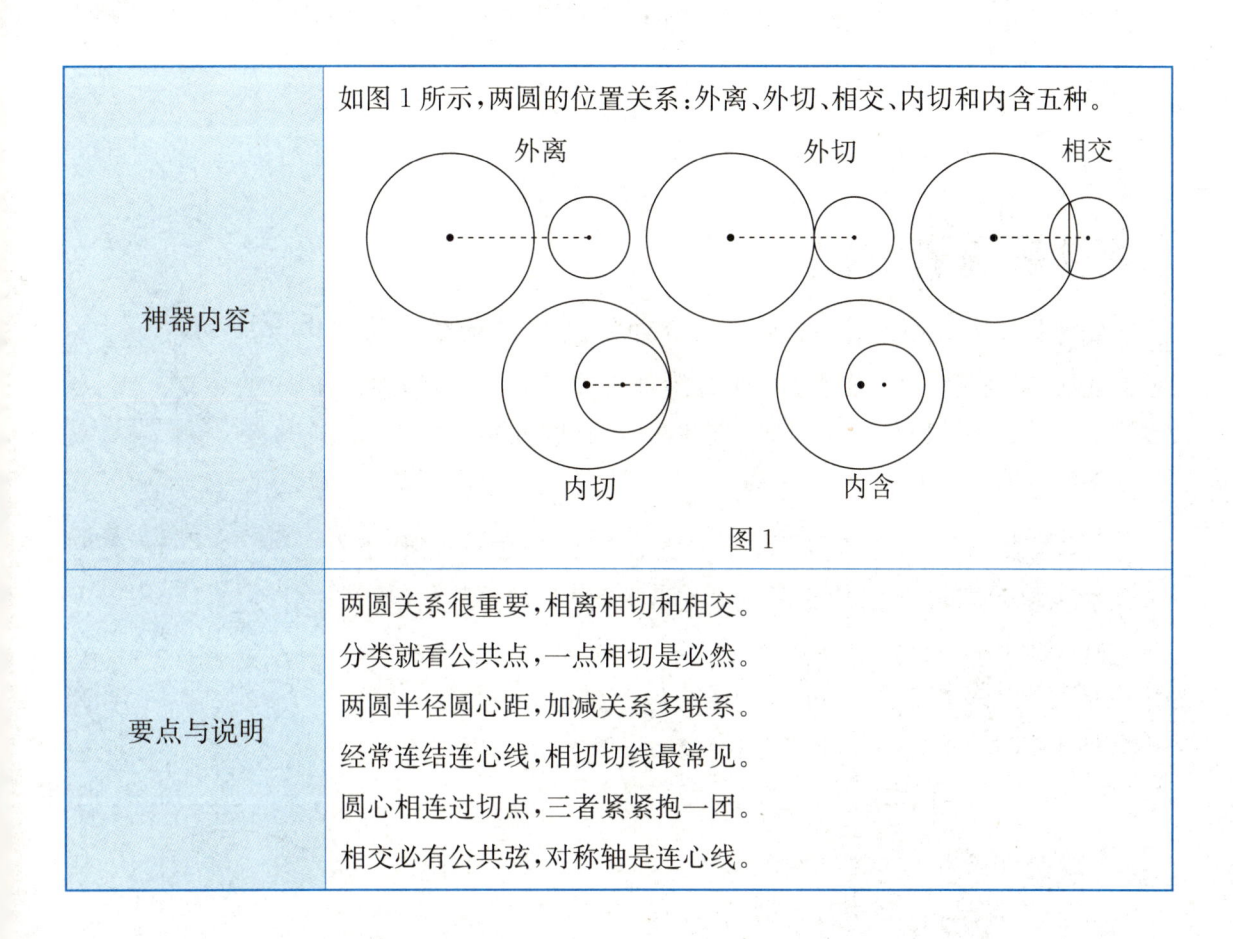

神器内容	如图 1 所示,两圆的位置关系:外离、外切、相交、内切和内含五种。 外离　　　　外切　　　　相交 内切　　　　内含 图 1
要点与说明	两圆关系很重要,相离相切和相交。 分类就看公共点,一点相切是必然。 两圆半径圆心距,加减关系多联系。 经常连结连心线,相切切线最常见。 圆心相连过切点,三者紧紧抱一团。 相交必有公共弦,对称轴是连心线。

神器溯源

两圆的位置关系,分类标准有两种。

如图 1 所示,一种是按圆周上公共点个数来确定。

(1) 无公共点为相离(外离和内含)。

(2) 仅有一个公共点为相切(外切和内切)。

(3) 两个公共点为相交。

如图 2 所示,另一种是按两圆的半径 R、r 及与圆心距 d 的关系来确定。

(1) $d > R + r \Leftrightarrow$ 外离。

(2) $d = R + r \Leftrightarrow$ 外切。

(3) $R + r > d > R - r \Leftrightarrow$ 相交。

(4) $d=R-r \Leftrightarrow$ 内切。

(5) $d<R-r \Leftrightarrow$ 内含。

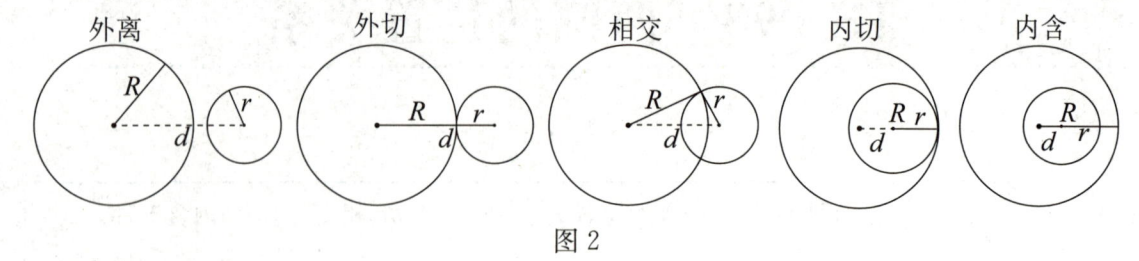

外离　　　　外切　　　　相交　　　　内切　　　　内含

图 2

例题精讲

例题 1-1 如图 3 所示，三个半径为 5 厘米的圆紧靠在一起，用绳子扎住，如果接头长度不计，那么绳子长为_____厘米，阴影部分图形的面积为_____平方厘米。(π 取 3.14)

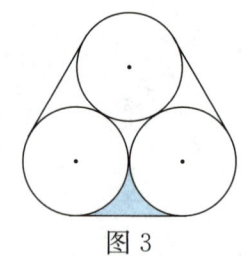

答案：61.4　10.75

图 3

【解答】 (1) 如图 4 所示，绳子的长度相当于一个半径为 5 厘米的圆的周长与三条长度为 10 厘米的线段长度之和。共计 $2\pi \times 5 + 10 \times 3 = 3.14 \times 10 + 30 = 61.4$ 厘米。

(2) 阴影部分的面积为 5×10 的长方形面积减去一个半径为 5 厘米的半圆的面积，具体为 $5 \times 10 - \pi \times 5^2 \div 2 = 50 - 3.14 \times 12.5 = 10.75$ 平方厘米。

图 4

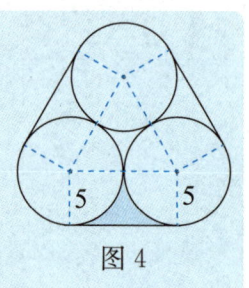

例题 1-2 如图 5 所示，在半圆 O 内放入一个圆，与半圆内切于点 D，与直径 AB 相切于点 C，又知 $AC=12$，$BC=6$，那么图中圆的面积为_____。(π 取 3.14)

答案：50.24

图 5

【解答】 如图 6 所示，取圆心为点 E，连结 OD 则必过点 E，连结 CE，则 $EC \perp AB$。根据条件可得 $OC=3$，解方程或验证得到圆 E 的半径为 4，面积为 $\pi \times 4^2 = 3.14 \times 16 = 50.24$。

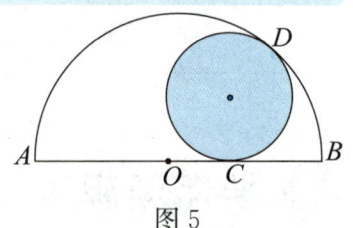

图 6

例题 2 如图 7 所示，△ABC 为直角三角形，$\angle A = 90°$，$AB=36$，$AC=27$。在 △ABC 中放置三个大小相同的圆，那么阴影部分图形的面积为_____。(π 取 3.12)

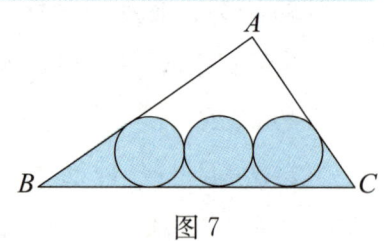

图 7

· 334 ·

答案：322.5

【解答】 如图 8 所示，首先得到斜边 $BC=5\times 9=45$（3、4、5 的直角三角形边长扩 9 倍），设圆的半径为 r，根据 △ABC 的面积等于 △ABE、△ACD、△ADE、梯形 BCDE 的面积之和，得 $\frac{1}{2}r\times 36+\frac{1}{2}r\times 27+\frac{1}{2}\times 4r\times(2.4\times 9-r)+\frac{1}{2}\times r\times(4r+45)=\frac{1}{2}\times 36\times 27$，$r=5$。

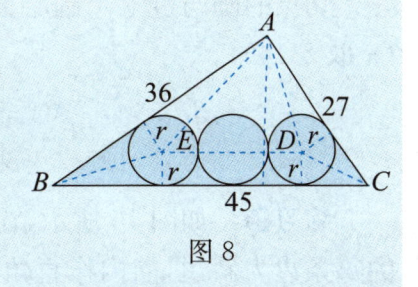

如图 9 和图 10 所示，通过图形割补，得到两图阴影部分之和为图 8 阴影面积。所以，所求阴影面积为 $\frac{1}{2}\times 15\times 20+2\times \pi \times 5^2+\frac{3}{4}\times(10\times 10-\pi\times 5^2)=225+31.25\pi=225+31.25\times 3.12=322.5$。

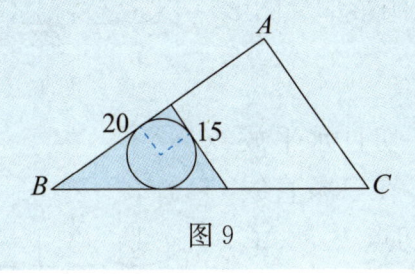

图 8

图 9

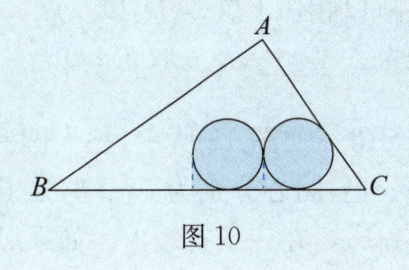

图 10

针对性练习

练习 ① 如图 11 所示，两个直径为 20 厘米的圆木被铁丝捆在一起，铁丝接头不计，那么铁丝长为 _____ 厘米，铁丝围成图形的面积为 _____ 平方厘米。（π 取 3.14）

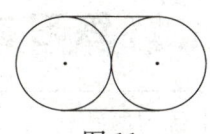

图 11

练习 ② 如图 12 所示，五个半径为 5 的圆被根绳子捆在一起，不计绳子接头部分，绳子最短为 _____。（π 取 3.14）

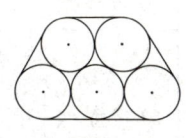

图 12

练习 ③ 如图 13 所示，一张 18×25 的长方形铁片，先切割下一个最大的圆，又在剩下的铁片上切割下两个最大的圆，那么铁片剩下的面积为 _____。（π 取 3.14）

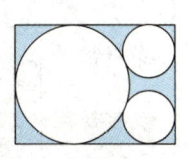

图 13

练习 ④ 如图 14 所示，左图三个相同的圆两两外切，右图三个相同的圆相交于同一个点，且重合部分面积相同。如果两个图形的外轮廓长度相同，那么两种圆的半径之比为 _____。

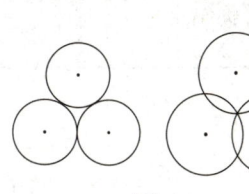

图 14

· 335 ·

练习❺ 如图 15 所示，三个半径为 2 的圆两两外切，那么过三个切点的圆与过三个圆心的圆构成的圆环的面积为_____。（π 取 3.14）

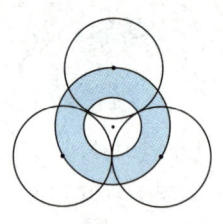

图 15

练习❻ 如图 16 所示，在边长为 13 的正方形中，分别以正方形的每条边为斜边，向内作直角边为 5、12 的直角三角形，那么内切的小圆与大圆面积之比为_____。

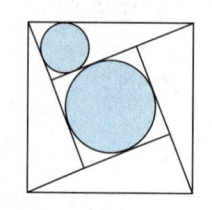

图 16

练习❼ 如图 17 所示，以点 O 为圆心的半圆半径为 25，在其内部分别以点 P、Q 为圆心画两个半径为 8 的圆，分别与半圆 O 相切于点 A、D，以及点 C、B，那么阴影部分图形的面积为_____。（π 取 3.14）

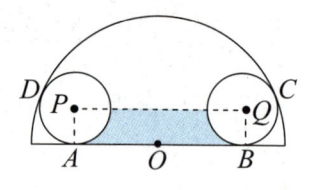

图 17

练习❽ 如图 18 所示，把大圆和小圆外切且水平放于水平线上，圆心分别为 O_1、O_2，点 O_1、O_2、C 在一条直线上，点 A、B、C 在一条直线上。如果 AC＝8，切点 B 是 AC 的中点，那么两圆面积之差为_____。（π 取 3.14）

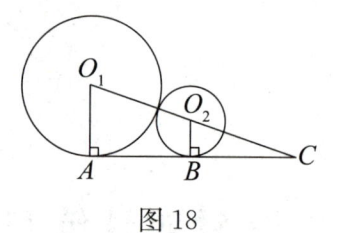

图 18

练习参考答案

练习题号	练习1	练习2	练习3	练习4	练习5
参考答案	102.8 714	81.4	95.18	4∶5	12.56
解答提示	基本练习	弧长之和等于圆周长	小圆半径为 4	图 14 中的右图连结交点和圆心，圆心连线	连结中心、圆心和切点

练习题号	练习6	练习7	练习8		
参考答案	16∶49	139.52	18.84		
解答提示	小圆半径为(5+12−13)÷2＝2	连结 OD 过点 P	两圆半径是 2 倍关系		

JH-099　立体图形表面展开图

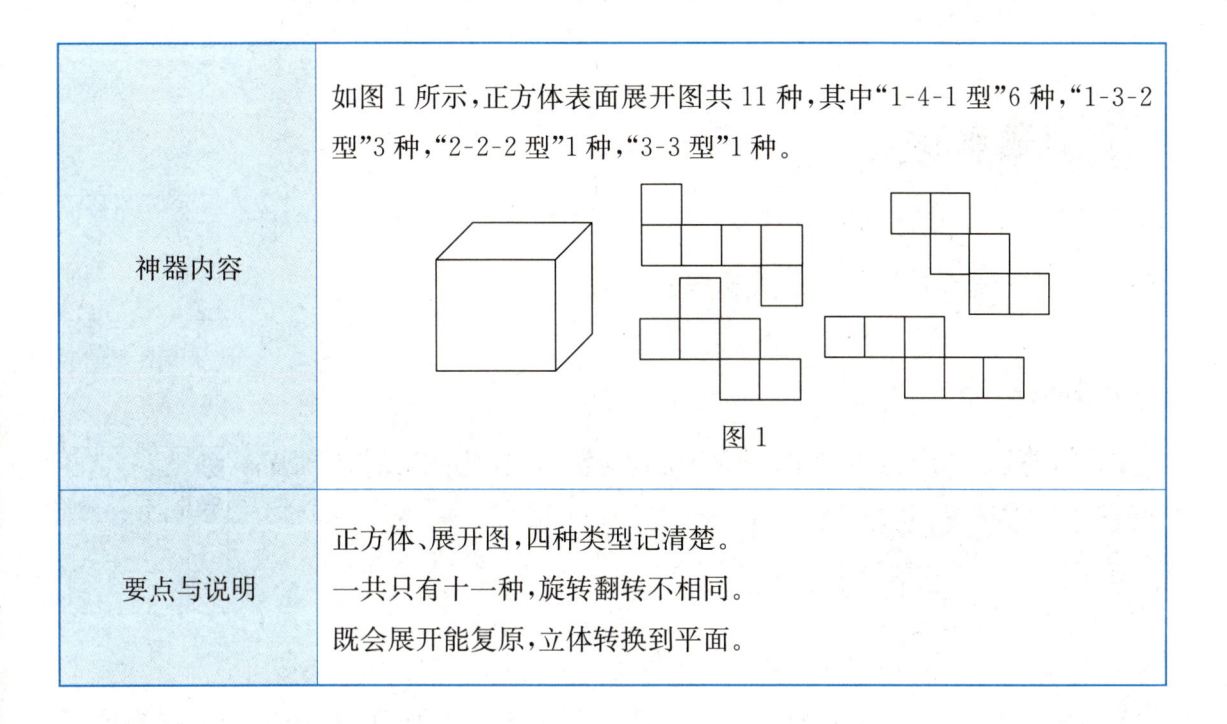

神器内容	如图1所示,正方体表面展开图共11种,其中"1-4-1型"6种,"1-3-2型"3种,"2-2-2型"1种,"3-3型"1种。 图1
要点与说明	正方体、展开图,四种类型记清楚。 一共只有十一种,旋转翻转不相同。 既会展开能复原,立体转换到平面。

神器溯源

正方体表面展开图,旋转或翻转相同视为一种,共计有11种。分别是:

(1)如图2所示,1-4-1型,共6种。

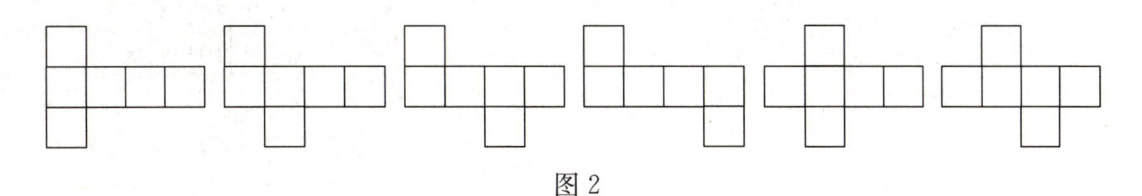

图2

(2)如图3所示,1-3-2型,共3种。

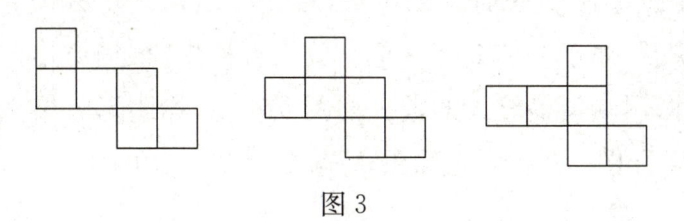

图3

(3)如图 4 所示,2-2-2 型,共 1 种。

(4)如图 5 所示,3-3 型,共 1 种。

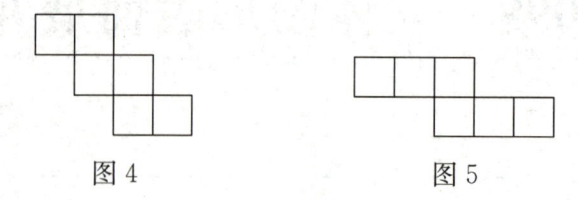

图 4

图 5

例题精讲

例题 1 如图 6 所示,在已知图形上添上一个方格,使其成为正方体表面展开图,那么可以添上的方格位置共有_____种。

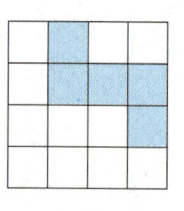

图 6

答案: 2

【解答】 如图 7 所示中的圆圈位置,都可以作为正方体表面展开图的添加位置,共有 2 种。

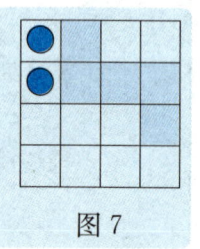

图 7

例题 2 如图 8 所示,把①图的正方体剪开七条棱,然后展成表面展开图并把展开图画在 3×5 的方格表中(涂阴影)。据此操作,②图的展开图中的六个数之和最大为_____。

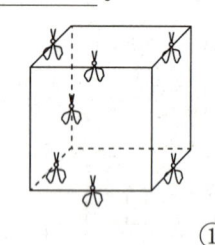

①

②

1	2	3	4	5
14	15	16	17	6
13	20	19	18	7
12	11	10	9	8

图 8

答案: 95

【解答】 根据②图中棱剪开的位置,首先可以得到正方体表面展开图的形状,属于 2-2-2 型。把它放入方格中,根据方格内数的排列规律,尽量覆盖较大的数。如图 9 所示,涂阴影方格是正方体表面展开图,六个数之和最大为 16+17+19+20+11+12=95。

1	2	3	4	5
14	15	16	17	6
13	20	19	18	7
12	11	10	9	8

图 9

针对性练习

练习❶ 如图 10 所示,这些图形中,不是正方体表面展开图的有_____。

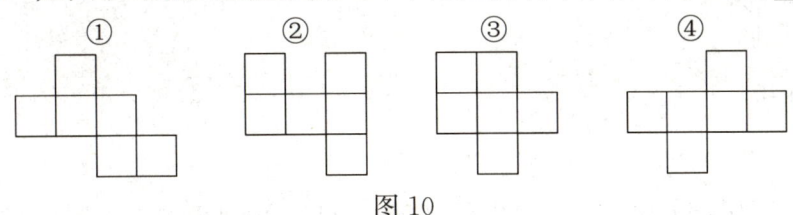

图 10

练习❷ 如图 11 所示,把正方体剪开七条棱,展开成平面图,并把平面图按要求在方格内涂色。

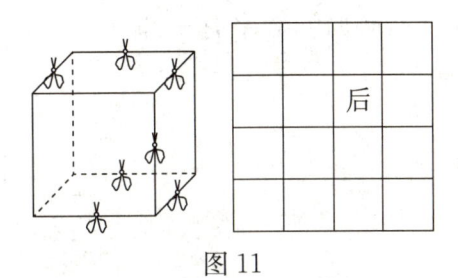

图 11

练习❸ 如图 12 所示,把无上盖的正方体盒子剪开 4 条棱,展开成平面图,并把平面图按要求在方格内涂色。

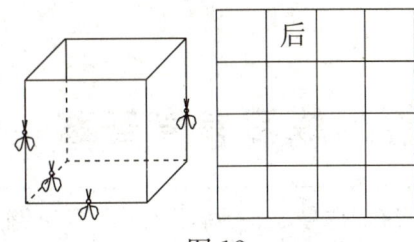

图 12

练习❹ 如图 13 所示,从已知图形中去掉两个方格,使阴影方格成为正方体表面展开图,共有_____种不同的去法。

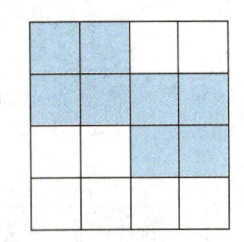

图 13

练习❺ 如图 14 所示,把平面展开图(看到的为外部,向外折起)复原成正方体,其中"1"在下面。请在正方体看到的三个面上写上对应的数字。

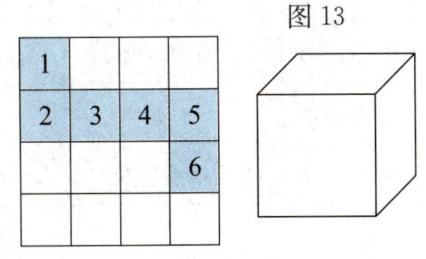

图 14

练习❻ 如图 15 所示,把平面展开图(看到的为标有数字的外部,内部没标数字)复原成长方体,其中"1"在后面,"2"在上面,那么前面写的数字是_____,右面写的数字是_____。

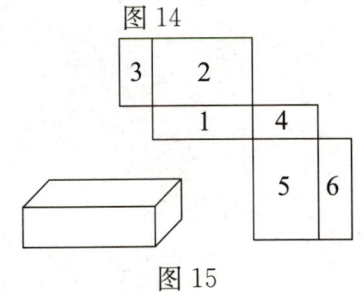

图 15

练习❼ 如图 16 所示,把正方体剪开一些棱,展开的平面图是_____。

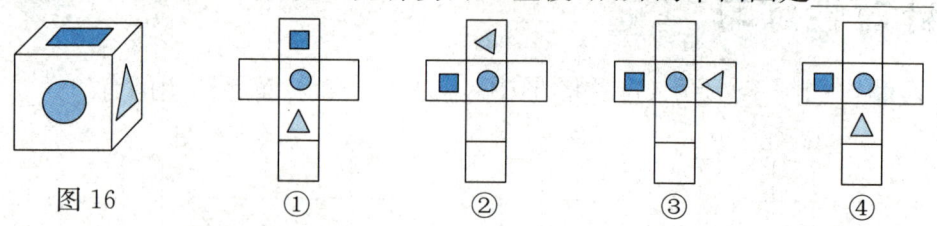

图 16　　①　　②　　③　　④

练习❽ 如图 17 所示,一个正方体六个面上分别写有 1~6。在滚动的过程中,底面的数字有一部分被告知,那么滚动到最后的位置,底面数字是_____。

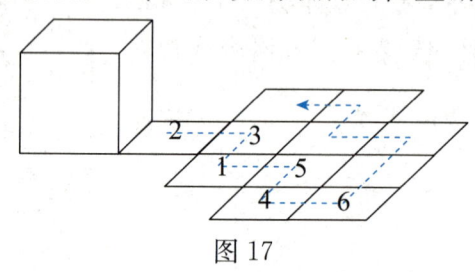

图 17

练习参考答案

练习题号	练习1	练习2	练习3	练习4	练习5
参考答案	②③	(图:后)	(图:后)	9	上6,前2,右3
解答提示	基本练习	注意剪开线	注意无顶盖	分类考虑	注意向外折起
练习题号	练习6	练习7	练习8		
参考答案	6　3	②	6		
解答提示	注意折叠方向	在②④中选	找准对面数字		

JH-100　三视图

神器内容	如图1所示，一个立体图形的三视图： 主视图、左视图和俯视图。 三者满足三个条件： 高平齐、长对正、宽相等。
要点与说明	三视图，怎么画？请你记住三句话。 高平齐、长对正，还有一句宽相等。 组合图形三视图，立体平面分清楚。

神器溯源

1. 实物图与透视图：观察一个物体，把看到的面画下来，形成的平面图，叫作立体图形的实物图，如果把看不到的棱或面用虚线画出来，得到的图形叫作立体图形的透视图。如图2所示，左图是三棱柱的实物图，右图是三棱柱的透视图。

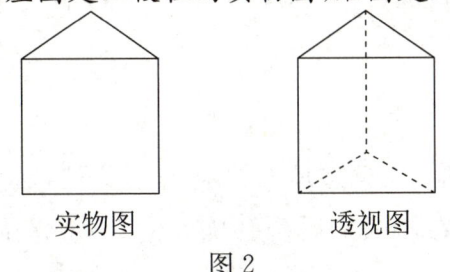

2. 视图：从一个立体图形的不同方向观察物体，看到的形状会不同。仅从一个方向观察物体，得到一个视图，反推立体图形的形状可能不固定。一般从一个物体的正面观察得到的平面图叫作这个物体的正视图或主视图，从左侧观察得到的平面图叫作左视图，从右侧观察得到的平面图叫作右视图，从上面观察得到的平面图叫作俯视图，从下面观察得到的平面图叫作仰视图，从后面观察得到的平面图叫作后视图。通常取主视图、左视图和俯视图叫作物体的三视图。画法要求：高平齐，长对正，宽相等。通过三视图，基本能得到这个物体的实物图。三视图是平面图与立体图形之间转化的主要方法，在工程、制造、建筑等方面应用广泛。

例题精讲

例题 1 如图 3 所示，把左边用小正方体垒成的立体图形的正视图、左视图和俯视图画出来。（涂黑方格）

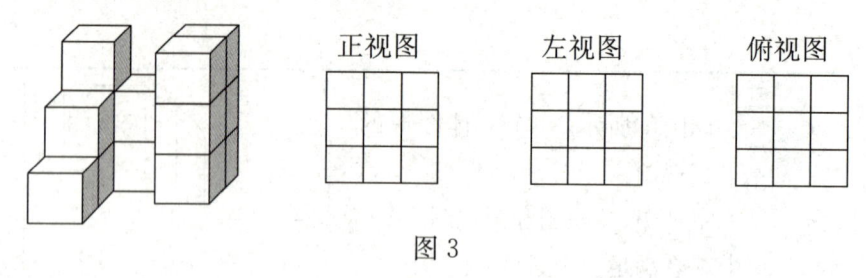

图 3

答案：见图 4。

【解答】 如图 4 所示，分别是立体图形的正视图、左视图和俯视图。

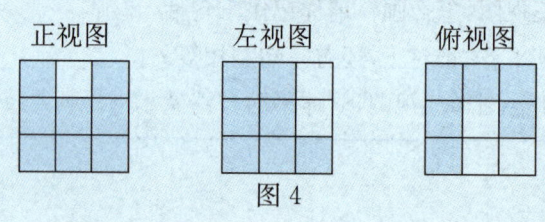

图 4

例题 2-1 如图 5 所示，这是一个变形的 4×4 俯瞰大楼。在各个方格内填写楼层数，使得每行、每列都是 1～4 层的大楼各一栋，且每个粗线围成的区域内楼层数互不相同。其中外部的圈码数表示从此方向看到的楼栋数，那么最下面一行从左至右的四个数字为_____。

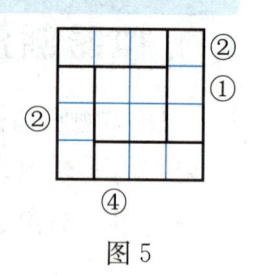

图 5

答案：4、1、3、2。

【解答】 如图 6 所示，先观察从左至右的第 2 列，从上到下楼层数依次 4、3、2、1，从上至下的第 2 行右侧只能看到一栋大楼，一定是最高的 4 层大楼。把第 2 行第 4 列交叉处所填的数 4，可以记作：$D_{24}=4$。进一步得到 $D_{33}=4$，$D_{23}=1$。如此继续下去，完整的填法如图 7 所示。最下面一行从左至右的四个数字为 4、1、3、2。

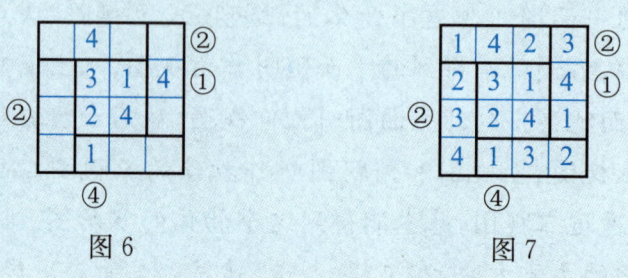

图 6　　图 7

例题 2-2 用棱长为1的小正方体粘成一个立体图形,从三个方向看到的图形如图8所示,那么在小正方体块数最少时,这个立体图形共有_____种不同的粘法。

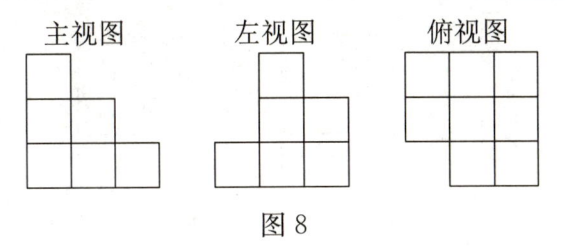

主视图　　左视图　　俯视图

图 8

答案: 4

【解答】 如图9所示,把正视图和左视图看到的正方体高度填在俯视图下边和左边。如图10所示,对其交叉处进行判断得到粘法共有4种。

俯视图

	1	1	1
1			
3	3	012	1
2		2	1

　　3　2　1

图 9

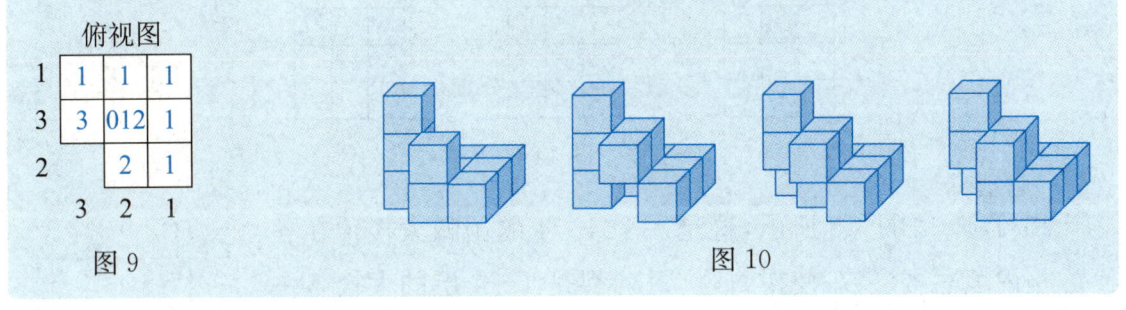

图 10

针对性练习

练习❶ 如图11所示,请在右侧图形中画出左侧两个长方体码放在一起的透视图。

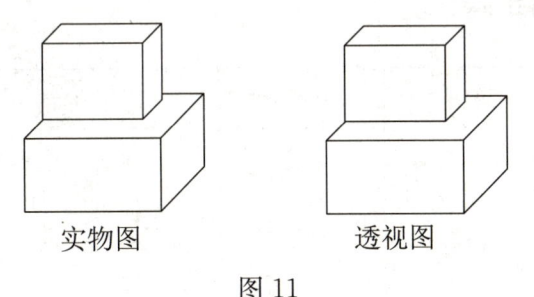

实物图　　　透视图

图 11

练习❷ 如图12所示,把左边用小正方体码放成的立体图形的正视图、左视图和俯视图画出来。(涂黑方格)

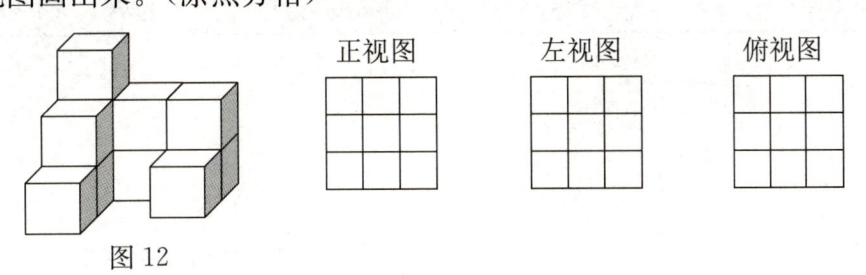

正视图　　左视图　　俯视图

图 12

· 343 ·

练习❸ 如图 13 所示，把用小正方体码放成的立体图形的正视图、左视图和俯视图画出来。（涂黑方格）

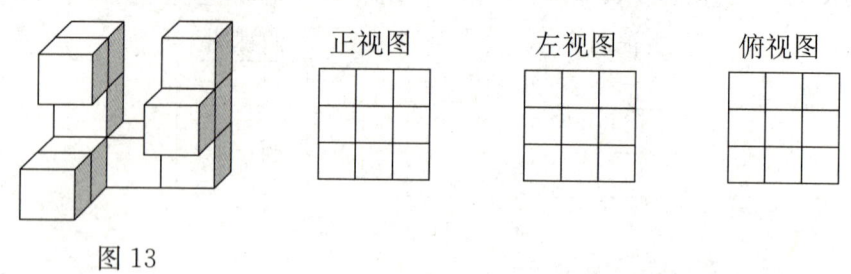

正视图　　左视图　　俯视图

图 13

练习❹ 如图 14 所示，根据三视图，在 3×3×3 的空间范围内插接正方体，画出这个立体图形，最少需要_____块小正方体插接。（可以悬空，必有相邻面）

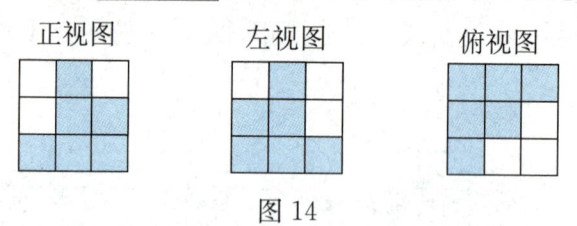

正视图　　左视图　　俯视图

图 14

练习❺ 如图 15 所示，这是一个 4×4 的俯瞰大楼。在各个方格内填写楼层数，使得每行、每列都是 1～4 层的大楼各一栋。其中外部的圈码数表示从此方向看到的楼的栋数，那么上面数第 1 行，从左至右组成的四个数字为_____。

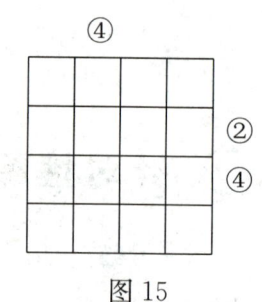

④
②
④

图 15

练习参考答案

练习题号	练习1	练习2	练习3	练习4	练习5
参考答案	略	略	略	9块	2、1、3、4
解答提示	基本练习	基本练习	基本练习	插接法不唯一	先填从左至右第二列和从上至下第三行

344

JH-101　棱柱的表面积与体积

神器内容	如图1所示，长方体的长、宽、高分别为 a、b、c，则 (1) 表面积 $S=2(ab+bc+ca)$。 (2) 体积 $V=abc$。 正方体的棱长为 a，则 (1) 表面积 $S=6a^2$。 (2) 体积 $V=a^3$。
要点与说明	正方体、长方体，可求体积表面积。 公式一定记熟练，遇到题目才会算。 侧面加上两个底，算出就是表面积。 三个维度来乘起，轻轻松松算体积。 柱体体积不用教，大家都知底乘高。

图1

神器溯源

如图2所示，用一个平面沿着一个方向切立体图形，得到的截面都是大小相同的多边形，那么这个立体图形就是柱体。与相同的截面平行的面叫作棱柱的底面，其他面叫作侧面。当侧棱垂直于底面时，这个棱柱叫作直棱柱，底面是正多边形的直棱柱叫作正棱柱。特别地，底面是矩形的直棱柱叫作长方体，侧棱与底面上的棱相等的正四棱柱体叫作正方体。

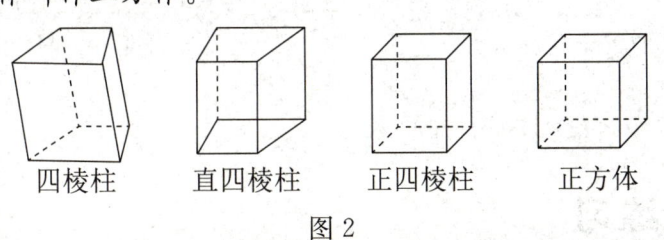

四棱柱　　直四棱柱　　正四棱柱　　正方体

图2

棱柱是柱体的一类，根据底面多边形的边数，可以分为三棱柱、四棱柱……

分类	正三棱柱	正四棱柱	正五棱柱	体积公式
棱柱				$V_{柱}=S_{底}×高$

· 345 ·

例题精讲

例题 1 如图 3 所示,用 100 个棱长为 2 的正方体粘成 5×5×4 的长方体。然后前后贯穿一个"十字"形,上下贯穿一个"L"形,左右贯穿一个"Z"形,那么剩下的几何体的体积为_____。

答案:392

图 3

【解答】 如图 4 所示,采取切片法,把立体图形切成四片,共剩余 49 个棱长为 2 的小正方体,总几何体的体积为 $2^3 \times 49 = 392$。

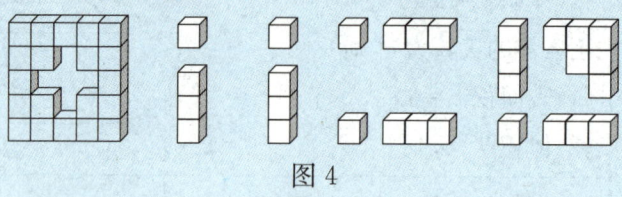

图 4

例题 2 如图 5 所示,棱长分别为 1 厘米、2 厘米、3 厘米、5 厘米的四个正方体紧贴在一起,那么这个多面体的表面积是_____平方厘米。

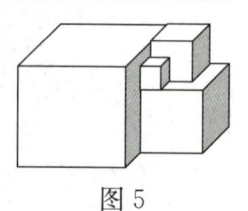

答案:194

图 5

【解答】 先算出四个正方体的全面积,然后减去所有接触面的 2 倍,这种方法叫作全面积法。具体为 $(5^2+3^2+2^2+1^2) \times 6 - 3^2 \times 2 - 2^2 \times 4 - 1^2 \times 6 = 194$ 平方厘米。

另解:也可以根据三视图计算其表面积。如图 6 所示,正视图、左视图和俯视图的面积分为:

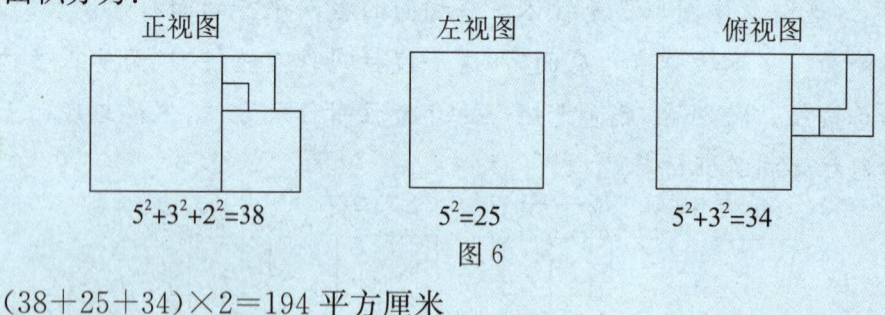

正视图 $5^2+3^2+2^2=38$　　左视图 $5^2=25$　　俯视图 $5^2+3^2=34$

图 6

$(38+25+34) \times 2 = 194$ 平方厘米

针对性练习

练习❶ 一个长方体,如果高增加 2 厘米,就变成了正方体,而且表面积增加 56 平方厘米,那么原来长方体的体积为_____立方厘米。

练习❷ 一个长方体,如果长增加 2 厘米,则体积增加 40 立方厘米。如果宽增加 3 厘米,则体积增加 90 立方厘米。如果高增加 4 厘米,则体积增加 96 立方厘米,那么原长方体的表面积为_____平方厘米。

346

练习❸ 一个长方体的长、宽、高恰好是3个连续的正整数,并且它的体积的数值等于它的所有棱长数值之和的2倍,那么这个长方体的表面积为_____。

练习❹ 把一个长16厘米、宽12厘米、高8厘米的长方体,锯成若干个正方体,每次都是锯下尽可能大的正方体,最后剩下的仍是正方体,那么可以锯成_____个正方体,这些正方体的表面积之和为_____平方厘米。

练习❺ 如图7所示,有一个长5分米、宽和高都是3分米的长方体硬纸箱。如果用绳子将箱子竖着捆两道,横着捆一道,打结处共用绳长为2分米,那么绳子长为_____分米。

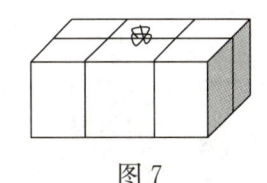

图7

练习❻ 如图8所示,有一个棱长为5厘米的正方体木块,从它的每个面看都有一个穿透的完全相同的孔,那么这个立体图形的体积为_____立方厘米,表面积为_____平方厘米。

图8

练习❼ 如图9所示,由棱长为1的小正方体按照规律排6层高,那么这个图形共需要_____个小正方体,它的表面积为_____。

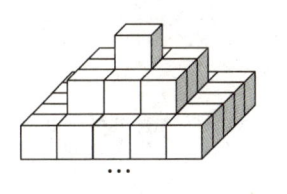

图9

练习❽ 用336块棱长为1的小正方体粘成一个6×7×8的长方体,然后取下长方体棱上的所有小正方体,那么剩下的立体图形的表面积为_____。

练习参考答案

练习题号	练习1	练习2	练习3	练习4	练习5
参考答案	245	148	148	10 1536	42
解答提示	正方体棱长为7	可以先求每个面的面积	设一个未知数即可	每次棱长尽量大	捆的道数不同
练习题号	练习6	练习7	练习8		
参考答案	76 216	286 386	268		
解答提示	先算一个角的表面积	三视图求表面积	在4×5×6面上粘一层小正方体		

JH-102　圆柱的表面积与体积

神器内容	如图 1 所示,圆柱的底面半径为 r,高为 h,则 (1)表面积 $S=2\pi r(h+r)$。 (2)体积 $V=\pi r^2 h$。
要点与说明	圆柱体积底乘高,底面是圆要知晓。 怎求圆柱表面积?侧面再加两个底。 侧面展开是矩形,恰好卷成一个筒。 筒周长同底周长,底与侧面才合上。

图 1

神器溯源

用一个平面沿着平行于底面的方向切立体图形,得到的截面都是大小相同的圆,那么这个立体图形就是圆柱。与截面平行的面叫作圆柱的底面,其他面叫作圆柱侧面。如图 1 所示,圆柱的侧面展开形成一个矩形,其长为底面圆的周长,其宽为圆柱的高。

例题精讲

例题 1 如图 2 所示,压路机的滚筒是圆柱体,长为 1.5 米,横截面半径为 0.6 米,每分钟可以滚动 5 周,那么压路机 2 小时可以压的路面的面积为_____平方米。(π 取 3.14)

图 2

答案: 3391.2

【解答】 先求圆柱的侧面,然后再考虑滚动的圈数。压路机 2 小时压路面积为 $2\pi\times 0.6\times 1.5\times 5\times 120=1080\pi=1080\times 3.14=3391.2$ 平方米。

例题 2 如图 3 所示,一个圆柱形木料的高为 80 厘米,竖着从圆柱的正中间劈开,切面是一个长方形,使得表面积增加 6400 平方厘米,那么原圆柱形木块的体积为_____立方厘米。(π 取 3.14)

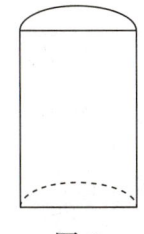

答案:100480

图 3

【解答】 表面积增加的是两个长方形的面积,可以得到圆柱的直径为 6400÷2÷80＝40 厘米。所以,圆柱体的体积为 π×20²×80＝3.14×32000＝100480 立方厘米。

针对性练习

练习❶ 大厅里有 6 根高 4 米的圆柱形柱子,底面周长为 150 厘米。现在要给这些柱子的侧面涂上红漆,每 4 平方米需要红漆 1 千克,那么一共需要红漆_____千克。

练习❷ 一个圆柱体高 100 厘米,侧面积为 2512 平方厘米,那么它的底面积为_____平方厘米。(π 取 3.14)

练习❸ 一种圆柱形罐头盒底面直径为 10 厘米,高为 12 厘米。在它的侧面用商标纸包装,如果不计接头处,100 个罐头盒需要_____平方米的商标纸。(π 取 3.14)

练习❹ 一个圆柱的侧面积展开图是一个正方形。如果高减少 3 分米,表面积就减少 94.2 平方分米,那么原来这个圆柱体的体积是_____立方分米。(π 取 3.14)

练习❺ 如图 4 所示,一个拧紧盖的瓶子里面装有一些水。由图中的数据(单位:厘米)可推知瓶子的容积是_____立方厘米。(π 取 3.14)

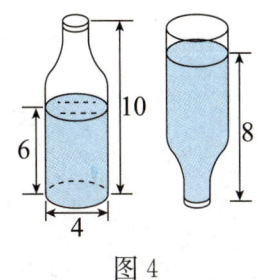

图 4

练习❻ 如图 5 所示,将一块长方形铁片切割成两个圆作为底面,再切割一个长方形作为侧面,然后做成一个圆桶,那么圆桶能盛水_____升。(π 取 3.14,1 升＝1000 立方厘米)

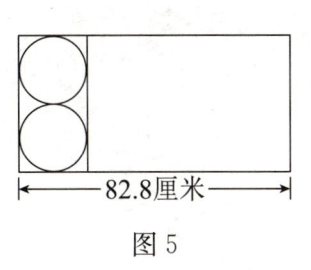

图 5

练习参考答案

练习题号	练习1	练习2	练习3	练习4	练习5
参考答案	9	50.24	3.768	2464.9	100.48
解答提示	基本练习	先求圆柱的底面半径	计算圆柱侧面积	底面半径为5	不规则部分转化为圆柱
练习题号	练习6				
参考答案	12.56				
解答提示	圆的半径为10厘米				

JH-103 锥体的表面积与体积

神器内容	如图 1 所示，圆锥的底面半径为 r，高为 h，母线为 l，则 (1) 表面积 $S=\pi r(l+r)$。 (2) 体积 $V=\dfrac{1}{3}\pi r^2 h$。
要点与说明	锥体体积怎么算？底面乘高除以三。 侧面展开是扇形，弧长底周都相同。

图 1

神器溯源

锥体分为棱锥与圆锥。圆锥的侧面展开图是一个扇形，扇形半径为圆锥的母线，扇形的弧长等于底面圆的周长。圆锥的表面积为一个底面与侧面积之和，具体为 $S=\pi r^2+\dfrac{1}{2}\times 2\pi r\times l=\pi r(r+l)$。圆锥的体积为 $V=\dfrac{1}{3}\pi r^2 h$，圆锥的体积等于同底等高的圆柱体积的 $\dfrac{1}{3}$。更一般的情况，锥体的体积都等于底面积与高之积的 $\dfrac{1}{3}$。

棱锥根据底面边的条数，可以分为三棱锥、四棱锥……

分类	三棱锥	四棱锥	五棱锥	体积公式
棱锥				$V_{锥}=\dfrac{1}{3}S_{底}\times 高$

如图 2 所示，把一个长方体分割，得到不同的棱柱和棱锥，在《九章算术》中各有名词。

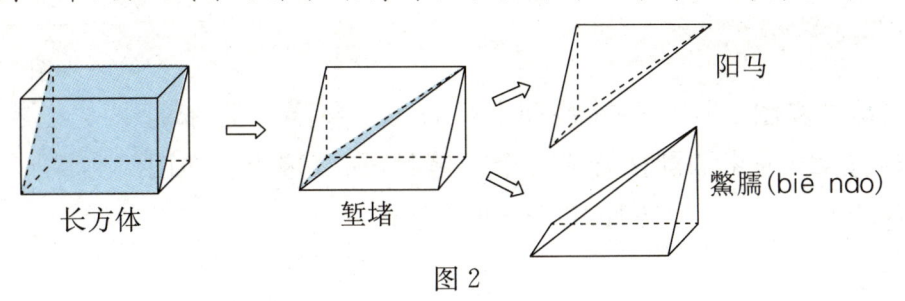

长方体 ⇒ 堑堵 ⇒ 阳马 / 鳖臑(biē nào)

图 2

例题精讲

例题 1 如图 3 所示,用一张半圆纸片卷成一个圆锥的侧面,圆锥的高为 9 厘米,那么这个圆锥的体积为 _____ 立方厘米。(π 取 3.14)

答案:254.34

【解答】 如图 4 所示,设半圆的半径为 R,圆锥底面积半径为 r,则有 $\frac{2\pi R}{2}=2\pi r$,$R=2r$。$(2r)^2-r^2=9^2$,$r^2=27$。所以,圆锥的体积为 $\frac{1}{3}\pi\times 27\times 9=254.34$ 立方厘米。

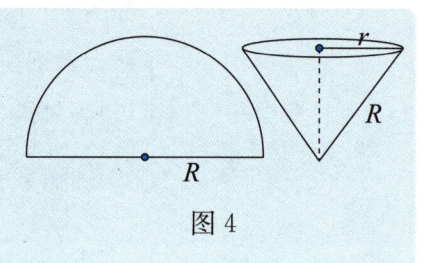

例题 2 如图 5 所示,用 4 个腰长为 13 的等腰三角形与一个面积为 96 的正方形可以拼成一个四棱锥,那么四棱锥的体积为 _____。

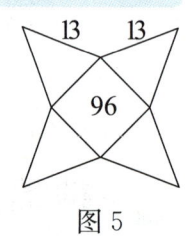

答案:352

【解答】 如图 6 所示,r 为底面正方形对角线长的一半,$r^2=96\times 2\div 4=48$。棱、r 和高 h 构成直角三角形,$h^2=13^2-48=121$,$h=11$。四棱锥的体积为 $\frac{1}{3}\times 96\times 11=352$。

针对性练习

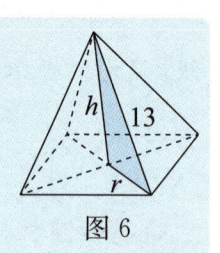

练习❶ 一个圆锥的高为 4 厘米,底面积半径为 3 厘米,那么圆锥的侧面积为 _____ 平方厘米。(π 取 3.14)

练习❷ 如图 7 所示,一个三棱锥 $P\text{-}ABC$,$\angle APB=\angle BPC=\angle CPA=90°$,棱 $PA=3$,$PB=4$,$PC=5$,那么棱锥的体积为 _____。

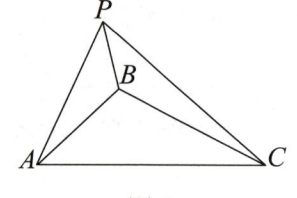

练习❸ 如图 8 所示,一个底面半径为 3 厘米、高 4 厘米的圆锥,与高为 10 厘米的圆柱合成一个铅笔状,那么这个立体图形的表面积为 _____ 平方厘米。(π 取 3.14)

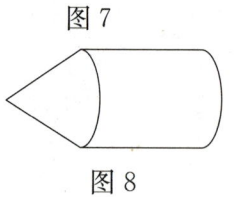

练习 ④ 如图 9 所示,一个半径为 5 厘米、高为 12 厘米的圆柱,挖去一个最大的圆锥,那么剩下的立体图形的体积为_____立方厘米。(π 取 3.14)

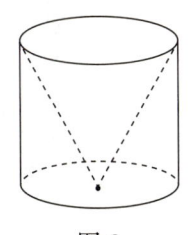

图 9

练习 ⑤ 如图 10 所示,圆锥的主视图是等边三角形 ABC,圆锥的底面半径 $r=2$ 厘米。假若点 A 有一蚂蚁只能沿圆锥的表面爬行,它要想吃到母线 BC 上 D 处的食物,$BD=1$ 厘米,那么它爬行的最短路线是_____厘米。

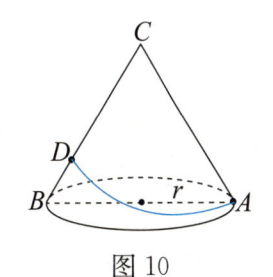

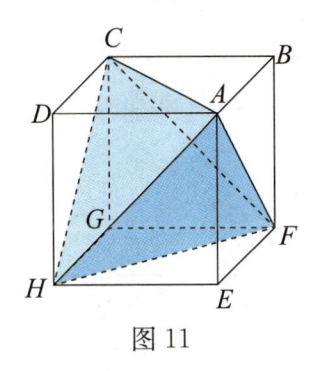

图 10

练习 ⑥ 如图 11 所示,在棱长为 6 的正方体 $ABCD$-$EFGH$ 中,减去四个角,得到的三棱锥(正四面体)A-CFH 的体积为_____。

图 11

练习 ⑦ 如图 12 所示,在一个长、宽、高分别为 38 厘米、31 厘米、6 厘米的长方体纸盒中,放入两个相同的圆锥体,它们的高度都是 6 厘米,那么每个圆锥体的体积最大为_____立方厘米。(π 取 3.14)

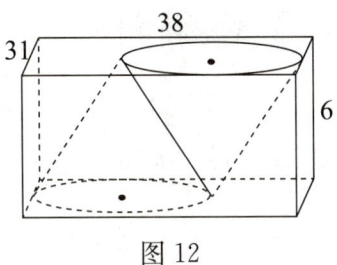

图 12

练习参考答案

练习题号	练习 1	练习 2	练习 3	练习 4	练习 5
参考答案	47.1	10	263.76	628	5
解答提示	侧面是扇形	翻转一下,更换底面	扇形面积+圆柱侧面积+底面积	圆锥、圆柱同底、等高	侧面展开图是直角扇形

练习题号	练习 6	练习 7
参考答案	72	1061.32
解答提示	长方体减去四个三棱锥	错位嵌入,底面半径为 13 厘米

353

JH-104　台体的表面积与体积

神器内容	如图1所示，用平行于大圆锥底面的截面切去一个小圆锥，剩下的立体图形叫作圆台。圆台的体积是大圆锥的体积减去小圆锥的体积，侧面积是大扇形面积减去小扇形面积。 (1)侧面积 $S=\pi l(R+r)$。 (2)体积 $V=\dfrac{1}{3}\pi h(R^2+Rr+r^2)$。 图1
要点与说明	平行底面砍一刀，圆锥尖尖被砍掉。 剩下立体是圆台，公式可以推出来。 公式都是比较长，记住方法不会忘。

神器溯源

台体分为棱台与圆台。圆台由大圆锥截去小圆锥得到，棱台由大棱锥截去小棱锥得到。如图2所示，台体的表面积和体积公式推导如下。

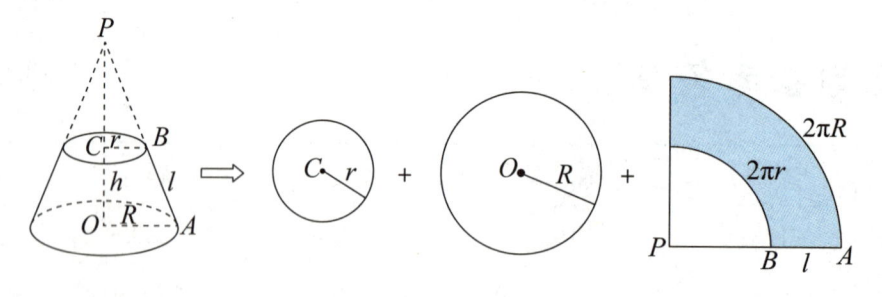

图2

1. 圆台侧面积公式推导

如图2所示，首先，根据平行鸟头形，得到 $\dfrac{r}{R}=\dfrac{PB}{PB+l}$，$PB=\dfrac{rl}{R-r}$，然后

$$S=\dfrac{1}{2}\times 2\pi R\times(PB+l)-\dfrac{1}{2}\times 2\pi r\times PB=\pi R\times\left(\dfrac{rl}{R-r}+l\right)-\pi r\times\dfrac{rl}{R-r}=\pi l\times\dfrac{Rr+R^2-Rr-r^2}{R-r}=\pi l\times\dfrac{R^2-r^2}{R-r}=\pi l(R+r)$$

2. 圆台的体积公式推导

如图 2 所示,首先,根据平行鸟头形,得到 $\dfrac{r}{R}=\dfrac{PC}{PC+h}$, $PC=\dfrac{rh}{R-r}$,然后

$$V=\dfrac{1}{3}(S_{大圆}\times PO-S_{小圆}\times PC)=\dfrac{1}{3}(\pi R^2\times PO-\pi r^2\times PC)=$$

$$\dfrac{1}{3}\pi\left[R^2\times\left(\dfrac{rh}{R-r}+h\right)-r^2\times\dfrac{rh}{R-r}\right]=\dfrac{1}{3}\pi h\times\dfrac{R^3-r^3}{R-r}=\dfrac{1}{3}\pi h(R^2+Rr+r^2)$$

棱台根据底面边的条数,可以分为三棱台、四棱台……

分类	三棱台	四棱台	五棱台	体积公式
棱锥				$V_{台}=V_{大锥}-V_{小锥}$

例题精讲

例题 1 如图 3 所示,一个小麦仓的形状是一个圆台和一个圆锥组成的。经过测量,圆台下底面周长为 628 厘米,圆台上底面周长为 942 厘米,圆台高为 120 厘米,圆锥高为 40 厘米。如果体积为 1.2 立方米的小麦质量为 1 吨,那么这个小麦仓共可盛小麦_____吨。(π 取 3.14,精确到百分位)

图 3

答案: 5.76

【解答】 如图 4 所示,圆台的下底面半径为 $628\div3.14\div2\div100=1$ 米,上底面的半径为 $942\div3.14\div2\div100=1.5$ 米,高为 1.2 米,圆锥的高为 0.4 米。

体积为 $\dfrac{1}{3}\times3.14\times1.2\times(1.5^2+1.5\times1+1^2)+\dfrac{1}{3}\times3.14\times0.4\times1.5^2=6.908$ 立方米。小麦约有 $6.908\div1.2\approx5.76$ 吨。

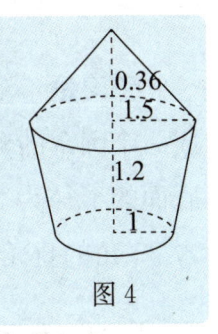

图 4

例题 2 如图 5 所示,某河道管理部门要对长 3 千米的一段水坝进行加固,其坝高 15 米,原来坝坡(竖直距离与水平距离)比为 1∶1。现在要把坝面加宽 1 米,坝坡比为 1∶2。如果动用的挖土机每天能挖土 7500 方(1 方=1 立方米),那么这项工程需要_____天完成。

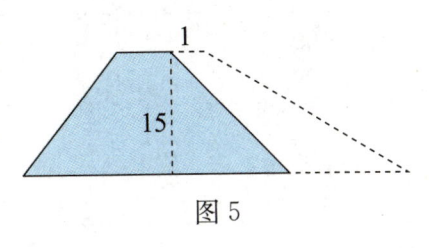

图 5

答案：51

【解答】 如图 5 所示，增加的土方是一个斜四棱台，转换为直四棱柱来求体积。直四棱柱的截面面积为 $(1+16)\times 15\div 2=127.5$ 平方米，土方数为 $127.5\times 3000=382500$ 方。工程工期为 $382500\div 7500=51$ 天。

针对性练习

练习❶ 如图 6 所示，一个圆台形灯罩，上底圆直径为 20 厘米，下底圆直径为 30 厘米，母线长为 24 厘米，那么圆台灯罩的侧面积为 _____ 平方厘米。（π 取 3.14）

图 6

练习❷ 如图 7 所示，一个四棱台上、下底面都是正方形，每个侧面都是一样的等腰梯形，且上底面面积为 200，下底面面积为 512，侧棱长为 10，那么四棱台的体积为 _____。

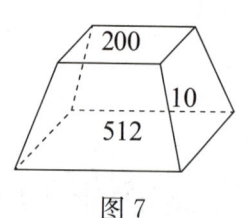

图 7

练习❸ 一个圆台的体积为 104，上底面面积是下底面面积的 9 倍。经过高的中点切成两个圆台，那么较小的圆台的体积为 _____。

练习❹ 如图 8 所示，圆台的上底半径为 5，下底半径为 10，母线 $AB=20$。从圆台母线 AB 的中点 M 拉一条绳子绕圆台侧面转到点 A，那么绳子的最短长度为 _____，当绳子的长度最短时，上底圆周上的点到绳子最短距离为 _____。

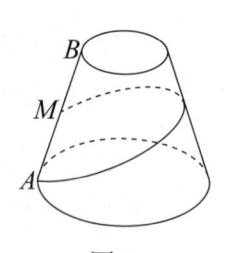

图 8

练习❺ 如图 9 所示，一个半径为 12 的半圆硬纸片，剪成一个圆台的侧面和较小底面，做成一个纸杯。如果较小的底面的半径为 3，那么纸杯的体积为 _____。（π 取 3.14，含 30°角的直角三角形的三边之比为 1：1.73：2）

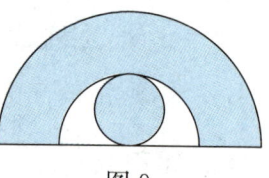

图 9

练习参考答案

练习题号	练习1	练习2	练习3	练习4	练习5
参考答案	1884	2752	28	50　4	342.2286
解答提示	基本练习	延长母线为正四棱锥	延长母线成圆锥	侧面展开	求高要用设定比例

356

JH-105　球体与旋转体

神器内容	如图1所示,一个半径为 R 的球体。 (1)表面积 $S=4\pi R^2$。 (2)体积 $V=\dfrac{4}{3}\pi R^3$。	图1
要点与说明	足球排球和篮球,形状都是圆溜溜。 球面球心连线段,它是半径会计算。 球的体积表面积,都有公式要熟记。	

神器溯源

在空间内,到定点的距离等于定长的所有点的集合,叫作球面,球面围成的几何体叫作球体。定点是球体的球心,定长是球体的半径。

把一个平面图形绕着一个直线旋转一周,形成的立体图形叫作旋转体。旋转时所绕的直线叫作旋转轴,旋转的线叫作母线。如图2所示,常见的旋转体有:长方形绕一条边旋转而成的圆柱;直角三角形绕一条直角边旋转而成的圆锥;直角梯形绕直角腰旋转而成的圆台;半圆绕其直径旋转而成的球体。

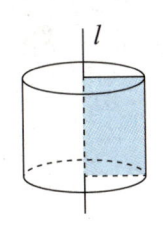

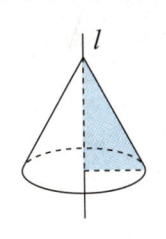

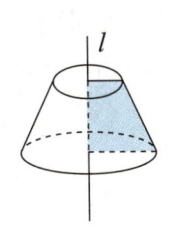

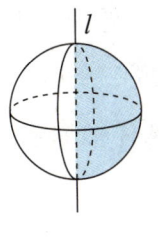

图2

例题精讲

例题1 如图3所示,扇形 AOB 中 $\angle AOB$ 为 $120°$,半径为6厘米。绕半径 OB 所在直线旋转一周,形成一个圆心角为 $120°$ 的立体图形,那么这个立体图形的体积为_____立方厘米。(π 取3.14)

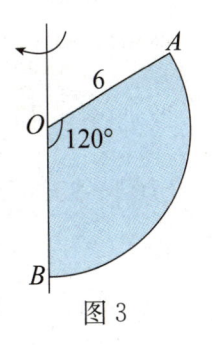

图3

答案:678.24

【解答】 如图4所示,旋转体的体积是球缺去掉一个圆锥的体积,也就是球体去掉球缺和圆锥的体积。根据30°角所对直角边等于斜边的一半,得到$OC=6÷2=3$,$AC^2=6^2-3^2=27$。

如图5所示,下面我们转而考虑球缺底面对应的等边三角形,恰好是四个这样的等边三角形能构成正三棱锥,球心O与每个顶点确定的角都是120°。所以,对应着球体去掉部分就是整个球体的$\frac{1}{4}$,所求旋转体的体积为球体的$\frac{3}{4}$。得到

$$V=\frac{3}{4}×\frac{4}{3}\pi R^3=\pi×6^3=216×3.14=678.24。$$

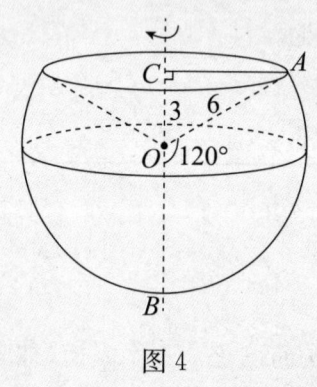

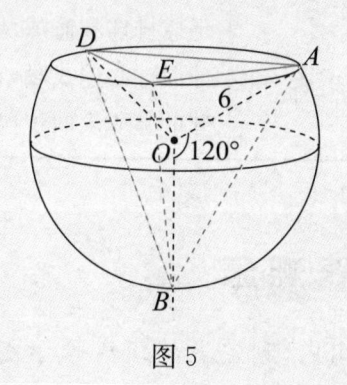

图4

图5

注:本题也可以利用球缺和圆锥体体积公式计算。

例题2 如图6所示,把一个直角梯形$ABCD$绕AB旋转一周,形成一个圆台,然后做成一个纸杯。梯形的上底$AD=10$,下底$BC=5$,腰$CD=13$。把一个矩形旋转一周形成一个圆柱,然后做成一个圆柱桶。$EF=10$,$EH=21$。用纸杯给圆柱桶灌水,需要_____杯水才能灌满。

图6

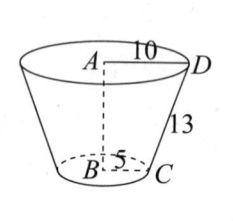

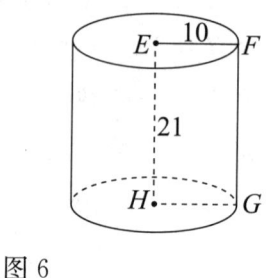

答案:3

【解答】 如图7所示,过点C作$CK⊥AD$并交AD于点K,则$KD=10-5=5$厘米,根据勾股定理得到梯形的高$CK=12$厘米。圆台的体积$V_{圆台}=\frac{1}{3}\pi h(R^2+Rr+r^2)=\frac{1}{3}\pi×12×(10^2+10×5+5^2)=700\pi$。圆柱形容器的容积$V_{圆柱}=\pi R^2 h=\pi×10^2×21=2100\pi$。

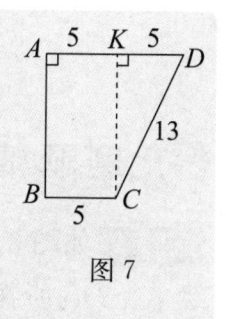

图7

所以,一共需要$2100\pi÷700\pi=3$杯水才能把圆柱桶倒满。

358

针对性练习

练习 ❶ 如图 8 所示,一个半径为 6 厘米的球,其表面积为 _____ 平方厘米,体积为 _____ 立方厘米。(结果保留 π)

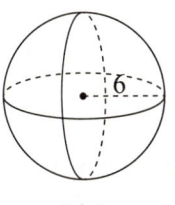

图 8

练习 ❷ 一个边长为 4 的正方形绕一条边所在直线旋转一周,形成一个圆柱,那么圆柱的表面积为 _____,体积为 _____。(结果保留 π)

练习 ❸ 如图 9 所示,在底面直径为 27 厘米,高为 30 厘米的圆柱体容器中放入两个半径分别为 6 厘米和 9 厘米的铅球,大铅球放在圆柱体的底面上。如果将水倒入圆柱体容器中,刚好淹没两个球,那么倒入的水的体积为 _____ 立方厘米。(结果保留 π)

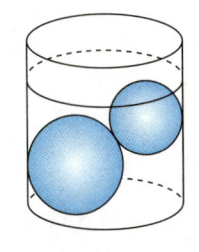

图 9

练习 ❹ 如图 10 所示,一个直角三角形的两直角边长分别为 6 和 8,沿着斜边所在直线旋转一周,形成的立体图形的体积为 _____。(结果保留 π)

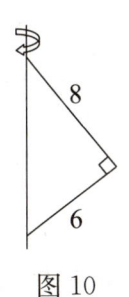

图 10

练习 ❺ 如图 11 所示,把一个长为 18 厘米,宽为 8 厘米的长方形 ABCD 剪去两个等腰直角三角形,且较大三角形面积是较小三角形面积的 4 倍。剩余部分绕 AD 旋转一周形成的旋转体的体积为 _____ 立方厘米。(结果保留 π)

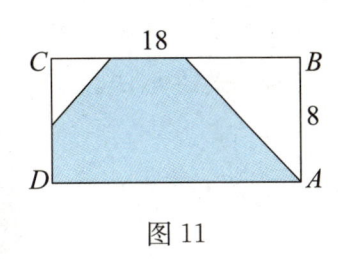

图 11

练习参考答案

练习题号	练习1	练习2	练习3	练习4	练习5
参考答案	144π　288π	64π　64π	3114π	76.8π	704π
解答提示	基本练习	基本练习	切点与球心连线	底面半径为4.8	分割成三部分求体积

JH-106　水中放物排水法

神器内容	如图1所示，把一些不规则的物体沉入容器中，则 (1)水上升的体积等于物体的总体积。 (2)水面下的容积＝水体积＋水中物体积。

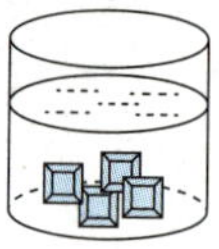

图1

要点与说明	容器水中来放物，分为露出和沉没。 铸成立体水中竖，有时水多会溢出。 容器底面弄清楚，水下容积水加物。 形状各异体积求，排水方法它最牛。

神器溯源

为了简便求出不规则物体的体积，经常采用排水法。把所求物体沉入水中，计算排开的水量，排开水的体积等于此物的体积。所放物体的位置分为完全沉没和露出，计算体积的方法就是容器水下的容积等于水的体积与所放物体水中体积之和。

阿基米德测金冠、曹冲称象(见图2)、乌鸦喝水(见图3)、爱迪生测灯泡容积使用的都是排水法。

曹冲称象　　　乌鸦喝水

图2　　　图3

如图4所示，把物体放入水中，都会受到浮力，浮力的大小等于物体排开水的重量。如果浮力大于物体的重量，则物体会漂浮在水面；当浮力等于物体的重量，则物体会悬浮在水中的任一个位置；当浮力小于物体的重量时，物体会沉没于水底。

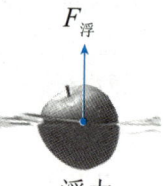

$F_浮$

浮力

图4

每种物质的质量与体积的比值都是一定的，每立方厘米的物质的质量叫作这种物质的密度。因此，得到体积(V)、质量(m)与密度(ρ)关系式：$m=\rho V$。

常见的物质的密度见下表。

360

物质	金	水银	铅	银	铜	铁	水	汽油
密度 $\rho/(g/cm^3)$	19.3	13.6	11.3	10.5	8.9	7.8	1	0.75

有了密度,离求出重量还差一步。首先注意质量与重量是不同的概念,质量是物体本身所具有的属性,只有大小,没有方向。无论是在地球上,还是在月球上,同一个物体的质量都相同。而重量是物体被吸引而产生的重力,同一个物体在地球上和在月球上的重力是不同的,在月球上的重力约为地球上重力的 $\frac{1}{6}$,重力加速度随着物体和地球之间距离的增大,而逐渐变小。一般情况下,地球表面重力加速度为9.8米/平方秒,把物体的质量乘以重力加速度就是这个物体受到的重力(F)或重量了,重力单位为牛顿(N),关系式为 $F_{重力}=9.8m$,其中 m 为质量,单位为千克。

例题精讲

例题 1 如图5所示,一个圆柱体容器中,盛有水的高度为4厘米。把一些铅块沉没于水中,水面上升6厘米。把铅块可以做成底面积为10平方厘米、高为12厘米的圆柱。把圆柱竖直插入水中,立于容器底面,那么这时水面高度为_____厘米。

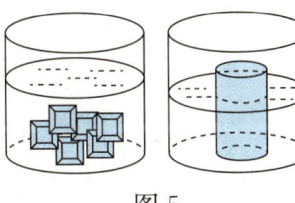

图5

答案: 8

【解答】 圆柱的体积为 $10\times12=120$ 立方厘米。
容器底面为 $120\div6=20$ 平方厘米。
插入圆柱后,水形状为空心圆柱,其底面积为 $20-10=10$ 平方厘米。
水的高度为 $20\times4\div10=8$ 厘米。

例题 2 如图6所示,一个棱长为12厘米的正方体水箱,先放入一个底面直径为12厘米、高为12厘米的圆锥体,然后用水加满。现在把圆锥提起一段,水面下降0.4厘米,那么圆锥被提起了_____厘米。(π 取 3.2)

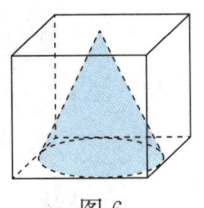

图6

答案: 5.6

【解答】 如图7所示,设圆锥被提起 x 厘米,则圆锥露出水面的高为 $(x+0.4)$ 厘米。又知圆锥的高与底面直径相同,所以水面上圆锥的底面半径为 $\frac{x+0.4}{2}$ 厘米,露出的圆锥体积为 $\frac{1}{3}\pi\left(\frac{x+0.4}{2}\right)^2(x+0.4)$ 立方厘米。

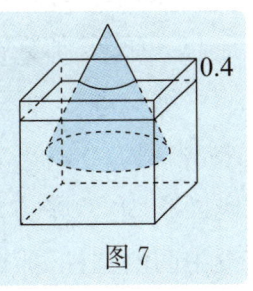

图7

水的体积为$(12^3-\frac{1}{3}\pi\times 6^2\times 12)$立方厘米。

根据水下容积等于水的体积与水下圆台的体积，列方程：

$12^2(12-0.4)=(12^3-\frac{1}{3}\pi\times 6^2\times 12)+\left[\frac{1}{3}\pi\times 6^2\times 12-\frac{1}{3}\pi\left(\frac{x+0.4}{2}\right)^2(x+0.4)\right]$，

$\frac{1}{3}\pi\times\frac{(x+0.4)^3}{4}=12^2\times 0.4$， $3.2\times(x+0.4)^3=12^3\times 0.4$，

$(x+0.4)^3=6^3$， $x=5.6$。

所以，圆锥被提起了 5.6 厘米。

针对性练习

练习❶　一个长 30 厘米、宽 20 厘米的长方体鱼缸，向里边放入 10 条同样大小的金鱼，使得水面上升 1 厘米，那么每条金鱼的体积为_____立方厘米。

练习❷　如图 8 所示，两个圆柱形的连通容器。左边圆柱容器的水面高度与连通口一致，把一个铁块沉入其中，溢出的水流入右边的空圆柱容器中。如果右边容器的底面积 4 平方厘米，水面高为 20 厘米，那么放入的铁块的质量为_____克。（铁的密度为 7.8 克/立方厘米）

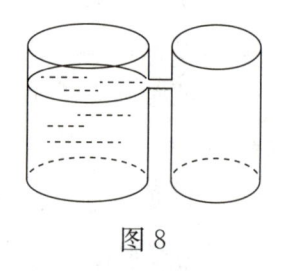

图 8

练习❸　向一个柱体容器中倒入 8 升的水，水面高度升高 12 厘米，再把三个半径比为 1∶2∶3 的铅球完全沉入水底，发现水面又升高 36 厘米，那么最大的铅球的体积为_____立方厘米。

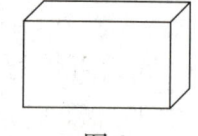

练习❹　如图 9 所示，一个密闭的透明玻璃水箱，如果里边装有 6000 毫升水，分别以三个底面为底，发现水面高度分别为 4 厘米、6 厘米和 10 厘米，那么这个水箱的体积为_____立方厘米。

图 9

练习❺　一个底面积为 30 平方厘米的圆柱形容器里盛有一些水，把一个底面积为 12 平方厘米的圆柱形铁棒竖直放入水中（有部分露出水面）。如果铁棒向上提起 3 厘米，那么铁棒在水面上被浸湿的部分高_____厘米。

练习❻　如图 10 所示，一个圆柱形容器的底面积为 60 平方厘米，容积为 960 立方厘米。现在对容器进行改造，在其底部粘上一个底面积为 20 平方厘米、高为 10 厘米的实心圆柱。倒入水后恰好淹没中间的圆柱，那么容器倒置后，水面高度为_____厘米。

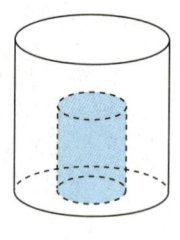

图 10

· 362 ·

练习❼ 如图 11 所示,一个圆柱形容器的底面直径为 120 厘米,里边盛有一些水。放入一个木球漂浮在水面上,恰好浸没半个球体。如果球的直径为 60 厘米,那么水面升高了_____厘米。

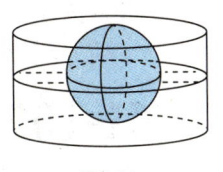

图 11

练习参考答案

练习题号	练习 1	练习 2	练习 3	练习 4	练习 5
参考答案	60	624	18000	30000	4.2
解答提示	水上升的体积就是鱼的体积	铁块体积就是右边水的体积	底面积不变,体积与高成正比	直接求各个底面积	水面下降1.2厘米
练习题号	练习 6	练习 7			
参考答案	7	5			
解答提示	注意水的底面积变化	半个球体等于排开的水体积			

JH-107　几何学中的欧拉公式与正多面体

神器内容	(1)几何学中的欧拉公式:一个简单几何体的顶点数为 V,面数为 F,棱数为 E,则有 $V+F-E=2$。 (2)正多面体共有五种,分别是: 正四面体、正六面体、正八面体、正十二面体和正二十面体。
要点与说明	十八世纪数学家,首屈一指是欧拉。 欧拉研究很广泛,天才眼睛看不见。 涉及简单几何体,点线面里有奥秘。

神器溯源

1. 欧拉公式

如图 1 所示,这是一个长方体,它有 8 个顶点,6 个面,12 条棱,则顶点数+面数-棱数=6+8-12=2。一般地,一个简单几何体,共有 F 个面,V 个顶点,E 条棱,则有公式:$V+F-E=2$。

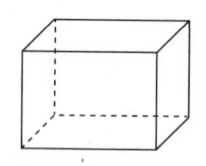

图 1

2. 正多面体

由大小形状都相同的正多边形组成,每个顶点所连棱数也相同的几何体叫作正多面体。如图 2 所示,正多面体共有以下五种:

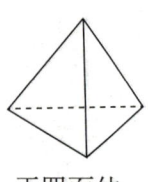

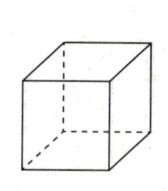

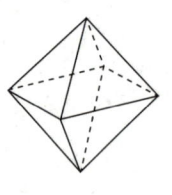

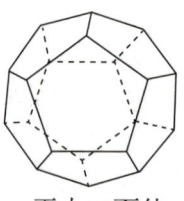

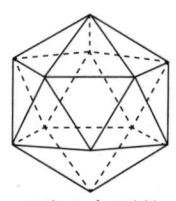

正四面体　　正六面体　　正八面体　　正十二面体　　正二十面体

图 2

证明: 设顶点数为 V,面数为 F,棱数为 E,再设正多面体的每个面是正 n 边形,每个顶点有 m 条棱。棱数 E 应是面数 F 与 n 的积的一半(每两面共用一条棱),即 $nF=2E$ ………①

同时,E 应是顶点数 V 与 m 的积的一半,即

$mV=2E$ ……②

由①②得 $F=\dfrac{2E}{n}, V=\dfrac{2E}{m}$。

代入欧拉公式 $F+V-E=2$,则

$\dfrac{2E}{m}+\dfrac{2E}{n}-E=2, \dfrac{1}{m}+\dfrac{1}{n}=\dfrac{1}{2}+\dfrac{1}{E}>\dfrac{1}{2}(E>0)$。

上式说明 m, n 不能同时大于3,否则不成立($\dfrac{1}{4}+\dfrac{1}{4}\leqslant\dfrac{1}{2}$)。另一方面,由于 m 和 n 的意义(每个顶点处的棱数与多边形的边数)知,$m\geqslant 3$ 且 $n\geqslant 3$。因此 m 和 n 至少有一个等于3。

(1) 当 $m=3$ 时,因为 $\dfrac{1}{n}>\dfrac{1}{2}-\dfrac{1}{3}=\dfrac{1}{6}, n<6$,故 $n=3$ 或 4 或 5。当 $n=3$,它就是正四面体;当 $n=4$,它就是正六面体;当 $n=5$,它就是正十二面体。

(2) 当 $n=3$ 时,因为 $\dfrac{1}{m}>\dfrac{1}{2}-\dfrac{1}{3}=\dfrac{1}{6}, m<6$,故 $m=3$ 或 4 或 5。当 $m=3$,它就是正四面体(与上面重复);当 $m=4$,它就是正八面体;当 $m=5$,它就是正二十面体。

所以,正多面体只有五种。

例题精讲

例题 1 如图3所示,连结正方体各面的中心构成一个正八面体。已知正方体的边长为18厘米,那么正八面体的体积是_____立方厘米。

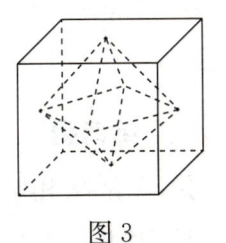

图3

答案:972

【解答】 如图4所示,这是正方体的过前、后、左、右面中点的截面,阴影正方形的面积为 $18\times 18\div 2=162$ 平方厘米。同时正八面体被分成上下两个高为9的正四棱锥,所以正八面体的体积为 $\dfrac{1}{3}\times 162\times 9\times 2=972$ 立方厘米。

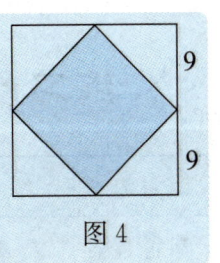

图4

例题 2 是否能画出一个7条棱组成的多面体?如果能,请画出这个多面体。如果不能,请说明理由。

答案:不能。理由见"解答"。

【解答】 7条棱的多面体不存在。理由如下:
假设7条棱的多面体存在,则所有顶点被统计了$7 \times 2 = 14$次。如果一顶点为多面体的顶点,则其至少连3条棱(连两条线的顶点只能是平面内的点),所以这个多面体最多$\left[\frac{14}{3}\right] = 4$个顶点。而立体图形至少有4个顶点(3个顶点只能确定一个平面),所以连7条棱的多面体有4个顶点。又知任意两个顶点最多连一条棱,则最多有$C_4^2 = 6$条棱,得到矛盾。所以不存在7条棱的多面体。

针对性练习

练习❶ 如图5所示,根据这个立体图形的顶点数(V)、面数(F)、棱数(E),计算$V + F - E = $_____。

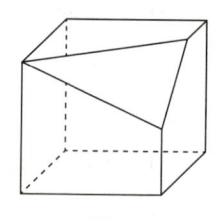

图5

练习❷ 一个简单几何体,有12个顶点、20条棱,那么这个立体图形共有_____个面。

练习❸ 一个正多面体,每个面都是正五边形,那么这个立体图形共有_____条棱。

练习❹ 如图6所示,一个足球表面是用正五边形和正六边形缝补而成的,那么足球表面共有_____块正五边形,_____块正六边形。

图6

练习❺ 如图7所示,一个内接于球的简单几何体的正视图、左视图和俯视图都是这个图形,图中虚线是边长为2的正方形,那么这个球体的表面积为_____。(π取3.14)

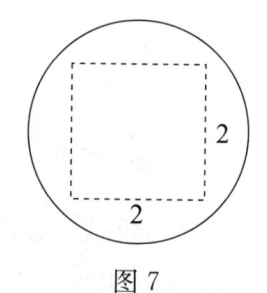

图7

练习参考答案

练习题号	练习1	练习2	练习3	练习4	练习5
参考答案	2	10	30	12 20	37.68
解答提示	基本练习	基本练习	代入欧拉公式	从点数、线数、面数入手	简单几何体是正方体

366

JH-108　长方体的染色与分割

神器内容	如图1所示,把一个长方体竖向切$(a+1)$刀,纵向切$(b+1)$刀,平向切$(c+1)$刀,分割成$(a+2)(b+2)(c+2)$块小正方体,然后染色,则 (1)没有染色的在体内,有abc块。 (2)一面染色的在面中间,有$2(ab+bc+ca)$块。 (3)两面染色的在棱中间,有$4(a+b+c)$块。 (4)三面染色的在角上,有8块。 图1
要点与说明	长方体、被染色,三个方向来分割。 未染定在体中间,每面中间染一面。 两面被染棱中间,三面被染角上看。 此种方法去掉皮,被染几面很清晰。

神器溯源

一个长方体,不管先染色后分割,还是先分割(不分开)后染色,每块染色的面数由它所处的位置来确定。如图2所示,想象一个$(a+2)(b+2)(c+2)$的长方体面包,竖向切$(a+1)$刀,切成$(a+2)$片面包;如图3所示,接着纵向切$(b+1)$刀,切成$(a+2)(b+2)$根面包条;如图4所示,最后平向切$(c+1)$刀,切成$(a+2)(b+2) \cdot (c+2)$块面包粒。

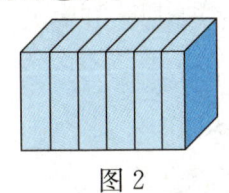

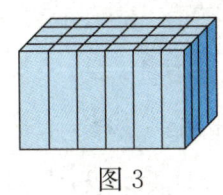

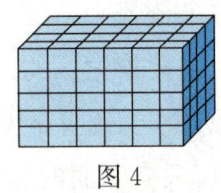

图2　　　图3　　　图4

如果三个面都被切,不会出现4面都被染色的情况。如何能出现4个面、5个面、6个面都被染色的情况呢?

如图3所示,只有两个方向被切开,在4条棱上出现4个面都被染色的面包条,其中还有3个面被染色的面包条,同时还有2个面被染色的面包条,且所染面是一组对面。

如图2所示,只有一个方向被切开,在图中两端的切片上出现5个面被染色的情况,其中还有4面被染色的切片,所染面是两组对面。

要想出现染6个面的情况,这个长方体只能不切开了。

例题精讲

例题 1 如图 5 所示,一个长方体木块表面全染上色,然后切割成 6×7×8 个小块,那么未被染色的有_____块,一面染色的有_____块,两面染色的有_____块。

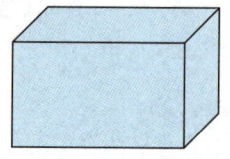

答案: 120 148 60

【解答】 如图 6 所示,根据神器知识点,$a=4, b=5, c=6$。

未被染色的方块在长方体体内,共有 $4×5×6=120$ 块。

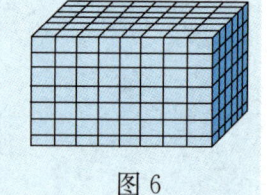

一面染色的方块在面的中间部分,共有 $2(4×5+5×6+6×4)=148$ 块。

两面染色的在棱中间部分,共有 $4(4+5+6)=60$ 块。

图 5

图 6

例题 2 如图 7 所示,将棱长分别为 1、2、3、5 的正方体木块各一个粘成如图 7 所示的立体图形。除了棱长为 5 的正方体的底面没有被染色,其余面都被染上色,然后都锯成棱长为 1 的正方体,那么只有一面被染色的有_____块,没有被染色的有_____块。

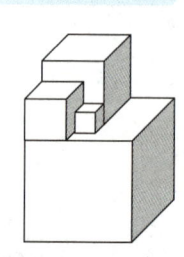

答案: 65 38

【解答】 (1)如图 8 所示,整个立体图形被分成 $5^3+3^3+2^3+1^3=161$ 块小正方体。

(2)分组考虑染色的块数。

①原来棱长为 1 的只染 1 面的有 0 块,未被染的有 0 块。

②原来棱长为 2 的只染 1 面的有 1 块,未被染的有 1 块。

③原来棱长为 3 的只染 1 面的有 10 块,未被染的有 4 块。

④原来棱长为 5 的只染 1 面的有 54 块,未被染的有 33 块。

所以,只染 1 面的有 $1+10+54=65$ 块,未被染色的有 $1+4+33=38$ 块。

图 7

图 8

针对性练习

练习 ① 如图 9 所示,一个 3×4×5 的长方体表面染红,然后分割成 60 个大小相同的小正方体,那么未被染色的有_____块,一面染色的有_____块,两面染色的有_____块,三面染色的有_____块。

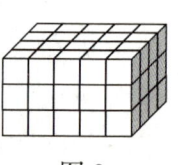

图 9

368

练习❷ 一个长方体表面染红,分割成大小相同的小正方体,两面被染色的有 6 块,那么大长方体最多有_____块小正方体组成。

练习❸ 把一个棱长均为整数的长方体的表面都涂上红色,然后切割成棱长为 1 的小正方体方块,其中两面有红色的小正方体有 40 块,一面有红色的小正方体有 66 块,那么这个长方体的体积为_____。

练习❹ 如图 10 所示,把这个小正方体组成长方体的底面不染色,其余面都染色,那么染一面的有_____块,未被染色的有_____块。

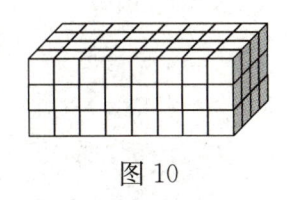

图 10

练习❺ 如图 11 所示,一个长方体的所有棱和角上的小正方体都去掉,那么剩下的立体图形有_____块露出三个面,有_____块露出两个面,有_____块露出一个面,有_____块没有露出面。

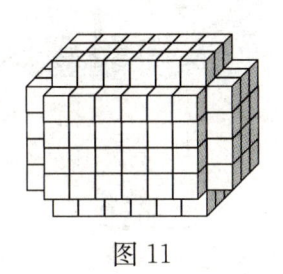

图 11

练习参考答案

练习题号	练习1	练习2	练习3	练习4	练习5
参考答案	6 22 24 8	24	150	44 24	24 56 28 72
解答提示	基本练习	两个方向切开	5×5×6 的长方体	底边和底面棱上染色有变化	公式变形

369

JH-109　几何中的极值*

神器内容	(1)已知长方形的周长之和,确定长方形的面积最大值 当且仅当为正方形时,面积最大。 (2)已知长方体的棱长之和,确定长方体的体积最大值 当且仅当为正方体时,体积最大。
要点与说明	和同差小积就大,分拆三个也不怕。 不管面积和体积,轻松解题有神器。

神器溯源

1. 当 $a>0, b>0, a+b=S$(定值)时,则 $ab \leqslant \dfrac{S^2}{4}$,当且仅当 $a=b$ 时,等号成立。

证明:因为 $(a-b)^2 \geqslant 0, a^2-2ab+b^2 \geqslant 0, 2ab \leqslant a^2+b^2$,当且仅当 $a=b$ 时,等号成立。

又因为 $(a+b)^2=S^2, a^2+b^2+2ab=S^2, 2ab+2ab \leqslant S^2$,

所以,$ab \leqslant \dfrac{S^2}{4}$,当且仅当 $a=b$ 时,等号成立。

2. 当 $a>0, b>0, c>0, a+b+c=S$(定值)时,则 $abc \leqslant \dfrac{S^3}{27}$,当且仅当 $a=b=c$ 时,等号成立。(证明略)

例题精讲

例题1 如图1所示,一根铁丝长32分米,把它剪成12段,然后扎成长方体框架。如果每段铁丝的长度都是整数分米,那么长方体的体积最大为_____立方分米。

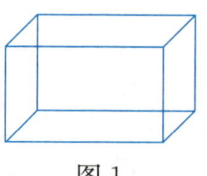

答案:18

图1

【**解答**】　长方体的长、宽、高之和为 32÷4=8 分米,为了长方体体积最大,三者长度尽量平均且为整数分米,只能为 3 分米、3 分米和 2 分米。所以,长方体的体积最大为 3×3×2=18 立方分米。

例题 2 如图 2 所示,把一个面积为 72 的正方形纸片剪去四个等腰直角三角形,将剩余部分沿图中虚线折成一个长方体,那么这个长方体的体积最大为_____。

答案:32

【解答】 如图 3 所示,设折成的长方体的底面棱长为 a、高为 b。根据正方形的面积为 72,可知正方形的对角线长为 12,则 $2a+2b=12$,$a+b=6$。

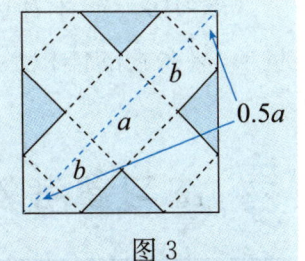

长方体的体积 $V = a^2 b = a^2 (6-a) = \frac{1}{2} a \times a \times (12-2a)$。

现在已知 $a+a+(12-2a)=12$ 为定值,当且仅当 $a=12-2a$,即 $a=4$ 时,体积最大。体积最大为 $V=4^2 \times (6-4)=32$。

针对性练习

练习❶ 一个边长为 24 分米的正方形铁片,割去四个角,折起四条边形成一个无盖的长方体容器,那么这个容器的最大容积为_____立方分米。

练习❷ 如图 4 所示,一张长为 80 厘米、宽为 60 厘米的长方形纸片,角上减去两个正方形,然后拼到另一边上,形成一个长方体五个面的展开图,那么长方体的体积最大为_____立方厘米。

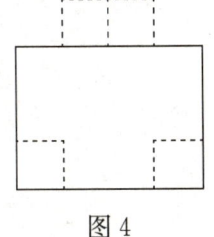

图 4

练习❸ 如图 5 所示,用一根长 48 厘米的铁丝,扎成一个长方体框架,那么这个长方体的体积最大为_____立方厘米。

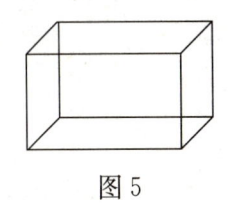

图 5

练习❹ 如图 6 所示,李大爷想在一段长 20 米的墙边开辟一块长方形菜地,买回来长 24 米篱笆围网。菜地一面靠墙,三面用网围起来,那么这块菜地面积最大为_____平方米。

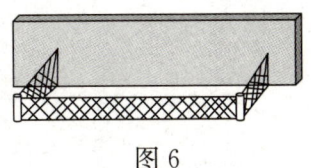

图 6

371

练习❺ 如图 7 所示,有两个长方形硬纸片,一块长 20 厘米、宽 10 厘米,另一块长 16 厘米、宽 14 厘米。将两个长方形分别折起两边,恰好拼成一个长方体,那么该长方体体积最大为_____立方厘米。

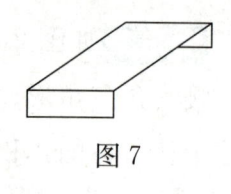

图 7

练习❻ 一个开口为正方形的无盖长方体容器,如果其外表面积为 300 平方厘米,那么它的体积最大为_____立方厘米。

练习参考答案

练习题号	练习1	练习2	练习3	练习4	练习5
参考答案	1024	32000	64	72	420
解答提示	折起高度为 4	采用割补法,高为 20	长、宽、高都相等	和为定值积最大	折起的高度相同
练习题号	练习6				
参考答案	500				
解答提示	均值凑和为定值				

JH-110　七巧板中的数学

神器内容	如图1所示,面积为16的正方形被剪成7块,其中 2块面积为1的等腰直角三角形。 1块面积为2的等腰直角三角形。 2块面积为4的等腰直角三角形。 1块面积为2的正方形。 1块面积为2的平行四边形。 图1
要点与说明	七巧板,七巧板,一张方纸就能剪。 材料木块或纸板,制作方便又简单。 几何图形有七个,能够拼出鸡鸭鹅。 五个等腰三角形,颜色不同分得清。 方形平行四边形,少了哪个都不行。 拼出图形啥形状,开动脑筋多想想。 拼出小鸟在飞翔,拼出动物林中藏。 拼出鱼儿水中游,拼出人物面带羞。 还能拼出新楼房,还能拼出百宝箱。 还能拼出小轿车,还能拼出机关枪。

神器溯源

七巧板是一种古老的中国传统智力玩具,它由7块基本图形组成。可以拼成三角形、平行四边形、正方形、不规则多边形等,还能拼成各种人物、动物、桥梁、字母、数字等象形图形。

如图1所示,如果最小的直角三角形的面积为1,那么七个图形的面积比只有1:2:4,整个正方形的面积为16。如果把最小的直角三角形的直角边长看作有理边,那么它的斜边不是平方数,称为无理边。有理边与无理边不能完全无缝拼接。各边的平方比为1:2:4:8,它是七巧板拼接的一个数学基础。它的角度只有$45°$、$90°$、$135°$,是七巧板拼接的另一个数学基础。

如图2所示,全部使用7块基本图形,可拼成的凸多边形有13种。

图 2

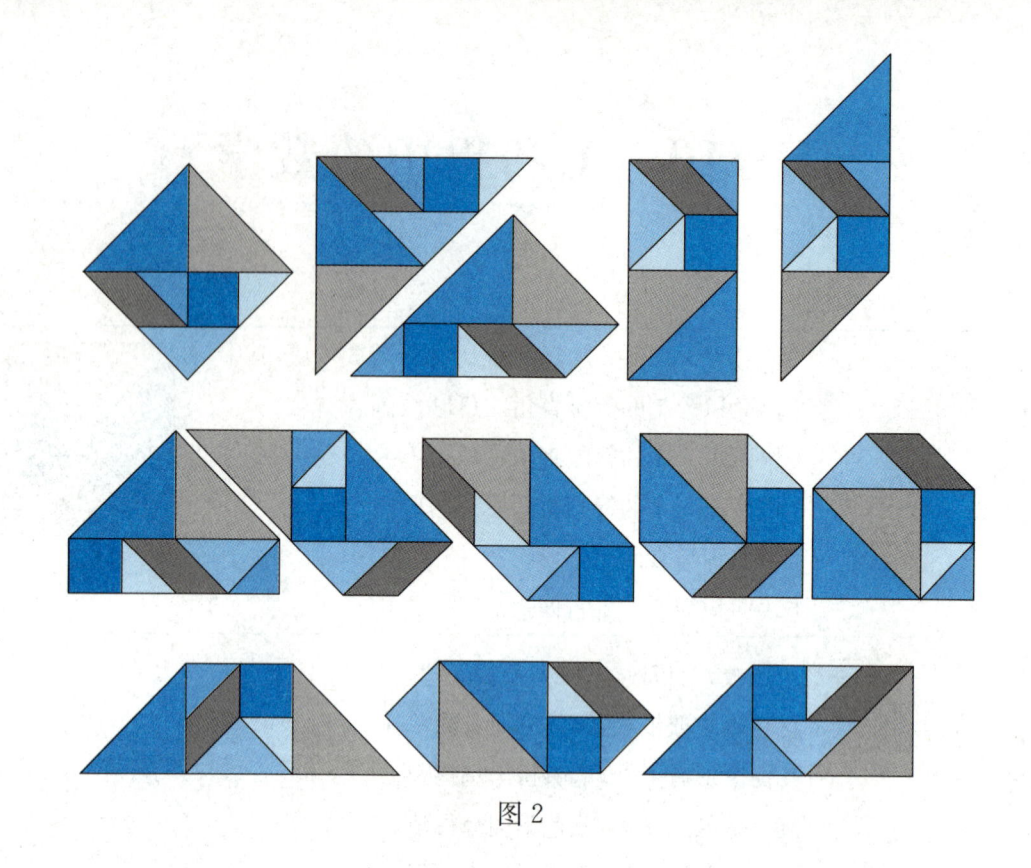

例题精讲

例题 1 如图 3 所示,有两副一样七巧板,请你根据七巧板的拼图的等积性,拼成一个图形,验证勾股定理:在直角 △ABC 中,∠C=90°,∠A、∠B、∠C 所对的边依次为 a、b、c,则 $a^2+b^2=c^2$。

图 3

答案: 见图 4。

【**解答**】 如图 4 所示,可以验证勾股定理的三边的等量关系。

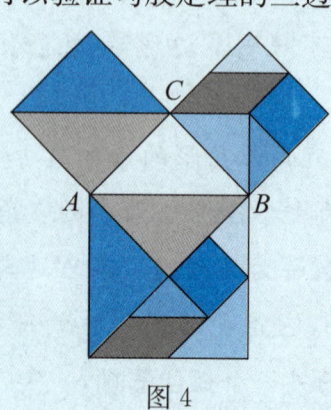

图 4

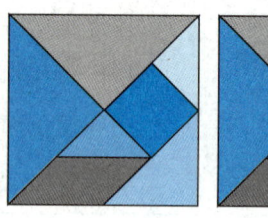

例题 2 "四联方"是由四个同样大小的正方形组成的图形。如果通过旋转或翻转达成一致的四联方算同一种，那么共有下面的五种形状。用一副七巧板是否能拼成下面图形？如图 5 所示，显然，正方形（O 形）是必然能拼好的，那么其他图形呢？如果能，请给出拼法。如果不能，请说明理由。

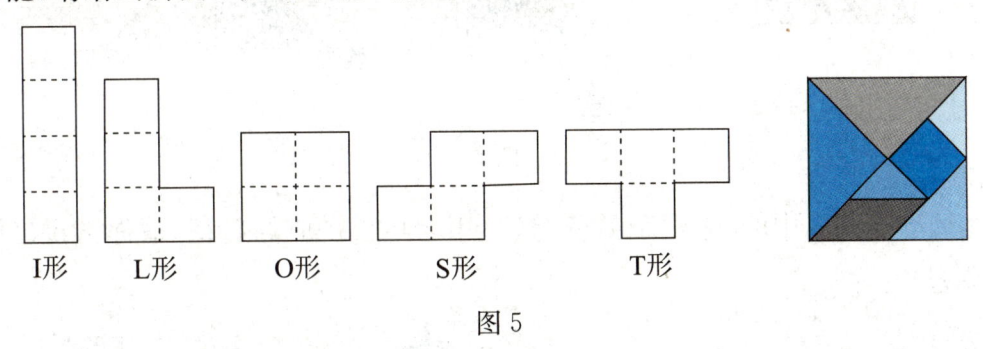

I形　L形　O形　S形　T形

图 5

答案：I、L、S、T 形都不能。理由见解答。

【解答】 设七巧板中的正方形的面积为 1，则四联方的边长的平方都是 2。把四联方画在正方形格点图形中。把七巧板中的正方形放入四联方中，只能在正方形格点位置（蓝色方块部分）放置。如图 6 所示，在①图、②图中，一旦正方形放好，那么面积为 2 的等腰直角三角形的位置就固定了，那么七巧板中的平行四边形都无法放置。在③图中，如果正方形在中间的位置，则面积为 2 的等腰直角三角形位置固定，平行四边形也是无法放置。如果正方形放置在上、下两个可能位置，则只能放入一个面积为 2 的等腰直角三角形。在④图中，不管正方形放在哪个位置，都不能放下两个面积为 2 的等腰直角三角形。

综上所述，七巧板不能拼成 I、L、S、T 形。

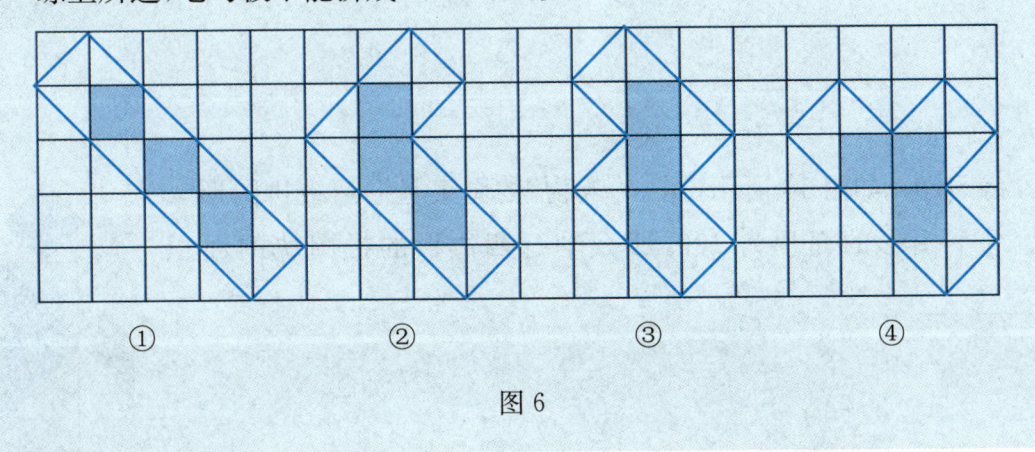

① ② ③ ④

图 6

针对性练习

练习❶ 图 7 中的人物造型可以用七巧板拼成，请你再拼出两种人物造型。

图 7

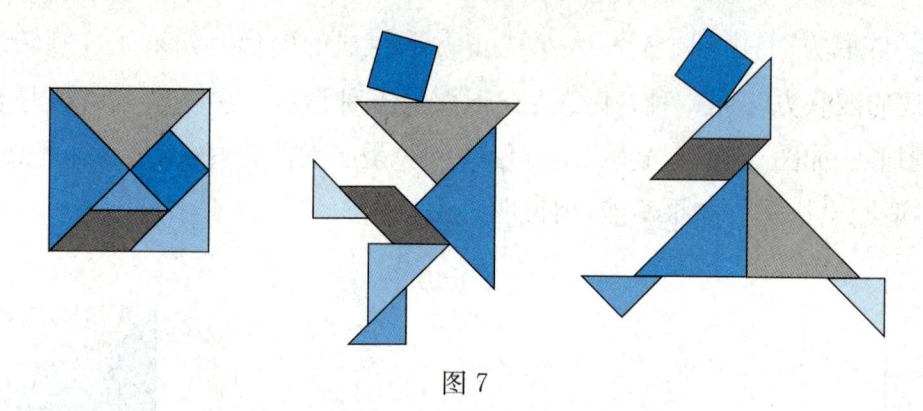

练习❷ 图 8 中的"老鹰"和"骆驼"是用七巧板拼成的造型,请你再拼出两种动物造型。

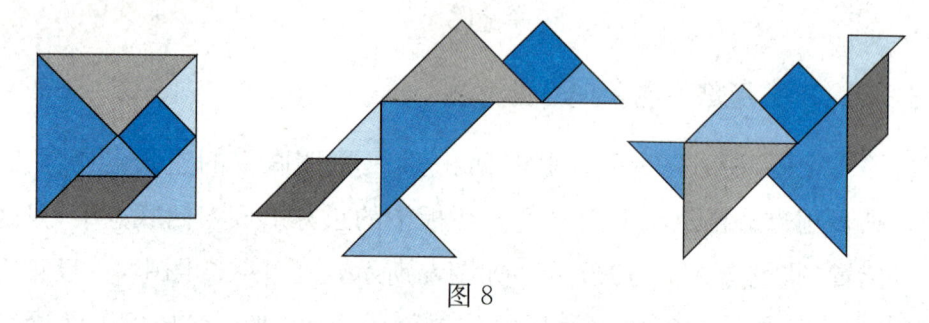

图 8

练习❸ 如图 9 所示,数字"1"是用七巧板拼成的图形。如果正方形的面积为 5 平方厘米,那么整个图形的面积为_____平方厘米。

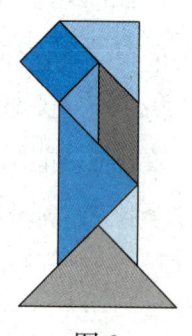

图 9

练习❹ 如图 10 所示,图中"人物"的图案是七巧板拼图形成的。整个图形的面积为 100,那么平行四边形的拼图块的面积为_____。

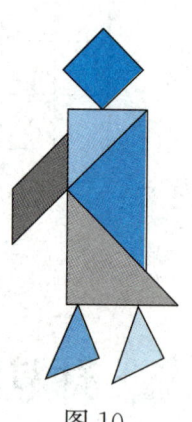

图 10

· 376 ·

练习❺ 如图 11 所示，这是用七巧板拼成的凹五边形，其面积为 60 平方厘米。如果把该图形扩充成凸四边形，其面积至少增加_____平方厘米。

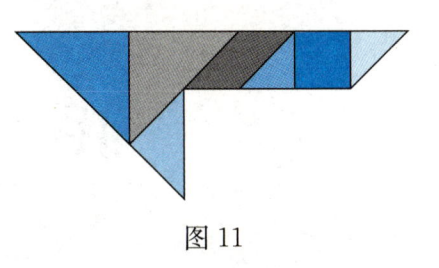

图 11

练习参考答案

练习题号	练习1	练习2	练习3	练习4	练习5
参考答案	略	略	40	12.5	30
解答提示	动手操作	动手操作	面积的比例关系	面积的比例关系	增加梯形面积

JH-111　索玛立方体

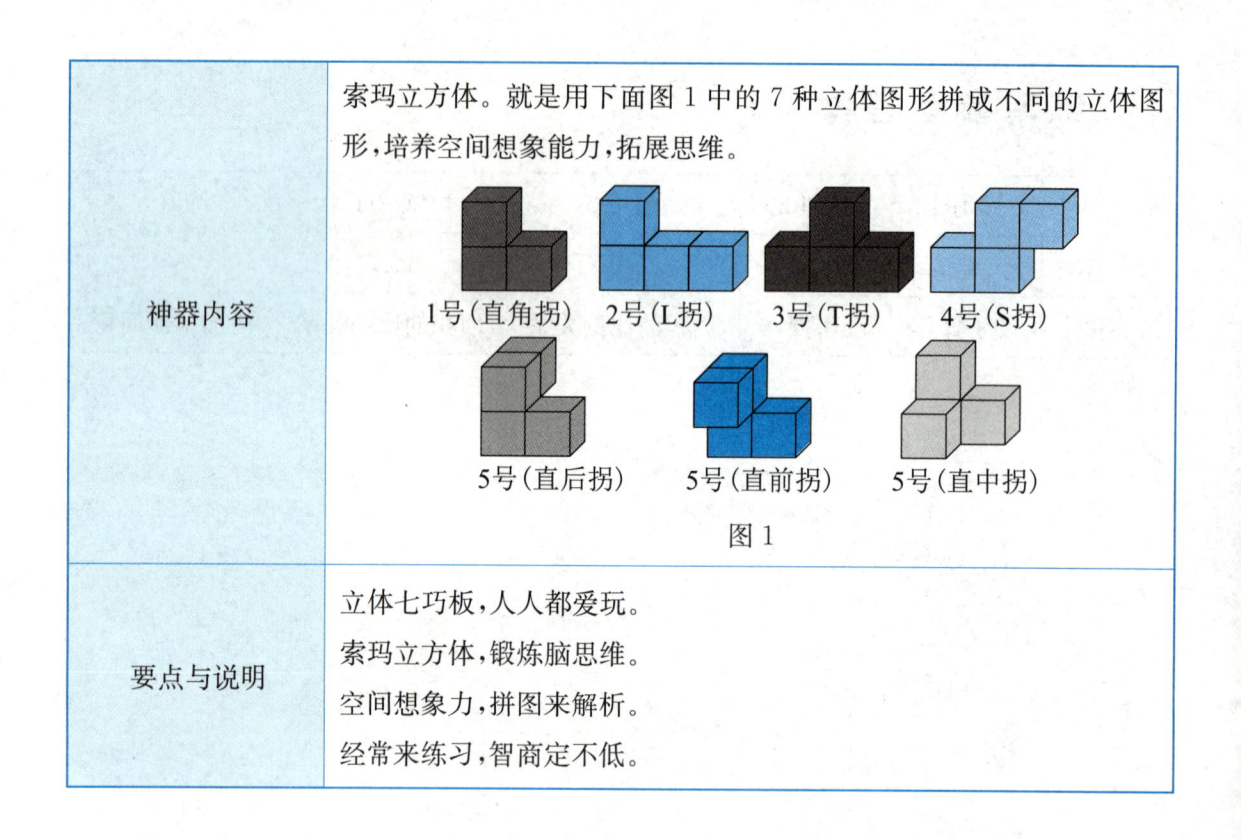

神器内容	索玛立方体。就是用下面图1中的7种立体图形拼成不同的立体图形，培养空间想象能力，拓展思维。 1号（直角拐）　2号（L拐）　3号（T拐）　4号（S拐） 5号（直后拐）　5号（直前拐）　5号（直中拐） 图1
要点与说明	立体七巧板，人人都爱玩。 索玛立方体，锻炼脑思维。 空间想象力，拼图来解析。 经常来练习，智商定不低。

神器溯源

索玛立方体，又称立体七巧板，是丹麦物理学家皮特·海音发明的。据说皮特在听一场关于空间的分割的报告时，突发奇想，然后在草稿纸上记录下来的7个立方体块，如图2所示。它们由3～4块小正方体粘连而成，用它们不但可以拼成3×3×3的立方体，还能拼成多种多样的立体图形，对学生的大脑思维开发很有帮助。

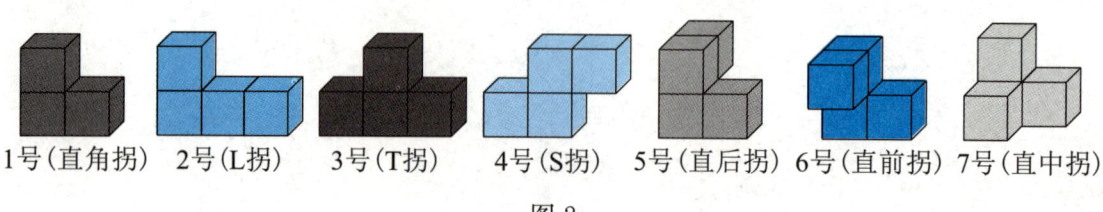

1号（直角拐）　2号（L拐）　3号（T拐）　4号（S拐）　5号（直后拐）　6号（直前拐）　7号（直中拐）

图2

例题精讲

例题 1 如图 3 所示,用下面的索玛立方体,拼成一个 3×3×3 的立方体。

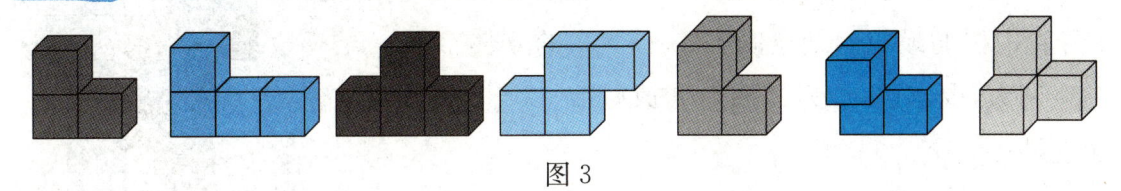

图 3

答案:见图 4 和图 5。

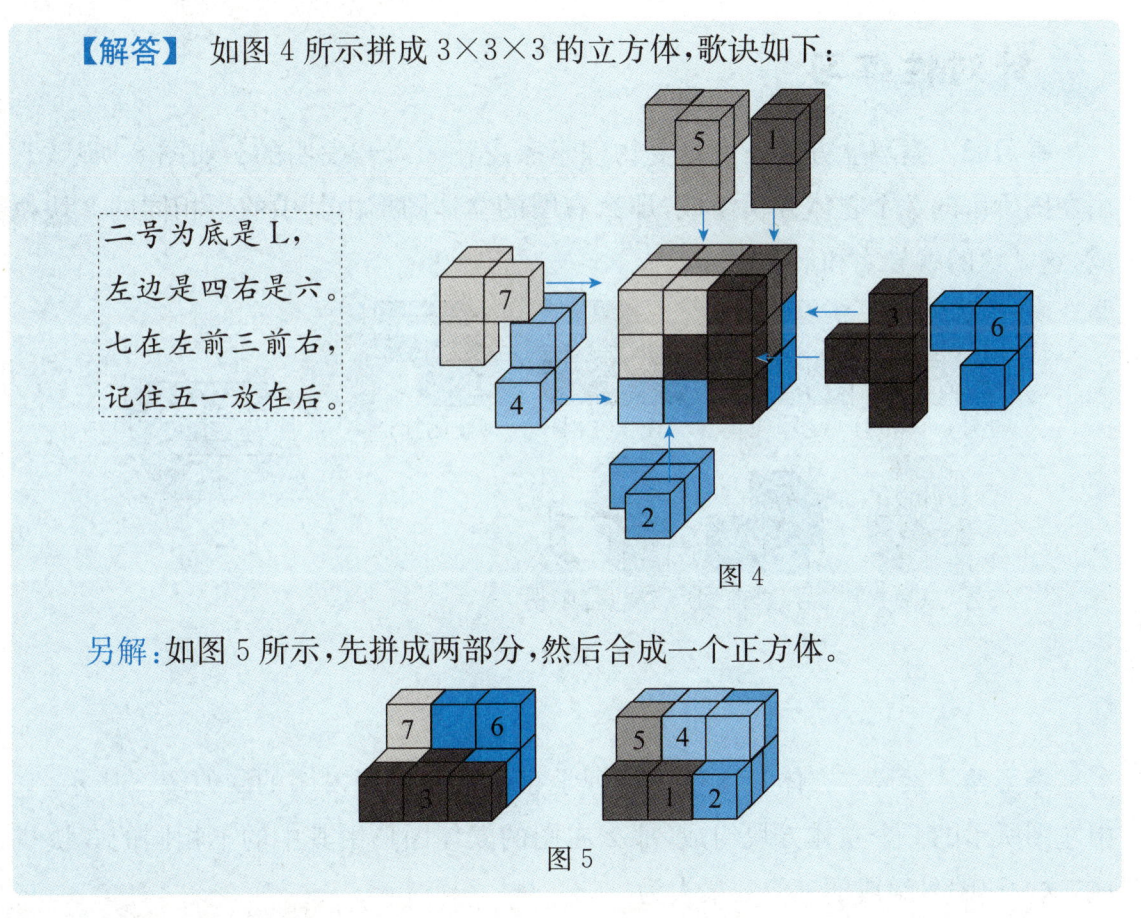

【解答】 如图 4 所示拼成 3×3×3 的立方体,歌诀如下:

二号为底是 L,
左边是四右是六。
七在左前三前右,
记住五一放在后。

图 4

另解:如图 5 所示,先拼成两部分,然后合成一个正方体。

图 5

例题 2 请用图 6 中的索玛立方体,动手拼一拼,拼成右图所示的"机器人"形状。

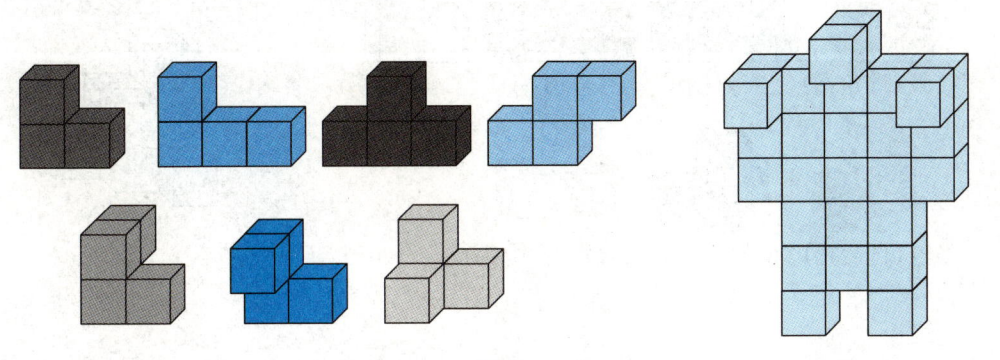

图 6

【解答】 如图7所示,1号直角拐,最小容纳空间为$1\times 2\times 2$的立体空间。2号L拐、3号T拐、4号S拐的最小容纳空间都是$1\times 2\times 3$的立体空间。5号直后拐、6号直前拐、7号直中拐的最小容纳空间为$2\times 2\times 2$的立体空间。5~7号空间大,要求高,所以需要首先放好5~7号,剩下的调整位置即可。

图7

针对性练习

练习❶ 索玛立方体是由丹麦物理学家皮特·海音发明的。如图8所示,它由左图所示的7个立体方块组成,那么右图的立体图形由其中的不相同的3块拼成,这3块的编号之和最大为_____。

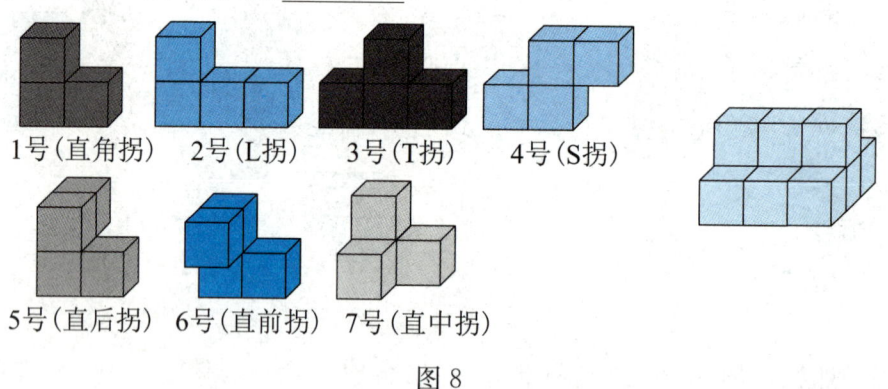

1号(直角拐)　2号(L拐)　3号(T拐)　4号(S拐)

5号(直后拐)　6号(直前拐)　7号(直中拐)

图8

练习❷ 索玛立方体是由丹麦物理学家皮特·海音发明的。如图9所示,它由左图所示的7个立体方块组成,那么右图的立体图形由其中的不相同的3块拼成,这3块编号组成的三位数最大为_____。

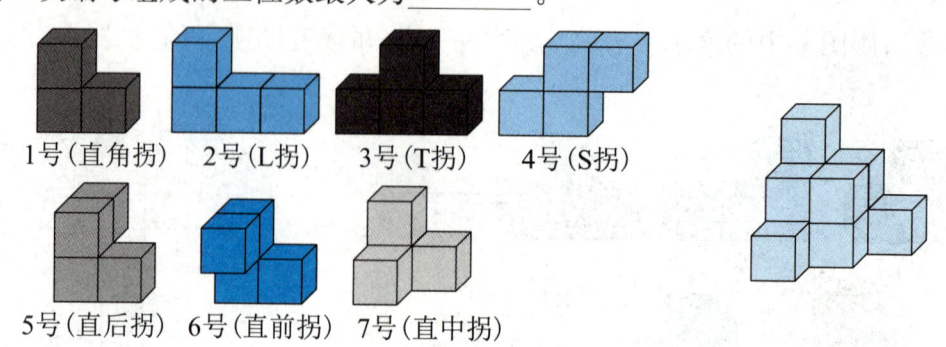

1号(直角拐)　2号(L拐)　3号(T拐)　4号(S拐)

5号(直后拐)　6号(直前拐)　7号(直中拐)

图9

练习❸ 用下面的索玛立方体各一块，拼成图 10 中的动物图形：长颈鹿、骆驼和鹅。

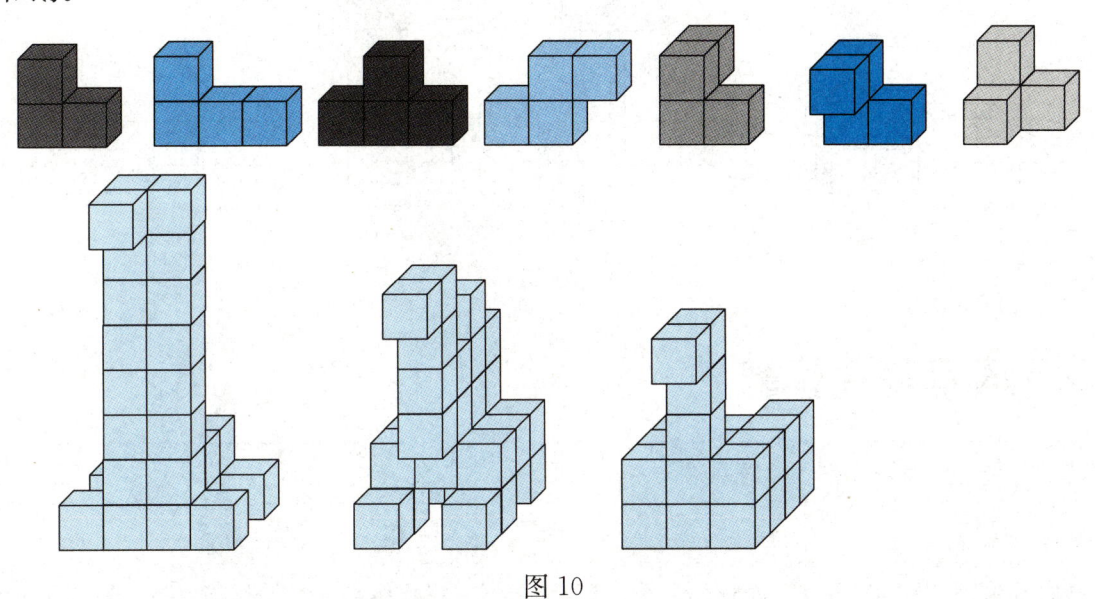

图 10

练习❹ 用索玛立方体拼成图 11 中的立体图形。

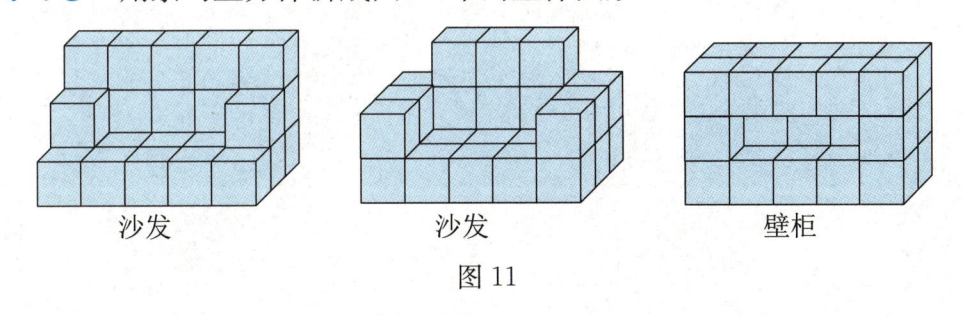

沙发　　　　　沙发　　　　　壁柜

图 11

练习❺ 用索玛立方体拼成图 12 中的立体图形。

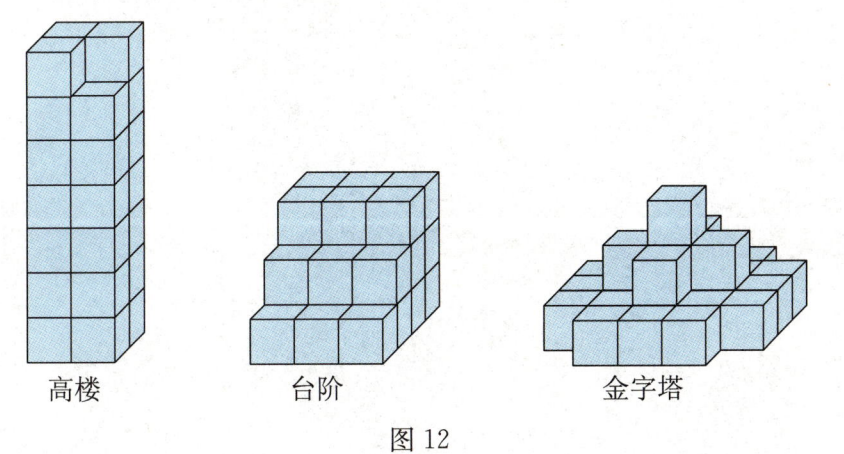

高楼　　　　　台阶　　　　　金字塔

图 12

· 381 ·

练习❻　用索玛立方体拼成图 13 中的立体图形。

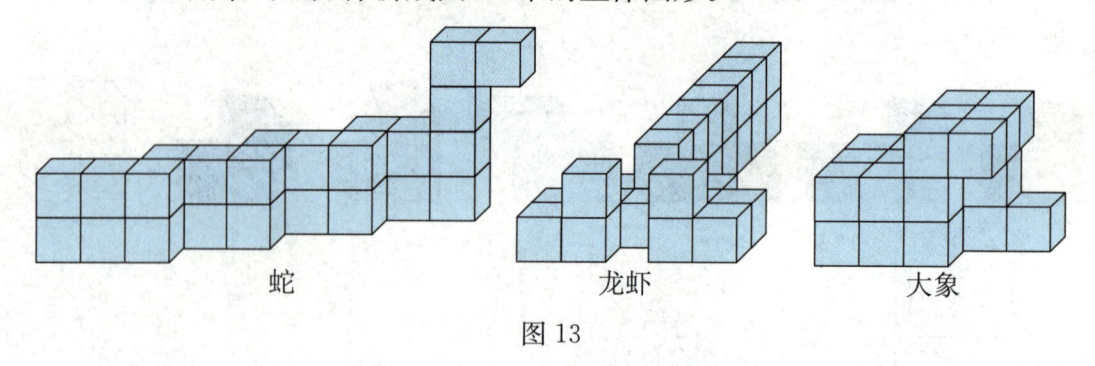

蛇　　　龙虾　　　大象

图 13

练习参考答案

练习题号	练习1	练习2	练习3	练习4	练习5	练习6
参考答案	11	631	略	略	略	略
解答提示	操作练习	操作练习	操作练习	操作练习	操作练习	操作练习